明治国家と地域社会

明治国家と地域社会

大 島 美 津 子 著

岩 波 書 店

はしがき

本書は、廃藩置県を起点に明治末年にいたる期間の明治政府の地方統合政策の展開過程とその変遷の特質を考察することを主題としている。地方自治あるいは地方制度は、全国家体制の政治的基礎構造をなすといわれている。それは行政的支配組織の末端ではあるが、住民と国家権力が日常的に接触する場であり、それゆえに住民の政治参加も、また国家権力の国民把握も、ともにこれに体現されていると同時にこれに規制されている。末端組織ではあっても、日本の国家体制の特質をもっともよく表しているものといえよう。地方自治・地方制度の史的研究が多くの人々に取り上げられ、また重視される所以もそこにあると思われる。

最初に、法律学、財政学、政治学などさまざまな分野から行われてきた従来の研究を簡単に概観しよう。近代以後の日本の町村の法的性格を明らかにした先駆的業績としては、中田薫『村及び入会の研究』(岩波書店、一九四九年)、戒能通孝『入会の研究』(日本評論社、一九四三年)、福島正夫・徳田良治「明治初年の町村会」(明治史研究叢書、第一期第二巻『地租改正と地方自治制』所収、御茶の水書房、一九五六年)を挙げることができる。これらはいずれも戦中に発表された論文であるが、中田氏は明治二一(一八八八)年発布の町村制によって、わが国固有の伝統的な村落自治体(ゲルマン法型の実在的総合人)が近代的な町村公共団体(ローマ法型の近代的擬制人)へと法人格を転化させたと説く。これに対して福島、徳田氏は、寄合と町村会の法的な性格を比較した上で、明治一〇年代には、公的に承認された町村会と旧来の寄合とが併存してそれぞれ機能分担していたとし、さらに町村制施行後も、近代的代議制度(町村会)を持つ町村と旧来の寄合を持つ町村住民集団とが重層的に併存していたとして中田氏の村落自治体終焉説を批判した。また戒能氏も、徳川時代の村には、行政単位としての機能と生活単位としての機能とが融合統一されていたが、明治以後は両者が実質的に分裂し、行政的側面のみが近代化して町村制によってその変革を完成し、生活単位としての側面は行政変革とは別個に以後も存続していったとする説を出された。

これらの業績は、主として町村の法機構を法学的に分析し、近代的町村法機構の形成過程を明らかにしたものであった。法学的立場からの近代の指標として、実在的総合人↓ローマ法的擬制人、公私未分化の封建的秩序体制↓公的秩序体制などの概念が提出され、それによる分析が行われたことは貴重な成果であった。また行政単位としての村と生活共同体としての村の分裂、そして両者の併存というシェーマは、農村内部の部落の存続を法理論的に実証したものとして注目を浴びたが、両者がそれぞれ無縁の存在として併存したという点はその後批判されることになる。

町村制の施行を地方制度における近代の確立とする法学的研究と別個に、同じくこの時期を日本における「近代的」地方自治制度の確立ととらえながら、それの持つ日本的特色を明らかにしようとされたのが、藤田武夫・亀卦川浩・福島正夫・辻清明の諸氏の業績である。藤田武夫氏は『日本地方財政制度の成立』(岩波書店、一九四一年)、『日本地方財政発達史』(河出書房、一九四八年)において、地方財政制度の形成と発展過程を豊富な史料と精細な分析によって論証され、制度形成の契機となったのは地方団体の利益よりもむしろ国家的利益の確保であること、町村制の制定も国内政治体制の確立および条約改正実現要件の整備という当時の国家のもつ緊急の要請によって行われたものであり、下からの町村財政自体の要請およびその自然的発展によってもたらされたものではないことを明らかにされた。そして日本の地方自治の特色としての近代性には、官治的性格と天降り的官製的性格という歪みが存在することを指摘した。亀卦川浩『明治地方自治制度の成立過程』(東京市政調査会、一九五五年)、東京市政調査会(亀卦川浩執筆)『自治五十年史　制度篇』(良書普及会、一九四〇年)はいずれも地方制度に関する基礎的な資料を駆使して制度的な詳細な考察が加えられており、前掲福島・徳田「明治初年の町村会」にも町村に関する制度史的な解明が極めて要領よくかつ鋭い分析をもって与えられている。

また辻清明「地方自治の近代型と日本型」(『新版日本官僚制の研究』所収、東京大学出版会、一九六九年)は、近代的な地方自治の典型としてイギリスを挙げ、ここにおける中央統制の主要な方法は勧告と通報であり、知識的には集権体制、権力的には分権体制がとられて両者が有機的に結合しているのが基本的特徴であったと指摘した。そして、それとの比較によって、日本の地方自治について強力な中央集権を基調とした官僚制的拘束と地方団体の自主性の剝奪が特色であるとされた。地方団体の種別の差異に照応してそれぞれ別個の法規が存在し、各団体が上級—下級の序列下に置かれていた事実が示すように、中央と地方団体が強行的な権力的集権と官僚的統制によって結合されていると分析したのである。これらの研究によって、日本の地方自治のもつ特色として、官治性、天降り的模倣性、あるいは権力的集権、官僚制的拘束などの概念が作られたのである。

その後、大石嘉一郎氏、石田雄氏が国家支配との関連下に地方自治を政治構造的に分析する研究を著された。大石嘉一郎『日本地方財行政史序説』(御茶の水書房、一九六一年)は、地方行財政をめぐる諸階級の政治的対立関係を究明することを目的とし、廃藩置県以後から町村制施行にいたる地方自治制の成立過程を政府と民衆運動勢力との対抗と連携の関係でとらえ、地方自治制をこれに対する対応体系として位置付けた。さらに、その制度の社会経済的基礎は成長しつつあった寄生地主制であったと結論づけている。政府と自由民権勢力の政治的対抗関係を具体的に農村経済構造と関連づけながら究明したこの論稿は、従来の制度史的研究を大きく前進させる成果であった。

石田雄氏は『明治政治思想史研究』(未来社、一九五四年)において前述の戒能説を批判し、明治二〇年代に形成された地方自治が前近代的集団としての家および村落共同体を基礎としていることを指摘したが、『近代日本政治構造の研究』(未来社、一九五六年)においてさらにそれを発展させ、天皇制国家体制の基礎として、それを安定させる役割を果たした地方自治の機能の根源こそが、再編された共同体秩序であると主張した。すなわち、共同体の名望家支配がもつ非政治化作用(住民の権利要求の政治的エネルギーを中間的に阻止転換ないし濾過する機能および逆に官僚的支配における権力の浸透を濾過する機能)こそが天皇制国家体制を安定させたとし、官僚機構と名望家支配の結合、共同体秩序を基底とする保守主義的代議制という概念を形作ったのである。

そのほか、共同体的秩序の重要性と同時に「家」も明治政府の施政の基点となっていたことを指摘した福島正夫「明治前半期における「家」制度の形式」(日本法社会学会編『家制度の研究』上巻所収、有斐閣、一九五六年)、天皇制支配の基本原理を追究し、同時に地方自治にも鋭い洞察を示した藤田省三『天皇制国家の支配原理』(未来社、一九六六年)、官僚的支配体制の形成過程、村落共同体に対する国家の把握過程、官僚制と共同体を媒介とする政治的中間層の形成過程などを行政学的視点から追究した大島太郎『日本地方行財政史序説』(未来社、一九六八年)などがある。

以上は、主として中央政府の立法資料、行政資料などを通じて(大石氏の業績を除く)国家の地方統治構造や地方統合政策などの理念を分析するという視点にたって生み出された諸研究である。これらは日本の地方自治、地方制度などの本質について新しい概念を作り出した点が大きく評価されたが、制度や政策の具体的な実現過程については充分に論及されない欠陥があった。その後、これらの成果を踏まえて、多様な各地の地域史を探ることによって、その政策や統治構造の実態、地域社会との具体的なかかわりを明らかにしようという諸研究が続々あらわれる。

神谷力『家と村の法史研究』(御茶の水書房、一九七六年)、原口清『明治前期地方政治史研究 上・下』(塙書房、一九七三・一九七四年)、山中永之佑『日本近代国家の形成と村規約』(木鐸社、一九七五年)、有泉貞夫『明治政治史の基礎過程』(吉川弘文館、一九八〇年)などがそれである。神谷氏の著書は、愛知県を事例に、明治維新の変革から町村制施行にいたるまでの「生活共同体の村」の法的諸制度の実態とその機能を村組織、村財産、村規約などの観点から究明するとともに、政府の権力支配構造が村の構造や機能に及ぼした諸影響を分析したものであり、山中氏の著書は、兵庫県伊丹地方を対象に、村規約で規制されてきた「伝統的村」が近代的町村行財政政策の展開によってどのように解体していったかが考察されている。原口氏の著書は、静岡県の地方政治構造・行政構造を民衆運動との関連で詳細に分析した業績であり、時期的には静岡藩の成立から自由民権運動の展開にまで及んでいる。また有泉氏の著書は、土木費国庫補助金を典型とするような政府による地方への利益還元政策が、豪農＝地方名望家層の地方利益獲得欲求と結びつき、地方政治状況を同調路線へ転化せしめていく過程を、山梨県地方を対象に論証した業績であり、自由民権運動敗退後の地方政治の実態・地方名望家層の存在様式などが時期をおって分析されている。上記の業績のほかにも、数多くの著書・論文が発表されたほか、各地域で編纂された地方自治体の府県史、市町村史も地域社会の実像を明らかにする成果を挙げつつある。

また近年、次のような注目すべき業績もあらわれた。石川一三夫『近代日本の名望家と自治――名誉職制度の法社会的研究』(木鐸社、一九八七年)、大石嘉一郎『近代日本の地方自治』(東京大学出版会、一九九〇年)、山中永之佑『近代日本の地方制度と名望家』(弘文堂、一九九〇年)、山田公平『近代日本の国民国家と地方自治』(名古屋大学出版会、一九九一年)、大石嘉一郎・西田美昭編著『近代日本の行政村――長野県埴科郡五加村の研究』(日本経済評論社、一九九一年)である。石川氏は、行政訴訟や民事訴訟の事例を通じて、名誉職拒辞や無給制の骨抜きという形で自治制の根幹が空洞化する状況が展開していたことを指摘され、山中氏は、郡長制が地域支配に持った機能の分析とともに、名望家が地方支配のなかで担った役割と運用の実態を法令・立法資料・内務行政関係資料などで分析され、当初からその体制には矛盾が存在していたことを明らかにされている。大石氏は既発表の論文をまとめた前掲書の中で、町村合併と町村制によって作り上げられた行政村が実際に従来の自然村を内部に包摂し、政治行政体制として住民生活や意識に定着する過程を分析されるとともに、初期帝国議会下の福島県民党運動の実態を究明された。山田氏の著書は、一九世紀に成立した国民国家体制下の地方自治をヨーロッパのみでなくアジアをも含めたかたちで、世界史的関連と制度継授関係を視野に入れつつ分析し、比較類型化を行った大著である。また、大石・西田編著の前掲書は、ひとつの行政村を対象に据え、村役場文書と区有文書の分析を通じて明治二〇年代から敗戦後の制度改革にいたるまでの村落構造の歴史的

村の各時期の構造や機能が具体的にとらえられ、その変遷過程が明らかにされた貴重な研究といえよう。変遷を追った共同研究である。社会経済構造、行財政過程、政治過程の三方面から行われた分析によって、ひとつの

明治地域社会史研究は、上述の簡単な紹介のように、すでに数多くの多方面からの分析の成果をもっている。これらの多彩な業績をふまえて、本書は研究の課題をどこにおき、どのような接近方法をとるのかを次に述べておきたい。

第一に、政府の地方政策を全構造的に把握するために、地域の自治体制のみでなく、地方官僚機構を同時に分析する手法をとった。周知のように、日本の統一国家建設は官僚主導の工業化・近代化によって短期的に遂行されたものであり、地域社会もこの後進国型の近代化の枠組みに規定されて、中央集権国家の支配を安定させる役割を当初から担わされた。富国強兵を目指した国家政策を摩擦なく効率的に推進させることが地域行政の最優先課題であり、その課題に随伴するかたちでそれに適合した地域社会の形態や機能が模索されたのが実態であった。住民の生活権承認を軸に、一定の自立性を持った地方団体を認めるという地方分権理念とはまったく無縁な視点にたって、地方の問題が考えられたのである。たとえ自治の名は冠せられたにしても、それは従来の業績が指摘するように名ばかりであり、日常的に内務省―府県庁―郡役所の後見的監督権にさらされる「官治的自治」にすぎなかった。

したがって、日本の地域社会を考察するに際しては、地域社会の構造や機能を分析するだけではなく、監督官庁たる府県庁や郡役所、さらには内務省の地方行政の機能的分析を地域社会と関連づける視点が不可欠であると思われる。従来地域社会、あるいは地方自治については多くの研究はあるものの、地方官僚機構自体を研究の対象としたものは、山中永之佑『日本近代国家の形成と官僚制』(弘文堂、一九七四年)、辻清明前掲書、大島太郎前掲書などきわめて数少ない。官僚機構は、どのように地域社会を規制し、これに関与し、地域の社会構造にどのような影響を及ぼしたか。地域はこのような官僚機構の規制や関与にどのように対応したのか。あるいは官僚機構の人的構成、組織、機能の特徴

は何か。これらについて各時期それぞれ考察することが本書の課題のひとつである。

第二に、地域社会に展開される支配と統合の構造を全体的に考察するために、区域と財政を分析の視野に入れることである。区域については、府県・町村の両者を含める形で、地方区画はどのような意図や志向をもって決定されていったのか。それは地域住民の生活圏・経済圏・郷土意識などとどのように関連し、住民はこの区域改革政策にどのように対応したか。新区域が住民に受容され、共同意識が芽生えるまでの過程はどうであったか。区域について考えられるこれらの問題についてできるだけ接近したいと思う。従来、町村については、島恭彦編『町村合併と農村の変貌』(有斐閣、一九五八年)が明治二一年の町村合併を分析したのを始め各地域での区域の実態を検証する地域研究がさかんに行われている。本書でも、新潟県、群馬県などの地域の例をとり上げた。しかし、府県については、区域の編成・統廃合が政策的にどのような意味をもっていたのかは必ずしも明らかにされていないと思われる。本書では、太政類典・公文類聚などの中央史料や政策関係者の記述を使ってその過程と政策意図などの分析をめざした。また財政については、藤田武夫氏の優れた制度史考察をふまえつつ、財政政策が地域に及ぼした影響、この制度に規定された府県や町村の財政の実態や運用上の特徴などを考察してみたいと思う。

第三に政府の地方統合政策と民衆の動向との関連である。大石嘉一郎氏が明治前期の例についてすでに指摘されているように、政府の地方制度形成過程は、決定した路線に沿って政府の意向を一方的に貫徹させるという類のものではなかった。政府に対抗する諸勢力に対するさまざまな具体的対応(弾圧、妥協、懐柔、切り崩し、操縦など)の積み重ねが制度変更に結びついたという側面を持つ。地方政治や地方行政は住民の日常生活に密着した場で展開されるだけに、政府の行政や政策のもつ矛盾が具体的なかたちで住民の目に映じ、直接的な反応を起こしやすいという特色をもつ。地方体制の枠組み改編や地域社会への政策変更が、中央体制よりも一歩先んずるかたちで着手されたのは、住民の反応や住民意識の変化に絶えず柔軟に対応する必要度が高いためであった。この意味で地方政治は時代の趨勢を読み取る場であり、また逆に言えば、地域社会をとおして国家政策の過誤が具体的に明らかになり、その訂正が迫られることにもなる。たびかさなる地方政策の変化は、民意に適合した支配の枠組みを模索する過程でもあったといえよう。明治初期の農民騒擾、士族反乱、自由民権運動、民党運動などの動向が地域社会研究のうえで重要であるゆえんである。さらに、民意の動向や地域社会の変化を探る際に、町村や府県を切り離したかたちで扱うのではなく、町村、郡、府県を一体化した視点をもつことが必要であると思われる。地方自治体制とは町村、郡、府県の各段階の有力者・名望家支配の有機的連関を軸に構築されたものであり、政治運動においてもそれぞれの地域を超えた連携がみられたのが明治期の特徴であった。政党政治化が進行した時点でも、代議士—府県議—郡議—町村議の系列化現象がみられ、その系列化が政治的地盤となり、政治を左右したことを考えれば、町村、府県、あるいは郡を相互に視点にいれた考察が必要であると思われる。

以上は本書のめざした課題であり、掲載の論稿は、もちろん充分その課題に答える内容のものとは言えない。残された課題は今後も研究の継続によってはたしたいと思っている。ご批判ご叱正をお願いする次第である。

なお、本書は今まで論文のかたちで発表したいくつかのものの全部、あるいは一部を再構成し加筆修正するかたちをとった。特に第一章、第二章、第三章については部分的に収録し、加筆修正した箇所が多い。第四章は既発表のもの(2、3)をそのまま収録する形をとった。参考のために、関係論文を以下に列記する。

1 「明治前期地方制度の考察——特に村を中心として(1)(2)」(東洋文化研究所『東洋文化』二二、二三号、一九五七年)。

2 「地方制度(法体制確立期)」(鵜飼・福島・川島・辻編『講座日本近代法発達史——資本主義と法の発展』八、一九五九年)。

3 「明治末期における地方行政の展開——地方改良運動」(東京大学『東洋文化研究所紀要』一九、一九五九年)。

4 「明治初期の地方官」(仁井田陞博士追悼論文集編集委員会『日本法とアジア』勁草書房、一九七五年)。

5『明治のむら』（教育社歴史新書、教育社、一九七七年）。

6「地方政治」（福島正夫編『日本近代法体制の形成』上、日本評論社、一九八一年）。

7「松方デフレ期の内務行政」（『長岡短期大学紀要』六号、一九八二年）。

8「大久保支配体制下の府県統治」（日本政治学会編『年報政治学 1984 近代日本政治における中央と地方』岩波書店、一九八五年）。

9「明治一〇年代の地方統合政策——府県を中心に」（日本行政学会編、『年報行政研究27 統治機構の諸相』一九九二年）。

10「明治前期における村統治政策」（歴史科学協議会編『歴史における家族と共同体』青木書店、一九九二年）。

目次

目次

第一章　近代国家発足期の地方統治

明治初年から明治二〇年代初頭に至る時代は、近代国家としての統治構造がまだ整備されない、いわば国家体制準備期と呼ばれる期間であった。幕藩体制の廃絶、中央集権国家建設という基本方向は定められたものの、政治、経済、社会の将来に関する基本構想が未確定のまま発足した維新政府は、いわば手探り状態で新しい国家建設に取り組んだのである。この間、国家の将来をめぐって、政府の内外には種々の見解の相違が生まれ、政治対立がうずまいた。この激動する政治状況に規定されて、政府の政治選択は必ずしも長期的展望に裏づけられていたとはいえず、当面の緊急課題の解決に追い立てられる状況も少なくなかった。特に統治構造の末端に位置付けられる地方行政組織の分野では、対立が最も具体的な形をとって現れるだけに、難関に直面するごとに既定方針の再検討を余儀なくされ、それが制度改正につながった。その変遷は目まぐるしいほどであった。したがって、維新から明治二〇年代に至る時期の地方統治の第一の特徴は、短期間に度重なる制度改正や統治方針の変更が行われた事であった。いわば地方統治体制へ向けての試行錯誤や模索が重ねられた期間であったといえよう。

第二の特徴として、この時期の地方行政が、地域によってかなり異なった形をとって展開した事があげられる。中央で出された方針や立法措置のすべてが、画一的な形で全国に施行されたわけではなかった。中央政府の立法活動そのものがまだ不十分で体系的ではなかったために、地方長官自身が地域の実情にあった地方法令を発布して、その法の空白を補わなくてはならぬ場面もしばしば見られた。また中央の法律はあっても、概括的な性格のものである場合は、もっと具体的な施行令ともいうべきものを作る必要があった。勿論これらの地方長官の立法行為には、太政官への伺いや許可が義務づけられており、政府の方針の大枠からはずれる事は許されなかった。しかしその地域の政治や行政には、地方長官の判断が大きな影響を及ぼす局面が少なからずあった。また地域の風土的特色や幕藩体制下の藩行政の伝統も、地方行政の相違を生む要因となった。

法体系の未整備、地域の旧藩的伝統、さらに加えるに通信交通網の不整備などの事情を背景に、この時期の政府は、制限付きとはいえ、後の時代よりは広い自由裁量と創意工夫の余地を地方長官に残した。地方が独自の判断で新しい改革を実施し、中央がこの地域での試みや経験を取り込んで法改正や政策変更を打ち出した場合もあった。また鹿児島に典型的に見られるように、中央からの命令が意識的にサボタージュされる場合もあった。地方が中央にたいして先導的役割を果たしたり、牽制的機能を演じたり、あるいは変革を拒否したりするという錯綜した時代であった。このような傾向は、三新法が発布される時期まで、すなわち本章で扱う時期がもっとも顕著であった。

第三に、本章で扱う時期には、旧権力基盤の徹底的破壊＝封建的割拠勢力の一掃が主要な課題として掲げられたのが特徴である。封建的統治圏と切断された形で府県や大区小区という新区域が作られ、そして新しく成立した府県には、新政府に従属した忠実な統治ルートを形成する事がめざされた。しかし、この時期には、倒幕過程の主役であった西南雄藩を中心に、旧士族勢力がいまだに府県庁に割拠し、旧藩体制を払拭しえない地域が存在した。戊辰戦争およびその後の懲罰的処分で東北諸藩の自負を徹底的にたたきつぶした政府は、その返す刀で今度は西南雄藩のいわば勝利者の「おごり」を粉砕しなければならなかった。この不平士族集団の反抗と並んで、さらに明治七、八年頃から、維新への幻滅と苛酷な統治に触発された農民騒擾と自由民権運動が新しく敵対要因となる。

一　廃藩置県と府県の区域

1　府藩県三治の制

明治元(一八六八)年閏四月二一日の太政官布告「維新ノ趣旨ヲ体シ各藩ノ政務ヲ改革セシム」、および同年同月二一日同布告の「政体書」をもって新政府の地方政策は始まった。この二布告によって、地方は府藩県に分けられ、藩は旧来のまま、新設の府県には知事がおかれることになった。以後、廃藩置県までが、いわゆる三治の制の時代である。

府県は、旧幕領主要地の九府(江戸・京都・大阪・度会《わたらい》・甲斐・越後・長崎・神奈川・奈良)とその他二二県で、幕府直轄地(天領)、皇室領、佐幕諸藩の接収領が府県と称された。(1) 数も支配面積も藩が圧倒的だったにもかかわらず、あえて三治の制と称した点に、府県の政治的重要性が示されている。府県がおかれた旧幕領は、全国的な商品流通網の要か、外国貿易の拠点か、政治的中心地か、重要物産地(飛驒、佐渡)か、というように、政治上、経済上、文化上の要地であった。その要地を府県と称したことに、旧時代の終焉と新時代の到来を示す政治的意味がこめられていた。

また府県には、今後の地方行政の先導的な試みの場という役割も課せられた。明治元年八月五日、太政官が京都府の地方規則を全国の府藩県に頒布してその意見を求め、(2) また同年一二月八日の藩治職制で「執政参政ノ外兵刑民事及庶務ノ職制其藩主ノ所定ト雖モ大凡府県簡易ノ制ニ準ジ一致ノ理ヲ明ニスベシ」と述べたのはその例である。この課題を果すため、明治二、三年にかけて、民部官規則、府県施政順序、県官人員並常備金規則、府県奉職規則などが公布される。これらはいずれも、府県の行政内容、地方官の職務権限の基準を示し、中央・地方を通ずる統一的な統治組織の形成をねらう改革であった。しかし、諸藩の伝統的支配体制に囲まれたなかでの直轄府県改革は、種々の阻害条件や知事の性急さをも一因として（とくに有名なのは飛騨の梅村騒動）軌道にのらず、新政反対の農民騒擾を頻発させた。(3)むしろ一部の先進的諸藩の権力集中改革（藩政改革）が政府の統治方針を先取りする成果をあげ、其の後の地方制度の法制化に寄与をなしたのである。

では廃藩置県前、政府の藩規制はどのような形で行なわれたか。まず、太政官は明治元年閏四月二八日頒布の「政体書」で諸藩に五カ条の誓文の遵守を命じるとともに、爵位授与、通貨鋳造、外人雇用、隣藩あるいは外国との盟約を禁じ「小権ヲ以テ大権ヲ犯シ政体ヲ紊ルベカラ」ずと達して、諸藩の上にたつ中央政府の優位を示した。ついで戊辰戦争終結後、藩治職制（同年一〇月二八日）が布告され、藩に対する中央政府の具体的干渉が始められる。人材登用、家老制度から執政・参与制度への転換、職制・定員数の変更や任免に関する報告の義務付け、府県庁に準拠した職制改革実施、藩行政と藩主家政との分離、議事制の形成、中央貢士対策所への公議人選出などの命令を内容とするこの改革は、藩機構の地方官制化を意図していた。その際、「朝政の体認」「朝命奉承」「人材登用」が説かれ、藩内部で完結する忠誠体系ではなく、天皇を頂点とする忠誠体系の形成と、(4)それを体得した指導分子の登用＝新政府の政策遂行者の確保がめざされた。公議人制とは、この指導分子による朝命伝達の機関にほかならない。(5)

明治二年六月一七日から二五日にかけて、薩長土肥四藩主その他二六二名の藩主にたいし、版籍奉還の奏請を聴許する天皇の沙汰書が下付された。この版籍奉還によって封土人民は天皇のものという名目が確立して以後、政府の藩政への関与はいっそう強められる。政治的配慮から、藩主を知藩事に任命し、その職の世襲化、華族授爵という藩主擁護措置を表向き取りながらも、政府は同月二五日、数カ条の諸務変革を知藩事に命じて、藩解体の施策を進めた。旧藩の実収石高のうち一〇分の一を知藩事（旧藩主）の家禄と定め、知藩事個人の家計と藩財政を分離したこと、一門以下平士に至る士族の階層制を廃止し士族に統一したこと、藩士禄制の改革（削減）で俸禄をすべて藩財政からの現米支給としたこと(士族は藩主からではなく藩機構から俸給を受けるという原則の形成)。これらは、藩主と家臣の旧来の主従関係を制度上廃止し、藩主を地方長官化する改革であった。

翌七月八日には、地方官制改革として府藩県三治一致の原則の下に、三者共通の職員令が定められ、中央・地方を通ずる統一的な階統制形成のための地固めが続けられた。これにより、家老・年寄などの門閥世襲の旧職が廃止され、藩にも府県と同様に大参事・権大参事・少参事の職員がおかれ、府藩県共通の知事の職掌も定められた。ただし、藩知事は独自の職掌として、兵権、行政権、司法権をもち、さらに知事職の世襲、藩財政の中央からの独立という点では純粋の地方長官とはいえない側面をもっていた。

その後の、藩の独立性を奪うための介入措置としては、明治三年三月二日の常備編隊規則、同年九月一〇日の藩制布告があげられる。前者は諸藩の兵力削減策であり、高一万石につき一小隊という基準をきめ、兵士は一八歳より三七歳までという年齢制限をつけた。これは、士族＝兵士という従来のあり方を打破し、士農工商の身分差をなくしていく第一歩となると同時に、諸藩兵力への大打撃となった(6)。後者は、藩制度に関する改革指令で次の内容をもつ。第一に藩庁内部の官職について、知事・大参事・権大参事・少参事・権少参事などの従前の職員令規程の官職以外に、大属・権大属・少属・権少属・史生などの官職を指定した。第二に藩財政に関して、知事の家禄、軍事費、藩庁費、士族俸禄、中央へ上納する海軍費などの各割合を具体的に規制した。第三に藩士族の禄の増減、一切の死刑に関する事項については政府の許可を、また流以下の刑および一時の褒賞に関する事項については政府への報告を義務付けた。第四に各藩は石高に応じて大中小と画一的に区分され、諸藩間の藩格差が廃止された。いずれも藩自主権の削減措置である。つづいて同年九月一三日の太政官布告によって、大属・権大属以下にも従七位・従八位などと中央と共通の官位を与える措置を取り、地方官僚の地位と理念を朝廷に帰属する形式で明示した。

右のように、中央政府は藩の内政に深く介入する形で画一的な藩政改革実施を強制し、統一国家形成に障害となる要素を段階的に除去しつつ、藩庁の地方官庁化をすすめていった。この改革推進が平穏裡に受け止められた背景には、戊辰戦役後の藩財政の窮迫と農民一揆の全国的高揚を原因とする各藩内の危機の深化があり、さらに先進的諸藩の指導分子(後の維新官僚)の主導する開明的改革気運の盛り上がりがあった。(7) これらが相まって、廃藩への客観的条件を作り上げていったのである。

2　廃藩置県直後の府県——三府三〇二県

以上の漸次的な改革の成果のうえにたって一挙に藩体制を廃絶したのは、明治四(一八七一)年七月一四日の廃藩置県であった。同日、政府は全国の知藩事(旧藩主)を天皇の御前に召集し、廃藩の詔書を下した。前年秋頃より、政府首脳の間では廃藩の必要性が共通に認められてはいたものの、内部対立のために改革への具体的なプログラムを作りえず、一〇カ月の躊躇と逡巡を経ねばならなかった。しかし、日田県一揆、横井小楠・大村益次郎・広沢真臣らの暗殺、九州諸藩の反政府気運などが政府首脳に強い危機感を抱かせ、小異を捨てた団結へと踏み切らせる。そして、局面は廃藩実施へ向けて急速な展開をみせるのである。

七月に入り、西郷・木戸・大久保・大隈ら少数による短期間の密議ののちに、「恰も迅雷耳を掩ふに暇なきがごとく」(8)のクーデターにも似た果断さで廃藩置県は決行された。旧藩権力を廃絶するこの変革は、政府首脳の危惧にもかかわらずきわめて平穏裡に遂行された。「この大号令の出つるや、余等三四名を除くの他は官民何れも非常に驚愕し、其の驚愕の為め反抗の勇気も没却せられたる程なりし」(9)と大隈は述べている。予測をこえた事態の急展開に、藩主は対応措置をとるどころか、いわば茫然自失の態で廃藩置県を受け入れたのであった。それと同時に各藩内の危機の深化が、廃藩への客観的条件を成熟させており、旧藩権力をして廃藩を受け入れざるをえない状況に追いつめていたことをも忘れてはならない。(10)

廃藩置県の実現によって中央集権の前提条件はここに確立した。藩知事(旧藩主)は同日罷首されて東京在住を命ぜられるとともに、封禄と華族の地位を保障され、皇室の藩屏としての特権を獲得した。藩にかわって政府直轄の三府三〇二県が成立したのである。しかし、中央集権体制樹立の見地からすれば、廃藩置県は成果ではなく、あくまでもその出発点が作られたことを意味したにすぎない。二六〇年余にわたり統治してきた諸藩割拠の支配体制を廃絶し、それにかわる集権国家の手足としての地方統治機構を形成することは、その後に残された緊急の課題であった。廃藩置県後の数年間は、まさにそのための模索と試行錯誤の時期となったのである。

廃藩置県直後の府県は、藩の名が県に変わり、藩知事が解職され在京を命じられたことを除けば大きな変化はみられなかった。七月一四日と一九日に、太政官はさしあたって大参事以下の旧家臣が今までと同様に職務を担当すべきこと、ただし重大な事件については政府の決裁を受くべきことを命じた。その後七月二四日には、「大蔵省官員出張会計向夫々精密取調可相成」と旧藩財政の監査の実施を予告し、そのための資料として、士族卒禄高取調帳、藩債取調帳、米金取調帳を責任者が大蔵省に持参すべきことを命じた。藩の財政事情を掌握するところから地方改革は出発したのである。

一方、地方庁人事についても、七月二三日頃から漸次新たな任免が発表され始める。もっともすべての府県を対象としたものではなく、すでに政府直轄地となっていた府県(東京、京都、大阪、神奈川、長崎、若松、五条、宮谷、山形、盛岡など)、大藩で他県との合併の対象にならない県(金沢、広島、和歌山、佐賀、高知、鳥取、徳島)、新県の中核的存在になるべき大藩県(弘前、郡山、高崎)、政治的に県庁改革の必要が差し迫っている県(厳原《いずはら》、福岡、徳島)(11)などであった。おそらく、大久保大蔵卿を頂点とする大蔵省の内部体制が固まった直後から、府県の廃置分合計画が大久保・井上馨を中心に討議され、その過程で大きな区域変更の予定がない地域、統治上早急な人事刷新を必要とする地域が選び出されて、逐次新人事の発表と旧藩職員の免職が行なわれたものと思われる。廃藩置県後から一〇月末までの期間に発令された地方官人事は第1表の通りである。

この地方官人事には、鹿児島、高知、和歌山、名古屋の四県を除き、他府県出身者を任命するという原則が一応貫かれていたことが特徴的であった。旧藩統治を廃絶し、中央集権を実現するためには、他府県人による断固たる改革が必要であるとの大久保の認識を物語る措置といえよう。しかし、鹿児島、高知のような政治的実力をもつ藩にたいしては、この原則を貫徹することができず、旧藩権力への妥協がはかられているのが特徴的であった。地方官人事に関するこの二様の措置は、この段階の中央政府の支配基盤の脆弱さを熟知する大久保の現実的な判断力を示すものであろう。そして、政治的実力藩への妥協のうちきり＝旧藩統治の完全な廃絶は、以後の地方統治上の重要な課題として持ち越される。

3　三府七二県への統合

三府三〇二県を数えた府県を一挙に四分の一以下の三府七三県に統合する新府県区画の第一次案が作られたのは、廃藩置県後約一カ月半を経た九月初旬であった。大蔵省は、従来の諸県をすべて廃止するという趣旨の布告案と、具体的な府県区画案を付けて、左の伺を太政官に提出した。

「従前ノ諸県被廃今般更ニ七十三県被置候ニ付イテハ、別紙ノ通御布告相成可然存候、依之御布告按相添此段相伺申候也(九月大蔵)(12)」。

添付された別紙には、第2表のような三府七三県の構想が付けられていた。さらにこれの発令後の地方庁人事についても「多人数一時ニ選択難行届候ニ付大参事或ハ権大参事一県ニ一両員ツツ相撰ミ赴任被仰付右以下廃県ノ官員当分従前ノ通事務為取扱新任大参事等ノ見込ヲモ斟酌ノ上追テ一時ニ致精撰候仕度(九月三日大蔵)」という人事刷新過程の具体案も示されていた。

第1表　明治4年7月15日-10月28日の地方官人事

月日	府県名	役職名	氏名	出身	備考
7.15	福岡県	知事	二品熾仁親王	有栖川宮	
7.15	福岡県	大参事	河田景与	鳥取士	
7.20	盛岡県	権知事	渡辺昇	大村士	8月12日免官
7.20	盛岡県	大参事	石部誠中	山口士	
7.23	東京府	知事	由利公正	福井士	
7.23	名古屋県	権大参事	妻木頼矩		
7.24	厳原県	知事心得	渡辺清	大村士	民部大丞の役職で厳原県出張
7.24	名古屋県	少参事	犬飼厳麿	名古屋士	
7.30	厳原県	権知事	渡辺清	大村士	9月5日免官
8. 2	神奈川県	権大参事	堀尾重与		
8. 3	若松県	知事	鷲尾隆聚	京公家	
8. 3	五条県	知事	四条隆平	京公家	
8. 3	高崎県	大参事	安岡良亮	高知士	
8. 5	五条県	大参事	新田三郎	東京士	
8. 5	彦根県	少参事	橋本正人	滋賀士	
8. 9	東京府	大参事	黒田清綱	鹿児島士	
8. 9	福江県	権大参事	梁瀬元弘		
8. 9	郡山県	大参事	新田義雄	静岡士	
8. 9	五条県	大参事	安元司直		
8. 9	京都府	少参事	国重篤次郎	山口士	
8.12	山形県	大参事	岩村定高	佐賀士	
8.12	神奈川県	知事	陸奥陽之助	和歌山士	
8.15	金沢県	大参事	林厚徳	阿波士	
8.15	金沢県	大参事	内田政風	鹿児島士	
8.15	広島県	大参事	河野敏鎌	高知士	
8.15	鹿児島県	権大参事	大山格之助	鹿児島士	
8.17	和歌山県	権大参事	浜口成則	和歌山士	
8.23	和歌山県	少参事	津田忠富	和歌山士	
8.23	和歌山県	少参事	法福寺道竜		
8.24	大阪府	大参事	渡辺昇	大村士	
8.24	大阪府	権大参事	毛利吉盛	高知士	
8.27	長崎県	大参事	森岡清左衛門	鹿児島士	
8.28	徳島県	大参事	井上高格	名東士	
8.28	徳島県	権大参事	西川甫		
8.28	徳島県	少参事	岸有憙		
8.28	徳島県	少参事	山内俊徳		
8.28	徳島県	少参事	森先雄		
9. 3	熊本県	少参事	嘉悦氏房	熊本士	
9. 3	津県	大参事	藤堂高克	津士	
9. 3	姫路県	権大参事	佐久間秀脩		
9. 5	弘前県	大参事	野田豁通	熊本士	
9.12	高知県	少参事	中村好正		

月日	府県名	役職名	氏名	出身	備考
9.13	福岡県	大参事	塩谷　處	岩国士	
9.14	和歌山県	大参事	津田正臣	和歌山士	
9.17	福岡県	少参事	団　尚静		
9.20	高知県	権少参事	岩崎長武	高知士	
9.23	盛岡県	大参事	岡田種井		
9.29	高知県	権大参事	林　包直	高知士	
10.15	和歌山県	権少参事	戸田二郎		
10.15	広島県	権少参事	亀岡勝知	広島士	

（石井良助編『太政官日誌』5巻，1981年，東京堂出版より作成）

この頃、大久保宛に出された井上馨の書簡には次のような一節がある。「府県之制度一日も早く出来不申候而は月給之処も大属抔之処も種々有之候而混雑歟と存候、何れ明日は必出省候而委曲可申上候」[13]。これは、大久保—井上ラインの手になった大蔵省の府県区画案の成立を督促する趣旨の書簡であり、三府三〇二県体制の抱える行財政上の矛盾はもはや猶予を許さぬ状態にあることを力説したものであった。

しかし、太政官の審議は、大蔵省が期待するような順調な進展はみせなかった。この区画案の一部を審議した段階で、左院は次の意見書を提出した。

「奥羽従前七ヶ国ニ有之候処、今般大蔵省ノ見込ニテハ一一県ニ分割相成、小県ヲ廃シ大県ヲ存セシ如ク相見ユルニ付、願クハ他日一州一政庁ノ御制ニ相成候様仕度、因テ七ヶ国ヲ一一州ト見做シ秋田県ノ如キハ羽後県ト見做シ其外未タ州名無之処ハ新ニ州名御定有之候テ一一県ト致シ候方可然、外分割ノ儀ハ異論無之」[14]。この意見書は、府県区画案が、東北、関東、中部と地域別に順次検討されるなかで、東北地方の審議が終った段階で提出されたものと推定される。いずれにしても左院は、新しい府県の名称を、国名と関係深い名称で統一し、府県制度と国制＝州制との関連を深める必要を提言したのである。おそらくこの提言は、統一国家の正統性確立のために「天皇親政」「王土王民」論が唱えられ、神武創業への復古と祭政一致がスローガンとして打ち出されたのと同様に、新統治圏の正統性の基盤を封建社会成立以前の行政区域の援用に求めたものであろう。結局、大蔵省の第一次案は「別冊伺ノ通ノ目的ヲ以テ左院建議ヲモ致参考現場施行上ニ於テハ猶其節々可窺出候事」

第2表　明治4年末改置府県概表

府県名	石高	旧国名	旧県名
東京府	15万石	武蔵	東京府・品川・小菅
京都府	38万石	山城・丹波	京都府・淀・亀岡・園部・綾部・山家
大阪府	25万石	摂津	大阪府・高槻・麻田
神奈川県	33万石	相模・武蔵	神奈川・六浦
兵庫県	16万石	摂津	兵庫・尼崎・三田
長崎県	29万石	肥前・壱岐	大林・福江・島原・長崎・平戸
新潟県	60万石	越後	三根山・新発田・村上・三日市・村松・黒川
埼玉県	48万石	武蔵	忍・岩槻・浦和
入間県	40万石	武蔵	川越
足柄県	26万石	相模・伊豆	韮山・小田原・荻野中
木更津県	52万石	安房・上総	館山・加知山・長尾・花房・鶴舞・久留里・鶴牧・宮・桜井・松尾・菊間・飯野・大多喜・佐貫・小久保・宮谷
印旛県	46万石	下総	佐倉・古河・関宿・結城・生実・曾我野・葛飾
新治県	61万石	常陸・下総	土浦・竜ヶ崎・牛久・麻生・松川・石岡・志筑・若森・多古・高岡・小見川
茨城県	51万石	常陸	水戸・笠間・下妻・松岡・下館・宍戸
群馬県	44万石	上野	沼田・伊勢崎・前橋・高崎・安中・七日市・岩鼻・小幡
栃木県	52万石	上野・下野	壬生・佐野・足利・吹上・日光・館林
宇都宮県	41万石	下野	茂木・宇都宮・烏山・黒羽・太田原
奈良県	50万石	大和	奈良・郡山・高取・小泉・田原本・柳本・芝村・柳生・五条
堺県	46万石	河内・和泉	丹南・伯太・堺・岸和田・吉見
安濃津県	52万石	伊賀・伊勢	津・長島・亀山・神戸・菰野・桑名
度会県	34万石	志摩・伊勢・紀伊	鳥羽・久居・度会
名古屋県	66万石	尾張	名古屋・犬山
額田県	56万石	三河・尾張	西尾・岡崎・刈谷・半原・挙母・田原・西端・西大平・豊橋・重原
浜松県	37万石	遠江	堀江
静岡県	25万石	駿河	静岡
山梨県	31万石	甲斐	甲府
大津県	45万石	近江	水口・西大路・膳所・大津・山上
長浜県	40万石	近江	宮川・朝日山・彦根
岐阜県	73万石	美濃	大垣・郡上・加納・岩邑・今尾・苗木・高富・野村・笠松
筑摩県	38万石	信濃・飛驒	高山・松本・高遠・高島・飯田・伊那
長野県	45万石	信濃	松代・上田・飯山・岩村田・小諸・須坂・長野
仙台県	55万石	磐城・陸前	仙台・登米・角田
二本松県	47万石	岩代・磐城	二本松・福島・白河
平県	42万石	磐城	棚倉・三春・中村・泉・湯長谷・磐城平
若松県	34万石	岩代	若松
一関県	43万石	陸前・陸中	一関・胆沢

府県名	石高	旧国名	旧県名
盛岡県	24万石	陸中	江刺・盛岡
青森県	38万石	陸奥・松前	弘前・黒石・八戸・七戸・斗南・館
山形県	45万石	羽前	上山・天童・新庄・山形
置賜県	28万石	羽前	米沢
酒田県	23万石	羽前・羽後	大泉・松嶺
秋田県	43万石	陸中・羽後	岩崎・本庄・秋田・亀田・矢島
敦賀県	23万石	若狭・越前	小浜・鯖江
福井県	54万石	越前	福井・丸岡・大野・勝山・本保
金沢県	46万石	加賀	金沢
七尾県	46万石	能登・越中	七尾
新川県	68万石	越中	富山
柏崎県	54万石	越後	高田・与板・椎谷・清崎・柏崎
相川県	13万石	佐渡	佐渡
豊岡県	46万石	丹波・但馬・丹後	篠山・福地山・柏原・舞鶴・宮津・峯山・久美浜・豊岡・村岡・出石・生野
鳥取県	40万石	因幡・伯耆・隠岐	鳥取
島根県	28万石	出雲	松江・広瀬・母里
浜田県	18万石	石見	浜田
姫路県	65万石	播磨	姫路・明石・竜野・赤穂・三日月・三草・山崎・安志・林田・小野
北条県	26万石	美作	真島・津山・鶴田
岡山県	46万石	備前	岡山
深津県	51万石	備中・備後	足守・庭瀬・新見・鴨方・浅尾・高梁・成羽・岡田・倉敷・生坂・福山
広島県	49万石	安芸・備後	広島
山口県	89万石	長門・周防	山口・岩国・徳山・清末
和歌山県	40万石	紀伊	和歌山・田辺・新宮
名東県	44万石	阿波・淡路	徳島
香川県	30万石	讃岐	高松・丸亀
松山県	24万石	伊予	今治・小松・松山・西条
宇和島県	22万石	伊予	宇和島・吉田・新谷・大洲
高知県	49万石	土佐	高知
福岡県	65万石	筑前	福岡・秋月
三潴県	53万石	筑後	久留米・柳川・三池
小倉県	36万石	豊前	豊津・中津・千束
大分県	43万石	豊後	臼杵・杵築・佐伯・日出・府内・岡・日田・森
伊万里県	49万石	肥前・対馬	佐賀・唐津・小城・蓮池・厳原・鹿島
熊本県	48万石	肥後	熊本
八代県	36万石	肥後	人吉
都城県	43万石	日向・大隅	飫肥
美々津県	14万石	日向	延岡・高鍋・佐土原
鹿児島県	32万石	大隅・薩摩	鹿児島

第3表　大蔵省第1次府県区画改正案

府県名	石高	旧国名	府県名	石高	旧国名
東京府	16万石	武蔵	置賜県	28万石	羽前
京都府	38万石	山城・丹波	酒田県	23万石	羽前・羽後
大阪府	25万石	摂津	秋田県	43万石	陸中・羽後
神奈川県	14万石	武蔵・相模	敦賀県	23万石	越前・若狭
兵庫県	30万石	摂津・淡路	福井県	54万石	越前
長崎県	29万石	肥前・壱岐	金沢県	46万石	加賀
新潟県	60万石	越後	七尾県	46万石	能登・越中
岩槻県	48万石	武蔵	富山県	68万石	越中
川越県	52万石	武蔵	柏崎県	54万石	越後
小田原県	31万石	伊豆・相模	相川県	13万石	佐渡
久留里県	52万石	安房・上総	豊岡県	46万石	丹波・丹後
佐倉県	46万石	下総	鳥取県	39万石	因幡・伯耆
土浦県	51万石	常陸・下総	松江県	30万石	出雲・隠岐
茨城県	61万石	常陸	浜田県	18万石	石見
高崎県	44万石	上野	姫路県	65万石	播磨
栃木県	52万石	上野・下野	津山県	26万石	美作
宇都宮県	41万石	下野	岡山県	46万石	備前
奈良県	50万石	大和	福山県	70万石	備中・備後
堺県	46万石	河内・和泉	広島県	34万石	安芸・周防
安濃津県	52万石	伊賀・伊勢	三田尻県	51万石	周防・長門
度会県	34万石	志摩・紀伊	豊浦県	35万石	周防・長門
名古屋県	66万石	尾張	和歌山県	40万石	紀伊
岡崎県	56万石	尾張・三河	名東県	30万石	阿波
浜松県	37万石	遠江	高松県	30万石	讃岐
静岡県	25万石	駿河	松山県	24万石	伊予
甲府県	31万石	甲斐	宇和島県	22万石	伊予
彦根県	86万石	近江	中村県	21万石	土佐
岐阜県	73万石	美濃	高知県	28万石	土佐
松本県	38万石	飛騨・信濃	福岡県	65万石	筑前
上田県	45万石	信濃	府中県	53万石	筑後
仙台県	55万石	陸前・磐城	小倉県	36万石	豊前
二本松県	47万石	磐城・岩代	大分県	43万石	豊後
磐城平県	42万石	磐城	伊万里県	49万石	肥前・対馬
若松県	34万石	岩代	熊本県	48万石	肥後
一関県	43万石	陸前・陸中	八代県	36万石	肥後
盛岡県	24万石	陸中	都城県	43万石	大隅・日向
青森県	38万石	陸奥	美々津県	14万石	日向
山形県	45万石	羽前	鹿児島県	32万石	薩摩・大隅

（太政類典2篇95巻5より作成）

との太政官の意見を付けて再び大蔵省の手に戻され、一〇月末以降の布告まで修正作業が行なわれたのであった。大蔵省第一次案と一〇月末以降順次発表された府県区画(第2表)を比較すると、区画そのものにはそれほど大きな相違はない。大蔵省第一次案の原則はほぼそのまま受け継がれたといってよい。その第一は、大藩中心主義、なかんずく雄藩中心主義である。第3表で明らかなように、一定の規模をもった大藩地域はほとんどそのまま継承され、単独で、あるいは、近接の中小藩を吸収する形で府県が作られた。『大隈伯昔日譚』は、これを裏付けるように「地方の行政は大藩は大概一藩に一県を置き、小藩は合して一県と為し」(五八六頁)と記している。鹿児島、熊本、八代、都城、福岡、名東、和歌山、岡山、広島、松江、浜田、鳥取、彦根、金沢、名古屋、浜松、甲府、静岡、川越、置賜、一関、盛岡などが大藩中心府県に該当する。ただ、山口、高知については、これが二つに分割されているのが第一次案の特徴であった。

第二は、古代国制への依拠である。大和、遠江、駿河、筑後、筑前、豊前、甲斐、美濃、加賀、出雲、石見、播磨、美作、備前、紀伊、讃岐、阿波、陸奥など、一国の規模がそのまま県域となった地域も多い。これらのうちには、国域と旧藩域がそのまま重なる地域もあるが、国規模で諸藩が併合された地域も多い。当時の政府内部には、前述のように「一国一県」の考えがあり、これは、その後も折にふれて繰り返し主張された。たとえば、府県合併問題をめぐる明治六(一八七三)年七月二日の地誌課の上申に次のような一節がある。

「各府県分置ノ制ハ兼テ上陳仕候通一県ニテ数州ヲ括シ数郡ニ跨カルノ地アリ、或ハ一州ヲ数分シ一郡ヲ両属スルノ地アリ、犬牙錯雑不都合少ナカラス……、依テ謹按仕候処熊谷県ハ入間埼玉両県合併シ上野全国ヲ以テ群馬県ヲ置キ下野一国ヲ橡木県ニ隷シ二総安房ヲ千葉県ニ隷シ新治茨木ヲ併セテ常陸ヲ管セシメハ自カラ一州一県ノ形ニ相成リ疆域モ従前ニ治ヒ施政却テ簡易ノ術ヲ得可申歟、尤州県革制ノ儀ハ既ニ建言ノ次第モ有之御取舎ヲ俟チ候ヘトモ向後県治等分併ノ御評議有之候節ハ私トモヘ一応御下問被下候様仕度此段奉申上候也(15)」。また明治九年、井上毅は自筆の

第4表　大蔵省第1次案県名と発令県名の相違部分

第一次案県名	明治4年11月発令新県名	
福山県	深津県	藩名→郡名
松江県	島根県	藩名→郡名
高松県	香川県	藩名→郡名
松本県	筑摩県	藩名→郡名
上田県	長野県	藩名→地名
高崎県	群馬県	藩名→郡名
磐城平県	平県	藩名通称→藩名
土浦県	新治県	藩名→郡名
岡崎県	額田県	藩名→郡名
甲府県	山梨県	代官所名→郡名
富山県	新川県	藩名→郡名
小田原県	足柄県	藩名→郡名
川越県	入間県	藩名→郡名
岩槻県	埼玉県	藩名→郡名
久留里県	木更津県	藩名→地名
佐倉県	印旛県	藩名→郡名
府中県	三潴県	→郡名
津山県	北条県	藩名→郡名
彦根県	大津県	藩名→代官所名
	長浜県	藩名→地名
三田尻県	山口県	村名 } 藩名
豊浦県		藩名 }
高知県	高知県	藩名 } 藩名
中村県		地名 }

「行政区画意見案」の欄外に「一国一県ノ説ヲ以テ岩公ニ呈スル者アリ、此レ其ノ駁議也[16]」としたためており、一国一県説が其の後も生き続けたことを示している。前述の左院の意見も、国制との関連を強めよとの主張で、その意味では一国一県説に近い。

第三は、一定規模の経済力である。第3表の石高数を見ると、四〇万石代二〇県、三〇万石代一六県、二〇万石代一四県、五〇万石代一三県、六〇万石代五県、一〇万石代五県、七〇万石代二県、八〇万石代一県の分布を示している。石高にはかなりばらつきはあるが、一応、三〇—四〇万石が基準とされ、地形、あるいは経済発展の可能性などが考慮されて、一国の分割や合併、小藩の併合が行なわれたものと推察される。旧石高を目安とした各府県の行財政負担能力が計算され、区域決定の参考とされたことは明らかであろう。

その後、九月から一〇月末までの修正期間を経て、府県区画は、三府七三県から三府七二県へと変貌した。変貌の第一は、県名の大幅な変化である。第4表に明らかなように、一八の大藩名がこの時点で県名から抹消され、かわって郡名が県の名称に採用された。しかし、すべての藩名が抹消されたわけではなく、鹿児島、熊本、福岡、宇和島、松山、和歌山、広島、岡山、姫路、浜田、鳥取、豊岡、金沢、福井、秋田、山形、一関、仙台、盛岡、二本松、宇都宮、静岡などは旧藩名が残された県である。

第二は管轄区域の変更である。三田尻県、豊浦県が合併して山口県に、高知県、中村県が合併して高知県に、そして彦根県は大津・長浜の二県に分割された。第4表で明らかなように、大蔵省第一次案では、山口藩、高知藩という西南雄藩が二つに分割され、山口藩には旧藩名を抹消する措置もとられていた。府県区画作成過程で、山口藩、高知藩の解体を策した大久保は、何を意図したのであろうか。おそらく、維新を主導した西南雄藩が維新以後も持ち続けた政治的発言力(たとえば薩摩藩の島津久光の例)と自負が、統一国家建設にあたって地方権力残存の温床となる危険を知悉していたがゆえに、山口藩・高知藩の勢力を削減する府県区画案作成に踏み切ったものと思われる。山口藩の場合、明治二年から三年にかけて起こった解隊を契機とする諸隊の兵の反乱は、まさに維新に対する勝者の不満の爆発であった。事実、藩体制の段階的解体を策した明治三年九月一〇日の「藩制」制定にさいし、もっとも強く反対したのは、薩長土の三藩であり、[17]いわゆる維新の勲功藩は、いまや藩権力解体の反対者として立ちはだかっていたのである。政府は、この反乱およびそれに呼応する農民一揆を弾圧した後、木戸孝允・井上馨らの手で旧藩支配体制の解消につながる徹底的な藩政改革を断行した。高知藩の場合も徹底した藩政改革を断行した点では同様であり、この藩体制解消の実績のうえにたって雄藩解体が策されたと思われる。[18]そしてこれは、旧藩割拠の打破と中央への権力集中を強く印象づける政治的効果をもつはずであった。

しかし、この大久保・井上の意図は、太政官の審議過程で阻止され、山口・高知の藩名・藩域は復活した。山口県は、最大の石高八九万石をもつ大県として姿をあらわし、そして、それとは対照的に彦根県(旧彦根藩)は二つに分割されて旧藩名が抹消されたのである。これらの措置は、明治四年の時点での討幕雄藩の発言力の強大さの反映とみることができよう。

大蔵省―太政官間の協議が結着し完成案が作られた一〇月末以降、順次新しい府県区画が発表されていった。一〇月二八日、八県(小幡・伊勢崎・前橋・高崎・岩鼻・沼田・七日市・安中)を統合して群馬県とすることが発表されたのを皮切りに、一一月二日には東北、一三日には関東七国および伊豆、一四日には西海道の諸県、一五日には山陰・南海一五国と駿河・遠江・三河、二二日には畿内・四国・九州の統合が発表された。

岩倉・大久保らの訪欧使節団が横浜を出発したのは、一一月二日であった。大蔵卿として、廃藩後の地方体制整備の責務をになった大久保は、訪欧に先だって府県管轄区域と地方長官人事の大略を決定し、大蔵大輔井上馨にその実行を託したのち出発したものと思われる。訪欧使節団と留守政府との間に交わされた約定第七款には「廃藩置県ノ処置ハ内地政務ノ純一ニ帰セシムベキ基ナレバ、条理ヲ逐テ順次其実行ヲ挙ゲ改正ノ地歩ヲナサシムベシ」と記されていた。第六款が「内地ノ事務ハ大使帰国ノ上大ニ改正スル目的ナレバ、其間可成丈ケ新規ノ改正ヲ要スベカラズ」と留守政府の手による内政改革を禁じたのに比すると著しいニュアンスの相違がある。これは、大久保・井上の手で人事をも含めた地方改革計画が最終的な詰めも終っていたこと、その既定計画の段階的実施が井上に委ねられていたことを物語るものであろう。

4　県名変更——藩名から郡名へ

一一月の新県設置後いくばくもなく、県名変更を願い出る府県が相次いだ。これらの変更は、第5表に明らかなように、旧藩名を郡名もしくは町村名に変更するケースがほとんどであった。「当県名旧称ノ儘ニ有之候テハ固陋ノ人情旧弊ノ儀ニ可有之ニ付郡名ヲ以テ磐前県ト改称候様被成下度此段奉願候」(19)とある平県、「人目一新ノ折柄福井県名足羽県ト致改唱度」(20)とある福井県、「仙台ノ旧称被用候ニ付兎角人心旧習ヲ離脱兼情実モ有之候間郡名ヲ取テ宮城県ト御改称相成度旨」(21)とある仙台県、「諸県改置御盛挙ノ際ニ当リ依然幕府代官所タル大津ノ名号ヲ因襲罷在候テハ徒ニ名実相反スルノミナラズ元来愚民ノ固著敗レ兼自然開化ノ進歩ニ障碍不少」(22)とある大津県、「従前奢侈ノ旧習一時洗滌不致テハ愚民ノ方向ヲ転ゼシムル事甚ダ難シ」(23)として県庁を金沢から美川町に移し県名を石川県と改称した金沢

第5表　廃藩置県後1年間の県名変更

県名変更月日	旧県名	新県名	備　考
明治4年 9月23日	弘前県	青森県	旧藩名→県庁所在地地名
11月 6日	姫路県	飾磨県	旧藩名→地名
11月14日	二本松県	福島県	旧藩名→県庁所在地地名
11月29日	平　県	磐前県	旧藩名→県庁所在地郡名
12月13日	一関県	水沢県	旧藩名→県庁所在地地名
12月20日	福井県	足羽県	旧藩名→県庁所在地郡名
明治5年 1月 8日	盛岡県	岩手県	旧藩名→県庁所在地郡名(北岩手郡)
1月 8日	仙台県	宮城県	旧藩名→県庁所在地郡名
1月19日	大津県	滋賀県	旧代官所名→県庁所在地郡名
2月 2日	金沢県	石川県	旧藩名→県庁所在地郡名
2月 9日	松山県	石鉄県	旧藩名→山名(石鉄山)
2月27日	長浜県	犬上県	地名→郡名
3月17日	安濃津県	三重県	安濃津郡から三重郡四日市への県庁移転
4月 2日	名古屋県	愛知県	旧藩名→県庁所在地郡名
5月29日	伊万里県	佐賀県	地名→旧藩名(県庁移転)
6月 5日	深津県	小田県	郡名→郡名(県庁移転)
6月14日	熊本県	白川県	旧藩名→川名(県庁移転・明治9年2月22日には再び熊本県)
6月23日	宇和島県	神山県	旧藩名→山名(出石山を神山と称したことによる)

県、「宇和島ノ如キハ元来僻遠ノ地方ニシテ旧名ヲ其儘相用候テハ自然部内ノ人民其旧号ニ依シ随テ陋染ノ面目ヲ改メザルノミナラズ一斉ノ事務施設ノ上ニ於テ多少不都合[24]」として県名を神山県と改めた宇和島県などがその例である。いずれも、旧藩名の踏襲は諸事一新の目標達成を妨げるとして、地方官の側から改名の上申がなされたのであった。

ただ一つ例外としては、伊万里県から佐賀県への変更がある。これは、伊万里から佐賀への県庁移転にともなう改名であったが、そもそも伊万里を県庁所在地と定めたのは「廃藩ノ際時機斟酌一旦之ヲ移シ其人情ノ向背ヲ転セシメ[25]」る山岡鉄太郎(静岡士)権令の意図から出ていた。その後、五年五月多久茂族(佐賀士)が権令となった直後、伊万里は「肥前国内西隅ニ方リ如何ニモ偏鄙ノミナラス都テ政令ヲ施ス中央ニシテ不取扱」る県治上不便な地であり、かつ佐賀士族も「一旦伊万里ヘ移庁猶復庁トモ御座候得ハ果シテ之ヲ幸ニシテ一際御革新ノ肯綮但難有尽力可仕……[26]」と旧佐賀県庁への移転と改名を上申したのである。旧藩名への復帰、旧藩庁所在地への復帰を統治上の利便とする論理は、佐賀藩出身者を権令に迎えたことを好機として佐賀士族の復権をねらう旧佐賀藩の論理にほかならなかった。おそらく、当時の留守政府内部における佐賀・土佐閥の優位が、旧佐賀藩の論理を受容する基礎となったと思われる。(27)

これらの改名の結果、明治五年の時点で藩名と県名が一致した県は、山形、静岡、宇都宮、秋田、和歌山、山口、広島、岡山、鳥取、高知、福岡、佐賀、鹿児島の諸県だけとなった。中国、四国、九州の西南地域、またいわゆる勤王藩が多いことが注目される。(28)

(1) 廃藩置県直前は、府三、県四〇、藩二六一で、石高では全国三〇〇〇万石中、府県は八〇〇万石にすぎない。なお、府県の数は佐幕朝敵藩の削封処分の関係で年月によって変動が大きく、明治元年閏正月一〇府二七藩二三県、明治二年末三府二七一藩四六県、明治三年末三府二五六藩四三県である。

(2) 『京都府規則ヲ頒布シテ意見ヲ上陳セシム』明治元年八月五日。

(3) 福島正夫『日本資本主義と「家」制度』(一九六七年、東京大学出版会)および山中永之佑「明治初期官僚制の形成と堺県知事小河一敏」(宮本又次編『大阪の研究』、一九六八年、博文堂出版)参照。

(4) 維新前後における忠誠の相剋と天皇への集中については丸山真男「忠誠と反逆」(『近代日本思想史講座』七巻、一九六〇年、筑摩書房)。

(5) 木戸・大久保らがそれぞれ出身藩や諸藩の動向を計算しつつ、なしくずし的にしかも敏速に中央集権体制への転換をなしとげた経過については、遠山茂樹「有司専制の成立」(『自由民権期の研究』一巻、一九五九年、有斐閣)参照。

(6) 松下芳男『明治軍制史論』上(一九五六年、有斐閣)参照。

(7) この時期の藩政改革については、原口清「藩体制の解体」(『岩波講座日本歴史一五、近代2』一九六二年)、田中彰「明治藩政改革と維新官僚」(稲田正次編『明治国家形成過程の研究』一九六六年、御茶の水書房)参照。

(8) 円城寺清執筆『大隈伯昔日譚』(一九七二年、明治文献)五五一頁。

(9) 『大隈伯昔日譚』前掲頁。

(10) 遠山茂樹『明治維新』(一九五一年、岩波書店)二五八頁。なお、在京五六藩の知事は、天皇の御前に召されて罷職の勅語を聞き、一五日には在藩の知事の名代として各藩参事が呼ばれ罷職の宣旨が伝えられた(升味準之輔『日本政党史論』一巻、一九五六年、東京大学出版会、八九頁)。なお、下山三郎「戊辰戦争と維新政権」(『岩波講座日本歴史一四、近代1』一九七五年、岩波書店)によれば、廃藩置県時に藩が抱えていた内外債と藩札発行高の合計は、当時の諸藩の現収高の三三九%に達していた。まさに藩財政は壊滅的状況にあり、これが農民一揆の頻発とあいまって藩主の自信喪失につながったという。

(11)　厳原県(対馬)は、その地理的環境によって、古代から朝鮮との通交の前進・中継基地としての役割をになった地域であり、新政府によっても外交上重視されていた。しかし、当時の厳原県は「陬僻絶海ノ境ニ候エハ内国ノ御模様モ容易ク通シ兼、士卒農商共曖昧方向ヲ弁シ兼候徒」が多く、かつ明治三年の藩内紛擾によって「稍気慨有之候ノ者ハ斬殺シ、或ハ自ラ屠腹仕殆ント人材ヲ殲シ」てしまい、新政治を担う人材を欠く状況であった。このため「大少参事ヨリ大属迄ノ内都合四五名東京滞在府県人才中ヨリ篤ト人物御精選被遊御差下度」(「厳原県ヘ大少参事撰任赴任セシムベキノ儀」早稲田大学所蔵「大隈文書」A五七四)との願が明治四年七月厳原県より出され、七月二四日民部大丞渡辺清が知事心得として出張した後、同月三〇日には権知事の職についたのである。また、明治三年に藩内で大規模な騒擾がおこった徳島県、贋造紙幣問題で摘発された福岡県も、反政府分子の一掃と中央への帰順確保の見地から、大幅な人事の入れかえが断行されている。

(12)　太政類典二─九五、五。

(13)　明治四年九月七日付書簡(立教大学日本史研究会編『大久保利通関係文書』一巻、一九一頁)。

(14)　太政類典二─九五、五。

(15)　太政類典二─九五、一七。

(16)　井上毅伝記編纂委員会編『井上毅伝』史料篇一、一一〇頁。

(17)　前掲下山三郎「戊辰戦争と維新政権」参照。

(18)　この時期の藩政改革については、原口清「藩体制の解体」(『岩波講座日本歴史一五、近代2』一九六二年)、田中彰「明治藩制改革と維新官僚」(稲田正次編『明治国家形成過程の研究』一九六六年、御茶の水書房)参照。

(19)　平県権令武井守正より太政官宛伺、太政類典二─九五、二五。

(20)　太政類典二─九五、一三。

(21)　太政類典二─九五、二九。

(22)　太政類典二―九五、三〇。
(23)　太政類典二―九五、三一。
(24)　太政類典二―九五、四〇。
(25)　太政類典二―九五、三六。
(26)　太政類典二―九五、三六。
(27)　佐々木克「文明開化の政治指導」(林屋辰三郎『文明開化の研究』一九七九年、岩波書店)八九―九〇頁参照。
(28)　宮武外骨『府藩県制史』(一九四一年、名取書店)は、府県名について王政復古に功のあった大藩地域の県名には藩名をそのままつけ、朝敵藩、佐幕藩の地域には山・川・郡名をとった例が多いと指摘している。

二　新府県庁の形成

1　新府県庁人事

明治四(一八七一)年一一月、三府七二県への統合が完了して、以後大蔵省による本格的な府県庁人事が開始される。前述のように、すでに九月の時点で立てられた、他府県出身者を地方長官に任命するという人事刷新方針は、この時にも受け継がれた。まず、三府七二県の発表と同時に、県令あるいは参事のいずれか一員ずつの人事が発表され、任地へ赴任していったが、第6表にみられるように、ほとんどの府県で、他府県出身の士族が長官に任命されたのが特徴である。中央集権を実現していくためには、旧勢力の権威を徹底的に打破せねばならず、そのためには他府県から新長官がのりこんで、新政策の実施者となることが必要とされたのである。とくに、反政府気運がいまだ強いとみなされた旧朝敵藩地域にたいしては、西南雄藩出身の士族が多く任命され、新時代の到来を強く印象づける方策がとられた。このような他府県出身者の就任は、ある場合には言葉が「能不通余程相困り」[1]という困難な状況をもたらした。しかし、急激な中央集権体制樹立にあたって、命ぜられた職務の忠実な遂行をひたすら求めた政府は、地域に対する理解や親近感よりも、中央に顔を向けた他府県人の果断な実行力を優先させたのであった。

ただ、例外措置として、高知、熊本、鹿児島、岡山、福井、酒田、鳥取、名東、和歌山、一関、足柄、茨城、静岡、名古屋、伊万里などの諸県には、同県出身者が任命された。廃藩置県段階の政府は、雄藩連合政権からの脱皮を遂げたとはいえ、なお薩長土肥を初めとする雄藩・大藩の勢力を無視しえない脆弱さをもっていた。これらの諸県にたいして他府県出身者任命の原則を貫徹しえなかったのは、権力の脆弱さにもとづく旧藩権力への政治的妥協にほかならなかった。国岡啓子の最近の研究[2]によれば、これらの地元出身者の場合、旧藩の代表あるいは代弁者的存在で、かつ幕末の政局で活躍が目立った者が多かったという。また、この段階での地方長官人事では、まだ薩長土肥四藩の優位は認められず、戊辰戦功労藩を中心に多くの藩への配慮を優先した人事傾向が見られると指摘されている。

ただ、雄藩のひとつである山口藩では、例外的に中野梧一、関口隆吉と幕臣出身者があいついで県令に任命され、同県人の県令就任は明治一四年原保太郎が最初である。これは、奇兵隊を始めとする諸隊反乱・農民一揆などいわゆる「尾大の弊」を早期に鎮圧し、藩政改革によって克服した[3]木戸孝允・井上馨・伊藤博文らの維新官僚の自信を示すものであろう。また、前掲の戊辰戦功労藩での同県出身者就任が長期にわたって維持されたかというと決してそうではない。静岡県、鳥取県、岡山県、佐賀県、和歌山県、名東県は明治五年中に、熊本県、福井県(六年一月廃県)は同六年に、酒田県は同七年に、京都府は同八年に、足柄県(九年四月廃県)、高知県は同九年に、鹿児島県は同一〇年にこの例外的立場を喪失し、他府県出身者が長官に任命されており、政治的な力関係を勘案しながら、段階的に旧藩結合が崩されていった経緯を知ることができる。

第6表　明治4年11月の地方官人事

府県名	就任年月日	役職名	氏名	出身	備考
東京府	4.11.14 更任	知事	三岡公正	福井士	
京都府	4.11.24 更任	知事	長谷信篤	京公家	
豊岡県	4.11.10	令	小松彰	松本士	
大阪府	4.11.22	知事	渡辺昇	大村士	
堺県	4.11.22 更任	令	税所篤	鹿児島士	
神奈川県	4.11.13 更任	令	陸奥宗光	和歌山士	
足柄県	4.11.13	令	柏木忠俊	足柄	
兵庫県	4.11.20	令	神田孝平	静岡士	
姫路県	4.11. 2	参事	土肥実光	名東士	
(飾磨)	4.12.18	権令	中島錫胤	徳島士	
長崎県	4.11.14	権令	宮川房之	熊本士	
新潟県	4.11.20 更任	令	平松時厚	京公家	
柏崎県	4.11.20	参事	南部広矛	敦賀士	
相川県	4.11.20	権令	新貞老	鳥取士	
埼玉県	4.11.13	令	野村盛秀	鹿児島士	
群馬県	4.11.13	参事	小笠原幹	福井士	
入間県	4.11.13	権令	青山貞	福井士	
印旛県	4.11.13	令	河瀬秀治	宮津士	
木更津県	4.11.13	権令	柴原和	竜野士	
新治県	4.11.13	権令	池田種徳	広島士	
茨城県	4.11.13	参事	山岡高歩(鉄太郎)	静岡士	4.12.9 罷
	4.11.23	権参事	山口正定	水戸士	
宇都宮県	4.11.13	参事	三吉周亮	山口士	
	4.11.25	参事	小幡高政	山口士	
栃木県	4.11.13	令	鍋島貞幹	佐賀士	
奈良県	4.11.29	令	四条隆平	京公家	
度会県	4.11.22	権令	橋本実梁	京公家	
安濃津県	4.11.22	参事	丹羽賢	名古屋士	
名古屋県	4.11.22	参事	間島冬道	名古屋士	
浜松県	4.11.15	権令	多久茂族	佐賀士	
静岡県	4.11.15	参事	大久保一翁	静岡士	4.12.9 罷
	4.12. 9	参事	浅野氏祐	静岡士	
山梨県	4.11.20	令	土肥実匡	鳥取士	
長浜県	4.11.25	権令	神山郡廉	高知士	
大津県	4.11.22	令	松田道之	鳥取士	
岐阜県	4.11.22	令	長谷部恕連	福井士	
筑摩県	4.11.20	参事	永山盛輝	鹿児島士	
長野県	4.11.20	権令	立木兼善	淡路士	
仙台県	4.11. 2	参事	塩谷良翰	栃木士	
若松県	4.11. 2	権令	鷲尾隆聚	京公家	
平県	4.11. 2	権令	武井守正	姫路士	
二本松県	4.11. 2	権令	清岡公張	高知士	

府県名	就任年月日	役職名	氏　　名	出　身	備　考
一関県	4.11. 2	参事	増田繁幸	仙台士	
盛岡県	4.11. 2	参事	島惟精	大分士	
青森県	4.11. 2	権令	菱田重禧	大垣士	
酒田県	4.11. 2	参事	松平親懐	酒田士	
置賜県	4.11. 2	参事	高崎五六	鹿児島士	
山形県	4.11. 2	参事	岩村定高	佐賀士	
秋田県	4.11. 2	参事	村上光雄	黒羽士	4.11.26 主任罷
	4.12.26	権令	島義男	佐賀士	
福井県	4.11.20	参事	村田氏寿	福井士	
敦賀県	4.11.20	参事	熊谷直光	秋田士	
七尾県	4.11.20	参事	三島為嗣	長崎士	
金沢県	4.11.20	参事	内田政風	鹿児島士	
新川県	4.11.20	参事	坂田莠	高鍋士	
鳥取県	4.11.15	権令	河田景与	鳥取士	
浜田県	4.11.15	権令	佐藤信寛	山口士	
島根県	4.11. 5	参事	寺田剛実	高知士	
深津県	4.11.15	権令	矢野光儀	佐伯士	
北条県	4.11.15	参事	淵辺高照	鹿児島士	
岡山県	4.11.15	参事	新荘厚信	岡山士	
広島県	4.11.15	権参事	千本久信	福井士	
山口県	4.11.15	参事	中野梧一	静岡士	
和歌山県	4.11.29	参事	津田正臣	和歌山士	
名東県	4.11.15	参事	井上高格	名東士	
香川県	4.12.15	参事	林茂平	高知士	
松山県	4.11.15	参事	本山茂任	高知士	
宇和島県	4.11.15	参事	平岡準	静岡士	
高知県	4.11.15	参事	林有造	高知士	
三潴県	4.11.14	参事	水原久雄	岡山士	
小倉県	4.11.14	参事	伊東武重	伊万里士	
福岡県	4.11.15 更任	令	熾仁親王	有栖川宮	
大分県	4.11.14	参事	森下景端	岡山士	
伊万里県	4.11.28	参事	古賀定雄	佐賀士	
	4.12.22	権令	山岡高歩(鉄太郎)	静岡士	
八代県	4.11.14	参事	太田黒惟信	熊本士	
熊本県	4.11.14	参事	山田武甫	熊本士	
美々津県	4.11.14	参事	橋口兼三	鹿児島士	
都城県	4.11.14	参事	桂久武	鹿児島士	
鹿児島県	4.11.14	参事	大山綱良	鹿児島士	

(『明治史料顕要職務補任録』1967年，柏書房より作成)

では次に、これら新長官の手による府県庁人事の実施過程とその特徴点を探ってみよう。三府七二県の発表後任命された地方長官たち(府知事県令もしくは参事のいずれか一員をこのとき任命)は、任地到着後、各自の構想に基づき新人事実現にむけて行動を開始した。大蔵省は、同年一二月の時点で各地方長官にたいし、事務引き継ぎ終了後、旧府県吏員をすべて免職し、その後新長官が精選して新吏員を登用すべしとの達を発していた。旧勢力追放と新県令を中心とした新体制の創出である。

この間の経過を小倉県参事伊東武重の大隈重信宛書簡(4)によってたどれば次のようになる。新参事は東京から権参事をはじめとする若干の官員をつれて任地に到着後、旧県(豊津・中津・千束)の首脳陣を召喚して、廃県趣旨を達するとともに、行財政の事務引継を行わしめた。その後、旧県首脳からそれぞれ新官庁の官員に推薦すべき「人選之名書」および「官員之能否」見立てを提出させた。小倉県の場合、旧県の官員は合計二〇〇人余の多数であったが、これを石高に応じた定員数四六名に減少しなければならなかった(5)。新参事は、これらの資料を参考に、旧県官員中から有能と思われる人材を抜き出して、新県庁の人事案を作り、太政官に伺いでたのであった。

また、旧六県を合わせて作られた青森県へ赴任した参事菱田重禧(大垣士)は太政官にたいし、人事について次のような措置をとったと報告している(6)。「旧六県官員は一旦すべて総免職のうえ、奏任以上の旧官員については参事の判断で進退の見込を付記した名簿を太政官に提出し、判任以下については旧六県だけでなく諸府県からも精撰登用を行い、一二月一日の新県施政に備えた」と。また、松尾正人の置賜県に関する研究(7)によれば、新長官に任命された高崎五六(鹿児島士)は任地について東西もわからぬ状況に困惑し、西郷の指示で板垣を訪ね、更に板垣の教示で米沢藩出身の左院大議生宮島誠一郎から旧藩の人事や藩情についての助言を受け、ようやく統治方針を立てることができたという。未知の任地へ乗り込む場合には、高崎の例のように、旧藩事情を掌握している旧藩士の協力が不可欠であった。おそらく、宮島誠一郎のように、幕末維新の政局の中で新政府との接点を持ち、維新後登用された人物、あるいは、公議所・集議院に各藩から集められ朝命伝達機能を果たした旧藩士たちのうち、大久保・井上・木戸ら維新官僚の信頼をかち得た人物がこれらの機能を果たしたと思われる。府県の人事はおおむね右のような経過をたどって決定された。

この府県庁人事について大蔵省は、明治四年一一月布達の「新県取扱心得条件」のなかで、「廃県大少参事其外ノ内才能有之判任官ニ難用モノハ、当分ノ間七等出仕ニ申立、其他ハ総テ先判任何等出仕ニ申付、篤ト試験ノ上等級取極登用ノ積可相心得事(8)」と命じた。「県治条例」(明治四年一一月二七日発布)によれば、七等出仕は常置の官員ではなく、令もしくは参事の職務を助けるために便宜これを置くと定められており、任命の場合は詳細な理由を付けて太政官に願い出ることになっていた。旧県の官員、つまり旧藩士を採用する際は、一挙に常置の奏任官に登用することを避け、中央の慎重な判定と長期にわたる観察を経て奏任官とする必要が説かれていたのである。

この旧藩組織・旧藩官員に対する警戒の意図は、翌五年二月八日の太政官布告三九号でさらに明確化する。「先般諸県廃置仰出候ニ付テハ、地方新任ノ官員御趣意ニ基、新古引分判然区域ヲ立諸務改正ノ見込可相付ノ処、一切ノ事務其他官員選挙等ニ至迄旧習ニ拘泥候向モ有之哉ニ相聞不都合ノ至ニ候条、総テ旧習ニ不拘新古判然区域ヲ分速ニ改正ノ見込相立、廃置ノ御趣意屹度致貫徹候様可相心得事、但土地人民受致候上ハ早々大蔵省へ可届出事」。この布告は、「諸県新任ノ令参事速ニ赴任、土地人民共請取諸務改正可致筈ノ処、従来ノ仕来ニ泥ミ其儘押移候県々モ有之候趣ニ相聞へ不容易事ニ候」という大蔵省の伺に対する対応として出された布告であった。旧習に拘泥して「新古引分判然区域ヲ立」てた改革が充分に行われない事態にたいして、旧制との絶縁を妥協なく行うよう、厳しい警告が発せられたのである。おそらく、各府県が提出した人事構想にたいし、大蔵省は旧習一洗の観点にたって監査を行い、不充分なものにたいしては修正を命じたものと思われる。もっとも、前述のようにすべての府県にたいしてこの方針が適用できたわけではない。大蔵省の介入が不可能な府県には「旧習ニ拘泥」する統治がそのまま存続することを許容

第7表　府県庁総員のうち同県出身者が占める割合

%	府　県　名
100	酒田・足羽・熊本
90 以上	佐賀・高知・岡山
80 以上	長崎・福岡・広島・石川・静岡
70 以上	鳥取・名東
60 以上	相川・宇都宮・和歌山・浜田・北条・神山・大分
50 以上	柏崎・茨城・滋賀・三重・飾磨・石鉄・三潴
40 以上	岩手・木更津・栃木・大阪・愛知・岐阜・筑摩・度会・堺・京都・豊岡・深津
30 以上	仙台・新潟・群馬・神奈川・額田・敦賀・兵庫
20 以上	福島・新治・印旛・奈良
10 以上	山梨・島根・八代
10 以下	若松・磐前・入間・新川

(内閣文庫所蔵，明治 5 年 6 月 20 日改『改正官員全書・府県』により作成．山口・青森・置賜・埼玉・足柄・浜松・長野・香川・小倉・鹿児島・美々津・都城の 12 県欠．なお山口県は明治 6 年 8 月の時点で 80% であった．)

第8表　9 等官以上の地方官員中地元出身者の占める割合

%	府　県　名
0-10	岩手・水沢・若松・福島・新潟・相川・印旛・栃木・宇都宮・入間・額田・山梨・筑摩・新川・敦賀・大阪・北条・八代
11-20	山形・磐前・柏崎・茨城・群馬・三潴
21-30	木更津・東京・神奈川・岐阜・三重・度会・京都・飾磨・浜田・島根・小田・大分
31-40	宮城・愛知・滋賀・豊岡・和歌山・石鉄・宇和島・福岡
41-50	兵庫・鳥取
51-60	石川・堺・長崎
61-70	広島・名東・佐賀
81-90	静岡
91-100	高知・酒田・足羽・岡山・熊本

(内閣文庫所蔵，明治 5 年 6 月 20 日改『改正官員全書・府県』により作成．山口・青森・置賜・埼玉・足柄・浜松・長野・香川・小倉・鹿児島・美々津・都城の 12 県欠．)

せざるをえなかったのは後述の通りである。

では、明治五年前半にほぼ作り上げられた新府県庁の人的構成には、この旧習との切断がどの程度実現していたであろうか。第7表には、府県庁における同県出身者と他県出身者の割合を示した。熊本・佐賀・高知・岡山・長崎・福岡・広島・鳥取・名東(現徳島)など西南地域の諸県名が上位に多く見出される。他には、東北では酒田(現山形)、北陸では足羽《あすわ》(現福井)、東海では静岡が目立つ存在となっている。各府県の特徴をより明確にするために、九等官以上の割合を調べたのが第8表である。当時の府県庁は四課(庶務・聴訟・租税・出納)にわかれていたが、その各課の課長＝権典事が九等官である。この課長以上の官員がすべて他府県出身者で占められた府県は一七、それとはまったく逆に地元出身者が一名のみの府県は一九を数えるという対照的な傾向が併存していた。

この二表によれば、東北・中部・関東地域では、旧藩勢力と絶縁した形で府県庁が構成され、とくに朝敵藩であった地域にこの傾向は著しい(酒田県は庄内藩と西郷隆盛のつながりの強さが例外的な傾向をうんだものと推測される)。それに反して、中国・四国・九州では、旧藩勢力との継続性が強い。また足羽・石川・高知・熊本・佐賀・静岡・岡山・鳥取など大藩を核に形成された府県では明らかに旧藩出身者が多数登用されている。

「廃藩ノ御趣意屹度貫徹」という大蔵省の旧制絶縁の意図は、中小藩地域、あるいは維新遂行の過程で佐幕的立場にたち、戊辰戦争の敗戦により叩きのめされて維新後の政治的発言権を失った地域では貫徹しえたものの、討幕雄藩あるいは大藩地域では、旧藩体質を払拭する刷新人事を強行しえなかったことが明らかになる。明治四年から五年にかけての維新政府は、雄藩勢力の均衡のうえに立つ支配体制を完全に脱却しえず、地方統治にあたっても雄藩および大藩に対する顧慮と妥協が常に必要とされねばならなかった。府県庁の人事構成はこの事情をよく示しているといえよう。そして、旧藩体質・旧藩意識を温存したこれらの府県庁は、その後の新政策展開過程で集権的統治への大きな障害となったのである。

2　地方官僚の地位と権限

廃藩置県後三、四カ月を経て、政府は二つの太政官達(明治四年一〇月二八日府県官制、同年一一月二七日県治条例)を発して地方官僚機構を発足させた。廃藩置県は法的にはこの二つの達によって実質を作ったが、この実施には一年近くの月日がかかったのである。知事もしくは権知事を頂点に参事、権参事、七等出仕、典事、権典事と続く府県の階統制は第9表のとおりである。官員の定員数と府県の財政規模は、同年一一月二七日太政官達「県治官員並常備金規則」に

第9表　府県官職等級表

		府	県	開港場所在府県
勅任	一等			
	二等			
	三等	知事		令
奏任	四等	権知事	令	
	五等	参事	権令	
	六等	権参事	参事	
	七等		権参事	
判任	八等	典事	典事	一等訳官
	九等	権典事	権典事	二等訳官
	十等	大属	大属	三等訳官
	十一等	権大属	権大属	四等訳官
	十二等	少属	少属	五等訳官
	十三等	権少属	権少属	六等訳官
	十四等	史生	史生	七等訳官
	十五等	府掌	県掌	

よって定められた。これによれば、二〇万石の県定員数は、令もしくは権令一名、参事もしくは権参事一名で奏任官は二名、典事以下の判任官はあわせて三〇名、合計三二名であった。二〇万石以上の大県については、二一—四〇万石までは一万石について一名を増加、四一万石以上は一万石について五分を増加と定められ、たとえば五〇万石は五七名、六〇万石は六二名の定員となったのである。

身分の上からいえば、府知事は勅任三等、県令は奏任四等(開港場のある県は勅任三等)であり、以下県出仕の一五等まで身分的に段階づけられ、それに応じて月俸と定員数が定められた。奏任官とされたのは、令もしくは権令(どちらか一員をおくと定めた)・参事・権参事・七等出仕(事務が繁劇に渉る場合、あるいは令が欠官の場合におくとされていた)であった。太政官は令・権令の任免権を握るとともに、それ以下の奏任官についても府知事県令の具状した意見を参考に任免を決定した。なお、典事以下の判任官人事は府知事県令に委ねられたが、これについても太政官への事後報告が義務づけられた。これらの人事権を通じて、府知事県令らは中央政府の統轄下に組み込まれていったのである。

では、府知事県令は、全体の官僚機構のなかで中央官僚と比べるとどのような格付けであったろうか。具体的に、地方官僚の官等を中央官庁の大蔵省官僚と比較すると、府知事の勅任三等は少輔、一等(造幣・租税)寮頭にあたる。また県令の奏任四等は、大丞、一等寮権頭、二等(戸籍・土木・紙幣・出納・統計・検査)寮頭にあたる。府知事県令

は、ほぼ中央官庁の局長あるいは局長以下の地位であり、中央政府の首脳より一段と低い格付けであった。(9)

中央の首脳が自己の手足としての官僚を各地方に配置して全国を統轄するという廃藩置県の理念は、中央官僚と比べて一段低い地方官僚という格付けによって具体的に示されたのである。地方官僚の官位は、その後明治一〇年、明治一九年、明治二三年と改正されて、勅任・奏任・判任の三つの整然たる等級秩序が確立し、横断的な格差が作られる。この等級秩序によって、以後、宮中席次、位階勲等、昇進、その他日常的服務様式、広くは社会的栄誉、待遇に至るまで、地方官僚内部にも細かく厳しい身分差が確立されていく。(10)

次に府知事県令の権限はどうか。県治条例はその職務について、「県内ノ人民ヲ教督保護シ条例布告ヲ遵奉施行シ租税ヲ収メ賦役ヲ督シ賞刑ヲ判ジ非常ノ事アレバ鎮台分営ヘ稟議シ便宜処分スルヲ掌ル」と記していた。これに関して伊藤博文は、明治四年七月、大隈重信、井上馨にあてた「官制改革意見」のなかで次のように述べている。

「知事ノ職掌ハ其府県内ノ訴訟ヲ聴キ貧富盛衰ヲ洞察シ人民戸籍ヲ明亮ニシ、総テ其地方ニ付テノ法則ヲ偏頗ナク取設ケ、且ツ政府ノ法令人民中ニ行ハルルヤ否、法律ノ不良ナルヲ以テ人民ヲ害スル事アリヤ否、或ハ人民ノ風俗善美ナラザルヲ以テ法律ニ忤ル事アリヤ否ヲ推知シ、常ニ下情ニ通ジ其状実ヲ政府ニ報告シ、又政府ノ命ヲ人民ニ伝ヘテ之ヲ守ラシムルヲ以テ主職トナスベシ」と。(11)つまり彼らは、新政府のイデオロギーを人民に教え諭す啓蒙的指導者であり、政府の政策や命令を実施する行政官であり、府県に必要な法律規則を制定する立法官であり、府県内の訴訟を司る裁判官であり、収税官であり、警察官であるというきわめて広い守備範囲を担わされていた。身分的にはBクラスの低さにありながら、府県の最高責任者として重要問題すべてについて処理する責務を負わされていたのである。

激動期の民衆の動向、政府の政策に対する民衆の反応を正確に把握し政府に報告することも彼らの重要な責務の一つであった。

もちろん、彼らの統治行為は、太政官や大蔵省という上級機関の規制と監督の下におかれており、その権限が大きいといっても本質的に従来の領主権力とは異なっていた。重要なものについては、すべて中央の各省への稟議と、その許可の取得が義務付けられ、専任措置が許された権限についても、事後報告が義務付けられていた（明治四年一一月二七日太政官達県治条例、明治八年一一月三〇日太政官達府県職制事務章程）。「主務ノ各省ヘ稟議シテ処分」するよう命ぜられた重要事項とは、租税に関する条規の改正、部内の境域変更、絞以上の重罪判決、社寺・中小学校・駅逓制度・郵便制度・土木工事・勧業・出版・国債などに関する事項、地方警邏規則の制定と改正、救貧恤窮方法の制定、官林伐木、外国人雇用、奏任官以上の人事などであった。専任措置が許された事項は、戸籍調査、規定内の租税収納・出納・救助、徒流以下の軽罪、市街村落の警備、犯罪者逮捕、判任以下の官員人事などで、重要度が低いとみなされたものや規定に基づく処理が可能なものであった。これらの稟議、具申もしくは報告を通じて政府は、各府県の行政・政治状況を把握し、逸脱を規制し、あるいはできるだけ府県相互の差異の調節を図ろうとした。この時期には、各府県が政治・経済・社会の分野にわたって広く出した独自の布達案や行政措置案がそれぞれ太政官にあてて稟候、具申され、それらを許可、修正あるいは却下するのが太政官の重要な仕事となっていた。そして中央の指令や法則に違背したり、あるいは稟議すべきものを専断で処分した場合には、些細なことでも懲戒の対象となった(12)。

とくに廃藩置県直後の時期には、府知事県令の専断によって中央集権化が阻害されないように厳しく監視された。この監視の厳しさについては、明治五年一〇月大蔵省自身が次のように述べている。「地方官ノ儀当省ニ於テ統轄総管致シ、諸般ノ事務無細大指揮ヲ加ヘ頗牽制束縛ニ相渉リ苦情モ多ク候ヘドモ、府県新置ノ際各自ノ意見ニ任セ候テハ治体不斉、且従来盤根錯雑仕来取纏不申候テハ歳入出難見認ト致顧慮候故之儀ニ有之……(13)」。

また、島根県参事兵頭正懿、同権典事岡田宜友も、明治六年四月太政官正院宛「県治改正之議」のなかで次のように述べている。「臣等謹案スルニ県治ノ事務タルヤ頗ル博ク管下一般地租諸税ノ徴収ヲ初メ国民治安ノ機一切関渉セサルナシ、而シテ僚属ノ事務ヲ扱フニ於テハ四個ノ課目アリ、之レヲ統轄シテ其ノ責メニトウルハ令官ノ職ニシテ其ノ責メ重キカ故ニ位地軽カラスシテ職制モ諸省ニ比例シ対立ノ地ニ列セリ、然ルニ其ノ事務ヲ取扱フニ於テハ独リ大蔵省ノ一分課ニ類スルモノノ如シ、故ニ管下事アル時ハ必ス大蔵省ヨリ出張シ其事情ヲ鑑別シ以テ之レヲ裁判スル如キハ畢竟之レ県官ノ権常ニ軽キニ属スル故ナリ、其故ハ何ソヤ、任スルノ専ナラサルナリ、任スル所専ナラサレハ管下ヲ統理スルノ権随テ軽キ事推シテ知ルヘシ(14)」。

右に述べられているように、県治上問題の生じたとみなした府県にたいして、大蔵省は容赦なく直接大蔵官僚を派遣し、府知事県令に対する指揮権を彼らに与えて事態収拾にあたらせた。たとえば廃藩置県直後の八月二七日、大蔵省五等出仕林厚徳を金沢県へ、同六等出仕河野敏鎌を広島県へ、大蔵少丞林友幸を佐賀県へ、いずれも「大参事ノ心得ヲ以テ」出張させたのを皮切りに、三府七二県に統合以後も、憂慮される事態が発生した地域には、ただちに大蔵官僚を派遣している。

反政府気運が瀰漫していた茨城県に大蔵大丞渡辺清を派遣した例(15)、農民騒擾にたいし行政・司法の全権を委任した大蔵官僚を派遣し鎮圧の指揮をとらせた例（明治六年の大分県暴動に七等出仕坂部長照、福岡県暴動に大蔵大丞林友幸、青森県暴動に六等出仕北代正臣）は、大蔵省の指揮権と監督権の強大さを示す事例である。たとえば、福岡県暴動の際には、地方官僚の黜陟、暴徒処罰をも含めた広範な臨機の処分権と人事権が出張官僚林友幸に与えられた。そして「罪刑明白ノ上ハ死刑ト雖ドモ臨機処分可致事(16)」と明記されたように、死刑を含めた処分決定権を彼に与えたのである。

このように、中央政府による府県庁統轄は、地方行政全般に関する太政官への伺・報告の義務付け、そして、それに対応する認可・不認可の伝達、処理方法の指示という枠内にとどまるものではなかった。大蔵省の一方的判断で、府県に対する直接的介入が任意に行われえた点にこの時期の特徴があった。「地方官ヲ待ツ過軽……県令ニ任ズル専ナラズ、蓋シ各則繁密ニシテ牽制ニ過グ、法ヲ恃ミテ人ヲ恃マズ(17)」と井上毅が指摘したように、大蔵省の圧倒的優位と地方官の「過軽」が初期地方統治の構図であった。

しかし、厳しい規制下にあったとはいえ、この当時の府知事県令は、後の時代と比べて権限のうえで自由裁量の余地をかなり持っていたことにも注目しなければならない。明治前期は、法制度の発展のうえではまだ準備期で、一般的な法制はごくわずかしか成立しておらず、多くの行政は法令ではなく、太政官をはじめとする中央官庁の指示や先例によって処理される場合が多かった。一方、維新の余燼冷めやらぬこの時期には、新政府の威令がまだ確立せず、地方の支配基盤はまだ非常に不安定で、士族反乱や農民騒擾のような非常事態の発生がたえず警戒されねばならぬ動揺期にあった。また、地域ごとにそれぞれ独自の慣習が強固に存続しており、中央の画一的な指令では処理しえない複雑な事情を各地が抱えていた。中央政府はこのような状況を考慮して、各府県の実情にあわせた一定の法律規則を発布することを府県に許さざるをえなかった。府知事県令は、自己の権限で中央から出された法令を地方の実情に即して具体化する施行令を発布したり、中央の法令の規定がない事例については、その間隙を埋める地方法令を発布したりして現実的な対処をおこなった。この時期多発される地方法令は、地方長官の個性や地域の実情を反映して、形式や内容のうえできわめて多様で独自性があった。地方長官個人の統率力や政治的判断力が、中央の統一的法令の不備を補う重要な要素として機能すると同時に、地方長官の行政理念やその個性が府県政治のあり方に強い影響力を与える時代であった[18]（たとえば、中央政府の法令としては姿をあらわさない地方長官の試みが、独自の地方法令となった例として、地方民会と町村会があり、さらに大区小区制の多様なあり方にもその傾向があらわれている。これについては後述）。

しかし、これは中央政府の立場でいえば、中央の意図とは違う統治がおこなわれる可能性を内在する構造であった。この危険が存在するからこそ、政府は前述のような厳しい規制をおこない、さらに後述のような監察体制を機能せしめたのである。

3　政府の監察活動

政府は、伺や報告を通じて府県の状況を把握するだけではなく、自らの手で積極的に府県の情報収集活動に取り組んだ。地方状況把握をめざして、すでに明治二(一八六九)年五月設置の弾正台では、大巡察・少巡察の下におかれた巡察属・諜者ら(明治三年六月巡察規則・諜者規則)が府藩県の状況を探索し新政府への政治的陰謀を未然に察知する情報活動を行っていた。しかし、四年七月九日の弾正台廃止以後は、一時布政使が設置されたものの、実質的には機能せず、新しい組織による行政監察活動が模索されていた。廃藩置県に先立つ七月八日、当時大阪にあった伊藤博文は、官制全般にわたった改革意見を大蔵大輔大隈重信・民部少輔井上馨宛に提出したが、そのなかで府県庁への監察について次のように述べている。

「弾正ヲ廃シ、地方官ニテ其管轄内ノ取締ヲ受持ツベシ、諸官員ヲ監督スルノ任ハ、参議及ビ行政各部ノ長官ニ在ルベシ、故ニ参議ハ密使ヲ以テ四方ノ情実及ビ官員ノ正非ヲ偵知スベシ、行政ノ長官モ各省各地方ノ事務ニ於テ其管轄ノ区別ニ応ジ其官員ノ勤惰如何及ビ事務ヲ法則通リニ取扱フヤ否ヲ探索スベシ(19)」。行政監察を独立した他の組織に委ねるのではなく、直属の行政部長官、すなわち大蔵卿が地方官の勤務状況をたえず探索するのと同時に、参議も密偵を使い地方の状況把握を行う体制を作れというのが伊藤の提案であった。

この伊藤の意見に沿った形で、同年七月二九日太政官達三八六号「太政官職制」では、正院に付属する監部課(20)が設けられた。監部は、その事務章程によれば「正院耳目ノ官ニシテ諸官省各局各地方官員奉職ノ怠惰処務ノ奸詐ヲ行走探索」し「其実況ヲ得レハ之ヲ詳記固緘シ其命シタル本官ニ呈」する職であった。監部課の官員は「史官主記ヨリ之ヲ兼ネ或ハ正院ノ命ニヨリテ他ノ官其外ヨリ臨時之ヲ選任シ其事ヲ限リ司掌セシム」るもので、必要に応じて臨時選任者が探索に従事する場合もあった。

以後、地方の状況把握は、太政官正院監部課という公のルートによるもののほか、太政官三職に直接付属する密偵によっても行われることとなった。「三条実美関係文書」(国会図書館憲政資料室所蔵)所収の「三職附属秘密ノ偵員」(書類ノ部三〇ノ一二)は、密偵について次のように述べている。

「各省各地ノ事情ヲ洞悉スル為メ三職ニ附属ノ偵員ヲ置キ各自便宜ニヨリ四方ニ行走セシメ其事情ヲ纎細詳尽シテ遠邇遁情ナカラシム、偵員ハ之ヲ官ニ列セズ三職各自適当ノ材ヲ精選シ其確実ナルヲ信ジテ之ニ探偵ノ事ヲ命ズベシ、人員ハ定限ナシト雖モ大臣参議トモ各三名ヲ雇使スルヲ得ベシ……探偵ノ事柄ニヨリ監部ヨリモ派出シテ彼此差謬ナキ要スルコトアルベシ、事務ノ関係ニ三職ノ命アレバ司法省ニ出デ其ノ顚末口述スル事アルベシ、探偵ノ顚末之ヲ三職主当ニ口述シ又ハ筆記シテ出スベシト雖モ後日ニ存シテ其事ノ的正トナスベキハ其筆記ヲ内吏ニ下シ固封簽印シテ秘密ノ筐中ニ収メシム……」。これら密偵は、まさに太政官三職の手足としてひそかに情報収集活動に従事する影の存在であった。職務遂行上、密偵には贈与の費用、酒食の費用が必要経費として認められ、また、危難切迫の際に限って正院の印鑑を見せて身分保障とすることが許されていた。そのほか、大臣・参議たちに直接付属する部下や密偵たちも、上司の内意をうけて問題をかかえる地域に潜行し、県治の得失、士族や人民の動向、地域の経済状況などを探索した。大隈文書、三条実美関係文書、井上馨関係文書などには、これらの密偵による報告が多数収められている。

彼らの情報収集活動は、決して容易いものではなかった。明治七年に大隈の命を受けて陸羽地方の情勢を探った大江卓(当時大蔵省五等出仕)は、その苦心を次のように述べている。

「時アッテハ上之ヲ県官ニ質シ時アッテハ下之ヲ土人ニ問ヒ、或ハ密員ヲ各処ニ遣リ其事情ヲ探偵セシム、蓋シ卓ノ県官ニ面スルヤ請閑漫遊スト称シ、或ハ彼ノ家ニ就キ或ハ之ヲ卓ノ旅寓ニ招キ、相往来シテ共ニ其心事ヲ語ル。卓ガ先ニ之ヲ県官ニ受ケシヲ以テ県治ノ艱ナル牧民ニ難キ彼亦其襟懐ヲ披テ腹心ヲ話スルニ至ル。其士族等ニ接スルモ亦賜閑漫游ト偽リ共ニ時事ヲ談ジ、或ハ平素生計ノ談ニ渉リ其末遂ニ彼ヲシテ胸裏ヲ吐露セシメ以テ其他ノ形情ヲ探知スルニ至ル」[21]。

前神奈川県権令の経歴をもち、当時大蔵省高官であった大江卓の場合は、主として県官や士族を対象とした情報収集活動であったが、そのほか収集者の立場に応じて種々のレベルの情報が集められ、これらの報告書をもとに、政府は各府県への具体的対応策を決定していったのである。たとえば明治六年青森県の状況に不安を感じた政府は、再三青森県の探索を命じ、権令菱田重禧失政の報告を入手した[22]。その後七月、青森県下に民衆騒擾が起こるや、ただちに大蔵省六等出仕北代正臣（高知士）を出張させ、全権を委任して騒擾鎮圧の指揮をとらしめた。そして鎮圧後は、失政と騒擾の責任をとらせる形で菱田権令を八月に罷免し、北代正臣を後任の権令に任命したのである。

しかし、廃藩置県後の明治五、六年の大蔵省は、府県庁に対する監部・密偵の探索結果を充分活用できる状況にはなかった。大久保大蔵卿が渡欧したあとの留守政府には、大蔵省対他省・正院という対立関係がうまれ、意思統一を欠くばかりか、相互に牽制しあう状況が続いていたからである。「内閣と大蔵省と相反目し大蔵省は内閣をもって権威を弄して無法なる抑制を加ふるものと為し、内閣は亦大蔵省を目して専横に過ぐるものと為し、互に論難攻撃するに至れり……内閣に立たる西郷・板垣は大蔵省の専横を論難して余を責むる所あり、大蔵省の事務を統理する井上等も亦内閣の抑制を攻撃して余を要する所あり[23]」と大隈は政府部内の対立状況[24]について記している。とくに、大蔵省事務監督の立場にあった西郷と大蔵大輔井上馨との間は兎角円滑を欠き、人事をめぐっても確執が生じていた。たとえば、明治五年五月、東京府知事・参事の人選をめぐって、西郷は大久保一翁（幕臣）の東京府知事登用に難色を示す井上の反対を押し切ってこれを強行した[25]。そもそも西郷の大蔵省事務監督就任は、大久保渡欧に反対し大蔵大輔辞任を申しでていた井上を翻意させるために大久保がとった措置[26]であり、大蔵省の施策を西郷の後見によって重からしめんとの配慮からなされたものであった。しかし、その後西郷と井上との間に生じた対立は、逆に大蔵省内部の意思統一を妨げる結果となり、効果的な人事行政の実施を不可能としたのである。監部や密偵による探索報告が活用されて府

第10表　府県官制の変遷

明治 4年	令・権令・参事・権参事・7等出仕・典事・権典事・大属・権大属・少属・権少属・史生・出仕
明治 6年	府知事・県令・参事・権参事・大属・権大属・中属・権中属・少属・権少属・史生・府掌・県掌
明治 8年	〈新たに右を設置〉警部
明治10年	府知事・県令・権知事・権令・大書記官・少書記官・属(1等-10等)・警部・等外(1等-4等)
明治11年	府知事・県令・大書記官・少書記官・属(1等-10等)・警部(1等-10等)・郡長・郡書記
明治14年	〈新たに右を設置〉警部長・典獄・副典獄・書記・看守長・看守
明治17年	〈新たに右を設置〉収税長・収税属
明治19年	府県知事・書記官・警部長・収税長・属・警部・収税属・典獄・副典獄・書記・警部補・看守長・看守副長・郡長・郡書記

県庁統轄に効果をあらわすのは、後述するように、内務省が設置され、大久保が内務卿として内務行政全般を掌握して以後であった。

4　府県庁機構の特徴

新府県庁の人員構成と機構を規定した最初の法令は、前述の二つの太政官達、府県官制(明治四年一〇月二八日)・県治条例(同年一一月二七日)であった。同年から明治一九(一八八六)年に至る府県の官制の変遷は第10表に示されている。地方長官の下には、これを輔け、不在の場合は職務を代行する参事・権参事がおかれ、さらにその下には課長格の典事があって、それぞれの課を統合して事務処理にあたった。参事・権参事は現在の副知事格であるが、知事上京などの節かなり長期にわたってその職務代行を義務付けられるという点で、長官の補助という以上の重責を負わされていた。この参事・権参事までが奏任官で、任免権は太政官の手中に握られていた。課長である典事は、各一課あるいは二課を担当し、その所轄業務の遂行にあたった。また、担当職務に関する意見具申や部下の勤務評定・人事に関する具状をおこなうものと定められていたが「仮令瑣末ノ事タリトモ令参事ノ裁決ヲ経ズシテ施行スルヲ得ズ」と記されたように、上官の決定に基づき事務を遂行する事務官僚にすぎなかった。この典事の下に、大属、権大属、中属、権中属、少属、権少属などの判任官が配属されて行政事務を処理し

第11表　明治6年新潟県庁機構一覧

課　名	分　課　名	配置人数
庶務課	進達往復，市郡，学務掛	6人
16人	官省受付，外務，浄写，活版，職員，駅逓郵便掛	3人
	社寺，貫属，戸籍掛	4人
	受付掛	3人
聴訟課	聴訟掛	4人
44人	断獄掛	4人
	明法掛	11人
	10カ所取締所出張	21人
	監獄掛	3人
	邏卒取締掛(外に捕亡吏23人，邏卒35人)	1人
租税課	当務掛(但し各大区分割担当)	29人
53人	堤防掛(但し各大区分割担当)	14人
	雑税掛(但し各大区分割担当)	10人
出納課	当務掛	8人
13人	営繕掛	2人
	用度掛	3人
外務課	本庁在勤	2人
15人	税関在勤	11人
	訳官	2人

たのである。

令参事には、典事以下の判任官の任免権が与えられるとともに、典事以下の人員については属一人を減じ史生二人を増すというような定額人員の限度内の融通をおこなう権限も与えられた。またこれらの官職名は、いずれも大宝令、養老令への復古を権威の源泉とした太政官制が採用した呼称であり、行政権限の専門的分化には裏付けられていないところに特徴があった。すなわち、明治初期には、行政権限は内部的にもきわめて未分化であり、したがって地方長官の裁量が恣意的に作用しやすい、いわば府知事県令独裁体制であった。

府県庁の内部は、明治四年一〇月二八日太政官達では「租税、庶務、聴訟」の三課とされていたが、同年一一月二七日の太政官達で「庶務、聴訟、租税、出納」の四課制になった。庶務課は、「社寺貫属並ニ人畜ノ数ヲ稽査シ、郡長里正ノ勤惰ヲ察シ官省進達府県往復ノ文書ヲ案シ学校ノ事務及郡長里正戸長等外使部等ノ進退ヲ掌」り、聴訟課は「県内ノ訴訟ヲ審聴シ出情ヲ尽クシ、長官ニ具陳シ及県内ヲ監視シ罪人ヲ処置シ捕亡ノ事ヲ掌」る。

租税課は「正租雑税ヲ収メ豊凶ヲ検シ及ビ開墾通船培植漁山林堤防営繕社倉等ノ事ヲ掌」り、出納課は「歳入歳出ヲ計リ金穀ヲ大蔵省ニ納メ公廨用度ノ計算ヲ明ニシ及官員官録旅費堤防営繕等一切ノ費用ヲ」掌る（明治四年一一月二七日太政官達「県治条例」）と定められた。

なお、府県庁全体の人員数と財政規模は、県治条例中の「県治官員並常備金規則」によって、その石高に応じて決定された。例えば二〇万石の場合は、令・参事ら奏任官を除く判任官の数は三〇名、それを基準に石高に応じて増減された。その後明治六年には、石高が廃止されたのに応じて、土地の反別と人口に応じた定員数に推移する。

例を新潟県にとって県庁機構の具体的な姿を記せば第11表のようになる。総員は一四一人（判任八〇人、等外六一人）で、庶務課には一六人（判任一一人、等外五人）、聴訟課には四四人（判任二四人、等外二〇人）、租税課には五三人（判任三一人、等外二二人）、出納課には一三人（判任七人、等外六人）、外務課には一五人（判任七人、等外八人）が配置された。これらの人員配置で明らかなように、裁判・監獄・警察業務を扱う聴訟課が全体の三一％、租税業務と土木関係業務を扱う租税課が三七％を占めている。警察業務では、県内一〇カ所の取締所に対して二一人が配置されているが、さらに、邏卒取締（判任）の下に定員外人員として捕亡吏二三人、邏卒三五人が任命されており、これを算入すればその比重はさらに高まる。租税課は常務掛、堤防掛とも各大区をそれぞれ担当する形がとられていたが、翌七年には堤防掛は各川担当、雑税掛は各種税目ごとの担当に改められている。いずれにしても、府県行政は、治安・徴税行政を重視する形で発足したことがうかがわれる。

（1）　日本史籍協会叢書『大隈重信関係文書』一巻、四三二頁。
（2）　国岡啓子「明治初期地方官人事の変遷」（『日本歴史』五二一号、一九九一年）。
（3）　長州藩の藩政改革については、田中彰「明治藩政改革と維新官僚」（稲田正次編『明治国家形成過程の研究』一九六六年、御茶の水書房）参照。

（4）日本史籍協会叢書『大隈重信関係文書』一巻、四三二―四三三頁。
（5）後述のように「県治官員並常備全規則」によって、官員の定員数は決められていた。
（6）明治四年一一月二日、青森県参事菱田重禧の太政官宛届、太政類典二―一〇〇、三一。
（7）松尾正人「府県政の展開と旧藩士族――置賜県を中心にして」『中央大学文学部史学科紀要』三七号。
（8）太政類典二―一〇〇、二九。
（9）福島正夫「明治初年の地方官と郡制改革」（『地方史研究』二四号、一九五六年）。
（10）地方官僚内部の身分差を新潟県の出入口利用方法でみると、明治六年の「新潟県庁例規」には次のような規定がある。
「一、出庁之節奏任以上玄関ヨリ判任以下等外及市郡戸長計算掛ハ中ノ口ヨリ昇降スベキ事。一、庁門出入判任以上ハ表門等外及市郡戸長計算掛ハ脇門ヨリ出入スヘキ事。但下馬下乗勅任ハ庁門奏任ハ庁門外ノ事。」
（11）国会図書館憲政資料室所蔵「井上馨文書」六五七―一〇。
（12）明治一一年六月一九日、愛知県令安場保和への罰俸半月の懲戒――内務省の指令に背き判任官の増員、増給を据え置いた措置に対する処分。
明治一一年一〇月二二日山梨県令藤村紫朗への譴責――県庁新築費増額を専断で行った事に対する処分。

右は太政類典に収録されている懲戒の一例である。
（13）明治五年一〇月七日大蔵省伺、太政類典二―一〇六、二。
（14）前掲「井上馨関係文書」六五九―一七。
（15）「安房・上下総・常陸州状況探偵報告書」（早稲田大学所蔵「大隈文書」A五九〇）。
（16）例えば、明治六年六月二五日、福岡暴動鎮圧のために福岡県出張を命じられた大蔵大丞林友幸に対して委任された条項は、左記のように多岐にわたっていた。
一、福岡県下蜂起ノ儀ニ付テハ西海道鎮台本分営ヘ打合総テ臨機ノ処分速ニ鎮定可致事。
一、同県従事ノ官員奏判任共黜陟ノ儀便宜処分可致事。
一、大蔵省六等出仕牟田口通照始メ同県ヘ出張ノ官員ハ便宜県務ニ従事可為致事。
一、此度召連候邏卒ハ同県ヘ据置候共又ハ都合ニ寄臨機ヘ分賦致候共総テ臨機ノ処分可致事。

一、暴動ノ者其他連累ノ者タリトモ捕縛糾弾罪刑明白ノ上ハ死刑ト雖トモ臨機ノ処分可致事。
一、右条々ノ外急務ニ付難経伺件々ハ臨機ノ処分可致事。
（「大蔵大丞林友幸出張委任ノ件々幷邏卒出張等」太政類典二—一五〇、六）。

右のように、司法権、人事権をも含む広範な権限を委任されて蜂起の鎮圧にあたったのである。この林友幸への全権委任については、司法省から「同人へ御委任ノ件々ニテハ平常黜陟刑罰無所残一切ノ大権特命ヲ受候者申ト思量仕候……何等ノ筋モ当省ニ於テ関係致不申且暴動ノ者其他連累云々死刑ト雖モリンキショブン可致ト申ニ至テハ全ク捕縛糾弾ヨリ罪科細大ト無ク前後結局迄モ当省ニ携帯可致儀ハ更ニ無之ト心得可申若シ中途ヨリ可相携儀有之候テハ不都合不尠候間予メ此段申進置候也」（太政類典二—一五〇、六）と大蔵省の権限侵害を憤る伺を提出している。

(17)　明治七年四月、井上毅「官吏改革意見案」（井上毅伝記編纂委員会編『井上毅伝』史料篇一、一七頁）。

(18)　「明治五年から七年頃の間、滋賀県令松田道之は、中央から送付してくる租税寮改正局日報を自身で最初に読み、それを専門の掛員にまわす時、この指令は重要であるとして『地券掛宜熟閲』などと記して県令印を押した付箋を貼りつけていた。これはこの種の法令に限ったことではなく、またどこの府県でもそうであったらしい。それゆえ、たとえ自身で立法の起草に当らなくとも、きわめて強くこれに関与し、指導して、盲判ではない。その結果、ここに彼の特性が出てくるわけである。」（福島正夫編『「家」制度の研究』資料篇一、六—七頁）と述べられているように、明治初期の地方長官は、中央から命じられた枠組みの中とはいえ、法令の実施過程で各自の判断力を十二分に発揮してそれぞれの特色ある行政を展開していったのである。

(19)　「大蔵少輔伊藤博文　官制改革意見」。

(20)　監部については、大日方純夫「維新政権の密偵機関——監部をめぐって」（『社会科学討究』第一〇八号、一九九一年）を参照。

(21)　明治六年一二月「陸羽地方巡回士族情勢報告書」（「大隈文書」A六〇四）。

(22)　日本史籍協会叢書『大隈重信関係文書』二巻、一〇八。一四四頁。

(23)　円城寺清執事『大隈重信伯昔日譚』六二五頁。

(24)　大蔵省と司法省の対立は特に顕著であった。司法改革に必要な予算を要求する司法省の江藤新平と、財政健全化のために支出削減を唱える大蔵省の井上馨との対立は、その後井上らの長州閥と江藤らの肥前閥との対立へとエスカレートした。この対立を赤裸々な形で示した小野組転籍事件をめぐる京都府庁と京都裁判所の抗争については、原口清『日本近代国家の形成』(一九六八年、岩波書店)が詳しい。

(25)「明治五年五月二二日、大隈重信宛井上馨書簡」(前掲『大隈重信関係文書』一巻、四五六頁)、「同年五月二四日、大隈重信宛三条実美書簡」(前掲書四六八頁)及び「同年五月二四日、井上馨宛三条実美書簡」(国会図書館憲政資料室所蔵「井上馨関係文書」四八七―三)を参照。なお、留守政府の西郷隆盛が明治五年初頭より、旧幕臣の大赦及び官吏への登用を次々と行っていたこと、大久保一翁の東京府知事登用はそれの一環であると同時に旧幕臣任命により住民統治を安定させる心理効果をねらったものであることについては、松岡英夫『大久保一翁』(一九七九年、中公新書)を参照。

(26)　井上公伝記編纂会編『世外井上公伝』一巻、四六三頁参照。

三　内務省設置と府県行政

内務省が設置された明治六(一八七三)年は、政変で西郷・板垣・後藤・副島・江藤の五参議が政府を去り、また征台に反対した木戸も政府を去って、明治政府の基盤が弱体化した時期であった。大久保を中心とする少数の専制的中央官僚が権力をにぎるこの大久保独裁体制に対して、翌七年には、板垣・後藤・副島・江藤らによって専制の是正を求める「民選議院設立建白」が出され、さらにこれを契機に、新聞紙上で民選議院論争がおこり、専制政治攻撃の火の手があがる。一方、新政策実施が具体的になるにつれて、これに反対する農民騒擾も、徴兵反対あるいは学制反対などを掲げて激化し始める。この危機的状況をうけて、明治八、九年にはこの危機克服のための対策が次々と打ち出された。明治八年初頭に、大久保・伊藤らは木戸・板垣と会し(大阪会議)、政府改革が合意されて木戸・板垣の政府復帰が実現し、さらに漸次に立憲政治への移行を天下に公約するとともに元老院・地方官会議・大審院の設置を発表する立憲詔勅がだされた。これらは独裁路線の部分的訂正であり、政治基盤拡大方向の提示でもあったが、それとともにこの新方向には反政府的な運動に対する弾圧体制の整備が伴っていた。明治八年の讒謗律・新聞紙条例の制定がこれを象徴する。この二つの方向は、この時期の地方統治政策にも表れている。

1　大久保内務卿の府県庁改革

大蔵省の財政緊縮方針と他省(特に司法・文部・工部)の予算拡大要求は、前述のようにしばしば衝突し、留守政府内部の対立を激しくした。明治六年に入ると、対立は大蔵省対正院の形となり、板垣、西郷、大隈らの参議側は公然と井上排斥の論議を起こし始めた。五月三日大蔵大輔井上馨は、三等出仕渋沢栄一と共に遂にその職を辞した(1)。大久保の帰朝まで余すところわずか二〇日余という時期であった。大蔵省の事務は、とりあえず大隈が大蔵省事務総裁を兼任するかたちで統轄することとなる。

大蔵官僚に対する他の省の攻撃は、大蔵省が内政・財政の両面にわたってあまりにも強大な権限を握っていたことをひとつの原因としていた。この肥大化した大蔵省権限の削減を目標に、明治五年春頃から政府内部で意図されていた内務省新設(2)は、五月二六日に大久保が東京に帰着して以後、実現にむけて動き始める。明治六年の政変のために一時棚上げされた内務省設置は、同年一一月一〇日実現し、大久保は同月二九日初代内務卿に就任した。大久保の地方統轄体制の発足である。

内務省設置が決定した直後の一一月一三日・一四日の両日、大久保は内務省設置の主旨を各地方長官に伝達し、地方統轄の実をあげるために、大蔵大丞林友幸・工部省六等出仕石田英吉を九州へ、大蔵省記録寮記録助伊東武重を四国へ、権大内史熊谷武五郎を北越へ、大蔵大丞渡辺清を五畿中国へ、権大内史小松彰・大蔵省六等出仕竹内綱を陸羽へとそれぞれ臨時出張を命じた。大久保の信任の厚い彼らに与えられたのは次の任務であった。

今般特旨ヲ以地方ヘ被差遣候ニ付テハ左ノ件々可心得事

一、新ニ内務省ヲモ被置益民治ヲ周整被為遊度思召ニ付各地方官此旨ヲ奉躰シ意ヲ根本ニ用ヒ虚文ニ驚セス実際ヲ勉メ民力ヲ培養シ御旨意貫徹セシメ候様懇ニ地方官ヘ諭達可致事

一、諸布告等民庶誤解疑惑ヲ生セサル様地方官ヨリ篤ク説明ニ及ヒ安堵勉業セシムヘキ事

一、地方貫属士族等方向動静及農政民事ノ利弊得失其他見聞ノ次第一一可及報告事

一、凡テ諸報告書信ハ大臣ノ名ヲ宛テ可差出事(3)

留守政府内部の対立から生まれた地方統治上の混乱を収束し、以後内務省が地方統轄の責任を担う監督官庁となる事を知らしめるとともに、派遣地域の実状を正確に把握するというのが彼らに与えられた任務であった。同時に大久保は、内務卿就任後ただちに内務省官吏の人選に取りかかった。『大久保利通日記』明治六年一一月三日(日本史籍協会篇、下巻、二一八頁)には「十時前参朝内務省人撰御評議有之」とあり、翌七年正月七日(下巻、二二七頁)には「九時大隈子江訪参朝内務人撰等ノ事凡決定イタシ候」の記述がある。

かくて同年一月から二月にかけ、林友幸(山口士)、村田氏寿(福井士)、川路利良(鹿児島士)、武井守正(姫路士)、松平正直(福井士)、新田義雄(幕臣)、北代正臣(高知士)、杉浦譲(幕臣)、河瀬秀治(宮津士)らが、内務大丞、少丞、大警視などに決定し、内務省内で大久保を支える体制ができ上がった。渡欧のため日本を離れ大蔵官僚の事情に疎かった大久保は、この人選に関して吉田清成大蔵少輔、松方正義租税寮権頭らに諮問し、彼等の調査を踏まえて大久保が大隈大蔵卿に諮るという順序を取ったという。(4)河瀬、武井、(5)新田、杉浦、(6)松平、村田の起用に見られるように、(7)この大久保の人選は、狭い藩閥の枠にとらわれず、朝敵藩、あるいは幕臣であっても、国家官僚として成長しうる超藩的視野と行政能力を備えた人材は広く登用する方針を示すものであった。幕末・維新期の同藩意識や同志的結合では

第12表　府県庁組織の変遷

明治4年	庶務課・聴訟課・租税課・出納課
明治8年	庶務課・勧業課・租税課・警保課・学務課・出納課
明治16年	兵事課・国税課新設
明治19年	第一部／第二部(内部に便宜課を設く)・収税部・警察本部
明治23年	内務部(四課)・警察部・直税署・間税署・監獄署

乗り切れない、否むしろそれらが障害となる新しい政治状況の展開を十分認識していた大久保は、その後も地方長官任命にあたっては出身藩には拘泥せず、人材を広く求める方針を一貫して取り続ける。たとえばそれは、大森鐘一、関口隆吉、神田孝平ら幕臣の県令登用にもっとも良く表されている。

内務省設置後一年半近くを経た明治八年四月以降、大久保は府県庁機構の改革に手をつけた。その改革の中心となったのは、治安・教育・徴兵などに関する部門の充実であった(第12表参照)。まず、同年三月に公布された「行政警察規則」への対応措置として、四月一日、府県庁内に警察掛が警察業務の専任担当部として設置された。行政警察規則は、警察理念と全国的な警察組織のあり方を定めたもので、警察の職務を「人民ノ妨害ヲ防護スルコト」、「健康ヲ看護スルコト」、「放蕩淫逸ヲ制止スルコト」、「国法ヲ犯サントスル者ヲ隠密中ニ探索警防スルコト」と定めていた。そしてこの職務を遂行する組織については、「各府(東京ヲ除ク)県長官其事務ヲ提掌シ大属以下ヲ分テ警察掛トシ、之ヲ専掌セシメ、便宜各所へ出張シ、邏卒ヲシテ各部ニ分派シ、巡邏査察セシム」と定めていた。この布達に基づき、同年四月一日地方長官は判任官の中から専任の警察掛を選定し、国事警察を含めた警察業務を担当せしめ、警察業務の専任担当部とした。そしてこの警察掛が邏卒を指揮して巡邏査察を行わしめる体制を作り上げたのである。

なお、邏卒については、明治七年五月一五日、これを等外吏に準ずるものとみなし、これを汎称する時は官吏と称する旨が定められていた。従来、東京には巡査と称する吏員はあったが、他の府県には、巡査の名称をもって設置する吏員はなく、邏卒・番人・捕亡下使などが置かれていた。これらの吏員には等級もなく、「特ニ番人ト称スル者ハ民費ヲ以テ設置シ捕亡下使ト称スル者ハ地方ニ寄極メテ賤役ニ服スル事ニ付直チニ官吏ト称シ難キ実況」(明治七年四月一五日内務省伺、太政類典二一―九九)で、職務に誇りを持ち得ない状況にあった。このような状態を改革し、警察の権威を高めるために、巡査に該当する職務に従事するものを等外吏に準ずる扱いとして「職務ヲ勉励セシムル一助」(前掲太政類典所収、「左院議按」)にしようとしたのである。なお、等外吏にもれた者は雇人と称せられ一段下に位置づけられている。

さらに同年一〇月には、警察掛官員をすべて警部に、邏卒を巡査に改称する布達がだされた。これにより、判任官たる警部は一等から六等に段階づけられ、府県長官の指揮下に各警察分署(出張所)に派遣され巡査を監督しながら警察事務を遂行する事になった。そしてそれに対応する機構改革として、一一月三〇日には「府県職制事務章程」が改正され、府県庁には新たに警保課が設置された。以後警察事務はすべて警部担当となり、内務省の統轄下にその専門化をいっそう進めていくのである。さらに一〇月から一二月にかけて巡査懲罰例、巡査召募規則、警察報告表、巡査俸給規則などの統一的基準が次々制定されて、従来まちまちであった地方警察が画一的な形態に整えられ内務省がそれを掌握する体制が作られる。(8)

この時期に警察行政を特に重視する一連の改革が行われた背景には、頻発する農民騒擾があった。明治五年の学制・徴兵令発布、翌六年の地租改正条例の発布は、民衆に重い負担をかけるものであっただけに、発布直後から各地でこれに反発する動きがおこった。明治六年各地でおこった徴兵令や学制など新政策に反対する一揆では、学校、区戸長事務取扱所、戸長宅、邏卒出張所、掲示場、制札場などが襲われた(第四節参照)。地租改正が実施段階に入る明治八年以降は、いっそうこの動きが激しくなると予測されていた。明治八年五月、太政官に宛てた内務省伺は、この騒然たる社会状況を前にして「警察ハ治国ノ要務一日モ忽ニスベカラズ」と述べ、この不安な状況を招いた原因は「其平時ニ在リ警察ノ設置ニ乏シク非常ニ当リ制圧スベキ権力ナキニ由ラズンバアラズ、況ヤ方今天下ノ窮民方ニ衆ク盗賊暴行農民ノ害ヲナス者甚シク而シテ地方官毎ネニ警察ノ不足ヲ申請スルニイタル、豈危カラサランヤ、請フ、既往ヲ鑑ミ将来ヲ戒メスミヤカニ警察ノ設置ヲ厳ニシ禍端ヲ未萌ニ制シ内国ノ静謐ヲ保チ申度、方今百般ノ治務ヲ振起シ巨費ヲ要セラレ候折柄ニハ候ヘトモ前条具陳ノ通リ警察ノ儀ハ一日モ猶予シ難ク依テ設置方法幷ニ費額等夫コレ節略致シ第三表ノ通リ調査致シ候、尚地方ノ景況ニヨリ緩急ヲ斟酌シ本年ヨリ三ヶ年ヲ期シ漸次整備ニ至リ候様有之度」(太政類典二―九九)と記していた。地方長官にとっても警察機能の強化拡大は緊急を要する課題であったのであり、これを受ける形で、内務省が各府県の多様な警察のあり方を統一する制度改革を行い、全国の警察機構をその監督下において機能強化を図ったのである。具体的に新潟県の例をみると、この改正措置を受けて、従来の九カ所の取締所は一二カ所の警察所に増加され、一カ所に判任官一名と戸数一万戸に二名の割合で邏卒が赴任している(太政類典二―一四七)。

明治八年の府県庁機構改革としては、他に四月八日太政官達五三号による学務課新設、一一月三〇日「府県職制事務章程」改正による勧業課新設がある。学務課新設の必要を訴えた七年五月の太政官宛文部省伺は、「夫レ政府ノ務ハ人民ヲシテ開明ノ域ニ進マシムルニアリ、其開明ニ進ムノ術ハ則チ教育ノ業ニシテ牧民事務第一急要ノ儀有之」[9]と教育行政の重要性を強調した後、にもかかわらず、府県庁には教育課がなく「府県職制事務章程」には明確な学務に関する記述がなく、また学務専任の吏員はわずかに一、二名にすぎず、多くは兼任であるとその現状を批判していた。学務課新設はこのような事情を踏まえて実施されたのであるが、警察行政と異なってこの学務課新設には人員増加措置が取られなかった事が特徴的であった[10]。なお、徴兵に関しては、陸軍省からの要求を受けて明治八年五月二七日太政官達九一号によって「県治事務章程」に「徴兵令ニ準シ賦兵ヲ調査スルコト」が追加されている。

2　密偵報告が示す府県の動静

内務省内部をかためた大久保の地方統治政策は、まず府県情勢の把握から始められた。明治七年から八年にかけて、太政官監部あるいは参議所属の密偵による各地の情勢探索書が頻繁に政府に宛てて寄せられている。特に重点がおかれたのは、東北・四国・中国・九州地方の諸県及び静岡・愛知・石川の諸県であった。

東北地方については、明治七年、五等出仕大江卓による「陸羽巡回報告書」、監部大伴千秋による「酒田県事情探偵記」「置賜県探偵書」などが大隈文書に収められている。戊辰戦争を通じて新政府軍に抵抗した東北地方の治安が、政府にとって危惧の対象となっていたことをこれらの報告書の存在が示している。

東北地方は前述のように、他府県出身者が地方官として乗り込み（酒田県は例外）、旧習一洗をめざす統治を容赦なく断行した地域であった。これら朝敵藩地域に対する統治は、旧藩主や旧藩士族に対し顧慮を払う必要がなかっただけに、ともすれば専制的になる傾きがあった。たとえば、明治六年一一月一五日置賜県権令関義臣によって出された同県布告一一六号にはつぎのような一節がある。「蛮野ノ俗鄙陋ノ風慣習ノ久シキ上下恬然相安居候得共今ヤ更始一新万機朝裁ニ出テ一家四海同軌ノ今日猶是迄ノ通陋俗自ラ是トシ因循不相改ニ於テハ上聖世ノ民タルニ背キ下人民ノ常道ニ反シ現ニ人民ヲ主宰スル地方ノ官ニシテ決シテ度外ニ置クノ理ナシ、開化ノ蠢賊文明ノ瑕疵実ニ可憐ノ事ニ候条民風改正ノ事件追々可相達候間各区区長正副戸長篤ト形勢事体ヲ勘弁致シ精々注意区内無漏告示可致候事[11]」。「探偵書」はこの布告について「布告類多クハ管民ヲ罵詈スル如キ文面ニテ見聞スルモノ一トシテ服セザルノミナラズ大ニ立腹激論ヲ発スルモノアリト云」とその傲岸さに対する民衆の反発を報じていた[12]。

このような任地の風習の蛮風視、あるいは民衆に対する愚民視は、「牧民ノ大意ヲ失シ収斂苛酷[13]」と評された関権令に特有な現象ではなかった。「沢簡徳赴任以来大ニ心ヲ民政ニ尽シ除害興利ノ術ニ於テ力ヲ用ル尤モ務ム、人民因テ以テ望ヲ帰シ士族等亦随テ心ヲ傾ク[14]」と名県令ぶりを賞賛されている若松県令沢簡徳（明治七年九月三日県令昇進）の場合も、盆踊りの禁止、若松市中初市祭りの米曳、若者組、各種の講などの禁止を命ずる布達を発し、これは「人民ヲシテ懶惰頑愚ノ旧習ヲ去リ、勉励刻苦シテ以テ才力ヲ研磨シ、物利ヲ興シ、家業ヲ盛ニシ終ニ自主自立ノ道ヲ立テシメント欲」したためと述べている(「明治六年一二月九日若松県権令沢簡徳より大隈重信宛上申書」[15])。地方独自のこれらの風俗や文化は、沢県令にとっては頑愚な民習にすぎず、これらの旧習を矯めることが民俗の開化をはかる啓蒙政策と位置付けられていたのである。

これらの専制的諸政策の背景には、東北地方に対する偏見の存在があった。岩手県権令島惟精の大隈重信宛書簡には、「当県之如キハ北陲ニ僻在シ帝都ヲ距ル百四十余里王化未タ洽カラス……士民トモ頑固ヲ極メ候土地柄ニ而随分治メ容キ方無御座候」[16]との一節があり、前掲「陸羽巡回報告書」にも「抑東北ノ国タル土地広漠ニシテ戸口甚ダ多カラズ人民頼テ以テ生計ヲ為シ易ク風俗自ラ懶惰ニシテ勉励セズ亦其貧困ニ安ンジ富ヲ希フノ意アル事鮮シ……人民蒙昧歯劣唯祖先ノ遺業ヲ墨守スルヲ知テ新ニ産ヲ興シ業ヲ建ル事ヲ欲セズ」と記されている。当時の地方官の書簡や監部・密偵の探索書には、東北は辺境で民度が低く、人民は頑迷であるという記述がしばしば登場する。この東北に対する辺境視、蔑視を基盤にして、伝統的地方文化の破壊と「開明」の強制が、民衆教導者を自認する県令によって何等のためらいもなく行われ、また、旧権力・旧権威の打破と中央集権化をはかる諸政策が専制的に強行されたのである。そして、この専制的行政に対する民衆の反発については、開化途上の不可避の摩擦と受け止められ、ともすれば看過される傾向にあった。

前述の関義臣権令の置賜県政に関しても「県庁ノ体裁昨年ノ夏迄ハ未タ旧藩庁姿ヲ存シ新県ノ体裁ヲ為ササリシカ、関義臣赴任以来専ラ心ヲ県庁諸規ノ整理ニ用ヒ、頃者大ニ新県ノ体裁ニ変セリ、此際ニ当リ関氏ノ心ヲ用ル甚タ切ニ事ヲ務ル弥疾シ、故ニ属吏等過激ヲ以テ之ヲ目スルモノ少ナカラス、亦讒訴随テ百出ス、然レトモ関氏非常ノ所アルニ非レハ旧制ヲ改革シテ之ヲ整理スル能ハサルヘシ」[17]と地域の感情を顧慮せずに断行した急速な改革を、忠実・有能な地方官として評価するかたむきもあったのである。中央集権政策実施を至上命題とするこの時期の地方官にとって、住民の反発を圧殺し得る強引さも必要不可欠な能力のひとつにほかならなかったから、住民との摩擦が統治の大きな障害とならない限り、苛酷さや強引さは許容される傾向があった。（関権令は、明治七年九月二〇日大蔵省へ転任する。）

なお、東北地方の旧藩士族等にとって、戊辰戦争で徹底的にたたかれ、新政府から疎外された経験が逆に、維新以後、彼等の反政府行動を抑制する効果を持った事も付言しなければならない。たとえば若松県について、「該県挙テ往日ノ恥ヲ雪カントスルノ志切ナリ、頃日物議囂然佐賀騒擾ノ聞県下ニ達スルヤ士族輩先ツ諸有志ト会議シ仮令ヒ何様ノ事アルモ廷議ニ背キ事ヲ先ンス可ラスト誓ヘリ……若シ陸羽ノ地廷議ニ抗シ上ヲ犯ス者アルトキハ必王師ノ先鋒トナリ昔日ノ恥辱ヲ雪カント盟ヒシ由[18]」とあるのはその一例である。過去に朝敵としてうけた苛酷な弾圧と屈辱の経験が、逆に士族たちの内部に屈折し鬱屈した政府追随の気運を生み出していたのである。ともあれ、これら朝敵藩が主要部分を占める東北地方の統治は、容赦ない新政策の実施を特徴としていた。

東北地方において他府県人長官による藩解体、「開化」政策が強圧的に進められた中で、唯一例外的存在となったのが酒田県（現山形県）である。酒田県の前身庄内藩は、戊辰戦争の処理過程で西郷隆盛と深い関係を持ち、廃藩置県後酒田県となってからも東北でただ一つ長官をはじめとする県庁吏員を旧藩士族で独占した県であった。前掲「陸羽巡回報告書」は「該県ノ政体多クハ旧慣ニ仍リ士族ノ陋習只一ノ酒井家アルヲ知テ朝廷アルヲ知ラサルニ似タリ」とこの地域の旧態依然たる状況、中でも旧藩主に対する忠誠が依然優先していた状況を記している。

監部大伴千秋の「探偵箇条目録[19]」中の反政府的言動を報告した部分を抜粋すると左のように多岐にわたる。

官員盟約ノ事、但シ其節ノ誓ニ当県ハ封建ノ躰ヲ失ハサル事、他ヨリ官員来ル時ハ一統辞職ノ事、時機ニ寄臨気ノ所置スル事。

農民ヲ猥リニ捕縛シ考訊スル事。

今日ニ至リ他国ヨリノ書状ヲ開封スル事。

神武天皇遥拝ノ義ハ貫属ヘハ未タ一切不達事。

同所ヘ農商ヨリ拝礼スル者ヲ貫属ニ嘲リ誹謗サスル事。

諸官省ノ御布告ト雖モ官員不都合ニ相成ル廉ハ布達セサル事。

御布告ヲ偽造シ布達スル事。

貫属学校廃止之事、但シ学校ヲ立置時ハ諸官省御布告新聞誌等ヲ読ム者アリテ議論ノ起ルヲ恐懼シテ廃止候事。

農商ヘハ学校取設ノ達シノミ未タ不設立事。

親懐始メ天下ノ乱ヲ嬉ヒ相待居候事、佐賀県動乱ヲ悦ヒ頻ニ開墾場ニテ足並調練致サセ候事、貫属其節ハ頻リニ撃剣ヲ励ミ所々ニテ執行致居候事。

官吏共流言ヲ諷シ政府ヲ嘲リ民ヲ迷ハス事。

他国人ノ出入ヲ厳酷ニ改ムル事。

貫属ノ内ヨリ腹心ノ者ヲ撰ミ置他邦ヘ時々探索ニ出ス事。

県下農商ニテ御布告新聞誌等ヲ穿読スル者ヲ詈評サスル事。


酒田県庁は、中央政府の諸指令を意識的に歪曲しあるいは無視しつつ、旧支配体制の温存を図る反政府集団と化していたのである。佐賀の乱勃発の際には鹿児島県よりただちに報知があり、双方連絡の上呼応する体制が取られていたとの報告書の記述から推し量れば、酒田県は鹿児島県に範を取った亜鹿児島的県政が志向されていたといえよう。なお報告書は「酒田県ノ如キ躰裁ヲ其儘御差置相成候テハ万一他県ニ事アル時ハ招カスシテ応シ奥羽ノ賊魁トモ相成ヘキ奸人ヘ御委任相成候テハ隣県ヘ差響キ於隣県モ迷惑ノ由ニ聞込候」。と記し、参事松平親懐、権参事菅実秀、七等出仕松宮長貴ら八名を「酒田県之大奸ヲ行者」として即刻罷免する必要があると力説していた。

酒田県庁に見られた反政府の動きは、この時期には決して特異な事例ではなく、討幕雄藩や大藩を核に作られた県において、程度の差はあれ共通した傾向であった。「官員ハ正権参事ノ他不残旧幕吏ナリ、其習弊依然下民ヲ御スルニ威権ヲ主トシ職務上表裏アリ」[20]あるいは「昨壬申九月当県参事転任拝命之際貫属之情態等頗難事迚モ微力不堪其任存候得共、朝命之重キ死ヲ以テ誓イ赴任仕候、已来新置県後之所置振熟思候処藩習依然新県之体ヲナサス」[21]といわれる静岡県、「当春ノ動揺(佐賀の乱—筆者註)マテハ佐賀県ノ官員他ヨリ出仕スル者纔カ二、三名ニ過ズシテ其他ハ悉ク旧佐賀藩士ナリ、此故ニ他県ヨリ出仕セシ物ハ仮令参事ト雖モ恰モ束縛セラレシ如クニシテ如何トモ為ス能ハス、慨嘆ノ余リ二ヶ月或ハ三ヶ月間ニテ辞職或ハ転任等ヲ為ス、故ニ凡百ノ事務益々佐賀藩士ノ意ノ儘ニテ廃藩置県ハ有名無実ノ由」[22]とある佐賀県、「区戸長多クハ貫属士族門地ノ者……県下旧弊ヲ脱スル事ナク政府ノ御趣意徹底セス亦下民ノ情モ上ニ通セサルナリ……陽暦未タ行ハレス……管内各小区掲示場アリト雖トモ時々ノ御布達全ク掲示セス……戸籍方法未タ全不立……地券調之事曾テ東京ニテ承ル各県中調済ノ早キ事三潴県第一ナリト、此事大ニ誤ナリ、地券調ノ方法掛リ官員不心得ニテ実地取調ナシニ人民ヨリ書出シ次第地券証書ヲ下ケ渡シタリト云フ……」[23]とある三潴県、いずれも旧藩体制が依然として温存され、中央政府の諸改革が有名無実化されている状況が述べられている。これらの諸県の存在自体が、今や中央集権化、近代化の遂行にとって大きな障害になりつつあったのである。

三潴県の県政改革の可能性について、前掲報告書は次のように記している。「三潴県改革ハ容易ノ事ニアラズ、大有為ノ人アリ猛烈ニ改革スルニ非レハ難カルベシ、謹而意見ヲ陳ブ、内務大蔵ノ内ヨリ大少丞一員三四月間出張シ両省ノ官員ヲ撰テ四課ノ課長トナシ幷ニ判任官四五名ヲ転任シ而シテ厳ニ判任官及等外ヲ黜陟シテ総テ新置県ノ如ク為ササレハ不能ナリ」[24]。乗り越えるべき障壁は高く、非常手段に訴えない限り県政改革は不可能であるとの観測であった。

政府にとって難関となった諸県は右にあげた酒田、静岡、佐賀、三潴のみではない。「旧薩州ニテハ士族ヨリ土民ニ至ルマテ自国ヲ指テ県外ノ国或ハ日本国外ノ国ト云テ各自誇ルト云」[25]と地方独立権力の自負を廃藩置県後も強く持ち続け、改革政策の実施を拒否する姿勢を貫いた鹿児島県を始めとし、高知・名東・石川[26]・白川・岡山[27]など、特に九州・四国地方には政府にとっての難治県が多く存在していた。なお、高知・名東(徳島)両県の場合は、板垣退助・小室信夫が立志社・自助社を拠点に展開した民権運動が地方庁の組織を巻き込んだ形で進展した事例[28]である。しかし、名東・高知のいずれもが、旧士族集団が県行政機構を独占し、その旧藩的結合の基盤の上に民権運動が展開したという点でこの時期に特徴的な現象といえよう。

これらの反政府気運に対して、大久保はもちろん強い危惧を感じていた。たとえば、名東・石川については左のような書簡をしたためている。「兼而御咄申上候通名東・石川等之県々何トカ治定無之而ハ相済不申候ニ付是非目的御確定有之候様希望仕候間篤御勘考被下度[29]」あるいは「名東県之御様子モ伊藤氏ヨリ御承知之由唯今之内断然之処分ニ出不申候而ハ此弊終不可救[30]」とあり、諸県の行政機構の建て直しの必要性が切迫した口調で語られている。

当時維新の戦功に自負をもつ討幕雄藩の旧藩士層内部には、権力から疎外されている状態への不満がうず巻いていた。彼らの挺身によって成立したはずの維新政府は、統一権力形成の目標にむけて雄藩・朝敵藩を問わず旧藩解体、士族解消の政策を打ち出し、また討幕雄藩の出身者である政府首脳も、朝臣としての立場で雄藩に拘泥しない人材登用主義を実践していたからである。彼等の不満は、中央集権化が進むほどに強められていく性質をもっていた。いまだ旧藩意識を脱皮し得ない旧士族集団が実権を握った県が多数存在し、新政府に対して背を向け、新政策に不協力姿勢を打ち出していた当時の状況は、政府にとって楽観を許さないものがあった。木戸孝允が明治三年九月一四日の日記に「王政一新勲功の諸藩却て強に不宜者多し[31]」と述べた状況は廃藩置県後も変わらず、維新の勲功県は今や国家の統一と安定を脅かす難治県と化していたのである。

3　難治県への諸政策

討幕雄藩および旧大藩を中心とする諸県の反政府的気運は、大久保にとって深い憂慮の対象となった。中央集権も、富国強兵も、中央政府の手足として忠実に行政を担う地方庁なくしては有名無実化し統治の実はまったくあがらなくなる。さらに不平士族集団による県庁占拠は、政府転覆にも連なる危険があった。明治七(一八七四)年二月に最初の大規模な士族反乱として佐賀の乱が起こり、危機感は現実のものとなった。

佐賀の不穏な情勢を察知した大久保は、一月二八日不平士族弾圧を主張する岩村高俊(高知士)を佐賀県権令に任命し、前もって弾圧への準備を行い反乱に備えた。反乱勃発後大久保は軍令・軍政両権を天皇から委任されて直ちに九州へ出張し、敏速な決戦体制を施き、これを早期に鎮圧した。そして、乱平定後、県庁改革へと手を染めたのである。三月末日に辞任[32]を申し出た岩村高俊の後任について、三条宛書簡で大久保は次のように述べている。「当県儀ハ才力相適ヒ且十分抛身シ黽勉従事スル人ニ無之而ハ詰リ治功無覚束ニ付右当器之人御撰採之上権令ニ被任[33]」。右の資格を持つ人材として、最初は左院議官三浦安の名が挙げられていたが、結局、佐賀の乱勃発後に中央から佐賀出張を命じられていた北島秀朝(水戸士)が同年四月二九日県令に任命された。北島は、同じく新任の権参事野村維章(高知士)、七等出仕伊藤謙吉(東京平民)の協力を得て、佐賀県庁の刷新を断行した。同年一一月の桜井虎太郎の報告書[34]は、「佐賀県ノ官員本年八月ノ黜陟至当ナラサルヲ憤リ出庁セサル者多シ、然ル処本年一〇月三一日中属以下等外マテ二〇名程免職スト雖モ未タ至当ナラサル由」と伝えている。佐賀県庁は、佐賀の乱後、他府県人が多数を占める構成へと急速に編成替えがなされたのである。しかし佐賀県に対する大久保の処分はこれで終わらず、明治九年四月廃県処分、長崎県への併合が最終の到達点となった。

東北の難治県酒田県への介入はワッパ騒動を契機に行われた。税制改革の布達を無視して旧来の高額の税が賦課されたことに対する農民の反抗であるワッパ騒動が広がりを見せ始めると、政府はまず大蔵省六等出仕林友幸を騒動鎮圧と県政管掌のために派遣した。そして明治七年一二月大久保は当時教部大丞であった三島通庸(鹿児島士)を兼任の

る形で決行されたのであった。

同意を取りつけるよう伊藤に依頼している。酒田県の県政改革は、佐賀県の場合と同じく、非常事態を好機ととらえ

形で県令としておくりこんだ。大久保は、伊藤博文宛の書簡で、三島を酒田県令の最適任者と推奨し、三条・岩倉の

三島は七等出仕吉田清英(鹿児島士)と数名の官員を伴って庄内藩の牙城と化している酒田県に乗り込んだ。しかし彼は権参事菅実秀・七等出仕松宮長貴をはじめとする数名を罷免したものの、参事松平親懐については留任措置をとった。「近時鶴ヶ岡景況」(35)に「三島県令君寛仁大度歟、旧任官吏ノ苛政横斂ハ因襲ノ弊習既往ハ咎ニ及ハストナシ」とあるように、三島は旧庄内藩出身の吏員に対する責任追及は寛大にすませながら、騒擾に関係した農民に対しては断固たる弾圧方針で臨んだ。旧士族層の反政府的動きに加えるに農民騒擾という困難な二つの課題を前にして、大久保は農民に対しては弾圧を強行すると同時に、旧士族層に対しては懐柔の姿勢をとるという両面作戦で県政改革を行わせたのである。かねてから庄内藩と関係の深い鹿児島出身の県令と七等出仕を任命したのも大久保の深慮から出たものと思われる。原則として県庁移庁を禁じていた当時にあって、明治八年八月三一日、酒田県庁を例外的に田川郡鶴ヶ岡へ移し鶴ヶ岡県と改称した措置も旧士族層への懐柔政策にほかならなかった(36)。

その他、旧藩士族層が県庁を占拠した観のある静岡県、白川県などについても、県庁人事改編を目指す介入政策が取られている。静岡県では、明治六年の時点で、静岡県庁の官員と他府県庁の官員との人事交流措置がとられ、県庁内における旧幕臣勢力の削減がはかられている。「静岡県官員ハ正権参事ノ外不残旧幕吏ナリ、其習弊依然下民ヲ御スルニ威権ヲ主トシ職務上表裏アリ、且県庁筆紙墨ヲ始メ諸費格外多シ、依テ他県官員ト交錯或ハ転免等権参事ニ謀レトモ何レモ新置県ノ際撰挙ノ者故兎角情ニ流レ姑息因循シテ不果、依テ当夏出京之節本省へ立寄五人交錯其余ハ他県ヨリ人撰シテ出仕ヲ命ス、仍テ旧弊一洗ノ端開改正ノ基礎始テ定ル、逐日県政ノ運ヒ相成候事、但此交錯ニ付旧官員ハ都テ権参事ノ撰挙仍苦情万々聞ヘアリ、既ニ新川県ト交錯ヲ約スレトモ畢ニ病気ヲ申立転任断候事」(37)。右の人事

交流を通じて「新県之体ニ改正等旧習洗除」[38]がすすめられたのである。

全員熊本藩士によって占められていた白川県庁も、明治六年五月以降、他県出身者の任命が始まる。同年五月安岡良亮(高知士)が権令に任じられたのを皮切りに、八月、一〇月に二十余名の他県出身者が県庁吏員として新たに任命され、明治七年以降この傾向はさらに強められていくのである。[39]

(1)　この間の経過については、井上馨公伝記編纂会編『世外井上公伝』一巻、五二一―五四九頁参照。
(2)　原口清『日本近代国家の形成』一四五頁参照。
(3)　公文録四巻「府県景況」一。
(4)　板垣哲夫「大久保内務卿期における内務省官僚」(近代日本研究会『幕末・維新の日本』一九八一年、山川出版社)参照。
(5)　宮津藩・姫路藩はともに朝敵藩であったが、河瀬は宮津藩を恭順に導くために尽力し、武井は姫路藩にありながら倒幕運動に加わっている(前掲、板垣論文参照)。
(6)　明治六年一二月六日、岩倉具視の大久保宛書簡には、「別紙人名録御心得迄進上致候、皆旧幕人ナレトモ人物ト云ハ勝ニ御聞候ハ、可分明ト存候事ニ而候」(立教大学日本史研究会編『大久保利通関係文書』一巻、三二四頁)とあり、政府首脳が有能な人材の発掘にたえず努めていた事が知られる。前述の監部あるいは密偵による探索も単に府県情勢の調査のみに限られず、人材調査の意味も含まれていた。たとえば、国会図書館憲政資料室所蔵「伊藤博文関係文書」「太政官関係書類」四には、幕臣の有能者に関する探索書類がある。なお、中央の人事においても、露骨な藩閥的色彩は影をひそめ、藩閥をこえた人的結びつきが官職を通して作られ、新しい官僚的派閥ができる傾向が進んでいたとの指摘については、遠山茂樹「有司専制の成立」(『自由民権期の研究』一巻)参照。
(7)　福井藩では、藩内が横井小楠・中根雪江を中心とする二つの人脈に別れており、中根派は門閥上士層を中心にやや保守的な幕権擁護の立場にあり、横井派は中士層を中心に開明的で幕府権力に対し批判的な立場に立っていたといわれる(舟沢茂樹「明治維新期における福井藩の政治指導層について」『福井県地域史研究』第三号参照)。舟沢氏の研究によれば、松平正直・村田氏寿はともに横井派に属し、松平は学問上の弟子として横井小楠の感化を強く受けた一人で、明治元年には二五歳の若さで戊辰戦争の政府軍の越後口監軍となって戦功をたて新政府に認められた人物であった。村田氏寿は、幕末期には中根と共に朝幕間の要人あるいは薩摩藩などの雄藩と連絡・交渉の任にあたり、中根失脚後は専ら一人で朝廷側との交渉にあたり、新政府官僚によく知られた人物であった。

（8）地方警察の維新以後の変遷については、大日方純夫「日本近代警察の確立過程とその思想」（日本近代思想大系3『官僚制・警察』一九九〇年、岩波書店）参照。

（9）太政類典二―一〇〇、教育制度と地方官僚の関係については、山中永之祐『日本近代国家の形成と官僚制』を参照。

（10）内務省へ達「各地方在来ノ官員ヲ以テ差繰リ学務課専任ノ者相撰教育ノ効果相立候様可致旨」。

（11）「置賜県探偵書」明治七年四月一八日（早稲田大学所蔵「大隈文書」A六一四）。

（12）関権令の君臨ぶりは、県庁内の下僚に対しても同様であった。「已レ引率スル処ノ官吏ノミ相信シ従来貫属ヨリ出仕ノ官員ヲ叱咤悪口スル事甚シク同年失錯アリテモ只貫属ノミ屈辱スル故皆云古来ノ君父ト雖モ如此罵詈ハ加ヘザルナリト貫属ヨリ出仕ノモノ往々辞職当時三四名斗リモ残リ居リシ由」と前掲報告書は報じている。

（13）前掲報告書。

（14）大江卓「陸羽巡回報告書」（早稲田大学所蔵「大隈文書」A六〇四）。

（15）内閣文庫所蔵『府県史料』のうち「福島県史料」を参照。

（16）明治六年六月九日、日本史籍協会叢書『大隈重信関係文書』二巻、一一四頁。

（17）（18）前掲「陸羽巡回報告書」。

（19）早稲田大学所蔵「大隈文書」A六一七、明治七年四月監部大伴千秋「酒田鹿児島諸府県情勢探索書」。なおこの当時の酒田県については佐藤誠朗「第二次酒田県の一考察」（『新潟大学人文科学研究』四一）を参照。

（20）明治六年監部大伴千秋「静岡・名古屋地方県治情勢探索書」（早稲田大学所蔵「大隈文書」A六〇六）。

（21）明治六年一〇月一〇日静岡県参事南部広矛より大隈重信宛書簡（日本史籍協会叢書『大隈重信関係文書』二巻、一八八頁）。

（22）明治七年一〇月新潟県士族桜井虎太郎「佐賀三潴山口ノ三県派出中捜査書」（国会図書館憲政資料室所蔵「三条実美関係文書」五八）。

（23）明治七年九月「三潴県ヨリ信報抜粋」（「三条実美関係文書」九）。

(24)　三潴県の前身は久留米藩である。久留米藩は明治四年の山口藩脱退騒動の時期に政府転覆の陰謀を企てたとして中央政府から弾圧を受け、藩知事と高官は免職という厳しい制裁を受けた。廃藩置県後、県令・参事には他府県出身者を起用する措置が取られたが、旧藩士層の反政府気運は依然として強かった。佐藤誠朗「明治四年久留米藩処分と天皇政府――「攘夷党征伐」と廃藩置県」(『西南地域史研究』六)を参照。

(25)　明治八年八月一五日新潟県士族桜井虎太郎「佐賀長崎福岡白川ノ四県派出捜索書」(『三条実美関係文書』五八)。

(26)　石川県については、少し時代は降るが、明治一五年四月一二日付内務卿山田顕義より太政大臣三条実美宛「石川県治改革ノ件」(国立公文書館蔵、公文別録・内務省一ノ一)と題する上申書は「石川県下士族ノ情態朋党ヲ結ヒ陰険ヲ逞スル陋習有之候ハ一日ノ故ニアラス……畢竟藩政以来其陋習浸染ノ深キ今ニシテ断然一洗セサレハ後日ノ大害トナルヘキ情況相見ユル……」と石川県の旧態依然たる有様を述べ、改革が焦眉の急であると訴えている。

(27)　「岡山県ノ事実ヲ探聞スルニ……属官ハ過半該県ノ士族ニテ他県ヨリ奉職致シ居ル者ハ僅カ両三名故少シモ威権無之夫ニ反シテ該県ヨリ出仕セシ属官ハ多人数故威権モ有之候テ兎角旧習ヲ不脱万事ニ悪弊多ク有之ニ付管下ノ人民ハ他県ヨリ至ル官員ヲ頻リニ希望致シ居ル由、マタ該県下ノ士民常ニ申シ居ルニモ本県士族県官ニアルハ都合ノヨキ事モアレトモ又悪弊アリテ御主意ヲ遵奉セザル故心アル士民ハ該県ヨリ出仕スル官員ヲ甚ダ好マザル由」(明治八年一〇月大伴千秋「岡山県情勢探聞書」、早稲田大学所蔵「大隈文書」A六一七)。

(28)　明治九年七月、佐々木高行は津田氏よりの書簡として高知県の状況を次のように記している。「兎角立志社連中盛ニ相成、殆んど右連中ニ非ざれば人ニ非さる勢なり、殊ニ県庁官員幷ニ区長・巡査ニ至迄立志論ニ非ざれば採用せざる景況なり」(東京大学史料編纂所編『保古飛呂比、佐々木高行日記』七、三七頁)。

(29)　明治八年八月一二日付大久保より伊藤博文宛書簡(日本史籍協会叢書『大久保利通文書』四巻、三九四頁)。

(30)　明治八年八月三〇日付大久保より木戸孝允宛書簡(日本史籍協会叢書『大久保利通文書』四巻、四一三頁)。

(31)　日本史籍協会叢書『木戸孝允日記』一巻、三九四頁。

(32)　岩村高俊の実兄林有造は江藤新平と昵懇な間柄であった。逃走中の江藤について岩村高俊は林有造を頼って土佐に潜伏すると見て、兄の説得のために職を辞して土佐へ行くことを請うたのである。さらに佐賀の乱で強引な弾圧を行ったことが多くの遺恨を生じ、今後の県政にマイナスの作用をなすであろうというのも辞任の理由のひとつであった(『大久保利通文書』五巻、四四一頁)。
(33)　明治七年三月二五日(日本史籍協会叢書『大久保利通文書』五巻、四五一頁)。
(34)　「佐賀三潴山口ノ三県派出捜索書」(国会図書館憲政資料室所蔵「三条実美関係文書」五八)。
(35)　早稲田大学所蔵「大隈文書」A六一七ノ七。
(36)　「該県ノ急務ハ先ツ県庁ヲ鶴ヶ岡ヘ引移シ主トシテ士族ヲ誘導撫御シ夫ヨリ市中ヘ人民ノ旧習ヲ洗除シ施テ管下一般ニ可及順序ナルヲ以テ……」(太政類典二―九五、四〇)との酒田県伺に対し内務省は、「各県庁移転ノ儀ニ付テハ先般御指令ノ趣モ有之該庁存域内ニ係リ陸軍省退転ヲ要請スルノ外ハ採用不致候処縷々事情具状ニ付実際篤ト推究仕候処具状ノ趣ハ無余儀相聞」(前掲内務省伺)は、特例措置としてこの許可を要望する伺を太政官に提出し、太政官の許可を得ている。
(37)　監部大伴千秋「静岡・名古屋地方県治情勢探索書」(早稲田大学所蔵「大隈文書」A六〇六)。
(38)　明治六年一〇月一〇日静岡県参事南部広矛より大隈宛書簡(日本史籍協会叢書『大隈重信関係文書』二巻、一八九頁)。
(39)　内閣文庫所蔵『府県史料・熊本県史』のうち「白川県官員履歴」参照。

四　明治九年の統治転換策

明治一〇年代の地方統治政策を概観すると、明治九年(一八七六)は、地方行政史のうえで一つの転機を示す年であることがわかる。この年に、従来の三府五九県を一挙に三府三五県に削減する府県区画の大改定が行なわれるとともに大幅な人事異動も実施された。同時に地方官の任地への定着をめざす県官任期例も発布された。これらはいずれも大久保利通内務卿の主導下に地方統治上の弊害を一挙に除去することをめざして企てられた政策であり、その後の地方統治の行方を予知させる内容をもっていた。

当時、西南雄藩や旧大藩を核に作られた諸県には中央政府に対する反抗的気運がいまだに強く、大久保にとってこれは深い憂慮の対象であった。中央政府の諸指令を意識的に歪曲しあるいは無視しつつ旧支配体制の温存をはかる傾向は、前述のように鹿児島県をはじめ高知・名東・石川・白川・岡山など、とくに九州・四国地方に多く見られた。中央集権も、富国強兵も、中央政府の手足として忠実に行政をになう地方庁なくしては有名無実化する。さらに、これら難治県のなかには、鹿児島県のように、中央権力と拮抗する地方権力となる危険をもつものも存在した。事態は切迫しており、早急な対処を必要としていた。

1　三府三五県への統合

明治四年末に三府七二県の区域が確定して以後、第13表のように府県の数は漸次減少してきた。三府七二県→三府六九県→三府六〇県というこの減少は、ほぼ次の三点を理由としていた。一は財政的、行政的に自立能力を欠くと認定された弱小県の整理、二は、旧藩体制存続の基盤をなし、中央集権の阻害要因となるとみなされた地域の区画改定、三は、地形、風俗、習慣、産業などの民情に大きな違いがあり、統治上障害が多いと認められた地域の区画改定である。

たとえば、明治六年の八代県・美々津県・都城県の廃止は、明治五年一一月大蔵少丞林友幸の「両肥・薩・隅・日五ヶ国七県視察廃合意見書」(1)をうけた形で実施されたものと思われるが、その中に次のような一節がある。「官員多くハ土産之者共ニ而今日之情状ニ疎ク事々物々迂遠ニして諸布達ヲモ解し得す就中租税出納之如き雛形ヲ以テ諭達之件スラ了解するヲ得す必竟誤解より無益之労脳ニ時日ヲ費し可憐之情態到底是等ヨリ御趣意徹底不致西陬之地百般後るゝといへとも地方之尽力によらされハ頑固之耳目可開期ハ有之間敷諸県之成否ハ本省之興廃ニ関係候ハ論ヲ不待不可忽之儀ニ有之新県創立以来今日ニ至リ体裁不相立事務不相挙……」。すなわち、新しく置かれた諸県の行政能力が

第 13 表　府県数沿革

年　次	府県数	変　更　事　項
明治 4 年末	3 府 72 県	
5 年末	3 府 69 県	
6 年末	3 府 60 県	
9 年末	3 府 35 県	
12 年末	3 府 36 県	沖縄県をおく
13 年末	3 府 37 県	徳島県をおく
14 年末	3 府 38 県	福井・鳥取県をおき，堺県を廃す
15 年末	3 府 41 県	函館・札幌・根室県をおく
16 年末	3 府 44 県	富山・佐賀・宮崎県をおく
19 年末	3 府 41 県	北海道の 3 県を廃す
20 年末	3 府 42 県	奈良県をおく
21 年末	3 府 43 県	香川県をおく

著しく低いことを慨嘆しているのである。さらに財政的にも「鹿児島県之如キ一歳之入ヲ以テ一歳之出ニ不足ス非常之節約ヲ不行ハあるへからす」と述べて、財政的自立とほど遠い財政運営状況を指摘している。この行財政上の理由から、減県の処分を行うよう提案したのであった。林友幸は、七県廃合案として「佐賀県ヲ廃シ長崎県江合併、八代県ヲ廃シ白川県江合併、都城・美々津両県ヲ廃シ鹿児島県宮崎県ヲ置」と記していたが、このうち八代県・都城県・美々津県の三県の廃止だけが実施された。なお、この三県の廃止については、明治六年一月一五日の太政官宛大蔵省伺が「薩日隅肥後四ヶ国ノ儀、鹿児島其他四県被置候処、右ハ大率従前置藩ノ形ニ拠リ区域相立、自然旧習ヲ袪兼且分砕ニ渉、其便ヲ不得候ニ付」(太政類典二—九五)とあるように、藩域の存続が中央集権を阻害する要因となっていたことも区域改定の要因であった。

犬上県、額田県(2)、足羽県(3)、柏崎県(4)などの近県への合併はいずれも民情上の矛盾のため「治蹟アガリ兼候事情」(5)が生じたことへの配慮であった。

これらの区画改定は、統治上の矛盾をかかえた地方官から伺が出され、それに対する対応として大蔵省および太政官内で個々に審議され決定された事例が殆どであった。しかし、明治九年の二四県廃止は、内務省の主導の下に、地方統治上の障害を一挙に除去し改革することをめざして企てられた点に特徴があった。前述のように、難治県の中には中央政府と拮抗する地方権力的存在となる可能性を秘めたものすらあった。前述の酒田・佐賀の例に示された県治改革の試みも、対症療法の域を出るものではなく、抜本的な克服策の早急な実施が必要とされていたのである。

第14表　明治5-8年の府県廃合

年　度	事　　項
明治5年 (3府69県)	3県(七尾県・犬上県・額田県)を廃止
	○七尾県を廃し新川県および石川県に編入 ○犬上県を廃し滋賀県に合併 ○額田県を廃し愛知県に合併
明治6年 (3府60県)	13県(足羽県・八代県・美々津県・都城県・香川県・神山県・石鉄県・柏崎県・宇都宮県・印旛県・木更津県・入間県・群馬県)を廃し4県(宮崎県・愛媛県・千葉県・熊谷県)をおく
	○足羽県を廃し敦賀県に合併 ○八代県を廃し白川県に合併 ○美々津・都城2県を廃し宮崎県をおく ○香川県を廃し名東県に合併 ○神山・石鉄2県を廃し愛媛県をおく ○柏崎県を廃し新潟県に合併 ○宇都宮県を廃し栃木県に合併 ○印旛・木更津2県を廃し千葉県をおく ○入間・群馬2県を廃し熊谷県をおく
明治8年 (3府59県)	2県(新治県・小田県)を廃し1県(香川県)をおく
	○新治県を廃し千葉県・茨城県に編入 ○小田県を廃し岡山県に合併 ○名東県を分ち香川県をおく

明治九年に入ると、大久保は府県区画の改定とそれに伴う府県庁の人事異動に本格的に取り組み始める。『大久保利通日記』の同年四月一三日に「今朝林杉浦松田入来、各県廃合省中三寮ヲ廃ル等ノ事ヲ談ス」(下巻、四八五頁)とあり、四月一七日には「十時参朝地方庁廃合ノ事内務省中三寮廃止ノ事御評議有之決ス」(下巻、四八六頁)と記されている。内務少輔林友幸(山口士)、地理頭杉浦譲(幕臣)、内務大丞松田道之(鳥取士)らと協議のうえで、府県廃合と内務省内の三寮廃止計画が練られた経緯をうかがわせる。同様に同年七月二九日には、大蔵大輔松方正義、内務少輔林友幸、内務大丞松田道之・杉浦譲、内務少丞松平正直との協議のうえ、八月二日の第二次府県廃合が決定している[6]。この統合は、第15表のように二四県を廃止する大規模なものであった。

この区域改定の結果、旧石高でいえば、六〇万石以上の県が二七、一〇〇万石以上の県が一一と、府県規模は一挙に拡大した。最高は石川県(現富山・福井を含む)の二二〇万石であった。三府七二県体

第15表　明治9年の府県区画改定

年月日	事　　　　項
9.4.18	足柄県ヲ廃シ静岡及神奈川県ニ合併
	奈良県ヲ廃シ堺県ニ合併
	度会県ヲ廃シ三重県ニ合併
	磐井県ヲ廃シ宮城及岩手県ニ合併
	新川県ヲ廃シ石川県ニ合併
	相川県ヲ廃シ新潟県ニ合併
	北条県ヲ廃シ岡山県ニ合併
	浜田県ヲ廃シ島根県ニ合併
	小倉県ヲ廃シ福岡県ニ合併
	佐賀県ヲ廃シ三潴県ニ合併
9.8.21	筑摩県ヲ廃シ岐阜及長野県ニ合併
	浜松県ヲ廃シ静岡県ニ合併
	鶴ヶ岡・置賜2県ヲ廃シ山形県ニ合併
	敦賀県ヲ廃シ石川及滋賀県ニ合併
	鳥取県ヲ廃シ島根県へ合併
	飾磨・豊岡2県ヲ廃シ兵庫及京都府ニ合併
	三潴県ヲ廃シ長崎及福岡県ニ合併
	宮崎県ヲ廃シ鹿児島県ニ合併
	名東県ヲ廃シ兵庫及高知県ニ合併
	香川県ヲ廃シ愛媛県ニ合併
	若松・磐前2県ヲ廃シ福島及宮城県ニ合併

制では、三〇万石から六〇万石の府県がほぼ七割を占めていたのに比すると格段の変化である。人口数で見ると同じく石川県の一七八万人を筆頭に八〇万人以上の県が多数を占める構成となった。ちなみに明治四年一一月の時点では、三〇万人から六〇万人の府県が多数であった。

地域別に見れば、東北地方は一一県から六県(青森・岩手・山形・福島・秋田・宮城)へ、関東地方は八県から七県(東京・埼玉・群馬・神奈川・栃木・千葉・茨城)へ、中部地方は一二県から七県(新潟・石川・山梨・長野・岐阜・静岡・愛知)へ、近畿地方は一一県から七県(和歌山・兵庫・滋賀・大阪・堺・京都・三重)へ、中国地方は七県から四県(山口・島根・岡山・広島)へ、四国地方は四県から二県(高知・愛媛)へ、九州地方は九県から五県(大分・福岡・熊本・長崎・鹿児島)への削減が断行されたのであった。これらの廃合は、内務省伺によれば「地勢ノ平坦険峻広狭ニヨリ統治ノ便ヲ案」[7]じて行なわれたというが、ではその「統治ノ便」の内容は何であったのだろう。

第一は、政府の地方統治上障害となっていたいわゆる難治県の排除である。前述のように、反政府的な旧士族集団が県庁を占拠した県には、封建的特権の温存をはかり、中央政府の諸指令を意識的に歪曲・無視する状況が見られた。前述(五三頁参照)の三潴県、「凡百ノ事務益々佐賀藩士ノ意ノ儘ニテ廃藩置県ハ有名無実ノ由」[8]といわれた佐賀県、

「官員盟約之事、但シ其節ノ誓ニ当県ハ封建ノ躰ヲ失ハサル事」として官員にとって不都合な布告は布達しなかったり、あるいは布告を偽造したりという行為も公然と行なわれていた酒田県など[9]は、この顕著な例である。

県の大廃合は、このような政府の統治を阻害する諸県の存在を抹消し強県に許されていた特権[10]を廃絶するためにほかならなかった。佐賀県、三潴県を廃し長崎と福岡の二県に合併し、鶴ヶ岡県(酒田県)を廃して山形県に合併し、鳥取県を廃して島根県に合併し、名東県を廃して兵庫および高知県に合併した措置は、この政府の意図を明示している。旧藩域に依拠する形で設置された県を抹消することによって、旧藩士族と県庁との結合に終止符をうち、中央政府に忠実な地方庁を形成することが目指されたのであった。しかし、この統合によってすべての障害がのりこえられたわけではない。難治県の最たるものであった鹿児島県には、この時点では手を触れることができなかった。この課題が最終的に解決されるのは、西南戦争での政府の勝利を待たねばならない。

第二は財政的要求にもとづいた経費節減である。大久保は、明治九年一二月、太政官にあてた行政改革建言書[11]のなかで、地租軽減後の財政危機乗り切りのためには、大規模な行政整理による経費節減が不可欠であると力説していた。具体策として述べられた内容は「政体ノ組立ヲ簡ニスル事、外国人ヲ払フ事、輔丞ヲ書記官トナス事、奏任官ヲ減、判任官ヲ減……」であった。官庁組織の簡素化と人員削減を目指すこの行政改革案は、翌一〇年一月の省庁整理と官吏減員策となって結実した。府県の大廃合は、大久保のこの行政改革路線の一環であったと思われる。実際この廃合によって、府県経費は明治八年の五〇七万余円から、明治九年度の三七一万円へと減少した[12]。

右のように、明治九年の府県廃合は、一応地理的条件に対する配慮は払われたものの、専ら政府の統治上の必要をふまえて実施された改革であった。その区域が共同社会としての基盤を形成しうるか否か、経済上、生活上の領域としてふさわしいか否かは軽視され、中央政府の地方支配の視点が優先した区域作りとなった。したがって、共通の郷土意識や生活基盤を形成するうえで大きな障害をかかえる地域では、この新行政区画をめぐる矛盾が顕在化し、明治一〇年代には分県要求が相次ぐこととなる。

2　県官任期例の制定

府県廃合を契機とする地方統治体制の建て直しは、まず県官任期例の布達と地方長官の更迭人事となってあらわれた。県官任期例とは、地方長官が任地に長期間在職し、地方行政を長期的視点に立って推進する体制を作ることがねらいであった。

当時の地方長官には、困難な状況のなかで統治に自信を失い、長期滞在を嫌悪する風潮があり、長期展望が欠如した現状糊塗に堕する傾向が生じ問題となっていた。たとえば宮城県について「今ノ参事其人ト為リ其任ニ堪ヘサルニ非スト雖モ永住ノ意ナキヲ以テ百事心ヲ用ル自ラ薄カラサルヲ得ス、若シ此県下ノ風俗ヲ釐正シ王化ノ洽ネカラン事ヲ欲セハ今ノ参事ヲ権令ニ任シ永住ノ心ヲ起サシムルカ或ハ新ニ令ヲ置キ其人ヲ得ルニ非サレハ甚難カルヘシ」(13)とある例、また佐賀県について「当春ノ動揺マテハ佐賀県ノ官員ハ他ヨリ出仕スル者纔カ二三名ニ過スシテ其他ハ悉ク旧佐賀藩士ナリ、此故ニ他県ヨリ出仕セシ者ハ仮令参事ト雖モ恰モ束縛セラレシ如クニシテ如何トモ為ス能ハス、慨嘆ノ余リ二ヶ月或ハ三ヶ月間ニテ辞職或ハ転任等ヲ為ス」(14)とあるのはこの例である。特に奥羽地方への赴任者は気象の厳しさから永任を嫌う傾向が強く、「爾後県官ヲ択フハ第一ニ陸羽ニ於テシ之ニ付与スルニ又多少ノ権利ヲ以テシ……」(15)と奥羽地方の優遇策が提案される状況であった。(16)

地方官の任期をいかにして長期化させるかは、かねてから政府内部の懸案事項であった。明治五（一八七二）年八月大蔵大輔井上馨は正院にあて「地方官職制更定ノ議」と題する意見書を出し、「第一条、地方官在職ノ期ヲ久フスヘキ事、在職久シカラサレハ能者其成功ヲ奏スルノ暇マナク不能者其過失ノ顕ハルルニ至ラス」として、奉職以来四年間は転任せしめず、また転任あるいは解職の際はその府県内の奏任官中から後任を出さしめるべしとを提案していた。(17)

また大蔵大丞渡辺清も、明治七年一月「県治之儀ニ付建言[18]」のなかで、「長次官ハ容易ニ転免ノ御沙汰ナク、可成丈ヶ三ヶ年乃至四ヶ年位ハ一地方ニ勤続被仰付度、長官転免ノ度毎必ス聊ノ沿革アリ、官員ノ黜陟中ノ体裁等モ変リ人民ノ嚮望ニ関シ事務ノ障碍不少、巡回府県ノ内立県已来長官ノ変更数次ニ及フ県々ニ於テ事務挙行スル無キハ正ニ目撃仕候処」、長次官はなるべく三年乃至は四年は一地方に勤続せしめるべきであるとし、頻繁な人事異動が県政に長期的な視野を欠如させる結果を生んでおり、それが県政の発展を阻害し、ひいては地方民衆の失望を招いていると述べている。

これらの動きを背景にだされた県官任期例(明治九年七月二九日太政官達)は「凡ソ内治ノ本ハ専ラ地方ニ在リ、地方ノ治挙ラザレバ国ノ隆盛ヲ期スベカラズ」と地方統治の重要性を力説した後、統治効果を挙げるためには「地方官ヲシテ該地方ニ安著、本務ニ鞠躬シテ他念ナカラシム……其一度其地方ニ任ズレバ他ニ転任セズ該地方ニ永任[19]」と唱っていた。具体的には「一、凡ソ県令ニ任ズル者ハ一任拾弐年トス、毎三年一期トス、毎期其治績ヲ考フ、一、初メ県ノ長官ニ任ズル者ハ先ヅ権官ニ試ム、権官タルコト三年職ニ称フ者ハ進メテ正官トナス、正官タルコト三年職ニ称フ者ハ月俸五拾円ヲ加フ、又三年職ニ称フ者ハ又五拾円ヲ加ヘ勅任トナス、拾弐年任満ルノ後ナホ任続クコトヲ得、一、一期ヲ経テ正長官トナル者ハ必ズ本任ノ県ニ本籍ヲ定ムベシ……」と定めていた。三年を一期として勤務成績を評定し、さらに再任されれば三年ごとに大幅加俸を行なうとともに身分的にも上昇措置をとり、施政意欲の鼓舞をはかったのである。

この太政官達は、地方長官を任地に長期赴任させ、かつ擬似的に土着化させることによって民衆に親近感を抱かせ、統治上の摩擦を減少させようとの意図からでていた。しかしその際、他府県出身者を地方長官に任命するという廃藩置県以来の人事方針にはまったく変更が加えられていないことに注目しなければならない。旧藩との連続性を断ち切るために他府県出身者を任命するという前提は不変のまま、本籍の移動と長期赴任という、いわば擬制の形成をつうじて地域共同社会への定着がはかられたのである。地租改正、徴兵、教育などの実施期を迎え、民衆の抵抗が顕著な形を取り始めた明治九年の時点で、大久保は地方長官と地域住民のつながりを重視する方向へ政策転換を企てたのであった。これは、後の三新法実施を予知する構想にほかならない。

3　府県庁の人事異動

永任を唱った任期例発布後の地方長官更迭は、大久保にとって地方行政改革の成否を握る重要な意味をもつものであった。明治九年八月一三日付けの大久保の岩倉宛書簡には「廃合ニ而入替之人ハ余計にも無之候得共此度任期例御発表ニ付廃合ニ不拘県モ御入替可相成所不少候処其人撰別而御大事之事故旁伺尊慮度……」[20]と述べられ、人選にあたっての慎重な態度が示されていた。また同年九月一六日の金井之恭宛書簡にも「此度地方官人撰之事ハ分而鄭重相成再三再応内評ヲ遂且熟考之上遺憾ナキヲ以テ内決ニ及候都合故何分唯今之処ニ而否御答も難申上候」[21]と、金井の知人の地方官採用願を拒絶し、廃合にともなう地方官人事が熟考を重ねたものであり、情実を排した厳正な措置であったことを明らかにしている。

では、大久保が重視した地方官人事は、どのような内容をもつものであったか。三府三五県のうち、明治九年に更迭のあったのは、下記の八県であった。神奈川県(中島信行・高知士→野村靖・山口士)、兵庫県(神田孝平・幕臣→森岡昌純・鹿児島士)、長崎県(宮川房之・熊本士→北島秀朝・水戸士)、青森県(塩谷良翰・栃木士→山田秀典・熊本士)、山形県(河野通倫・熊本士→三島通庸・鹿児島士)、島根県(井関盛良・宇和島士→佐藤信寛・山口士)、高知県(岩崎長武・高知士→小池国武・高島士)、大分県(森下景端・岡山士→香川真一・岡山士)。

これらの人事のうち第一に注目すべきものは、高知県である。従来高知県では他府県出身の長官を受け入れた例がなく、これが初めてのケースであった。伊藤博文より大久保宛の書簡によれば、この措置は、「高知へ新県令入県以

第16表　明治9年時点の地方長官

府県名	就任年月日	氏　名	出　身	被合併県の長官名
東京府	8.12.19	楠本正隆	大村士	
京都府	8. 7.20	槙村正直	山口士	豊岡県(三吉周亮)
大坂府	4.11.22	渡辺　昇	大村士	
神奈川県	9. 3.28	野村　靖	山口士	足柄県(柏木忠俊)
兵庫県	9. 9. 9	森岡昌純	鹿児島士	飾磨県(森岡昌純)　兵庫県(神田孝平)
長崎県	9. 5.22	北島秀朝	水戸士	三瀦県(平岡光伸)　佐賀県(北島秀朝)
新潟県	8.11. 7	永山盛輝	鹿児島士	相川県(鈴木重嶺)
埼玉県	6.12.27	白根多助	山口士	
群馬県	7. 7.19	楫取素彦	山口士	
千葉県	6. 6.15	柴原　和	竜野士	
茨城県	8. 5. 7	中山信安	浜松士	
栃木県	4.12. 5	藤川為親	伊万里士	
三重県	5. 9.18	岩村定高	伊万里士	度会県(久保断三)
愛知県	8.12.27	安場保和	熊本士	
静岡県	7. 1.13	大迫貞清	鹿児島士	浜松県(林厚徳)
山梨県	6. 1.22	藤村紫朗	熊本士	
滋賀県	8. 4.27	籠手田安定	長崎士	敦賀県(山田武甫)
岐阜県	5.10.13	小崎利準	三重士	
長野県	6. 6.27	楢崎寛直	山口士	筑摩県(永山盛輝)
宮城県	6. 2. 7	宮城時亮	山口士	
福島県	8.12.27	山吉盛典	米沢士	磐前県(村上光雄)　若松県(岡村義昌)
岩手県	5. 1. 8	島　惟精	大分士	磐井県(増田繁幸)
堺　県	4.11.22	税所　篤	鹿児島士	奈良県(藤井千尋)
青森県	9. 8.22	山田秀典	熊本士	
山形県	9. 8.22	三島通庸	鹿児島士	置賜県(新荘厚信)　鶴岡県(三島通庸) 山形県(河野通倫)
秋田県	8. 5.19	石田英吉	高知士	
石川県	8. 4.27	桐生純孝	岐阜士	新川県(山田秀典)
島根県	9. 5.18	佐藤信寛	山口士	鳥取県(伊集院兼善)
岡山県	8.10. 7	高崎五六	鹿児島士	北条県(小野立誠)
広島県	8. 1.25	藤井勉三	山口士	
山口県	8.12.27	関口隆吉	静岡士	
和歌山県	6.10.23	神山郡廉	高知士	
愛媛県	7.11.24	岩村高俊	高知士	香川県(新田義雄)
高知県	9. 8.26	小池国武	高島士	名東県(富岡敬明)
福岡県	7. 9. 8	渡辺　清	大村士	三瀦県(平岡光伸)　小倉県(小幡高政) 佐賀県(北島秀朝)
大分県	9. 9. 4	香川真一	岡山士	
熊本県	6. 5.30	安岡良亮	高知士	(神風連の乱で遭難死)
	9.11.20	富岡敬明	小城士	
鹿児島県	4.11.14	大山綱良	鹿児島士	宮崎県(福山健偉)

(『明治史料顕要職務補任録』1967年，柏書房より作成)

来ハ他県人タルノ故ヲ以満庁ノ属吏ニ到ル迄甚不快ノ色アリテ事務渋滞ノ由[22]」という県庁内の激しい抵抗を生んだ。しかし、大久保はこれに対しいささかも妥協することなく、同県出身の元老院議官佐々木高行、中島信行を派遣して反対者を説得せしめるとともに、新県令に対しては旧藩意識を止揚した形の県治体制作りを行なうよう督励を行なっている。

同じ時期に、大久保は政府にとって最大の障害となっている鹿児島県への対策をねるために、内務少輔林友幸に鹿児島視察を命じ次のように述べている。「貴台下実地御目撃被下仮令ハ課長辺之処ニ不適当之者有之候得ハ是ハ黜陟シ是ハ残置キ可然与御示談を蒙り候得は其上之処ニ而如何様とも切替等可致与相決居候……唯願ふ処は実地ヲ篤与御歴見之上ト申事ニ止リ候間其辺御含置可被下候[23]」。しかしこの時点では参事以下の異動や県政刷新は到底実行不可能であり、その実施は西南戦争鎮定を待たねばならなかった。そして、最後まで障害として残った独立王国鹿児島の県政改革が緒についたのは、田原坂で西郷軍を破った直後の明治一〇年三月末であった。大久保は、同年三月二〇日付けの前島密・松田道之宛書簡で、新県令に岩村通俊(高知士)を得たことを喜ぶとともに、奏任官には他県人を採用すべきこと、判任官については同県人の採用はやむを得ないが、大部分は新たに採用すべきであることなど細かな配慮を綴っている[24]。三月二一日岩村通俊が県令に就任して以後、奏任官の人選はかなり難航したが、結局大書記官に渡辺千秋(高島士)、御用掛準奏任に上村行徴(鹿児島士)の人選が確定した。明治一一年の官員録によれば、鹿児島県庁総員一六七名のうち、鹿児島県出身の官員はわずか二〇名、全体の一一%と急激な改革を跡づける様変わりをみせた。

なお、第16表の明治九年時点での各府県長官の名簿によれば、鹿児島県を除いた府県では他府県人任用の原則が一応貫かれている。山口藩八名、鹿児島藩七名と薩長閥は依然多数を占めているが、一方では山口県令に幕臣関口隆吉が任命されていることが注目される。前年一二月に前任者中野梧一が転任を希望したのに応じた後任人事であったが、伊藤が横山俊彦(山口士、後に萩の乱に加担)を推薦したのに対し大久保は関口を強く推し、遂に関口県令を実現したのであった。その後の萩の乱での関口県令の沈着な対処は「流石ニ人物有之候」との大久保の賞賛をうけている。大久保の藩閥に拘泥しない能力中心主義が効果をおさめた一例であった。

西南戦争の終息によって、西郷を頂点とする独立王国＝反政府士族集団の最後の拠点も壊滅した。明治一一年初頭の県庁構成は第17表の構造に変化した。石川県、山口県、島根県、愛媛県、大分県などにおいてはいまだに地元出身者の比率が高いものの、奏任官人事を中心に内務省の意向が貫徹する体制作りが全国的に緒についたと言えよう。大久保が掌握する内務省は、明治一〇年の時点で、地方に残存した旧藩的権力を制圧し、地方庁をその手中におさめたのである。

なお、右のような旧藩との絶縁をはかる諸政策とともに、この時点の人事には新しい展開があったことに注目しなければならない。それは開明的地方官として著名な神田孝平・中島信行が地方官から元老院議官への転任を命ぜられたことである。欧米の政治制度についての造詣が深いことで著名な神田孝平は、明治四年一一月兵庫県令に就任、明治六年には啓蒙的な「民会議事章程」を布達し、公選地方議会を町村会から始めて区会、県会と順次開設する構想を

第17表　府県庁に地元出身者の占める割合

府県名	地元官員/総官員	地元官員/全奏任官
東京府	38.5%	0%
京都府	33.8	0
大阪府	40.3	0
神奈川県	33.9	0
兵庫県	41.3	0
新潟県	45.9	0
長崎県	64	0
埼玉県	30	0
群馬県	25	0
千葉県	42	0
茨城県	53	0
栃木県	47	0
堺県	50	0
三重県	47	0
愛知県	28	0
静岡県	64	0
山梨県	38	0
滋賀県	69	0
岐阜県	53	0
長野県	39	0
福島県	46	0
宮城県	45	0
岩手県	30	0
青森県	36	0
秋田県	57	0
山形県	39	0
石川県	79	0
島根県	74	0
岡山県	43	0
広島県	61	50
山口県	85	50
和歌山県	51	0
高知県	66	0
愛媛県	74	0
福岡県	51	0
大分県	84	50
熊本県	48	0
鹿児島県	11	33

(明治11年3月出版『明治官員録』により作成)

示したのをはじめ、欧米制度の日本への適用を県行政の場で試みようとしていた地方官であった[25]。明治七年一月神奈川県令となった中島信行も開明的な政策を実施した県令の一人として知られている。彼ら二名とも、明治八年に始めて開かれた地方官会議では、民会を容認する積極論者であった[26]。

木戸孝允は明治八年六月二〇日付けの大久保宛の書簡で、神田について次のように述べていた。「神田孝平ハ尤民選議院家ニ而頻ニ政府ノ束縛を相論し少しは波及候気味も御坐候由、付而ハ此度之地方会議之規則等ハ至極不満足ニ被相察申候、於政府も漸次御誘導之御目的にも候得ば此前にも却而転任被仰付置方可然歟とも奉存候[27]」。文明開化期には政府の信任の厚かった神田孝平がこの時期にはその開明性のゆえに忌避された事情をうかがわせる書簡である。明治八年は、社会における「自由」あるいは「民権」の叫びの高揚を前にして政府がこれらの動きにたいして強権的な姿勢をとり始めた時期であった。讒謗律、新聞紙条例の発布はそれを象徴する。明六社に代表される啓蒙思想家の志向と政府の文明開化政策が一致した時代は過去のものとなり、自由民権運動への敵対が新しく政府の課題となったことをこの書簡は物語っている。

神田と中島の地方行政の場からの排除とは逆に、大久保の信任の厚さを見せつけたのが三島通庸であった。廃止された二四県の知事の大部分が免職となったなかで、三島通庸は他の四名[28]とともに他県への転任が申し渡されたのである。ワッパ騒動にたいし断固たる弾圧で臨みこれを収束させた三島の重用と神田・中島の免職は、自由民権運動の高揚を迎える明治一〇年代における地方行政の新たな展開を象徴するものとなった。

（1）　早稲田大学所蔵「大隈文書」A五九三。

（2）　「額田県ノ儀ハ本庁岡崎ニ建設、土地運搬ノ便利モ不宜随テ事務淹滞ノ弊可相生懸念有之候ニ付便利ノ隣県へ合併県治整理事務調査為致度愛知県庁ハ土地隣接運輸等ノ便利県治整済ノ儀至極ノ地ト被存候」（太政類典二―九五、一一）。

（3）　「我敦賀県ノ如キハ則チ山険狭隘且海陸交衝ノ地ニシテ管内遠隔ノ距離坤豊岡ノ轄界ヨリ艮足羽ノ疆境ニイタル殆ト五〇

里ニ及フモ其中央南北ノ狭隘他轄ニ接近ナル僅々二三里ニ過ギズ夫民ハ簡ヲ貴テ繁ヲ貴ハス何ヲカ繁ト云フ曰僅ニ二三里間ニシテ管轄ノ交互随テ戸籍ノ錯綜聴訟ノ混同民ノ繁ナルモノニアラサラン乎」(太政類典二―九五、一二)。なお、足羽県への合併ではなく、敦賀県への吸収合併であったのは、足羽県庁が、旧福井藩士の牙城となっており、中央集権上弊害が多いことへの配慮が働いたものと思われる。事実、この統一敦賀県の合併当初の職員構成は、敦賀県職員がおおむね現状維持であるのに対して、足羽県職員は大幅に人員整理され、しかも残留職員の殆どが福井支庁勤務にされたと云う(吉田健「明治初期福井県の職員関係資料」福井県総務部県史編纂課『県史資料』2号)。

(4)「両県ノ民情太タ近ク土地モ亦接シ一州一県ノ形顕然タリ、抑県政ノ方法ハ条例アリテ大綱一ニ出ルトイヘトモ施行上ニ至テハ緩急異同ナキヲエス、是以民自ラ疑惑ヲ生スルナキ能ハス、其勢両県ヲ合セサルヘカラス」(太政類典二―九五、一六)。

(5) 犬上県滋賀県へ合併、太政類典二―九五、一〇。

(6) 前掲『大久保利通日記』下巻、五二六頁。

(7) 太政類典二―九五、二〇。

(8) 明治七年一〇月新潟県士族桜井虎太郎「佐賀三潴山口ノ三県派出中捜査書」「三条実美関係文書」五八。

(9) 明治七年四月監部大伴千秋「酒田鹿児島諸府県情勢探索書」(早稲田大学所蔵「大隈文書」A六一七)。

(10) 鹿児島を始めとする雄藩がとかく特別扱いされる状況にあったことは、木戸孝允の建言書及び建言書についての日記の記述に明確に述べられている。「抑置県の初は務めて旧来藩治圧制の積習を変せん事を期するを以て地方の官吏卒皆他郷の人を採れり、是一時の権宜勢ひ然らさる事を得す、然れとも其間強藩の余勢に籍り自然其官吏皆土人を用ひ敢て他郷の人を置かさるもの猶之あり、苟積習を変せんと欲せは強藩の地の如きは尤他郷人を用いさる可からす、而却て之に反す」(明治九年五月「町村会の速行幷びに国会開設に関する意見書」、日本史籍協会叢書『木戸孝允文書』一九巻、一七三頁)。「強県弱県の無差別務而公平を旨とする事、弱県にゆるさゝるもの強県なれは許すことあり」(明治九年一二月二四日、日本史籍協会叢書『木戸孝允日記』三、四六八頁。同年同月三条実美・岩倉具視宛「内政充実・地租軽減に関する建言書」に関する記述)。

(11) 日本史籍協会叢書『大久保利通文書』五巻、四四五―四四九頁。

(12) 明治財政史編纂会編『明治財政史』第三巻、二二二頁・二三〇頁。省庁整理と官吏減員については「明治一〇年一月改官省定額金並官吏減員表」、国会図書館憲政資料室所蔵「伊藤博文関係文書」中の「太政官関係書類」四を参照。

（13）大江卓「陸羽巡回報告書」（前掲「大隈文書」A六〇四）。
（14）前掲桜井虎太郎「佐賀三潴山口ノ三県派出中捜索書」。
（15）同右。
（16）なお任期例の内務省草案では「陸羽地方ノ県令参事及ビ属ノ月俸ハ各其官等ヨリ一等上ノ月俸ヲ賜フ」の一項があったが、太政官の段階で削除された。
（17）早稲田大学社会科学研究所編「大隈文書」一巻、一五四頁。
（18）同右、一八八頁。
（19）明治九年五月一日内務省伺。
（20）前掲『大久保利通文書』五巻、三〇八頁。
（21）同右、二五一頁。
（22）明治九年一〇月三〇日伊藤博文より大久保宛書簡、日本史籍協会叢書『大久保利通文書』五巻、二九七頁。
（23）前掲『大久保利通文書』五巻、三九四―三九五頁。
（24）同右、六巻七四―七五頁。
（25）神田孝平については、山田公平『近代日本の国民国家と地方自治』（一九九一年、名古屋大学出版会）参照。
（26）明治八年「地方官会議日誌」『明治文化全集憲政篇』所収を参照。
（27）立教大学日本史研究会編『大久保利通関係文書』二巻、四〇四頁。
（28）森岡昌純（鹿児島士）飾磨→兵庫、北島秀朝（水戸士）佐賀→長崎、山田秀典（熊本士）新川→青森、富岡敬明（小城士）名東→熊本。

五　維新以後の村制度改革

維新後の村の変革を明らかにする前提として、近世の村の性格をまず見ていきたい。近世的行政村は、中世の郷・庄を解体して、生活単位として一定のまとまりを持つ小地域集団を「村」として領主が把握する「村切り」によって成立した。領主は出入作整理を行ってその村の土地・農民・収量を確定し、自立した小農を基礎とする村単位の地代搾取体制＝村請制を確立した。村は年貢収奪単位であっただけでなく、領主の農民支配の単位であり、各村に名主(庄屋)・組頭(年寄)・百姓代の村方三役がおかれて領主支配の末端機構とされ、命令の伝達、年貢取り立て、勧農、土木工事の総括、治安維持などにあたった。すべての農民は五人組に組織されて、順法と貢租納入の連帯責任を義務づけられ、さらに宗門人別帳を通じて家単位に把握規制された。村役人―五人組―家長の系列による領主の規制が行われたのである。

だが、近世村落はただ単に領主支配の行政単位であったのではなく、同時に農業生産の単位であり、農民の生活共同体でもあるという自治的、実質的なまとまりを強く持っていた。各村民の小農経営は、この村を単位とした用水・入会林野の共同利用なくしては再生産が不可能であったし、また、田植え、本田耕起、虫害防除、脱穀などの作業は、相互の共同労働に多くを負っていた。祭礼、婚礼、葬儀、建築についての扶助など、日常生活でも村民は相互に結びつき、全体としてひとつの地域的結合をなしていた。この共同体の自治的運営は、寄合の協議に基づいて行われ、村方三役がその責任者となった。寄合は「年貢の割り付け、村入用の勘定を始めとし、村役人の選定ならびにその給料や報酬の決定、村極めの設定、他村に対する訴訟や借金、さらに用水の分配や秣場の管理または祭礼の打ち合わせなど」(1)の村方の一切の重要事項を協議した。そして庄屋・名主は村民一般の代表的性格を持って自治の運営にあたり、外部に対したのである。彼らは村役人であると同時に農民であり、村の総代であったから、一定の条件下では全村民の利害の代表者として領主に対抗する可能性を持っていたのである。(2)

また近世の村は近代の村と違って、各地各様の多様な顔を持っていたのが特徴であった。規模も大小さまざま、内部の組織や機能も地域の状況に応じた特色をそれぞれ作り上げていた。領主にとって、村は年貢収奪の対象であり、年貢の貢納が保証されれば、他についてはむしろ干渉せずに放置したというのが実態であった。町村は多様な個性、独特の文化や風習を育みつつ維新を迎えたのである。

では明治維新後の近代国家は、この近世的行政村＝生活共同体や、村方三役を頂点とする村落の伝統的秩序にたいしてどのような対応を見せたのであろうか。廃藩置県前の府藩県三治制時代には、明治二(一八六九)年九月一二日「村々名主組頭定使給米等姑ク旧慣ニ依ラシム」との達しによって旧慣が承認されている例が示すように、郡・町村にたいしての全国的規制はほとんど加えられなかった。したがって大筋としては、幕藩体制そのままの、大庄屋・村方三役等を中心とする村落体制が各藩それぞれの特徴を持ちながら存続してきた。制度改正が行われた場合はあってもそれは全国的なものではなく、各藩単位、各府県単位に行われたのであった。そしてそれらの改革も、幕藩体制下と同一原理による体制建て直しといってよい。たとえば、明治元年八月五日太政官が府藩県に頒布した京都府町組五人組の仕法、これは一町内五軒で成り立つ五人組を底辺とし、大組―小組―一町―五人組の段階を立て、各々大年寄役―中年寄役および添年寄役―年寄役―五人組頭の役員を置いた制度である。江戸後半期以来の都市の発展に対応し切れない町組制度の硬化現象が、大組・小組・町数の大小のアンバランスや費用負担の不公平を生んだための弊害是正を目指した再編成措置であった(3)(町組五人組改正告諭)。また明治三年の福島県郡村規則も、幕藩体制下の制度の統一再編成である。(4)府県での地方制度再編成の動きは、全国的統一の前提としての意味を持ってはいるが、遂にそれ以上は出なかった。

1　戸籍法と大区小区制

農業生産・農民生活の単位として自治を形づくっていた近世の村が、地方制度改革の変革の波にさらされたのは明治四(一八七一)年四月四日新政府が戸籍法を発布して以後であった。廃藩置県に先立って出された戸籍法は、「戸数人員ヲ詳ニシテ猥リナラサラシムルハ政務ノ最モ先シ重スル所ナリ」と述べられているように、これまで各地・各藩でばらばらに治められていた全国の民衆を、新政府が一人残らず国民として把握し、集中的統合の基礎を作りあげるのを目標にしていた。維新直後のこの時期には、農民騒擾が頻発し、また他方不平士族による政府要人テロもあいつぐ不穏な状況にあった。戸籍法は、徴税や徴兵の基礎データ作りとして重要であっただけでなく、危険な流れ者(脱籍浪士や不平草莽層)の取締りをも目指していた。

戸籍法は、一君万民・四民平等の原則にたつ住居地編成主義をとった。近世の社会が身分別に宗門改帳・人別帳をつくり、住民の詳細を記して領主に提出するのを義務づけたのにたいして、戸籍法は身分に一切関係なく一定地域の住民をすべて戸によってとらえることを目指した。区域内にある家屋敷は、華士族、平民の別なく何番屋敷と番号が付けられ、その順番によって戸籍簿が作られた。戸籍法はその第一則で「此度編制ノ法、臣民一般(華族士族卒祠官僧侶平民迄ヲ云、以下准之)其住居ノ地ニ就テ之ヲ収メ専ラ遺スナキヲ旨トス」と記し、天皇・皇族以外はすべて天皇の下にある同じ人民として扱うことを明らかにしている。この新しい戸籍は、明治五年一〇月から一〇カ月余の間に全国でいっせいに作られた。番号にそって家ごとに戸主と家族および奉公人・同居者の身分(華士族平民等)・名前・年齢を記したこの戸籍は、干支にちなんで「壬申戸籍」と呼ばれた。(5)

戸籍法第一則が「各地方土地ノ便宜ニ随ヒ予メ区画ヲ定メ毎区戸長並ニ副ヲ置キ長並副ヲシテ其区内戸数人員生死

出入等ヲ詳ニスル事ヲ掌ラシム」と記したように、戸籍編成にあたって政府は数カ町村で一区を作り、ここに戸長・副戸長という新しい役人をおき、彼らに戸籍簿の作成をはじめ戸籍に関するあらゆる事務を取り扱わせることとした。政府の最初の意図では、この戸長・副戸長はただ戸籍事務のみを扱う官吏であった。しかし地方によっては、戸長・副戸長に戸籍事務だけでなく土地・人民一般の事務を取り扱わせる例もでて、今までの村役人との関係が問題となりはじめた。

明治五年三月一八日大蔵大輔井上馨は正院にたいして次の伺いを出した。「諸国村町ニ於テ、従前庄屋名主年寄ト称シ公事ニ関係ノ諸務取扱来候処、戸籍編成ニ付テハ別段戸長副戸長差置、土地人民ノ処分為致候向不少、一事両道ニ渉リ主宰抵抗ノ弊害モ有之、随テ村町諸入費モ相増候ニ付、一般旧来ノ名義ヲ廃シ都テ戸長副ト改称、諸事総括為致候方可為便宜適用ト存候」。

この意をうけて、政府は、明治五年四月九日太政官布告第一一七号を出し、旧来の村役人を廃止し、戸長・副戸長に改称することを命じた。その内容はつぎのとおりである。

一、荘屋名主年寄等都テ相廃止戸長副戸長ト改称シ、是マテ取扱来候事務ハ勿論土地人民ニ関係ノ事件ハ一切為取扱候様可致事。

一、大荘屋ト称シ候類モ相廃止可申事。

一、戸長副戸長給料並諸入用ハ、従前荘屋名主年寄等ノ振合ニ相心得、官員神官華士族僧尼等ハ毎戸カ或ハ小間割ニ割合可申事。

（以下略）

さらにこの布告をうけて、同年一〇月一〇日大蔵省は次の布達一四六号を出した。

庄屋名主年寄等改称ノ儀ニ付当四月中御布告ノ趣モ有之候処、右ニ付テハ一区総括ノ者無之事務差支ノ次第モ有之ヤニ付、各地方土地ノ便宜ニ因リ、一区ニ区長壱人小区ニ副区長等差置候儀ハ不苦候条、給料其他諸費用トモ悉皆民費之積相心得可申、尤先前大庄屋大年寄抔ト唱候類、自己ノ権柄ヲ以不正ノ儀モ有之趣、右ニ因襲シ事務壅蔽等ノ害相生シ候テハ難相成ニ付、区長差置候向ハ事務取扱方規則制限並給料等巨細取調可伺出事。

この二つの達によれば、この時点では、府県の下に大区、その下に小区をおいて、大区に区長、小区に副区長を置き、そして町村の庄屋年寄名主ら村役人はそのまま戸長副戸長と改称するという方針であった事がわかる。同時に従来藩支配機構の一翼を担った大庄屋の弊害が特に強調されて、その轍を踏まないために、区長副区長の所管事務、事務処理基準、給料などについては、大蔵省が統制する方針が示されていた事が注目される。

大区小区制は、体系的法制度によって作られたものではなく、戸籍法と二つの前掲法令によって形をなした制度であった。これらの法令は、戸長への改称、大区小区の設置、区長・副区長の任命などを命じたのみで、従来の町村との関係、大区小区の規模や組織については言及せず、「土地ノ便宜ニヨリ」として細部は地方官の裁量にゆだねたのが特徴であった。ここから、大区小区制と従来の幕藩体制下の地方体制とは連続性があるのか、あるいは大区小区制の下で町村はどのような地位を占めたかについて研究者の間でさまざまな解釈が生まれてくることになった。

従来、福島正夫[(6)]、亀卦川浩[(7)]、大石嘉一郎[(8)]、大島太郎[(9)]らとともに筆者も主張し、学界の通説となっていたのは、大区小区制と呼ばれるこの行政区域は旧来の幕藩体制下である郡や町村とは無縁の区域として新たに設定されたものであり、町村は法的地位を失って小区の中に埋没したという主張である。府県段階における廃藩置県の原理が、封建的割拠勢力の打破、中央集権国家の完成を目指したものであったのと同様に、大区小区制制定の政府の意図も、中央に集中された権力を地方に浸透させるための単なる行政区域を設定し、単なる行政官吏を設置することにあり、従来の支配組織を否定し新組織を創設したという点で、府県・町村の両段階には共通する政策意図があったと説明された。

しかし、近年各地域の大区小区制の実態研究を踏まえて、廃藩置県以後の府県では町村を行政単位として認めた例が多く、また近世的行政秩序を継承するかたちで大区小区の設定が行われたと指摘する研究が次々と発表されるに至った。(10) 例えば奥村弘は、兵庫県赤穂郡を事例にとり、小区は旧大庄屋の管轄区域に照応する形で設定され、小区の長も旧大庄屋層が任命された例が多いとして大区小区制と近世的行政秩序との連続性を指摘すると共に、大区小区制の下でも町村は否定されておらず、末端行政単位としての位置付けを与えられて戸長あるいは副戸長がおかれていることを明らかにした。(11) また鈴江英一は、「大区小区制下の村について――「旧村埋没」論をめぐる研究史の整理と克服のために」(『史学』六二巻一・二号)の中で「旧村埋没」論の克服を主張した五点の研究を紹介し、これらの研究はいずれも「町村を行政単位として認めてきた府県が例外的存在ではなく「旧村埋没」の態様が府県によって異なっており、これを一般化してきた従来の通説的理解を改めなければならないとする結論」(二〇一頁)が出されたと述べている。

これらの実証的研究が示すように、大区小区制の下において町村はその行政的地位を否定されたとする従来の研究は、筆者の論稿を含めて訂正すべき側面を持つことが明らかとなったといってよいであろう。しかし、町村が従来通り維持され行政的に認知された存在であったと言う事が、ただちに旧統治打破という当時の政府の目標の否定につながらない事は明らかである。大区小区制も、封建的諸特権の粉砕、権力手段と権力組織の集中という統治原理の枠組みの中で発想され、実施された点は否定できないと思われる。後に政府要路者がこの時期をふりかえり、「大区小区ノ新制ヲ行ヒ旧式ノ郡郷村ヲ一変シタル」(国会図書館憲政資料室所蔵「伊藤家文書」四二巻、井上毅書簡)とか「旧来ノ郡村ニ代フルニ大小区ノ制ヲ以テシタリ」(明治一三年「郡分合ノ件閣議案理由書」市政専門図書館所蔵「大森文書」)とか、あるいは郡区町村編制法の審議において「蓋シ維新以後ニ於テハ全国ノ統一ヲ主トスルヲ以テ政府旧態ヲ一掃スルニ汲々タリシガ如シ」(明治一一年五月一四日元老院会議における佐野常民発言、明治法制経済史研究所編『元老院会議筆記』五巻、八八頁)と述べられたように、大区小区制は、明治初期の旧体制打破を意図する政策のひとつであったことは疑いない。

また、大区小区という行政区画の編成基準や規模は府県によってさまざまであったが、第一大区第二小区というような、数字で順列化された区画名ならびに大庄屋・名主等の従来の職名とは無縁な新しい区長・戸長などの職名の導入は全国共通であり、ここに地方制度画一化の意思の表われを見るべきであろう。[12]しかし、前述のように、この時点での郡政改革の実態は、町村にまで及ぶ徹底したものではなく、町村については庄屋・名主の職名改革を命じたのみで原則的には旧慣のままの存続が許された、あるいは従来の共同体的団結には手が触れられなかった。筆者は、旧稿において大区小区制の下で町村は法的に公認されず無視せられたと結論づけたが、この点は実証不十分な結論として批判を受け入れ訂正する。しかし、大区小区制実施がもつ現状変革志向は、強調するべきだと考えている。

次に大区小区制の実態が府県によって千差万別、さまざまであった点に言及したい。すでに福島正夫、近年では奥村弘[13]によって強調されているように、大区小区制は独立した法律によって制定された制度ではなく、「戸籍法を起点としつつ、中央と出先の間に上下反覆の過程を経て地方行政上の改革がなされた」(福島正夫・徳田良治「明治初年の町村会」明治史料研究連絡会編『地租改正と地方自治制』御茶の水書房、一三四頁)という経過をもつ。したがって、大区小区制の規模や組織に関する詳細な規定はなく、「土地ノ便宜ニヨリ」の言葉が示すように細部は地方官の自由裁量に委ねたのがこの制度の特徴であった。

幕藩体制崩壊後まだ日の浅いこの時期には、旧藩時代の地方制度がそれぞれ特徴を持ちながら強固に存在しており、全国に画一的な細部にわたる基準を強制することは事実上不可能であった。また中央政府にとって一番の関心事は、統一国家の基盤作りに欠かせない徴税・徴兵・戸籍編成・教育などの新政策が効率的に摩擦なく実施されることにあった。そして地方長官に求められたのは、何よりもこれら新政策の実施を保障し得る適切な行政ルートを確保することであった。政府のこの要請を踏まえて、地方長官はその自由裁量で大区・小区の規模や位置を決定し、行政吏(区長・戸長・町村用掛など)の職名や任命方針を決定し、町村の位置付けをも決定したのである。

したがって、この時期の大区小区制のあり方は、幕末から明治初期にかけての当該地域の政治状況、従前の地方行政組織の機能状況、大庄屋、村方三役ら従来の行政担当者への具体的評価、地方長官のもつ行政理念などさまざまな要因によって左右された。この結果、大区小区の規模、区長・戸長の呼称、選出方法などは、千差万別となった。さらに地租改正・徴兵令・学制などの施行に伴う地域状況の変化も、[14]いったん形成された制度の手直しを必然化した。明治五年以後の各府県での度重なる大区小区の編成替えはこれを物語る。地方制度の統一的整備よりも、富国強兵路線を支える行財政政策の確保を当面緊急を要する課題として優先させたのがこの時期の政府であった。大区小区制の多様な形態の画一化には手をつけないまま、政府は次々と新しい統治政策を打ち出し、その実施を担う府県庁は政策実施に伴う矛盾の解決に追いたてられつつ、行政組織と区域の独自の修正を行ったのである。

2　大区小区制の区域と組織

実際に、府県の大区小区制の形態はまさにさまざまであった。大庄屋の管轄区域に照応して小区がおかれた飾磨県（奥村弘・注（10）参照）、廃藩置県以前の取締組合が転化した神奈川県（伊藤好一「神奈川県における大小区制の施行過程」『駿台史学』一七号、一九六五年）、近世以来の「組―村」組織を継承した福島県（田島昇「大区小区制と区会議について」『近代史研究』六号、一九八三年）、これらは近世からの行政組織や規模をそのまま維持継承する形で大区小区が設定された事例である。一方、近世において小藩・幕領・預地などが錯綜した地域では、これらを整理する形で新しい区域を設定した例が多いと思われる。たとえば新潟県では、新県令として新潟に赴任した楠本正隆の手で大区戸数一万、小区戸数一〇〇〇の目安で大小区の設定が行なわれたが、この際楠本は、旧藩以来の領域別の区域編成は因習・旧慣を残すもとであるとして、旧藩領域の枠を取り払い、地域ごとに区を編成した。[15]また、府県合併によって新たな地域を抱えた県で、従来の区域をそのまま存置し、まったく異なった大区小区制を併存させた例もあった。[16]これは、制度の統一よりも統治効率を優先させた例といえよう。

では、大区の長たる区長、小区の長たる戸長は、従来の村役人と継続性があったのであろうか。政府は原則的に、区長・戸長は村役人の変質したものではなく、その廃止のうえに成立した新置の吏員とみなしていた。これは区長、戸長が原則として任命制であった点にもあらわれている。前述のようにこの時期の地方法令は各府県非常にまちまちで区長・戸長がどの区域の長を指すかも多様であったが、明治八(一八七五)年の地方官会議によれば、「大区ニ正副区長ヲ置キ、小区ニ正副戸長ヲ置クヲ通法トスル」(渡辺昇発言[17]、「地方官会議日誌」三三三頁、『明治文化全集憲政篇』所収)状況が一般的であった。この区長・戸長の就任形態は、神奈川県令中島信行が「区戸長ハ県令ガ命ズル所ノモノナレバ」(前掲「地方官会議日誌」三一六頁)と述べ、それについて異論が出されていないところから見れば、この時期の一般的傾向は官選にあったと見てよいであろう。小区の長については入札を行わせたところもあったが、入札制の場合も、投票用紙は開封せずそのまま府県庁に送付させ、上位数名のうちから府県が選んで任命する(大阪、山梨、新潟、兵庫など)[18]というように、入札後の選定権は府知事県令が握る場合が多かった。群馬県では、副戸長(他地域の戸長にあたる)について、小区内の入札を経、戸長(他地域の区長)が当否を検査した後県令が任命する形を取ったが、その際選択の基準を示す次のような布達を発している。

「維新以来万民ノタメ広ク御人撰被為在、仮令外国ノ人ニテモ用立候者ハ御雇入被召使候ノ御時節、別而其区宿村ノ如キ小人数ノ内ヨリ人選候様ニテハ自然其任ニ堪兼候者モ有之、往々上下ノ不便ヲ醸シ候事ニ付、自今追々右様ノ旧習ハ勿論家柄等ト唱ヒ候者ニ不拘、他村又ハ区違等ノ無差別役々申付候儀モ可有候間……都テ旧習ニ不泥諸事実用第一尽力可致候」(明治六年八月七日群馬県布達三〇号)。

要するに旧習、家柄などに関係なく能力第一で選出することが求められていたのである。前述の楠本新潟県令の改革の基本方針が、「村吏跋扈ノ弊[19]」つまり旧来の庄屋、大庄屋の弊害を除くことであったというのもそれと同じ原理に基づいている。

だが実際にこのとき区長、戸長に採用されたものが従来の大庄屋、あるいは名主、庄屋の階層とまったく無縁であったとはいえない。一般的には、区長には士族や府県の吏員あるいは大庄屋・大年寄の経験者が任命され、戸長にはその地域の有力者で村役人の経験者が任命された例が多いと思われる。前述の地方官会議において、三重県参事鳥山重信が「維新以来百般ノ事体頗開化ニ向フト雖モ区戸長ノ如キハ従前庄屋名主等ノ弊習全ク除却シタリト云フ可カラズ」(前掲「地方官会議日誌」三一九頁)と述べたのもこの間の事情を物語っている。このように人的には従前の庄屋・名主とのつながりが存在するゆえにこそ、名主庄屋的性格を旧習として排除し、区戸長を新政府の統治組織の一員として官吏の鋳型にはめ込む努力が続けられたのである。[20] また地域住民に対しては、従来の村方三役的支配の印象を払拭し、新しい統治の開始を強調して民衆の支持を獲得する必要があったのであろう。幕末から明治維新期にかけて全国的に高揚した世直し一揆が、村役人の不正追及を一つの目標としたこともその背景にあったにちがいない。

前述の明治五年一〇月一〇日大蔵省布達一四六号が「先前大庄屋大年寄抔ト唱候類、自己ノ権柄ヲ以不正ノ儀モ有之趣、右ニ因襲シ事務壅蔽等ノ害相生シ候テハ難相成ニ付、区長差置候向ハ事務取扱方規則制限並給料等巨細取調可伺出事」と述べている例は、新政府の村政改革の意図を示すものであった。政府のその意図は、明治七年三月八日太政官達二八号によって区長・戸長を官吏に準ずる身分とし、区長は一二等より一五等まで、戸長は等外一等より六等までとした措置にも現れている。この準官吏化の措置について太政官法制課は、「抑区長、戸長タル者ハ其一地方ノ官吏ニシテ其責不軽……民生緊要ノ筋ニ係ル大事ノ官吏ナレバ判任官中ニモ上等ノ位置ニ被据置可然」と述べ、左院は「区戸長ノ儀ハ素ヨリ民政緊急ノ官吏ニ候処、一般平民同様ノ取扱等ニ及ヒ候テハ其職掌上差支ノミナラス、其民政ノ大事ニ関係シ不都合ニ付」(太政官法制課議按及び左院の内務省への下問文、太政類典二―一〇七)と述べて、これが区戸長に対して官吏としての権威を与え、彼らに政府の官吏としての自覚を与えるための措置であることを明らかにしている。さらに明治七年一一月二七日には、区長・戸長が公用の際持ち歩く御印提灯の制定、在職中はその家族をも士族に準ずるとの措置などをとってその権威を重からしめるとともに、政府の忠実な官吏としての意識を定着させようとしたのである。

区長・戸長の身分、任命方法、職務内容などは、明らかに彼らが行政官吏として扱われていたことを示している。大区小区制とは、新しく成立した政権が、旧権力の基盤を打破することをめざして作った新しい地方統治区域、統治組織であった。廃藩置県の地方版ともいうべきこの郡制改革を通じて、政府は中央に集中した権力を地方に浸透させるための効果的な行政区域と担当者の創出を意図したのである。旧来の慣行にはない新しい区域と組織を作り、担当者に新政策の忠実な執行を強く求める姿勢はここから出ていた。

もっとも、この意図が実際に実現するに至ったのは、制度施行後二、三年を経た明治七年前後であった。奥村弘の研究によれば、飾磨県では、従来村役人層とのつながりが強かった大区小区制の吏員が、地租改正実施を契機に、官僚出身者へと変化を見せ始めたという(21)。地租改正事業の成功のためには、府県の指令を忠実に実行する区・戸長を確保することが重要であった。地租改正政策が政府の意向(旧貢租額の確保)を農民に一方的に押しつける性格を持っていただけに、農民側ではなく、地方長官の側にたってその実施を督励することができる者を区・戸長に選定することが重要だったのである。前述の明治七年の区戸長の官吏待遇も山中永之佑の指摘(22)のように地租改正との関連が大きかった。事実、この頃から区長・戸長の官選、あるいは他地域出身者任命の傾向が顕著になる。福井県では、「其区内之人物ナラズトモ何レよりニ而も、官吏同様赴任セシムル事ニ相成」(同年一二月二一日付、相馬朔郎書簡)と述べられているように、明治六年末には、地域とのつながりを持たない区長の任命方針がとられ始め、翌七年の区域改正に伴う区長新人事にはこの方針が実行された。「明治七年改正敦賀県区分表」(『福井県史』資料篇一〇、近現代一)によると、一九名の区長のうち、一七名が士族出身で占められ、かつそのうち一三名が居住者ではなく赴任者であった。

3　区・戸長役場と村

では、大区小区制度の下では、村はどのような地位におかれていたのであろうか。前述のように、町や村は小区の下部組織として位置付けられ行政機能を分担した。団結の実体をもつ村を無視することも、否定することも事実上不可能だったからである。政府の諸政策は、常に町村を媒介として浸透せざるをえなかった。たとえば地租改正は常に村を単位として遂行された。地押丈量、一筆毎の収穫高の決定、収穫高評価のための農産物価格の決定などの具体的進行過程は、村を単位に区長・戸長、地租改正調総代の監督下に各村の地主総代が参加して行われた[23]。地租改正に限らず、徴兵、徴税、戸籍調査など、すべての行政の遂行に村は欠くべからざる存在であった。大区小区制下の村には、副戸長・村総代・用掛などの名称の長がおかれて、区長・戸長の職務である布達の徹底、戸籍の整備、租税の徴収、教育事務、徴兵事務などの実施を助けた。たとえば岩手県では、明治八年一月一四日布達一号によって一七大区二二小区への区画改正および二―四小区を適宜組み合わせ一扱所の管轄とする改正が行われた。しかし、扱所の構成は正副戸長各一名、書役(文書作成と記録編成)一名、見廻役(区内の治安・法令遵守状態の視察、犯罪者の探索捕縛)一名、小使一、二名であり(郷村経費調書)、これら少数の構成員で数カ町村にわたる区域の住民を直接つかむのは不可能であった。ここに政策浸透のための組総代が重要なメンバーとなる。組総代が置かれた組とは、小区内のおよそ四〇―一〇〇戸を一組としたもの(明治八年一月三〇日、岩手県布達)で、土地人民の実情を酌量の上、事務の障害がないよう適宜おかれる事になっていたから、おそらく村＝組であろう。組の組織としては、組総代が組内人民の公選によって選ばれ、また組総代の下には五人組にもとづく伍長がおかれた。町村および五人組にそれぞれ長をおき行政のためのメンバーとしたのは、岩手県だけではなかった(大阪・愛知・群馬・堺など。『府県概則』二・三巻参照)。組総代の職務は、布達の徹底、戸籍の調査、徴税など、県庁から小区に課せられた全行政の遂行である(前掲岩手県布達一号、郷村吏職務条例)。

岩手県だけでなく、村におかれたこれら役職の選出は、公選入札を行ったところが多かった。府知事、県令が主導する形で公選入札を根づかせるべく努めた府県もあった。滋賀県では、村に戸長のほかに総代をおき、両者とも入札制をとったが、その際「小前迄入札」と村落上層者だけでなく一般百姓まで入札権が与えられ、かつ総代については「役人ノ如ク心得、世襲ノ者モ有之趣無謂事」と家格重視を戒める布達も出されている。大阪府の入札の際も「身元之貧富ニ不拘」「家持借家人ノ無差別小前ノ者迄」に入札が許されたという。(24) これらの府県では、長官が明確に村の伝統的慣習を改革する意図を持っていたといえよう。

前述のように、政府の全行政は、ことごとくこの村秩序によってはじめて徹底する事ができた。しかし幕藩体制下の村落と違って、この村におかれた長はあくまでも国家行政のための組織の一員とみなされたにすぎず、村総代としての機能は意識的に無視されたのが特徴であった。愛知県郡治職制章程は用掛について「総テ区戸長ノ指揮ニ従ヒ町村内ノ雑務ヲ掌ル、瑣末ノ事タリト雖モ区長ノ裁ヲトリ決シテ自己ノ意見ヲ以テ専断スルヲ得ズ」と述べ、また五人組の長についても同趣旨を述べている。(25) 村＝組の長は、区の下部機関＝区戸長の下僚(手足)と規定されていたのである。

幕藩体制下の村落では、重要事項は村寄合で決められ、名主・庄屋・組頭らは村役人であると同時に村方総代として村を代表する存在であった。しかし、大区小区制の村の長は、以前と違って区戸長の下僚としての機能が重視され強調された。それは村民に対して責任を負うのではなく、国家機関にだけ従属する組織の形成であった。

村方総代の機能を公認しなかったのと同様に村寄合についても否定的態度をとった県が多かった。「村寄合ト号シ些細ノ事ニ多人数集会候儀ハ濫ニ不相成旨兼々相達置候儀ノ処、于今其弊不相止、追々右ニ托シ猥リニ酒食ヲ用ヒ候者有之趣相聞、右ハ無益ノ財ヲ捨テ且家業ヲ怠リ遊惰ノ風ヲ長ジ不宜事ニ付、今後不相成候……」(明治八年一一月二日新潟県布達三七二号)とある達には、国家―府知事県令―区長―戸長―用掛という一直線の統治系列以外の組織については否定する姿勢がみられる。共同体の解体の上にではなく、共同体の存続の上に統一国家が形成されたという事実は、上部においては従来の封建体制下の組織とは無縁の府県—大区—小区という統治ルートを設定しながら、結局底辺にある共同体をすべての政策の媒介者としなければならない矛盾を生んだ。しかしその際も、共同体の長を官僚機構の下部にはめ込んで権力代行者として機能させようとしたのであり、村における共同体的団結の発展と村民の政治参加はできるだけ防ぎ止めようとしたのである。農民騒擾が村を単位としておこり、共同体が抵抗の組織となるという明治初年の世直し一揆の経験[26]は施政者に共同体的団結が権力にとって危険な要素となる可能性を実感させた。ここから、共同体的団結から切り離した形で地方の実力者を区戸長あるいは用掛・組総代に登用して支配の武器にしようという発想が生まれたのである。[27]しかしこのように住民の政治への参加を制度的に拒否した形で、共同体的秩序を官僚支配の下部機構として利用するという体制は決して安定したものではあり得なかった。

4　文明開化と村

大区小区制の実施や村役人の廃止に示されるように、明治初期の政府の地方統治は旧来の支配秩序や支配原理の否定に力点がおかれていた。それを示すものとして、明治五(一八七二)年八月三〇日大蔵省布達一一八号の家格重視を戒める左記の布達がある。

従前土地ノ風俗ニ因リ、旧慣ヲ私法トナシ候類間々有之、祖先ノ代々召仕候者ヘ地所ヲ付与致シ候分、其子孫ニ至ル迄家抱抔ト唱ヘ、家来同様ノ扱ヒニ致シ、一村ノ者同輩ニ見做サズ、或ハ他ヨリ入村スル者ハ水呑ト唱ヘ、是亦同輩ノ交リ不致等ノ類間々有之、人民協和交際ノ道ニ相背キ候間、右等旧習ヲ以家格相立候儀堅ク可令禁止事。

(後略)

周知のように、近世の村では、家の上下関係を示す家格が村内秩序を維持するうえでの重要な原理の一つとなっていた。村の役職は家格によって決定され、寄合での座席、祭礼での役割、入会林野の利用方法も家格によって異なっていた。家格の低い家は、村政や村の行事についての発言権を持たないばかりでなく、住居・服装・日常行動・縁組・言語まで家格の高い家とは区別されていた。この布達は、この身分規制を「暴慢ノ所業」ときめつけ、この旧習を打破して新しい社会にふさわしい「人民協和交際ノ道」を作るよう命じていた。明治一〇年頃までのいわゆる啓蒙期の政府は、率先して封建制批判に取り組んだのが特徴で、この布達もその一例であったが、この上からの啓蒙政策は、単に旧支配秩序の破壊にとどまらず、村民の生活に多方面から影響を及ぼすことになった。

廃藩置県の前後から、政府は幕藩体制の基本的体質であった身分制的な諸拘束や諸制限を撤廃し、民衆の自由な経済活動、社会活動を奨励する解放法令を次々に発布した。明治三年九月には、従来武士階級および一部平民の特権であった苗字が平民一般にも許された(五年後には徴兵との関係で苗字は強制となる)。翌年には乗馬の禁、羽織・袴着用の禁が解かれ、散髪が勝手とされたほか、寄留者・旅行者に府県から鑑札を渡す制度を廃止した。また同年、華族から平民まで相互の婚姻が許可され、また穢多非人の称が廃止され、田畑勝手作も許可された。民衆は移転の自由、職業の自由、居住の自由、営業の自由、服装の自由、身分を超えた結婚の自由を一応入手したのである。その後の新華族制度の創設や穢多非人制撤廃を保障する政策の欠如などにより、これらの解放法令は、実質的には問題を内包してはいたが、原理的には身分による社会から能力による社会への転換を示す効果をもった。村人のまえには未知の広い世界が開かれ、いろいろな可能性を試すことができるようになった。しかしこれは同時に、成功の可能性と没落の可能性とが併存した事でもあった。

新政府のうちだした旧習打破、文明開化の諸政策は、単に旧来の厳しい身分的規制や拘束からの解放という枠内だけにはとどまらず、さらに村々の伝統ある習俗慣習にたいしても矛先を向けることになった。多くの府県で若者組、壮年組、講中などの村内の伝統的組織についてこれを否定する布達が出された。「各区村町ニ於テ従来若者組又ハ何講中ト相唱私ニ党ヲ結居年々神事祭礼ニ事寄他所ヨリ芸人ヲ招又ハ其所ニ於テ仕組手踊其外遊宴ニ数日ヲ費シ或ハ種々飾物ヲ仕掛所ニ不応入費相掛ケ身元ノ者共ヘ無謂出金ヲ乞……右ハ祭礼ノ本旨ヲ失ヒ開化ノ今日而有之間敷筈ニ付以後若者組講中ト唱候類一切不相成……」(明治六年宮城県禁令)、あるいは「従来村々ニ於テ若者連中又ハ祭礼組抔唱ヘ頭取様ノ者ヲ立村役人ノ申付ヲモ不守、壮年ニ相成候得バ仲間入リトシテ打寄、酒食振舞又ハ婚礼ノ席ヲ妨候等種々不宜風儀モ有之哉ニ相聞不埒ノ至ニ候、元ヨリ一区一村之ニ住者ハ正副戸長・立会人・五人組ノ長等ノ差図ヲ可受筈ニテ右之外村駅内ノ者ヲ差図致候者ハ決シテ不可有事ニ候」(明治七年群馬県禁令)はその一例である。

若者組は、村人の大きな楽しみで主要な年中行事である祭礼の執行を主体となって運営する役割を担っていた。従って、この若者組の否定は、村祭り、盆踊り、村芝居、花火、闘鶏などの村人の娯楽の否定に連動していた。逆に、祭礼に象徴される村の伝統的文化や慣習を否定する政策の線上に若者組の否認もあったといっていいであろう。祭礼だけでなく虫送り・蝗除け・雨乞など農業生産に密着した年中行事、種々の民間信仰や講組織、巡礼や乞食への施ども禁止の対象となった。各府県の禁令は、これらの慣習を「渾沌無知ノ風俗」(疫神送りに対する山形県禁令)、「今日文明ノ運ニ当リ……独リ恥ベキ卑陋ノ風習」(田植踊りに対する山形県禁令)、「遊惰ノ風習」(祭礼時の踊り・狂言に対する福島県禁令)ときめつけていた。前述のように、当時の政府は、旧支配秩序の破壊を容赦なく行うために、赴任地とのつながりが薄い他府県出身者を府知事県令に選ぶ場合が多かったが、これが赴任地の言語・風俗・生活慣行すべてにわたる無理解を生む一因となった。さらに彼らのほとんどが士族出身者として民衆文化や農村生活に接する経験を持たず、民衆に対する支配者意識を保持していた事もこの傾向を強める要因となった。彼らの多くは、土着の風習を野蛮視し、民衆を愚民視する姿勢を持ち続けたのである。

そしてさらに、当時社会一般をおおった西欧志向の文明開化風潮がその基底にあった。当時政府が主導した文明開化政策は、文明化＝資本主義化＝西欧化という構想で展開されたもので、土着の伝統文化を基盤に近代化を探ろうとする姿勢は存在しなかった。そしてこれは政府のみならず啓蒙的な思想家全般に共通する傾向であり、伝統は遅れたもの、特殊なものとみなされていた。全国各地で展開された在郷文化に対する侮蔑や無視はこのような社会風潮に支持される側面を持っていたのである。外国人居留地をもつ神奈川県では、明治六年七月公布の違式条例を契機に横浜毎日新聞紙上で文明開化のキャンペーンがはられ、それに応ずる形で各地から野蛮な風習廃止を唱える投書があいついだという。[28]そこで槍玉にあげられたのは、虫送り、施餓鬼、祭の神楽などの風俗習慣、年中行事、さらに道祖神のような信仰対象であった。

村の社会的統合の象徴であり、人々の生活や生産と結び付いた土着の信仰である氏神や鎮守にたいしても、天皇や国家の栄光と結び付いた中央集権的再編成の網がかぶせられた。伊勢神宮を本宗とするピラミッド型の神社の格付けが行なわれ、村社、無格社の選別が行なわれるなかで、小さな集落の氏神や鎮守の合祀が強制されたり、荒廃がもたらされたりしたのもこの頃である。また政府は、呪術による病気直しを禁じ、民間信仰をも弾圧した。上巳、端午、七夕、重陽、盆、釈迦の誕生日などの伝統的な民間の祝日もまた国家の祝日とかえるよう命じられた。[29]農事暦の性格をもつ陰暦に代わって陽暦が採用されたのもこの時期であった。村々の伝統的慣行や年中行事や民間信仰を遅れたもの、野蛮なものときめつけ否定しながら進められた文明開化は、民衆を戸惑わせ、その反感を誘った。改革を命ずる布告は各地で繰り返し何度も出されたが、長年の積み重ねをもち、生産や生活と密着しているこれらの風習が一片の法令によって姿を消すはずはなかった。現実の重みのまえに事態は殆ど改変されないまま月日を重ねたのである。[30]

封建的諸制限の撤廃とともに、政府は中央集権国家形成のための政策も次々と打ち出した。明治五年八月の学制発布、一二月の徴兵令発布、六年七月の地租改正条例発布である。いずれも村の生活に大きな影響を及ぼす法令であった。政府はすべての国民が学ぶという教育の理想を掲げ、小学区に小学校一カ所、中学区に中学校一カ所を設立すべきことを命じ、学校の設立維持に要する費用は、それぞれの学区で責任を負うべきことを命じた。小学校費は、文部省の府県委託金、寄付、授業料などによるもの以外はすべて各学区内の住民の肩に掛かったのである。長野県では、明治六年「学資金取立方」として、農民は高一石に付き五銭、商人は四等にわけて一等一戸三円、二等一円五〇銭、三等五〇銭、四等二五銭を割り当てた。(31) 新潟県では、明治八年「学校資本金課賦」の布達を出し、中等戸以上の戸に石高割により拠出することを命じた。(32) 小学校の運営費は、資本金には手を付けず、その利子で賄うことがめざされたが、資本金そのものが十分に集まらないままに利子の名で必要額が課賦された例もあった。その場合は、零細民もその対象となり、戸数割、地租割、人口割などその町村独自の課賦方法で負担を強いられたのである。教育費は、特に財源の乏しい地域では堪え難い負担となった。

これらの政策の実施のなかで民衆の新政府にかけた期待は完全にうちくだかれた。地方の風俗慣習を無視した地方行政のあり方が反発にいっそう拍車をかけた。明治六(一八七三)年頃から各地で徴兵令や学制や開化政策に反対する一揆がおこった。これらの蜂起の際襲われたのは、学校、区戸長事務取扱所、区戸長宅、邏卒出張所、布告掲示場などであった。同年五月名東県(愛媛県)下の一三〇〇カ村をまきこんだ騒擾では、上記の建物が六〇〇カ所近く焼打ちされたり破壊されたりしている。(33) 地租改正が実施段階にはいった明治八年以後、とくに九年から一〇年にかけては地租改正反対一揆が頻発した。三重県に始まり愛知・岐阜・堺の四県に波及した伊勢暴動では、民衆は「凡ソ官ノ名義アルモノ」で維新後にできたものを壊して焼き、さらに政府に勤務するもの(区長・戸長・用掛など)の家や土蔵を襲い焼き払った。(34) これらの一揆の高揚は、新政策が農民生活に加えた重圧への抵抗であり、新政府およびそれに連なるものへの憎しみの表現にほかならなかった。

5　啓蒙思想の普及と民会

しかし、文明開化の風潮が人々にとってすべて否定的に作用したわけではなかった。廃藩置県以後明治七年頃までのいわゆる啓蒙思想の最盛期には、町だけでなく全国の村々にまで人々の心を封建的屈従から解放する考え方が浸透し始めた。福沢諭吉、中村正直、西周、加藤弘之らの明六社が政府の文明開化・富国強兵政策を支える自発性を備えた人間を育成することを目指して活発な活動を続けた。彼らは、従来の封建的な教学を否定して欧米の自由・自主・平等などの理念を日本に広めるために活動した。福沢諭吉の『学問のすゝめ』や『文明論之概略』は空前のベストセラーとなり、ベンサム、ミル、ルソー、スペンサーらの翻訳も出版された。書物だけでなく、この時期以後、次々と創刊された新聞や雑誌紙上における啓蒙的論説も、各地の読者に大きな影響を与えた。(35) 新聞は単に中央だけでなく、各府県でも発行され始め、有力者を中心に村々にも購読者を獲得していった。今までかかわることを禁じられていた政治も、天与のものとされてきた社会秩序も、人が作ったものであり、人のためにあると説いた書物は、読者に強い衝撃を与えた。これらの風潮が民会開設の背景となったのである。

また、明治初年の政府は、旧政権、旧支配秩序の打倒を重要課題とすると共に、民衆統合のスローガンに、四民平等・公議輿論を掲げ、「議事制度」を具体的に提案した。明治元年一〇月二八日に公布された「藩治職制」には、「大ニ議事ノ制ヲ立テルヘキニ付藩々ニ於テモ各其制ヲ立ツヘシ」の一節があり、さらに翌二年二月五日には、公議所開設を機に諸藩と府県に宛てて「博ク公議ヲ興シ輿論ヲ採リ下情上達候様可致旨、御沙汰候事」と達し、議事制度の形式については「公議所法則案の大意ニ基キ変通ヲ加ヘ上下之間建言之儀不洩上達候様可致候」と命じた。また同日出された「府県施政順序」も、「一、議事ノ法ヲ立ル事、従前ノ規則ヲ改正シ又ハ新ニ法制ヲ造作スル等総テ衆議ヲ采択シ公正ノ論ニ帰着スヘシ、宜シク衆庶ノ情ニ悖戻セス民心ヲシテ安堵セシムルヲ要ス」と議会開設を督励した。この政府の指令に基づき、廃藩置県以前の藩や府県には、「藩議院」、「寄場組合」、「組合会」のような議事制度が作られ機能した例が見られるという。(36) また旧来の町組織を新しい組合に編成し直した京都府の例が府藩県にモデルとして頒布されたのを契機に、各地で組合村が新しく編成され、それを母体に組合集会がもたれ、さらに組合総代が県庁所在地に集まって会議をもつ事例もあらわれた[37]。

廃藩置県後の府県における地方民会の先駆は、明治五年頃、愛知県・宇都宮県・滋賀県・印旛県などにあらわれていたが、これらはいずれも区戸長らの吏員を合同せしめて事務の打ち合わせを行う程度の区戸長連絡会議的なものに過ぎなかった[38]。しかし、会議が設置され、制度として定着するにつれて、議題には租税や民費をはじめ地域の公共的問題も採り上げられるようになり、漸次「県民代表機関としての実質[39]」を備え始める。

このような趨勢の下で、啓蒙思想の影響を受けた村の豪農層や知識人を中心に、地方民会開設を求め、村の自治公認を求める声が高まり始める。小田県(岡山県の前身)の医者・豪農である窪田次郎は、明治五年「下議員結構ノ議案」と題し、小区会と大区会、県会と国会の設立を目指す民選議院構想を記した。小区会は、二村ないし四村で構成される小区に設置される議会で、被選挙権者は二一歳から六〇歳、「職業、貧富、才不才、学不学ニ拘ハラズ、平生万事ヲ相談シテ常ニ倚頼致シ又ハ倚頼スベク思フ人物」、選挙権は毎戸票、「女ト雖ドモ志アル者」には入札を許すという、民衆の広い参加をくみこむ内容であった[40]。

一方、各府県に赴任した地方長官のなかにも、啓蒙思想の立場にたって統治方式に開化をもたらそうとする者もあらわれた。外国制度通の開明的官僚として知られる兵庫県令神田孝平は、明治六年一一月「民会議事章程略」を布達した。これは、地方議会を町村会からはじめ、区会、県会と開設しようとしたもので、県会は地方長官が議長で区長が議員の構成、区会は区内戸長副戸長のうち一名が出席し区長が議長となる構成であり、町村会だけが公選制を採用(不動産所有者が選挙権者)していた。この啓蒙的民会規則は、『日新真事誌』に全文が掲載され、全国的な反響を呼んだ[41]。そのほか千葉県でも、同年一〇月県令柴原和によって「千葉県議事則」(太政類典二―一〇七)が発布されている。議長は地方長官があたり、議員は各大区二名公選であったが、議論が国政、県政の批判に及ぶ事は強く警戒され、また議決事項の実施如何の判断は県庁の権限に属するというように、諮問機関として位置づけられていた。つまり、民会での討議を通じて人民の不平不満を発散させた上で、新政策への協力を確保するのが目標であった。たとえば明治七年一月二四日改正の「千葉県議事則」はその目標を次のように述べている[42]。「官省ノ布告、県庁ノ告諭モ了解貫徹セサルヨリ、或ハ朝旨ノ所在ヲ知ラス一令ノ発スル毎ニ徒ニ狐疑猶予ノ方向ヲ弁セス、甚シキハ刻薄苛察ノ政ト誤認スル者往々コレアリ、実ニ可嘆ノ至リナラスヤ、是ニ於テ参事以下諸官員ト謀リ一大区ニ二人ツツ代議人ヲ撰ミ県下ニ議事会ヲ開キ官省並ニ県庁公布ノ旨趣ヲ了知セシメ、人民一般希望スル所ノ情願ヲ疎達シ、其他開墾牧畜工芸物産等ノ公益ヲ興シ民利ヲ謀ラントス」。

その後、明治七年に入ると、北条県で「民会議事略則」[43]が制定されて町村会・区会・県会が開かれたのに続き[44]、漸次民会開設の動向が見え始めた。各地に民会開設の動きが波及し始める。この動向を前にして、内務省は民会開設を今後も府県の任意にゆだねる事は弊害を招く恐れがあるとして、あらかじめ綱紀条例を制定してこれに準拠させたいとの意向を太政官に伝え、太政官に地方官会議への諮詢を決意させるに至った(太政類典二―一〇七)。

翌八年六月に召集された地方官会議では、この太政官の意向に沿って議題のひとつに「地方民会ノ事」が取り上げられ、その結果地方民会はしばらく区戸長をもって議員とする事が定められた。そこでの発言によると当時の民会の開設状況は「公選民会ニ似タル者ヲ開設スル七県、区戸長会ヲ設クル者一府二二県、更ラニ会議ヲ開クニ着手セザルモノ二府二十二県」(前掲「地方官会議日誌」三一五頁)であったという。この討議の過程で、千葉県令柴原和が、公選民会は大政関与の弊害を招くとして区戸長会を主唱した(前掲「地方官会議日誌」三一五頁)のが注目される。当初、上意下達機関あるいは政治的安全弁として出発した民会も、政府の富国強兵政策推進の過程で徐々に県政あるいは国政への批判的色彩を強める傾向が見え始めたこと、また各地方民権家たちの民会開設要求などが、政府や地方官僚の警戒心を高めたのであった。

地方官会議閉会直後の七月一〇日、岡山、神奈川、鳥取、福島、三潴、兵庫、高知、長崎、青森、北条、愛媛、秋田の一二県の地方長官が議長に宛てて次の連名の伺いを提出した。「一、既ニ公選議員ヲ以テ開会ノ積リ人民協議相成候向、二、公選議員区戸長互用罷在候向、三、即今公選議員ヲ以テ開会ノ積リ人民協議相成候向、四、区戸長ニテ開会ノ上公選議員情願ノ趣、人民ヨリ申出候節」は「如何相心得可申哉」という伺いであった。これに対し太政官は「伺之趣、第一条、第二条、既ニ開会有之県ハ先従前ノ通施行可致、第三条、第四条ノ儀ニ追テ町村会準則可相達候条町村会ヲ以テ施行ノ儀ト可心得事」(太政類典二―一〇六)と回答した。この主旨に沿ってすでに実施済みの公選民会はそのまま継続される事となり、計画中の地域については、一応中止の措置が取られる事になった。

だが、「町村会準則」はその後も制定されず、翌年には公選議員を交えた形での区県会設置伺(山梨県・青森県)について「該県限リ適宜施行」が許されている(太政類典二―二〇六)。青森県はその県会大意で「会議ハ民会ヲ要シ議員ハ公選ヲ要ス、其施行ノ順序ヲ論ゼバ先ヅ公選ノ方法及ビ其権限ヲ定メ第一町村会ヲ開キ次ニ区会次ニ県会次ニ国会ト順次ニ溯ルベキガ如シ……」と述べ、公選民会の公認を不可避とする判断を示した。[45]そして、地租改正一揆の続発と民権運動の発展という情勢を背景に、各地で民会開設を望む世論が高まるにつれて、地方議会の開設が普遍化していった。各地の県知事は、民心慰撫あるいは上意下達機能の補塡をめざして、議員公選制度を拡充する形で民会を開設し、府県議会制度の形成を必然化する情勢を作り出していったのである。[46]

町村会は、当初、町村寄合が新政にとってむしろ有害な存在として否定された事実が示すように、開明的地方官の先導的試みを除けば無視された存在であった。しかし、実際の地方行政政策実施の過程で、自然的団結をなしている町村の利用が不可避とされたのと同様に、地方長官は町村寄合の存在にぶつからざるを得なくなり、やがて地方民会の一種として町村会の問題が取り上げられるに至る。すなわち「当時の地方官の新たな諸施策がしばしば旧来の町村寄合の方法と衝突しその結果寄合方法の改革が問題とされ、またはその活動の抑制が行われ[47]」たのを直接の契機として町村会が開設される地域があらわれたのである。

前述のように、全国的に影響を与えた兵庫県の「民会議事章程」は、公選地方議会を町村会から始めて区会、県会に漸次及ぼすとの構想を示していた。そして少数ではあっても兵庫県にならって町村会開設に踏み切った県もあった。北条県、愛媛県、岡山県、宮崎県、浜松県などである[48]。浜松県では、地租改正をめぐる県と民衆の厳しい対立状況を緩和し事態を収拾するために、明治九年民会設立が布達された。民会は小区会・大区会・県会で構成され、小区会は一六歳以上の戸主の選挙で、二一歳以上の衆望あるもの(財産資格や戸主・非戸主を問わない)が議員に選出された。大区会は小区会議長・副議長、県会は大区会議長・副議長で構成され、各議会では、区戸長公選や民費賦課法や地租改正の実施方法が議論された。小区会の投票率は一〇〇%近い高さで、女戸主の投票もみられた。さらに小区会の下には、村会が設けられて村の事業が論議されたばかりでなく、小区会の論議が紛糾した場合には、村会へ持ち帰って議論のうえ、再び小区会にかけるという手続きをふんだ地域もあったという[49]。

政府が否定している公選民会が民意におされて開設されることは、政府にとって見過ごすことのできない問題となった。しかも、ほとんどの成人男子に選挙権を与える浜松、高知などの公選民会の例は、政府の危機意識を強めた。また一方、町村民が従来持っていた寄合の審議機能の無視は、行政を独占する戸長への反抗を生み出し、さらに新政否定気運を発生させて、町村民と区戸長間に種々の紛争がまきおこされるに至ったのである。ここから、寄合に代わる何らかの審議機関の設置が問題にのぼる。新行政の財源確保と行政の円滑な遂行のために、経費支弁の決定を構成員の満場一致原理に基づく寄合方法の拘束から解放し、代表によって構成され多数決原理を採る新たな代議機関に委ねることが緊急に必要とされたのである[50]。

しかし、明治九年までに設置された町村会は極めて少数に過ぎず、それが一般化したのは総代制度の実施以後であった。総代制度とは、明治九年一〇月太政官布告一三〇号「各区町村金穀公借共有物取扱土木起功規則」に基づき、町村の財政的行為の処理方法を決めるために町村に作り出されたものである。この規則を審議した元老院会議で古沢滋政府委員は「抑此議案ノ要旨ハ区町村ノ公借トシテ金穀ヲ借入レ、動モスレバ区戸長擅私濫用シ又タ土木ノ起功モ共有物ノ売買モ其区町村内ノ住民ニ協議セズ区戸長ノ独決専断ニテ挙行スル等ノ弊アリ、是ニ由テ往々紛議ヲ起シ訴廷ヲ煩スニ至レリ……是ヲ以テ人民ノ幸福安寧ヲ保護センガタメ之レヲ一般ノ法則トナシ民機舒暢ノ効ヲ発生スルヲ企望ス」(明治九年九月二一日『元老院会議筆記』第二巻、三六六頁)と述べた。この規則は、町村の金穀公借・共有の地所建物などの売買、土木の起功については「正副戸長並ニ其町村内不動産所有ノ者六分以上」の連印を必要条件と定め、なお「不動産所有者ヨリ其総代ヲ選ンデ之ガ代理タラシムルハ其都合ニ任ズベシ」と定めていた。さらに、区における上記の行為については「正副区戸長幷ニ其区内町村ノ総代二名ヅツノ内六分以上」の連印が必要とされていた。この連印は、各町村での寄合開催とそこにおける協議の成立を前提とするものであったし、総代も近代議会における代表理念よりも代理に近い形を持っていた。また、区の会議における議決も「町村ニテ各自総代ヲ出シ悉ク協議ノ上全会一致ヲ必スルハ論ヲ待タザルナリ……総代中一人ニテモ肯ゼザルモノアル時ハ之ヲ行フコトヲ得ズ」(明治九年九月二一日政府委員静間健介発言『元老院会議筆記』第二巻、三六九頁)とあるように、当初の原案は多数決原理ではなく、寄合的全会一致原理をとっていたが、審議の過程で多数決原理への変更が加えられた。総代が選ばれた場合、彼らは区戸長の職務を監視し制肘することを職務としたのであり、いわば近世の百姓代的機能を担ったといってよいであろう。

従来区長・戸長の専断であったこれらの行為に不動産所有者の同意を義務付けたのは、前述の民会設置要求の動向と同時に、村民との協議を排した区戸長の専断的処理をめぐって紛争が起こり、中には訴訟となる例も見られたためであった。これは区戸長の官僚的支配を特徴とする大区小区制に修正を加えた重要な法令ではあったが、住民の参与とはいっても、全住民の参与を意味するのではなく、規則中にあるように不動産所有者およびその総代の参与であった。総代の資格や選挙の方法については府県の創意に任せられていた。たとえば被選挙資格は大阪府では地価一〇〇円以上の不動産所有者、東京府では五〇〇円以上の土地所有者、長野県では三〇〇円以上の土地所有者であった。ともに一定以上の有産者代表にたいして協力を求める仕組みが作られたのである。

前述のように、この総代会設置とは別に、きわめて少数ではあったが、啓蒙的な地方官の手で町村会が開設されていた。そしてこの総代会規則発布以後、町村寄合における多数決原理の欠如を新政施行の障害とみなす地方長官の手によって町村会が開設される傾向が漸次見え始める。と同時に町村会が設置されない多くの地域では、総代会に、住民の利害得失に関する事項の協議権が与えられるようになり、その機能も民法上の代理権から公法上の代表権へと代わっていったといわれる。(51) そして両者の実質的区分が漸次消滅していく時点で、次の三新法の発布を迎えるのである。

（1）福島正夫・徳田良治「明治初年の町村会」一三八頁（明治史料研究連絡会編『地租改正と地方自治制』、一九五六年、御茶の水書房）。

（2）以上の記述については、山中永之佑『日本近代国家の形成と村規約』一九七五年、木鐸社、および佐々木潤之介「近世農村の成立」（『岩波講座日本歴史　近世2』一九六三年）参照。

（3）大森佳一編『自治民政資料』六一一〇頁（一九四〇年、選挙粛正中央連盟）。

（4）弁官宛の福島県伺（太政類典三―七三）「当県管轄ノ村々、旧幕領並重原二本松……諸藩ノ上地入交候ニ付、村役人ノ旧制区々不一定、且夫々従前ノ仕方浮薄乱雑ニテ村役ノ職掌確ト不相立……当県ノ儀差当不都合ニ候間、元石巻県ニ於テ取調候郡村規則ニ基キ旧慣ヲ折衷シ適宜ノ仕組」とある。

（5）福島正夫「明治四年戸籍法とその展開」（福島正夫編『日本近代法体制の形成』、一九八一年、日本評論社）を参照。

（6）福島正夫・徳田良治「明治初年の町村会」（明治史料研究連絡会編『地租改正と地方自治制』、一九五六年、御茶の水書房）。

（7）亀卦川浩『明治地方自治制度の成立過程』一九五五年、東京市政調査会。

（8）大石嘉一郎『日本地方財行政史序説』一九六一年、御茶の水書房。

（9）大島太郎『日本地方行財政史序説』一九六八年、未来社。

(10) 伊藤好一「神奈川県における大区小区制の施行過程」(『駿台史学』一七号、一九六五年)、田島昇「大区小区制と区会議について」(『近代史研究(福島近代史研究会年報)』六号、一九八三年)、奥村弘「「大区小区制」の地方行財政制度の展開——兵庫県赤穂郡を中心として」(『日本史研究』二五八号、一九八四年)、鈴江英一『北海道町村制度史の研究』(北海道大学図書刊行会、一九八五年)、茂木陽一「大小区制下における町村の位置について」(『社会経済史学』五二巻四号、一九八六年)などを参照。なお、山中永之佑も『近代日本の地方制度と名望家』(一九九〇年、弘文堂)において従来の自説を改め、大区小区制の下で町村は行政単位としての位置付けを与えられたとの主張に立っている(同書一六頁)。

(11) 奥村弘前掲論文。

(12) 明治一三年二月一五日の地方官会議において、平山靖彦広島県少書記官は区町村会規則審議にあたって「抑維新以来総テ全国画一ノ法律ヲ布カレ各地方ノ慣行ハ地ヲ払フニ至ル」(内閣文庫所蔵『地方官会議筆記』三三三頁)と地方制度の画一性を批判している。

(13) 奥村弘前掲論文。

(14) 大区小区制と地租改正の関連については山中永之佑『近代日本の地方制度と名望家』(一九九〇年、弘文堂)及び奥村弘「三新法体制の歴史的位置——国家地域編成をめぐって」(『日本史研究』二九〇号、一九八六年)参照。前者では、地租改正実施過程の中で、「伝統的な町村」の改革と戸長官選化の方向が明確になっていったと述べられ、後者では、これを通じて町村の地域団体化が一挙に進行し、地域内諸利害の対立があらわれ、これが町村会設置を不可避にしたと述べている。

(15) 『新潟県史』通史編6、近代一、一九八七年、三〇六頁参照。

(16) 福井県史編纂室吉田健氏のご教示によると、明治九年に従来の福井県から滋賀県に分属になった越前の敦賀郡と若狭三郡は、従来の区域をそのまま保持し、従って滋賀県内には異なった大区小区制が併存したという。

(17) この発言は七月一三日に提出された「戸長ヲ以テ区会ヲ起ス法案」審議の際に行われた。政府委員の説明によれば、この法案は「戸籍法ニ基キ大区ノ長ヲ区長トシ、小区ノ長ヲ副区長ト成スノ制ニ依ル」との立場で作られたが、渡辺の発言に賛意を表するものが多く、現実に行われている通り、大区の長を正副区長、小区の長を正副戸長とすることになった。

(18) 石井良介監修『府県概則』二・三巻、一九八七年、青史社。

(19) 新潟県令楠本正隆の『新潟県治改革提綱』(新潟県立図書館所蔵)五頁。楠本はこの中で次のように述べている。「越後村吏ノ専横ナル世ノ知ル所ナリ……村吏跋扈ノ弊除カザルベカラズ、人或ハ之ヲ難シトス、曰我越後村吏ノ如キ家皆世襲民皆ナ奴下郷曲其村吏アルヲ知リテ君主アルヲ知ラズ、慣習ノ久シキ一朝ニシテ若シ此事アル一ハ以テ民間ノ紛擾ヲ醸シ一ハ以テ村事ノ不便ヲ来サン、計ニ非ザル也」。

(20) 内務省宛福島県上申(太政類典二―一〇七)には次のような一文がある。「夫レ郡吏ノ任均シク官員ナリ、其任軽シト雖モ其責重シ、従前ノ村吏ヲ止メ広ク人材ヲ揚ゲ其給厚フシ、其責ヲ担ハセ、此ヲ区長トシ戸長トシ、各区ニ在住セシメテ朝トナク暮トナク下民ニ接シ事業ヲ進メ人心ヲ振起セシメ度」。

(21) 奥村弘「三法新体制の歴史的位置――国家地域編成をめぐって」『日本史研究』二九〇号、一九八六年。

(22) 山中永之佑『近代日本の地方制度と名望家』弘文堂、一九九〇年、八一―一四頁。

(23) 福島正夫『地租改正の研究(増補版)』一九七〇年、有斐閣。

(24) 武井正臣・熊谷開作・神谷力・山中永之佑『日本近代法と「村」の解体』一九六五年、法律文化社。

(25) 武井・熊谷・神谷・山中前掲書参照。

(26) 庄司吉之助『百姓一揆の研究』(一九七〇年、校倉書房)および深谷克己「世直しと御一新」(鹿野政直・由井正臣『近代日本の統合と抵抗』1、一九八二年、日本評論社)参照。

(27) 例えば新潟県では、世直し騒動の過程で、旧役付層が下からのつき上げで権力代行機能を果たし得ない場合は簡単に交替させ、旧庄屋・仮庄屋を問わず世直し騒動を収束させ得る実力者を区戸長層に取り込んでいったという。佐藤誠朗「越後における世直し状況と藩体制の崩壊」(佐々木潤之介編『村方騒動と世直し』上巻、一九七二年、青木書店)。

(28) 渡辺奨『村落の明治維新研究』一九八四年、三一書房。

(29) 安丸良夫『神々の明治維新』一九七九年、岩波新書。

(30) 国立公文書館内閣文庫所蔵『府県史料・新潟県史料』に収録されている明治一六年の各郡民俗調査書「政治部民俗二」には新暦・旧暦の使用について次のような記述がある。「暦ハ総テ旧暦ヲ用ヒ五節句等モ亦旧ニ依ル、其新暦ニ関スル事項ハ一モ行ハルル事ナシ」(西蒲原郡民俗)、「明治五年大陰暦ヲ廃シ大陽暦ヲ用ヒラル、当時新暦ヲ遵奉セサレハ捕丁ナル者ヲシテ戸長ニ告テ戸長ハ強メテ説諭セシタメ新暦ヲ奉セシモ十四年ニ至テハ農家ハ専ラ旧暦ニ依リ市街ハ新暦ヲ用ユルアリ用ヒサルアリ、五節句ニ至テハ親族往来シテ餅粽角ヲ贈答スト雖幟リ武器等ヲ飾ル者ナシ」(北蒲原郡民俗)。強制による新暦使用が農村には根づかなかった状況が窺われる。なお祭礼や盆踊りについては次のように記されている。「旧盆祭ヲナスハ従前ニ異ナル事ナシ、盆踊ハ心ニ之ヲ熱望スト雖トモ敢テ之ヲナサス」(西蒲原郡民俗)、「男女共ニ好ムト雖モ方今ハ官ノ制禁ニ依テ該遊楽ヲ為ササレトモ禁徴シテ弛メハ直チニ踏舞スルノ景況ナリ」(南魚沼郡民俗)。なおこの史料は近年国書刊行会から『稿本新潟県史』として出版されている。

(31)　前掲『府県概則』三巻。

(32)　前掲『新潟県史』近代一。

(33)　愛媛県については石島庸夫「西讃岐農民蜂起と小学校毀焼事件」(鹿野政直・高木俊輔『維新変革における在村的諸潮流』一九七二年、三一書房)を参照。

(34)　大江志乃夫『明治国家の成立』一九五九年、ミネルヴァ書房。

(35)　西田長寿『明治時代の新聞と雑誌』一九六一年、至文堂。

(36)　渡辺隆喜「地方民会の成立過程」(『地方史研究』一九ノ一、一九六九年二月)。

(37)　渡辺隆喜前掲論文参照。田島昇「福島県の大区小区制度と区会議について」(『近代史研究』六号、一九八三年)、「旧福島県の民会について」(『国史談話会雑誌』三三号、一九九二年)も福島県における廃藩置県前の民会を紹介し、これが近世の名主層の会合の伝統を引き継ぐものである事を明らかにしている。

(38)　福島・徳田前掲論文参照。なお、渡辺隆喜・前掲論文には、地方民会の変遷を整理した表が掲載され、「これによると、明治五年より各地で開設または開設を意図された民会は五、六年は区戸長による県・区会が大勢を占め、六年後半より七・八年にかけて区戸長のほか公選議員も含める県・区会が多くなる。八年の夏頃より県・区会のほか町村会も開設される傾向が強まり、しかもほとんど公選民会が志向される」(一三頁)と総括されている。

(39)　山田公平「明治初年の地方体制」(『法政論集』七八号)三二〇頁。この論文では、区・戸長制の整備と地方民会の発展過程を通じて、地方社会の公共的関係の政治的組織化と「一村公議」に基づく代議関係の形成が進行し、封建的村落共同体の再編成が行われたこと、そして、この新しい状況こそが三新法体制の形成の前提条件であったと指摘されている。

(40)　有元正雄・頼祺一・甲斐英男・青野春水『明治期地方啓蒙思想家の研究——窪田次郎の思想と行動』一九八一年、渓水社。

(41)　福島・徳田前掲論文。

(42)「県会議事則」「二〇条　然レトモ代議人ハ事ヲ議スルノ権アリト雖トモ事ヲ行フノ権ナキ者トス、二一条　(前略)現地行不行ハ県庁ノ処断タルベシ」。

(43)この「民会議事略則」の第一章は「民会議事ノ基本ハ言路ヲ開キ上下ノ情ヲ通シ各自天賦ノ自由ヲ遂ゲ以テ厚生利用ノ権ヲ得セシムル事」(太政類典二―一〇七)と記している。

(44)町村会は不動産所有者が選挙人で被選挙資格は二五歳以上の者、区会は各町村二名の定員(一名は用掛、一名は町村会議員の互選)、県会は各区二名の定員(一名は戸長ないし副戸長、一名は区会議員の互選)で、議員はすべて無給であった(太政類典二―一〇七)。

(45)明治八年七月の熊谷県伺は「管下人民一般民会ヲ企望罷在候、就テハ区戸長ノ外夫々人物撰択議員ニ加ヘ候様仕度、右様相成候ヘバ右費用其外都テ疑惑無之言路洞開一般ノ公利ヲ興ス場合ニモ可至哉ト奉存候」(太政類典二―一〇六)と述べ、さらに同月の足柄県伺も「区戸長ノミニテハ県会議員過少ニ候間当分区戸長及ビ公選議員ヲモ相交ヘ漸次進歩ニ適度ニ応ジ終ニ公選ノ民会興立致シ度見込ニ付……」と公選民会が地方政治にとって不可欠の存在となりつつあるとの認識を示している。

(46)大石嘉一郎『日本地方財行政史序説』(一九六一年、御茶の水書房)六二―六八頁、原口清『明治前期地方政治史研究』上(一九七二年、塙書房)三四七―三五六頁参照。

(47)福島・徳田前掲論文。

(48)徳田良治「明治初年の町村会の発達」(『明治権力の法的構造』所収、一九五九年、御茶の水書房)四五頁。

(49)原口清『明治前期地方政治史研究』上及び静岡県民権百年実行委員会編『ドキュメント静岡県の民権』(一九八四年、三一書房)参照。なお民会については、大石嘉一郎『日本財行政史研究序説』(一九六一年、御茶の水書房)、内藤正中『自由民権運動の研究』(一九六五年、青木書店)を参照。

(50)福島・徳田前掲論文。

(51)福島・徳田前掲論文。

第二章　自由民権期の地方統合政策

一般的に近代日本の基本的な法体制が整備され、国家体制の枠組みが形成されたのは、明治二〇年代前半の時期であった。地方行政組織もその例にもれず、明治二一年の市制・町村制公布、二三年の府県制・郡制の公布、一九年地方官官制(二三、二六年全面改正)などによって、この時期に原型を確立した。また府県区域も、数次の廃統合を経て明治二一年には三府四三県と確定をみた。しかしこの体系的地方行政組織が作り上げられるまでには、いくつかの試行錯誤があり、政府内部の方針の対立があった。またその時々の政府の地方統治を揺るがす民衆の反政府運動の展開があり、その高まりのなかからは、政府とは異なった将来像を掲げた地方自治構想もあらわれた。従来の幕藩的政治体制の破壊、新しい政治体制の建設が課題とされたこの時期には、社会各層が法や制度、さらには国家のあり方に強い関心をよせたのが特徴であった。

この政治的関心の高まりや政府への批判、反対の動きを背景に政府の地方統治政策も揺れ動き、妥協や弾圧や路線の修正が繰り返された。そしてその混迷を経て、将来にわたって専制的政権を維持していくための統治構想の大綱が樹立され、国家組織の整備確立にむけて準備が始められたのは、明治一四年の政変以後であった。

一　三新法と府県

本節では、地方行政組織確立に至るまでの過程を、主として府県レベルに焦点をあわせ、時期的には明治一〇年代を中心に考えていきたいと思う。地方行政史の上で、廃藩置県以後、明治二〇年前後に至る過程は、ほぼ二つの時期に区分することができる。第一は、西南戦争終了までの時期である。前章で明らかなように、この時期の主要な政治課題は、旧権力基盤の徹底的破壊・封建的割拠勢力の一掃であった。新政府にすべての権力を集中していくためには、地方に割拠する勢力の存在基盤を徹底的に打ち砕く必要があった。封建的統治圏と断絶した形で府県や大区小区という新区域が作られ、そして新しく成立した府県には、新政府に従属する忠実な統治ルートを形成することがめざされた。しかし、この時期には、倒幕過程の主役であった西南雄藩を中心に、旧士族勢力がいまだに府県庁に割拠し、旧藩体制を払拭しえない地域が残存した。戊辰戦争およびその後の懲罰的処分で東北諸藩の自負を徹底的に叩きつぶした政府は、その返す刀で今度は西南雄藩のいわば勝利者の「おごり」を粉砕しなければならなかった。この不平士族集団の反抗とならんで、さらに明治七、八年頃から、新しく地方統治の敵対要因となったのは、維新への幻滅と苛酷な統治策に触発された農民騒擾と自由民権運動の勃発であった。

第二は、明治一一年の三新法公布以後の時期である。西南戦争を最後に士族反乱を鎮圧した政府のまえに立ちはだかったのは、自由民権運動の本格的展開であった。明治一〇年代の政府の重要な政治課題は、この反政府勢力をいかに弾圧し、分裂させ、体制内に取り込むかであった。さらに憲法発布と国会開設を前にして、近代国家を根底で支える地方統治機構と自治体制を制度的に確立することも重要な課題となった。

第一節では、明治一〇年代前半の政府の地方統治政策の変遷過程を、府県の組織と区域に焦点をあわせて探ってみたい。具体的には、府県区画の統廃合がどのような契機と意図で行なわれたのか、中央政府の手足として地方統治を実際に担った地方官僚は、如何なる方針によって任用され地方官庁を形作っていったのか、地方官庁はどのような権限をもち、かつ、どのような形で中央からの統轄を受けていたのか、地方統治をめぐる様々な社会勢力の対抗や連携がどのような形で形成され、政府や地方長官はそれにどのような対応で臨んだかなどである。

1　三新法制定の背景

明治一一（一八七八）年七月二二日、郡区町村編制法、府県会規則、地方税規則の三法律が発布された。この制度改正は、かねてから地方自治制度の実施を主張していた木戸孝允の影響をうけた大久保利通が、同年三月一一日付けで三条実美に上申した意見書「地方之体制等改正之儀上申」に端を発する。大久保はこのなかで、各地域の固有の慣習をふまえた地方自治制度を作り、実施することが政局の安定にもっとも必要だと強調していた。この提案をもとに、松田道之内務大書記官の起稿、井上毅法制官の修正を経て成案化された三新法は、地方官会議・元老院会議の審議にかけられた後、公布されたのである。

この法令発布にあたって政府は次のようにその理由を述べた。「抑地方ノ区画ノ如キハ如何ナル美法良制モ固有ノ習慣ニ依ラズシテ新規ノ事ヲ起ストキハ其形美ナルモ其実益ナシ、寧ロ多少完全ナラザルモ固有ノ慣習ニ依ルニ若カズ……今概シテ欧米ノ制ニ倣フトキハ其形美ナルモ其実適セズ、宜シク我古来ノ慣習ト方今人智ノ程度トヲ斟酌シテ適実ノ制ヲ設クベキナリ」（大森佳一編『自治民政資料』一四〇頁、一九四〇年、選挙粛正中央連盟）。三新法は大区小区制時代の成果の上にたって、権力の集中統一は堅持しつつも、それの固有の習慣との背離を反省して、地方の実情をふまえた組織化へと方向転換を図ったのである。住民の地方政治への参加も部分的に認められ、府県、町村は不完全ながらも自治団体化した。国家と地方団体との分権関係はここから始まっていく。

この体制の特徴は次のようである。

(1)　区域については大区小区制における旧慣無視が反省され、郡、町村が行政単位として定置される。

(2)　組織については、府県、町村に対してそれぞれ住民の参加する議会が認められ、また府県の長、町村の長には、その固有事務に関してはある程度の専決処分を認める。町村の長は公選とされる。これによって府県町村は単なる行政区画から、地方行政事務の処理を目的とし国家から独立した権利義務を持つ主体となる方向への移行——すなわち公法人化へ第一歩を踏み出した。

(3)　(2)における住民への権限付与と同時に府知事県令—郡長を通じて官僚機構の強化が引き続き進められ、官僚的統治と自治の結合の原型が作られた。

(4)　財政の公私の区分が唱えられ、公経済と私経済との分離による公財政確立への道が開かれた。

住民の地方行政への参加を部分的に認め、府県・町村を不完全ながら自治団体化したこれらの改革は、まず第一にこの時期に高揚し始めた農民騒擾と政治参加を掲げる自由民権運動の開始に対する対応であった。前者については既述の通り、維新以来の徴兵、教育、地租改正等の新政策実施に伴う負担の膨張が、農民の戸長、区長—中央政府に対する反対闘争を呼び起こして広範な高まりを見せ、特に明治九年から翌一〇年にかけて地租改正反対の大一揆が各地で起こり、直接的に政府権力に対抗する姿勢を示していた。頻発する農民騒擾と自由民権運動の発展は政府にとって政権を揺るがしかねない大きな脅威であり、これに何らかの形で対処する必要があった。この時期の伊藤博文の大久保利通宛の書簡には「地方民治之事ニ付……此際世上物議之沸騰中ニ先鞭ヲ着ケ度モノ」(明治九年一一月二〇日『大久保利通関係文書』一—一四三頁)という一節がある。物情騒然たる世情に一歩先んじた形で対応する必要性が認識されていたことが示されている。ここから従来の官僚機構一本に頼る強圧的な統治方式への反省がうまれ、摩擦なく行政を遂行しうる体制として自治への模索が始まったのである。

第二に、この時期の深刻な財政窮迫状態が財政政策の転換を必要としていたことを挙げねばならない。富国強兵・殖産興業のための不換紙幣濫発と公債政策、さらに西南戦争の膨大な戦費負担は激しいインフレーションと深刻な財政難を惹起していた。この財政危機を克服するために案出された財政再建策の一つが、地方財政への負担転嫁政策であった。三新法の施行と同時に、国家財政の地方財政への負担転嫁、地方税の増徴がスタートする。

明治一二年教育令改正により公立学校費・学務委員給料が町村費支弁となる。翌一三年地方税規則改正により地租割制限五分の一から三分の一への緩和、府県庁舎建築修繕費、府県監獄建築修繕費の府県支弁への変更、府県土木費に対する国庫下渡金の廃止が行なわれ、さらに教育令改正により区町村に対する教育費国庫補助が廃止される。明治一四年から始まった松方デフレ財政も、地方税増徴、間接消費税強化という収奪関係を複雑にする原則をとりつつ展開された。民衆負担の増加を国税、特に地租増徴という直接的な形で行なうことを避けたこれらの措置は、当面増税反対を掲げる全国的な運動の展開を避ける政治的効果は持った。しかし、政策の展開が民衆の生活を直撃するものである以上、矛盾の激発は当然予想されるところとなった。部分的な住民参加と自治を制度に内包した明治一〇年代の地方統治は、新しい矛盾をはらむ時代の幕開けでもあった。

2　三新法施行前後の府県庁

三新法と時を同じくする形で、明治一一年七月二五日府県官職制(太政官達三二号)が公布された。三新法は、制限的とはいえ、府県会という政治参加の場を作り、町村に自治を再び容認し、府県に新しい財政運営方式を導入した。これは、議会や自治を視野に入れた府県行政の出発を意味しており、それに対応した機構改革が必要とされたのである。まず政府は、明治一〇(一八七七)年一月一六日太政官達第六号で府県職制の改正を行なった。三新法の実施に先立つ形で行なわれたこの改正で、律令体制に範をとった職名が改められ、本書三八頁第10表のように、府知事・権知事、県令・権令、大書記官、少書記官からなる奏任官、一等属—一〇等属と警部からなる判任官、そして等外吏によって府県庁は構成されることとなった。その後、三新法実施直後に発布された府県官職制は、郡長と郡吏員を府県庁の構成員として新しく加えるとともに、府県知事の新しい職務として郡関連事項と府県会関連事項を付け加える構成をとった。

このとき新設された郡長は、そもそも町村自治の許容と同時に政府の構想にのぼり、三新法体制の重要な要の一つと見なされた官職であった。郡区町村編制法の説明はその冒頭に「第一、大小区ノ重複ヲ除キ以テ費用ヲ節ス、第二、郡町村ノ旧ニ復シ以テ民俗ニ便ス、第三、郡長ノ職任ヲ重クシ以テ施政ニ便ス」と述べ、この法の重要なポイントの一つが郡長設置であることを明らかにしていた。町村にはある程度の自治を許す、しかしその自治を厳しく監視するために郡長をおくという構想である。郡長以下郡役所の吏員は官選で、府県の下にあって町村を統轄し、上命下達の事務にあたる純然たる官僚であった。その職務は「一郡ノ行政事務ノ総理」であり、府知事県令の下級官庁として県務を分掌し、「人民ヲシテ中庁隔遠ノ不便ヲサクル事ヲエセシム」(「府県官職制説明」、「井上毅文書」所収)ことである。法律命令または規則によって委任される条件及び府県知事よりとくに分任をうける条件については便宜処分する権限があり、またその範囲内では自由に戸長に命令する権限を持ったが、(1)事後報告の義務があり、府知事県令は自己の判断でその処分を取り消すことができたのである。しかし何と言ってもその職務の眼目は「郡制ハ固ト市町村ノ監督ヲ主トシテ起スモノ」(明治二〇年一二月二四日元老院会議における楠本正隆発言、『元老院会議筆記』二九巻七五頁)といわれるように、町村の監督であった。郡長は国家行政事務の遂行を命令し監督するだけでなく、町村会にたいして中止権、議決施行の拒否権を持っていた。当時郡長は警察と並んで民衆からもっとも憎まれたといわれており、町村住民にとって郡長は国家権力の象徴的存在だった(2)のである。

郡長の官位は、判任八等属であったが、明治一六年二月二一日太政官達第一〇号の府県官職制改正によって「但特別ノ詮議ヲ以奏任トナスヲ得」と但書が付され、奏任になり得る道が開かれた(3)。内務省の勤務評定によって郡長の一部に奏任への道を開き、あわせて郡民に対して郡長の地位を重からしめる事がねらわれたのである(4)。

ただ、前掲「府県官職制」に「郡長ハ該府県本籍ノ人ヲ以テ之ニ任ス」とあり、「府県官職制説明」(「井上毅文書」)に「郡長以下本管ノ人ヲ用ヒ吏員ヲシテ相互親和スル所アラシム」と述べられているように、郡長以下の吏員には該地に本籍をもつ土着の人をあて、民衆に親近感を抱かせようとしたのがこの時期の政策の特徴を示していた。これは地域の名望家を郡長に就任させ、彼らの持つ権威を支配に利用しようとする狙いに他ならなかった。この意図にそって、府県議会での手強い論客を郡長に引き抜き、人心収攬に逆用する例がみられた一方、名望家をも巻き込んだ厳しい政治対立が存在する地域では、本籍を該府県に移すという便法によって他府県出身の忠実な官僚を任命する例もみられた。(5) この傾向は、後述のように、自由民権運動の激化につれて著しくなる。反体制的な気運が存在する状況下にあっては、府知事県令の意向を忠実にうけて取り締まりを強化する官僚的郡長が望まれたのである。いずれにしても、円滑な行政の遂行を保障する機構作りという視点にたって郡長の選定は行なわれた。

以上のように、郡長は三新法体制の官僚的統治を支える要として設置され、以後地方行政、地方政治の重要な役割を担う存在となるのである。

3　府県会の開設

府県会規則は、地方長官の任意によって各地に開設された民会あるいは未開設の地域の開設要求に一定の準拠を与える、上からの体系的対応であった。府県会の権限は、地方税をもって支弁すべき経費の予算及びその徴収方法の議定である。府知事県令は、府県会にたいして召集権、議案の発案権を握り、その議決も府知事県令の認可をまって始めて施行されることとなっていた。府知事県令がその議決を認可すべきでないとするときは、内務卿に具状してその指揮を仰ぐ。また会議の論説が国の安寧を害しあるいは法律または規則を犯すことがあると認めるときは、府知事県令は会議中止権をもつ。また内務卿は、会議が国の安寧を害しあるいは法律または規則を犯すことありと認めるときは、閉会を命じ議会を解散することができた。府県会は毎年一度三月に開かれる通常会において、地方税にかかわる前年度の出納決算の報告をうけるほか、建議権、諮問答申権、議事細則制定権などをもつ。

右のように府県会の議事権限は地方税予算に限定され、その議決機関としての作用も、議決の効果がでるのは府知事県令の認可を待たねばならず、また両者の対立が生じた場合は内務卿の指揮をうけて府知事県令が施行権を握るというように、府県会はきわめて弱い立場におかれていた。その他、議会の反体制化を防ぐために、会議中止権、解散権を府知事県令、内務卿が握るという形で、行政権の絶対優位が貫かれていた。しかし、今まで府知事県令がすべて掌握していた県政の運営に、限定的とはいえ住民が参加する場が設けられた意味は大きかった。

府県会議員は、郡区の大小により、毎郡区五名以下を記名投票により公選する。被選挙権者は満二五歳以上の男子でその府県内に本籍を定め満三年以上居住し、その府県内において地租一〇円以上を納める者、選挙権者は満二〇歳以上の男子でその郡区内に本籍を定め、その府県内で地租五円以上を納める者であった。議員は名誉職(無給で旅費と滞在日当のみを給せられる)で任期は四年、二年ごとに半数改選される。議長・副議長は議員の互選で府知事県令の認可を必要とする。

議員の選挙・被選挙権者は、前述のように一定の納税資格者であり、有産者重視の原則がとられていた。(6) この納税資格要件の規定は、必然的に借家人、小作人、貧窮士族、小商人を参政権から閉め出した。議員の名誉職化とともにこの財産制限は、住民中の有産者に府県政治参加を許し、限定つきであれ、彼等に府県税の使途を委ねる仕組みを作ったのである。

さらにその後、明治一三(一八八〇)年一一月五日太政官布告第四九号の府県会規則第五章追加で、府県会に常置委員が設置された。議員中から五人ないし七人選ばれる常置委員とは「地方税ヲ以テ支弁スベキ事業ヲ執行スルノ方法順序ニ付毎ニ府知事県令ノ諮問ヲ受ケ其意見ヲ述ベ及地方税ヲ以テ支弁スベキ事業ニシテ臨時急施ヲ要スル場合ニ於テ其経費ヲ議決シ追テ府県会ニ報告スル」ことを職務とした。つまり、府県行政に議員の一部を参画させることによって「府県会ハ地方ノ政務実施状況ヲ熟知シ、府知事県令ハ常ニ人民ノ意趣ニ従テ地方ノ政務ヲ挙行スルヲ得テ、官民ノ間ニ軋轢ノ患ナク自然地方政治ノ一和ヲ得ル」(明治一三年一月「常置委員設置に関する上申」、市政専門図書館所蔵「大森文書」所収)ことが目指されていたのである。府知事県令と府県会との連携下に地方政治を行う仕組みであった。

農民への過重負担という基本的矛盾はそのままに、農民の上層部に有利な調整、負担転嫁、府県行政を通ずる利益確保の場を提供したのがこの府県会規則であった。農民一般に対抗する関係から、その中の一部の農民に権力を分与し利益の可能性を与える事によって支配の場を広くしようとするこの意図は、その後の明治一四年の国会開設の勅諭とあいまって、農民騒擾、自由民権運動の高揚期を前にして、やがて農民の陣営内に打ち込まれた楔の役割を果たすようになる。

4　地方税規則と府県財政

地方税規則制定によって、府県財政も新しい局面を迎えた。この地方税規則によって形作られた新しい府県財政制度の眼目は、藤田武夫『日本地方財政制度の成立』(一九四一年、岩波書店)によれば、「(一)地方税で支弁すべき費目を指示すると共にその徴収に公法的保護を与え、(二)地方税の支出並に徴収に関する予算の編成方を規定したこと及び(三)府県会の地方税予算議定権を制度化したこと」(同書八七頁)にあり、これによって、府県財政の内容と範囲が明確化され、府県財政近代化の基礎が形成されたという。

では維新後の地方財政はどのような状況にあり、また政府は地方財政に対してどのような規制を加えたか、その概略をおってみよう。明治維新以後明治一一(一八七八)年までの地方財政は民費財政と呼ばれる。民費とは、官費と区別するために使われた用語で、府県の費用中、管内の人民に分課してこれを支弁したものを指した。最初はほとんど府県管内費のみを指していたが、大区小区設置とともに区費をも包含し、さらに明治七年以後は町村費をもその中に包含するようになった。府県・区及び町村の費用は、府県に対する若干の官費支給を除いては、主としてこの民費で賄われ、府県税がこれを補う形をとっていたという(藤田武夫前掲書参照)。

政府は、明治六年八月七日、太政官布告第六一二号で「諸国税法之議其土風ヲ篤ト不相弁、新法相立候テハ却テ人情ニ戻リ候間一両年ハ旧慣ニ仍リ可申、若苛法弊習又ハ無余儀事件等有之候ハヽ、一応会計官ヘ伺之上処置可有事」と達した。旧藩以来の伝統をもつ各地の多種多様な収税方式を一挙に統一する事は、各地の反発をうむとの考えにたって、しばらくは旧慣を維持する事を命じたのである。旧慣への依拠は、この布告によれば一両年のはずであったが、結局「一新ノ後百事草創未タ一々整理スルニ暇アラス」(「地方税規則議案説明」)という理由で改正への着手はそのまま数年見送られた。したがって民費の賦課は、一定の基準が作られないまま専ら各府県の便宜に任せられ、府知事県令の判断で旧税の改正や新税の制定が独自に行われたのであった。

この結果全国の民費は「各地異制紛トシテ乱糸ノ如ク……分テ管内割、大区割、小区割、町村割ノ四種トスルアリ、分テ管内割、区割、町村割ノ三種トスルアリ、町村費ヲ以テ民費ニ算入セザルアリ、社祭費、雨乞費ノ醵金ニ属スベキ、用悪水費、猪鹿防御費中ノ専ラ一己一部ニ属スベキ者ヲ以テ民費ニ混ズルアリ、小学校ノ費用ヲ以テ民費ノ一部トスルアリ、或ハ以テ募金ノ類トスルアリ」(「地方税規則議案説明」)という状況となった。右に述べられているように、本来官費で負担すべきもの、その土地人民一般の公共的費用、一部の地域に属すべき私的費用が渾然とした形をなし、また府県・区・町村間の費用分担の明確な基準もないまま、ただ旧慣と便宜に従うかたちで、各府県独自の内容をもつ民費が形成され、政府はそれをそのまま放置黙認したのであった。

錯雑していたという点では、賦課方法もまったく同じであった。井上毅が「民費賦課意見案」の中で「多ク各地ノ慣習ニ因リ錯雑紛沓、一目ニシテ瞭然タルベキニアラズ」(井上毅伝記編纂委員会『井上毅伝』史料篇一、国学院大学図書館、一九六六年、一二八頁)と述べたように、段別割、間口割、人頭割、小間割、課役割などさまざまな方法と割合が混在し、並立していた。さらに、支出費目の性質に応じて各費目それぞれ別々の賦課方法がとられた事が特徴で、換言すれば、この時期の民費は前代の慣習そのままの目的税的性格を維持していたといえよう。

堺県では、大区長・小区長・戸長関係費は、管内一般の地価と戸数に割り出し、戸籍・住民調査費は戸割、田畑に関する入費は地価割、警察関係費・道路堤防修繕費は地価割・戸割併用となっている。なお戸割については、「戸割ハ総テ貧富ノ差別ナクンバ有ベカラズ、故ニ一区ノ費一村ノ費トモ総テ貧富ヲ分至当ノ法ヲ設テ可申出事」(「民費民役諸費割方法則」)と貧富を配慮した賦課を命じている。また山梨県は明治六年九月の「民費課出方法」によるとすべて地券金高割(明治六年九月「民費課出方法」)、滋賀県は地価割と戸別割で、戸別割は「家計ノ貧富ニ応ジ凡ソ上中下ノ三等カ又ハ上中下々ノ下ト四等カ其地方ノ模様ニ仍テ適宜ニ割合」う等級制をとっていた(明治六年一一月「区内町村ノ公費割賦並ニ勘定精算ノ方法」)。度会県は、県費・小区は地券代価戸数両高割、村費は用途に応じて地券代価割、戸数割、地券代価戸数両高割、水掛高割の四種(明治六年九月「民費割賦規則」)であり、新潟県は大区費、小区費、町村組合費、普請組合費(堤防組合、道路橋梁組合)すべて石割七割、戸割三割の石戸割で賦課されていた(7)。

次に、民費の収支決算方法も多種多様であった。明治一一年井上毅が「民費意見案」において「各地ノ法賦シテ後ニ使費スルアリ、使費シテ後ニ賦スルアリ、県ニ総管スルアリ、区ニ任シテ分管スルアリ」(前掲『井上毅伝』史料篇一、一四一頁)と述べたように、あらかじめ予算を立てて一年二季あるいは四季ごとに割賦して取り立てる予算予課方式と振替払いを行い一年二季あるいは四季ごとに決算し、其の後取り立てる振替後払い方式とが混在していた。割賦の決定権は、県庁・区役所が掌握する地域が大部分であったが、中には、何らかの形で住民を決定の場に参加させ、その合意をとりつける事を明文化した地域もあった。例えば、滋賀県では、区の公費割賦と決算について、区長の独断でこれを処分する事を強く戒め、地価割割賦は区内各町村の地主総代人と其の戸長・副戸長とに協議し、戸別割賦はまずもって戸主総代人とその戸長・副戸長とに協議し取り計らうべき事を命じている。また区内一年の勘定決算は、区長・副区長が立会い取り調べた後に毎町村の地主総代人・戸主総代人とその戸長・副戸長に点検させる事になっていたほか、さらにその決算の公表掲示も義務づけられていた（明治六年一一月「区内町村ノ公費割賦並ニ勘定精算ノ方法」、『府県概則』四巻、五〇―五一頁）。(8)

次に民費の補助財源であった府県税について簡単に触れよう。府県税は近世において小物成・浮役としてとられていた雑税を起源とする。これらの雑税は明治維新後新政府に引き継がれたが、その後徐々にそのうちのいくつかが府県の税源として認められるに至った。まず、明治五年九月には芸者・遊女などの営業税が費途を土木費・警察費に指定して委譲され、翌六年一月には僕婢・馬車・人力車・駕籠・乗馬・遊船などの新しく制定された国税に府県が付加税をかける事が許された。さらに八年二月には雑多な国の雑税をいったん全廃し、国税として採用すべきものは後日新たに税目をおこす事を決定し、営業取締りのために必要なものは大蔵省の許可をうけた上で府県で徴収する事を認めた。この結果府県は争ってこの種の雑税を設け、多種多様な新税が作られ、その種類は全国で一〇〇〇種以上に達したという。その後同年九月八日だされた太政官布告一四〇号「国税府県税ノ区分」で、府県税とは賦金と称する諸税および雑税を指す事を明らかにし、各地で定めた賦課の方法は大蔵省、費途の方法は内務省の許可をうけて施行する事を命じた。(9)

だが、中央官省の許可をうける事は義務づけたものの、賦金や雑税に関する賦課基準は何も示されなかったのである。その結果、府県はそれぞれ旧雑税の慣行を引き継ぎ独自の判断で府県税の徴収を行うようになり、民費同様きわめて錯雑した状況が現出するに至る。(10)府県税は前述のようにその種類は非常に多かったが、民費と比較した場合総額ははるかに少なく、府県税は民費の二〇分の一に過ぎず、補助財源たる性格は明らかであった。

右のように民費も府県税も地域によって「厚薄均一ナラザル」状況を呈しており、「人民怨望ノ一事」（「民費意見案」前掲『井上毅伝』史料篇一、一四〇頁）たらんとしていた。このような状況を背景に内務卿大久保利通は、明治一〇年一月一七日、太政大臣三条実美に対して「民費賦課規則之儀上陳」を提出し、その中で民費に関する法規制定の必要を次のように述べた。

「夫レ民費賦課ノ事タル、府県ノ事務章程下款ニ於テ民費ヲ査定スル件アリト雖モ、其賦課ノ法則ナキヲ以テ各地各見ニ出デ軽重厚薄大ニ異同アルノミナラズ、或ハ課収ノ条理ヲ失スルモノアッテ、為メニ民ノ疑ヲ生ジ物議紛紜ヲ致スモノ少シトセズ、抑モ民費ハ全国人民ノ休戚物産ノ隆替ニ干渉シ政府保民上宜シク之カ方法ヲ設ケザル可ラズ」。

地方税の混乱とその誅求がもたらした弊害は、他の諸政策の抱える矛盾とあいまって民衆の反抗を懸念せねばならぬほどの段階に達しており、民費賦課法制定が不可避とされるに至ったのである。この法案作成作業は、大久保のもとで井上毅（法制官）・松田道之（内務大書記官）らの手で明治九年ごろから始められた。『井上毅伝』史料篇一には、この時作られた草案がいくつか収められている。(11)

これらの案では共通して、従来の民費費目を一定の基準に従って整理区分すべきだと主張されていた。民費費目には、「(甲)本来国費で支出すべきもの、(乙)民費本来の支出、(丙)その事項に関係ある土地または人民のみが支出すべき一部の地域の私的費用で、本来民費より除くべきもの」の三者が混在しているのが実情であり、今後の民費は(乙)にのみ限るべきだとの提案であった。(甲)に属するものとして挙げられたのは、府県庁営繕費、懲役場囚獄営繕費、布告布達費、山林調費、里程調費、戸籍調費、徴兵下調費、などである。監獄は国法が罰するところ、県庁は官舎、布告は官令であり、当然国費で支出すべきだと述べられている。(乙)は道路堤防橋梁費、区戸長給料旅費、区扱所費、府県郷村社神官給料、学校費、道路掃除費、用悪水路費、水防費、井堰守給料、消防費、巡査費、地券調査費などである。(丙)は諸社営繕費、祭典費、病院費などで、これらは人民の意思に任せ民費から除外すべきだと記している。

もっともすべての案で同じ費目区分がされていたわけではない。区戸長給料並びに扱所費を官費支出とし、学校費を民費からはずして(丙)にいれる提案も行われている。とくに学校費についてはかなり苦慮した様子が窺われる。当時学校課金は、貧富をわかたず同じように課せられる地域が多く、貧民にとって大きな苦しみとなっているとの認識が井上毅にはあった。「之ヲ貧民ニ課スベカラズ」(「民費意見案」、前掲『井上毅伝』史料篇一、一一五頁)との意見、学校費を常費と営繕費に区分し、常費は民費支弁、営繕費は人民の醵金にゆだねるという二本立ての資金調達方法も考えられていた(「民費賦課意見案」前掲書一三二頁)。

民費の賦課方法としては地租割と戸数割の併用が提案されている。地租割賦課は、明治一〇年に達せられた「正租五分の一の制限」の枠内を守り、それを超えた額について戸数割をあてるとの主張である。しかし戸数割は本来「貧民ノ苦ヲ益ス」(「民費意見案」前掲書一一四頁)傾向から有産者に有利な性質をもっており、この弊を防ぐためには、家計貧富に応じた差等を民間の協議で作らせる必要があるとされている。当時地域によっては戸数割賦課の慣習のない地域、差等をつけない戸数割賦課を行っている地域もあり、一律に政府が一定の基準を作り強制する事は避け、当面「姑ク地方ノ適宜ニ任シ而シテ可成貧富ニ応ズベキノ目的ヲ内諭スル」(「民費賦課意見案」、前掲書一二九頁)方針がとられている。

また土木費については、他府県とも関係する大河の河身整備・堤防整備は、行政区域とは無関係にその流域区内単位に賦課すべき事、府県内部でも土木費は利害関係の深い地域を中心に賦課すべきであるとされていた。土木費に関しては従来の慣習の急激な変化を避けるという認識が示されたにとどまる。

財政運営に関しては、予算制の導入を提案している事が注目される。旧幕時代の町村財政では、予算を立てる慣習はなく、町村役人が立て替え払いを行い、年度の終わりに目的用途別に異なった方式でその支出を割賦する風習が一般的であった。したがって府県をひとつの単位として財政計画を作り、予算を立て、税を課し、支出を行う財政運営方式は、従来の財政運営の根本的変革にほかならなかった。これは後述のように、府県会の予算審議に波風を立てる要因のひとつとなった。

これらの財政改革が府県財政にどのような影響をもたらすかについて、意見書は本来府県・区で支出すべきものにだけ民費負担を限定し、運営を合理化する事によって、過重な民費負担の軽減がもたらされるとの見通しをたてていた。松田道之「民費賦課法ノ儀ニ付上申」によれば、(甲)と(丙)を除く(乙)の部分のみを民費で賄えば、従来に比して三割三分三厘の減額が可能になるという。

井上毅、松田道之らの民費賦課法制定への努力は、「地方公費賦課法」[12]となって結実した。前述の大久保利通意見書「地方之体制等改正之儀上申」には、他の草案と並んで地方公費賦課法の草案とその趣意書が載せられていた。この法案は、府県に関する税に限定する形で修正され、地方税規則として地方官会議、元老院会議にかけられ、それぞれ修正をうけた後、全文七条からなる法文として成立した。

地方税規則は、「何よりもまず府県財政の基礎を確保するものであり、その確保にあたって従来の民費財源をめぐる府県と町村との競合・重畳関係を府県優先に整理するものであったといわれる。[13]」地方公費賦課法は、府県・郡市・町村それぞれの公費区分と賦課方法を規定していたが、地方税規則は郡市町村を一切除外して府県の税のみをその対象とした。地方税の税源は、地租割(地租五分の一以内)、営業税、雑種税および戸数割と定められ、その支弁費目は警察費、河港道路堤防橋梁建築修繕費、府県会議諸費、流行病予防費、府県立学校費及び小学校補助費、郡区庁舎建築修繕費、郡区吏員給料旅費及び庁中諸費、病院及び救育所諸費、浦役場及び難破船諸費、管内限り諸達書及び掲示諸費、勧業費、戸長以下給料及び戸長職務取扱諸費の一二に限定した。公費賦課法にあった必要費、随意費の区別は廃止され、府県庁にその範囲内での細目決定が任されたのである。

会計年度は、その年七月から翌年六月までとし、府知事県令はその年二月までに経費の予算及び地方税徴収の予算を立て、府県会の議決をとらねばならなかった。これによって府知事県令の予算編成義務と府県会の予算審議権が明らかにされたのである。これによって維新以来混乱を続けてきた府県財政には一定の基準が与えられ、統一性が確保される事になった。さらに従来府知事県令の専断に任せられてきた府県財政に予算編成の義務を課し、府県会の予算審議権を明記した事は大きな変化であった。地方税予算に関しては自治の第一歩が印せられたといってよい。

(1)　明治一一年一二月四日内務省達乙八一号「本年第三二号公達中左ノ条項処分方心得ノ為メ相達候事
一、郡長職制中第六項ニ郡長、町村戸長ヲ監督ス云々、郡長ハ行政事務委任ノ権内ニ付テハ戸長ニ命令スルノ権利アリト心得可シ。

(2)　「各府県関係書類」(国会図書館憲政資料室所蔵「伊藤博文文書」所収)に住民がもっとも憎み嫌うのは警察と郡長であり、この費用はたいてい府県会で否決され内務卿に具状されるとある。

(3)　「府県郡区長地位ノ儀是マデ判任ニ候処、方今府県各地ノ情勢昔日ト異リ、其事務日ニ繁ク其任益重ク人民ニ直接シ県下一面ノ重寄ニ当リ、所管百般ノ事務ヲ処理候職掌ニテ他ノ属官同様判任官ニテハ政民施政上其地位ノ軽キヲ覚ヘ……名邑都会ノ郡区長ニシテ其人物ノ履歴ニ於テモ奏任ニ上スベキモノハ府知事県令ヲシテ具状セシメ内務卿ハ之ヲ勘考シ然ル後ニ上奏可致、郡区長ナルモノハ奏任ニ昇進スベキノ地位ナルコトヲ示シ」(「府県官職制中改正説明」、「井上毅文書」所収)。

(4)　この改正が審議された過程で、地方長官から郡長の給与を国庫支弁とする要望が強く出された。郡長給与の地方税支弁は、人民の雇傭人視、あるいは郡長の府県会の鼻息をうかがう卑屈さを招き、さらには郡長公選論の論拠となるなど弊害が多いという主張であったが、これについては改正が見送られている(「郡区吏員給料および府県会ノ議」、前掲「井上毅文書」および「大森文書」所収)。

(5)　山中永之佑『近代日本の地方制度と名望家』(一九九〇年、弘文堂)所収の「郡長制の成立と機能」参照。なお、新潟県の例で言えば、地租改正が比較的順調に行われた西半部には名望家郡長、厳しい紛争を生じた東半部には官僚郡長が任命されている(『新潟県史』通史編、近代一)。

(6)　「恒産無キノ人ハ亦恒心アルコト難シ、其世安ヲ図リ公益ヲ務ムル者往々資力アルノ人ニ於テ之ヲ得」(明治一一年四月、明治史料研究連絡会編『地方官会議傍聴録』(上)三九頁政府委員説明)。なお、一〇円以上の納付者は奥羽では二町以上所有者

（前掲書四九頁、山口県令関口隆吉発言）、他の地方ではほぼ一町五反位の所有者（前掲書四七頁茨城県権令野村維章発言）であり「十円以上ヲ納ムルハ上等ノ身代ニテ一村ニツキ少クハ六、七分ノ一、多キモ四分ノ一ニ当ルベシ」（関口隆吉発言）といわれている。長野県の場合は選挙権者は総人口の四％、被選挙権者は一・七％である（長野県会議員選挙者、明治一五年一二月三一日調、「井上毅文書」）。

（7）石井良助監修『府県概則』第四巻（一九八七年、青史社）参照。

（8）一年の決算を公表する事を義務づけた例としては、他にも浜松県（明治六年三月「民費掲示之令」）、山梨県（明治六年九月「民費課出方法」）がある（前掲『府県概則』参照）。

（9）以上の記述は藤田武夫前掲書六六―六八頁参照。

（10）井上毅「地方税意見」（前掲『井上毅伝』五巻、四九〇頁）にはつぎのような記述がある。「同一ノ菓子屋ニシテ金五円ヲ収ムルアリ（栃木県）、或ハ五十銭ヲ収ムルニ至ルアリ、一戸各種ノ商業ヲ営ミ、毎種、税ヲ収ムルニ至ルアリ、諸営業売上高ノ見積リニ准シテ税ノ多少ヲ上下スルアリ……各地ノ処分ニ任シ絶ヘテ一定ノ規矩アル事ナシ、是レ今ノ府県税ノ情況ナリ」。

（11）明治九年「民費意見案」「地方政治意見案」、明治一〇年「民費賦課意見」、明治一一年「民費意見案」、明治一〇年五月「民費賦課法ノ儀ニ付上申」前掲『井上毅伝』史料篇一所収。

（12）地方公費賦課法については、藤田武夫「明治最初の地方税法案とその財政史的意義」（『都市問題』二二巻一号）および亀卦川浩『明治地方自治制度の成立過程』（一九五五年、東京市政調査会）四六―四七頁参照。

（13）大島太郎『日本地方行政財政史序説』（一九六八年、未来社）三五頁。

二　郡区町村編制法と町村

1　町村の区域と組織

「第一条、地方ヲ劃シテ府県ノ下郡区町村トス、第二条、郡町村ノ区域名称ハ総テ旧ニ依ル」とあるように、この法によって従来の大区小区制は廃止され、郡・町村が府県のもとの行政区画として認められることとなった。短期間に急激に展開された政府の近代化政策の苛酷さと大区小区制の官僚的統治が、民衆の激しい抵抗を招いたとの認識に達した政府は、体制安定策として、住民の地方政治への参加を部分的に許し、伝統的町村を重視する方向に統治路線を転換したのである。

「地方体制三大新法理由書」は前述のように、「抑地方ノ区画ノ如キハ、如何ナル美法良制モ固有ノ習慣ニ依ラズシテ新規ノ事ヲ起ストキハ……其形美ナルモ其実適セズ、宜シク我古来ノ慣習ト方今人智ノ程度トヲ斟酌シテ適実ノ制ヲ設クベキナリ」(『自治民政資料』一四〇頁)と述べていた。明治初期における滔々たる文明開化の風潮は、封建的、身分的な既成概念の打破に大きな貢献をする一方、国をあげての西欧文明志向をうんだ。この促成的な西欧化は、伝統や土着文化を遅れたもの、価値のないものとして切り捨てる姿勢をともなっていた。しかし、土着からの根強い抵抗は、施政者に、土着の風俗・習慣に依拠しなくては国家の基礎も危うくなることをいやおうなしに悟らせたのである。

共同体の尊重に基づいて町村の区域名称はすべて旧による事が命ぜられ、原則として町村合併は禁じられた(郡区町村編制法二条および明治一三年四月八日太政官布告一四号、郡区町村編制法追加)。ただし、郡および区については、郡の区域が広過ぎて施政に不便なものは分割が認められ、あるいは資力が乏しく将来の負担に耐えぬと査定された郡は、合併措置(人情風俗に大差のない地域)がとられたり、連合して一役所を置く措置(人情風俗が異なり合併しえない地域)が講じられた(1)。

町村の承認と同時に大区小区制下の官僚的支配様式は否定され、町村の長である戸長は民選となり、同時に町村住民の町村行政への参加を意味する区町村会の設置が行われた。戸長は原則的に各村に一名ずつ置くこととされた。ただし弱小村の場合は、二、三の村を組合わせて戸長管区とする場合もあった。例えば新潟県では、明治一二(一八七九)年一〇月六日の布達で、具体的な戸長の配置を決定しているが、過半数は二、三カ村の組み合わせとなっている。

戸長の選任は、公選ののち府知事県令から任命されるという形がとられた(明治一一年八月内務省達乙五四号)。住民が生活の場で日常的に接触する人を、住民の意思で選ぶという形をとることにより、村に課せられた国家行政事務の執行者たる戸長に親近感をもたせ、ひいては国家そのものに親近感をもたせることが目指されたのである。戸長の選挙は、各府県まちまちの公選規則で行われたが、記名投票と薄給というかなり共通した二条件から推察すれば、村の有力者が戸長となる可能性が高かったと思われる。戸長公選は有力者の権威を行政に利用するもの、すなわち、共同体の有力者層を媒介とする間接支配様式への転換でもあったのである。

戸長の性格は「行政事務ニ従事スルト其町村ノ理事者タルト二様ノ性質ノ者」(三新法施行順序)と規定された。大区小区制時代の区長・戸長が行政吏にすぎなかったのに比べると、これは大きな変化であったが、実際上、戸長は執務時間の大半を行政吏の職務に振り向けなければならなかった。戸長は県令・郡長の命令と監督を受け、規則に従って、布告布達の徹底、徴税・徴税関係事務の処理、戸籍調査、地券台帳整備、就学勧誘をはじめとする多種多様な国家行政事務の処理に当たらなければならなかった。戸長の第一の役目は、政府の末端役人として国家政策を実施することだったのである。この面における戸長は、府知事県令―郡長の官僚的ルートの統轄下に位置づけられ、その役割を忠実に実行するよう厳しい監督を受け、その過失にたいしては官吏懲戒令が適用された(明治一一年一二月内務省達乙八〇号)。また明治一三年七月布告の治罪法においては、警部のいない地の戸長は検事補佐として指揮を受け犯罪を捜査する司法警察官としての義務を課せられた。戸長の給料を府知事県令が適宜定め地方税をもって支弁するとしたのも、[2]行政吏として定着させるためであった。

右に述べた戸長の行政吏としての性格は、共同体が近代国家の統治下にはめ込まれたことを示す指標のひとつであった。近世の村では、年貢・賦役をはじめとする一切の賦課や事務がすべて村単位に賦課され、村は連帯責任でこれを果した。村内で貢租の不納や未進者が出たり無主地が生じると、村人は持高に応じてこれらの地の貢租を負担した。しかし維新以後は、平準化された国民を国が直接つかむという原理に基づいて、この体制は否定され、徴税、戸籍、徴兵などに関して個人を直接把握し、個人に義務として課する仕組みが作られた。この変化にともなって、従来の村役人の性格——村総代として領主に責任を負う——は崩れ、戸長は一面において国家政策の執行者たる行政吏として官僚機構内に位置付けられたのである。公選・住民参加という面を除けば、これは大区小区制の原理の継続であった。生活圏たる村が地方制度の底辺に定置されたとはいっても、この点では幕藩体制下とははっきり区別される。

「町村ノ理事者」としての戸長は、町村の公共事務に関しては自由な権限を与えられた。郡長の命令もこの「町村限リ道路橋梁用悪水ノ修繕、掃除等凡ソ協議費(＝町村費—筆者注)ヲ以テ支弁スル事件ヲ幹理スル」(「府県官職制」中戸長職務ノ概目)については及ばず、戸長および町村会の自由に委ねられたのである。町村の公共事業とされたのは、町村の請願、神仏祭典に関すること、勧業、水利、衛生などであり、これらについては戸長が町村という公共団体の理事機関として自治的に処理することが許された。町村の自治の許容とはこの面を指している。

では、実際に戸長に課せられた行政吏としての職務とはどのような内容を持ち、またその職務遂行はどのような方法で行われたかを新潟県を例にとって検証しよう。まず、国家行政事務の中で重視された布告、布達の徹底方法について記そう。布告・布達は、県庁・郡役所から郡下の数カ村を組み合わせた回達組合内の郵便局に郵送され、そこから総代戸長役場に配達後、「小走」の手で順次戸長役場へ回送された。布告・布達を入手した戸長は、毎月少なくとも二回以上、戸長役場または学校など便宜の場所へ住民を呼び集めてこれを読み聞かせ、分かりやすい説明をしなければならなかった。さらに布告布達は各戸へ順次回覧され、周知が図られたのである。地域によっては小字単位で報知会が開かれ、部落総代や村会議員が中心となっての会読も行われている(『津南町史』史料編下巻参照)。なお、明治一九年の官報公刊以後は、県庁からの配布に代わって、官報購読が各戸長役場の義務となる(3)。

徴税・徴兵事務に関しても煩雑な作業が課せられた。徴税についていえば、国税・地方税徴収原簿の作成(毎期)、県税地価割・戸数割の賦課額算定、諸税の督促・徴収・納入、領収書交付、備荒儲蓄金の督促・徴収などであり、徴兵については、徴兵適齢者調査、徴兵下調期の本人への通知、徴兵適齢届書の回収、郡役所への届出、出稼ぎ・他出者への帰村命令送付、本検査期日通知、本検査場への引率、入営通知と旅費支給、予備後備の点呼通知、兵役延期・免役願書提出、入営中の身上異動報告、国民軍適齢者届などである。

戸長はこのほか、教育・衛生・勧業・戸籍行政をはじめ、各官省ごとに行われる多様な調査の実施と結果報告、種々の願・伺の審査と奥書調印など、複雑な業務に追いまくられた。例えば、戸長が定期的に郡役所に提出しなければならない調査書をあげてみると、戸長以下給料及職務取扱費勘定帳、協議費経費勘定帳、地価・反別・戸数・人員調、農産物収量報告、商業等取調書、家畜調、種痘統計表、物産調、土木関係民費修築費、勧業通信調査、戸籍異動届、伝染病・地方病調査、宗教関係調査など多岐にわたっている。現存の戸長役場文書には、郡役所と戸長役場間の頻繁な文書の往復状況を示す綴りが残されているが、郡役所からは、県布告・布達の下付、行政遂行指令、税金徴収命令、事務遂行上の注意、遅延の督促などが戸長役場宛に出され、戸長役場からは、各種の願・伺・報告・調査などが出されていたのである。

この連絡に際して、郡役所と戸長役場を結ぶ連絡組織となったのが、新潟県の場合は前述の回達組合(あるいは組)であった。南蒲原郡の例を見ると、回達組合は最初郡役所の施政上の便利を図るために作られ、次いで他の目的のためにも利用されることになった。たとえば、期限ある調査や税金収納がとかく緩慢に流れて期日が守られない傾向に対処するために、組合内の戸長から一名の総代戸長を選ばせ、調査書類や税金の取り纏め、郡役所の命令・注意の各村への伝達を行わせた(4)。また総代戸長の役場に各戸長が定期的に集まり、郡長から指令の趣旨説明をうけ、行政事務に関する質疑応答を行う慣例が成立していた地域、あるいは、回達組合(または組)を単位に衛生委員、学務委員、農談会委員などが選出された地域もあった(『村松町史』下巻、『山古志村史』史料編二)。大区小区制期に小区の下に作られていた組合(村々のまとまり)が、三新法期にも行政遂行の補助組織となって存続していたことは、これらの事例を通じて知ることができる。そしておそらく、これらの郡役所の行政補助組織は、村を超えた地域の団結を高める効果をもったであろうし、その地域の有力者たちの連携を作り出す契機にもなり、さらにのちの自由民権活動の基盤にもなったと推察される。

右の例のように、新潟県では、三新法期の行政は郡長—総代戸長—戸長の系列をたどって実施された。そしてこの系列以外にも、地域に実在するさまざまな組織が行政補助のために公認され利用された。古志郡では、明治一三年一月七日「重立ニ関スル郡達」を出し、諸税の徴収、諸調査の実施、土木工事の査定など、戸長だけでは処理し切れない事務については、戸長を助ける役職として重立を設けることを許している。「町村惣代ノ名称消滅ス、然ルニ諸税査収ヨリ道路橋梁用悪水路ノ修補、人夫差配ニ至ル、一戸長ノ能ク為シ得ヘキモノニ非サルヘシ、因テ最モ多ク不動産所有ノ者、町村ノ大ナル五名、小ナル弐名以上ヲ挙ケ該町村限リノ事務ヲ調理ノタメ重立ノ名称ヲ設クル儀勝手タルベシ」とあるように、重立には町村内の大土地所有者が選ばれ、戸長の補助業務を担った(『栃尾市史』中巻九七頁)。戸長の機能は、組を基盤とした総代戸長、部落を基盤とした重立・部落総代という上下それぞれの段階的な役職の補助をうけることによって実際に成り立っていたのである。

2　町村会の開設

区町村会は明治一一(一八七八)年の三新法施行順序によって開設が許可され、明治一三年の区町村会法によってその規則の大綱が規定された。戸長の理事機関化とこの町村会の開設によって、町村は始めて制度的に公共団体として発足することとなった。町村会の決議事項は、町村税の賦課徴収方法、町村費で行う村の公共事業の一切、共有財産に関する事、公借、予算・決算の作成、県税戸数割税の割り当て（府県庁から町村に割り当てた戸数割税の各戸出金乗率の決定）などであった。

町村会議員について、区町村会法はその被選挙・選挙資格を規定せず、これを府知事県令に委ねたのであるが、各府県の法令を見ると、一般に数種の欠格条件を除き、本籍・居住・不動産所有・一定年齢・男子をその要件としていた。選出は記名投票、議員は無給で弁当料が支給されただけであった。つまり村の有力者を行政に参加させる仕組みであったといってよい。なお、区町村会法は、組織や選挙についても細かい規定をせず、府知事県令の裁量に委ねたが、区町村会に対する官僚的拘束だけは明記されていた。

三新法施行とともに新しく作られた郡役所と郡長は、日常的に町村にたいし監視の目を光らせた。民権運動高揚の恐れがある地域には、とくに官僚出身郡長が配置され、抑圧の第一線機能を担った。郡長は町村会が法に背くときはこれを中止し、議決を不適当とするときは施行中止を命ずる権限を持っていた。また村会で作られる町村条例・予算案・決算案・その他の議決事項は、戸長の手で郡役所に届けられ、不適当とされた場合は朱筆で修正・削除・加筆を受けるという郡長の審査を経たうえで許可を受け、始めて決定のはこびとなった。町村会は町村の公的機関としての地位を確認されると同時に、官僚的行政機構の厳しい監視下におかれたのである。

（補論）

明治一三年に定められた「区町村会法」は、他の法案と同じように地方官会議、元老院会議で修正を受けたのち成立した法律であった。最初地方官会議の段階で示された法案は、布告された法令とはかなり性格が異なっており、町村寄合の存続を許す条文が含まれていた。大きな違いのある条文を部分的に左に引用する。

第一条　区町村会ハ寄合相談ノ如キ従来ノ慣行ニ従フトモ又ハ新タニ其規則ヲ設クルトモ其区町村ノ便宜ニ任ス、其規則ヲ設ケタルモノハ府知事県令之ヲ裁定ス。

第七条　水利土功ノ為メニ其関係アル人民若クハ町村ノ集会ヲ要スルトキハ総代寄合ノ如キ従来ノ慣行ニ従フトモ又ハ新タニ規則ヲ設クルトモ其人民若クハ町村ノ便宜ニ任ス其規則ヲ設クルモノハ府知事県令之ヲ裁定ス。

寄合を議会に代替させる事も可能にしたこの法案作成の理由について、政府委員今村和郎は次のような趣旨を述べている。郡区町村編制法によって町村会の設置が許されて以後、各府県は堺県を除いて一斉に町村会規則を制定したが、その内容は多種多様で、一も同じものはない状況である。これは「町村会ノ決シテ画一ノ法ヲ以テ定ムヘカラサルモ亦見ルヘシ、且第一条ノ精神ハ僻地ニ於テ規則ノ行フ可ラサルモノ多キヲ以テ従前ノ寄合相談ヲ許スニ過キス　即チ寄合相談ヲナスモ差支無シト云フニ止ル事ニテ決シテ既ニ行ハレタル規則ヲ廃セヨト云ニアラス」(明治一三年二月、内閣文庫所蔵『地方官会議筆記』三三八頁)。このように寄合に町村会の代替機能を認めたのは、この時期の制度形成に深くかかわった井上毅の意見を反映するものでもあった。

井上は明治一一年の「町村会意見案」(前掲『井上毅伝』史料篇一、一六五頁)のなかで、一、二の都市を除いて議会や議事について良く理解できない町村がほとんどという現在の段階では、町村会は一種の郷約に類するような簡単な規則を設ける方がむしろ現状に適していると述べたのち、さらに「又従前慣行シキタリシ所ノ村寄合ノ類ヲ存シ其取締ヲ行フ等適宜斟酌緊要」と記していた。

この案をめぐって会議は賛成、反対の議論が激しく飛びかった。反対論者には、町村の従来の慣行や寄合に否定的な判断を持つものが多く、種々弊習の多い旧慣を改めるには規則を設定して基準を示す必要があると主張した。そして従来の慣行のまま放置すれば、維新以後の改革成果も水泡に帰し、一般の制度は退歩に赴くであろうと述べた。「町村ノ事は十ニ七八ハ弊害アリ、昨年規則ヲ設立セシヨリ稍ヤ其弊ヲ除クヲ得タルニ、今又寄合相談ヲ許シテ其議事ノ権限ヲモ定メサルハ何事ヲ議スルノ目的モ立サラントス」(山田英典発言、前掲書三一六頁)、「此法タル封建時代ニ於テハ可ナリト雖モ今日ニ在リテハ如此不規則ノ事ニテハ其用ヲ為ササルニ近ク」（岩村高俊発言、同頁）などである。また「旧慣ヲ存スルハ理論ニ於テ可ナル如キモ町村ノ事ハ実際如此キモノニ非ス、本員ハ奥羽北陸東海等ノ実況ヲ熟知セリ、然ルニ関東ハ勿論随処ニ寄合ノ弊風甚キモノニシテ之カ為メニ村内ノ弱者ハ往々強者ノ為メニ圧抑ヲ蒙レリ」（関口隆吉発言、三二一頁）と寄合に強者が弱者を圧服する傾向を認めその存続に反対する意見もあった。反対の趣旨の発言をしたのは、関口隆吉、大迫貞清、三島通庸、安場保和、槇村正直、山吉盛典、山田英典、岩村高俊らであった。

これにたいして、賛成者の主張は、町村の規則はその実況に対応したものでなければ効果を持たぬ。寒村僻地では決して行われざるような立派な規則を施行しても甚だしき不便を生ずるだけであろうというにあった。賛成者は、松田道之、平山靖彦、森醇、熊野九郎、斯波有造、渡辺千秋らであった。その中の渡辺は、「本員ハ農民ノ中ニ生レ山野ノ間ニ長シタル者ナレハ民情ヲ熟知スルニ於テ敢テ人ニ譲ラス」と述べたのちに、「本員任所ノ鹿児島県ノ如キハ士族ヲ除キ田野ノ農民ニシテ文字ヲ知ルモノハ百人中僅カニ三五人ノミ、其村落ノ相談ニ至テハ農夫鎌ヲ腰ニシ鍬ヲ肩ニシテ或ハ寺院ノ縁側ニ踞シ、或ハ戸長ノ庭隅ニ立チ、俗談平話事自カラ弁シ、議自カラ熟スルハ其便ナル又言フ可ラス、豈規則ヲ設ケテ之ヲ緊束スルヲ要センヤ、啻其要ナキノミナラス実ニ不便ヲ生セントス」（三六八頁）と村の生活に溶け込んだ寄合が立派に村の議会の役割を果たしていると述べた。しかしこれらの擁護論は、会議の多数を納得せしむるに至らなかった。開化とは近代的な議会制度を作ることであり、旧来の弊習を打破することであるという論理が多数を占め、条文のうち、寄合を認める部分は削除訂正を受ける事となったのである。井上毅起草の草案にあった「町村の『自然』尊重の姿勢」[(5)]は、画一的規則施行によって町村の「開化」を図ろうとする多数派の前に後退せざるを得なかった。

最後に連合町村会について触れよう。区町村会法は第三条に「数区町村聯合会ヲ開クトキハ其地方ノ便宜ニ従ヒ規則ヲ設ケ府知事県令ノ裁定ヲ受クヘシ」と記していた。この条文をもとに、各地域でさまざまな地縁的結合を基礎に、多くの連合町村会が作られた。新潟県では、前述の総代戸長を中心とした組に、その管区の運営費・行政費・事業費を審議するための連合町村会が作られた。さらに、堤防・学校・病院などを共同で維持し運営するための会議や、郡内の公共事業を審議するため、郡下のすべての町村代表で構成された大連合町村会(実質的には郡会)も発足している。これらの会議の設置は、県庁や郡役所の力のみで上から行われたのではなく、住民の発意と要求がそれを推進した点にこの時期の特徴があった。民権運動の発展時期を迎えて、政府の町村会構想を超えた規模の政治参加と自治の新しい形態が作られていったのである。

一例として北魚沼郡の桜井長左右の活動をあげよう。桜井は三新法公布を見て、ただちに村会設立を企て、明治一二年二月に近郷の戸長・重立を説いて村会設立を行わしめた。さらに近郷の村会議員に宛てて「町村聯合会開設懇望案」を送り、その中で「人民モ又タ、国家利益ノ義務ヲ尽ササル可カラス、其義務タルヤ他ナシ、自治独立ノ権ヲ保シ、村民ノ利害得失ヲ量リ、村会ヲ起シ進ンテ聯合会、県会ニ及ヒ、今ヤ其進取党ハ、既ニ国会開設ノ美挙ヲアゲルニ至ル」と述べ、村を起点として郡政・県政・国政にまで及ぶ人民の政治参加と自治の実現を強く訴えたのである。(6)そしてこれらの動きを背景に、中魚沼郡では、明治一三年一一月郡連合会議が開設されて全郡に関する事項が協議されるに至った。その後一四年七月に開かれた第三回会議において、議員金沢直好は次のような発言をしている。

自由ノ説、民権ノ論、尊鄙ニ溢シテ府県会アリ、連合会アリ、町村会アリ、嗚呼、政道ニ於テ善美ヲ尽セリト云ハンヤ、此故ニ当時政談会アリ、当ニ国ヲ起スニ至ラントスルノ勢アリ、而シテ当会ハ即チ一会ナリト雖モ、亦タ六万三千有余人ノ代議士ニシテ人民ノ危ヲ議定スルモノ(『津南町史』資料編下巻、八九頁)。

自由民権論、国会開設運動高揚との関連で、町村会、連合会の設置が位置付けられているのを示す発言であり、さらにこれら会議での活動を通じて、各段階での政治参加を実現し政治を変えようという発想が生まれていたのである。

新潟県の他の郡の状況を記せば、南蒲原郡でも明治一三年三月、郡下の全戸長を召集して開かれた戸長諮問会が、翌年四月には南蒲原郡町村連合会へと発展し、郡内の教育・衛生・勧業などを定期的に論議する場となった。西蒲原郡でも、明治一四年三月一六日第一回町村連合会が開かれ、四二カ村の代表が集まっている。その際郡長は、「本会ノ要タル一郡経費ヲ議スルノ創始ニシテ、郡民休戚ノ係ル所、事業消長ノ関スル所重且ツ大ナリ」と祝辞を述べ、連合会が実質的に郡会的機能を持つことを認めていた。この連合会では、山際七司が土地を持たないものでも、戸数割を納めていれば納税者であるから、選挙・被選挙権を与えるべしとの提案を行っていたのが注目される。これは結局一八対六で否決されたが(巻町、笛木家文書)、これをめぐる討論を通じて、当時の連合会の活発な雰囲気をうかがい知る事ができる。この時期の自由民権思想の浸透は、地域的活動の場にも政治への積極的参加意欲を生み出す効果をもたらしたのである。

町村会の開設は単に町村の公共事件や経費の支出・徴収方法を議すという範囲にとどまらなかった。法文上の語句を利用して積極的に新しい政治参加の場を作り出し、地域の政治や行政に発言する風潮を作り出していったのである。

3　町村の財政――協議費財政

府県費の税について定めた地方税規則は、町村費について第三条の末項で「各町村限リ区限ノ入費ハ其ノ区内町村内人民ノ協議ニ任セ地方税ヲ以テ支弁スルノ限ニアラズ」と述べ、「三新法施行順序達」には「人民協議ノ費用ハ地価割・戸数割又ハ小間割・間口割、歩合金等其他慣習ノ旧法ヲ用ユルコト勝手タルベシ」と記していた。区町村の財政運営に関しては、その協議的自治的性格を公認し、原則としてこれに不干渉の態度を明らかにしたのである。この時期から明治一七(一八八四)年までの町村費は協議費と呼ばれ、税金の種類・賦課法・支出方法などは町村会の協議に任された。したがって各町村は、それぞれの伝統と慣習を踏まえて独自の財政運営を行った。「地方税規則」によって財政運営の基本が定められ、その規制下に置かれていた府県財政とは大きな違いがあった。

では、当時の町村財政がどのような状況に置かれていたかを具体的に知るために、新潟県を例にとって考えてみよう。新潟県統計書によれば、第一に収入では地価割税が主体をなし、戸数割税はその約三分の一程度に抑えられている(第1表参照)。この状態は、明治一九年以後、政府の規制で地価割税が地租七分の一以下に抑えられ、町村財政が戸数割主体へと逆転する時期まで続いた。

では、地価割・戸数割とはどのような税金であったか。地価割とは所有地の地価額に比例して取り立てる税金であり、戸数割とは戸にかける税金である。新潟の例で言えば、戸数割には現在戸割・平均割などの呼び方があるが、現

第1表　新潟県協議費の収入割合(決算)

	明治13年度	明治14年度	明治15年度
地価割	50.91%	46.45%	32.96%
戸数割	17.68	15.60	11.94
共有金利子	6.35	5.98	3.83
町村共有地収入	0.67	0.65	0.27
雑収入	0.29	1.28	0.59
寄付金	0.62	0.55	0.40
共有物払下代金	0.53	0.47	0.03
学校ソノ他新築ニツキ借入金	1.21		0.001
人口割	0.04	0.03	0.05
地券筆数割			0.001
段別割	0.55	0.17	0.21
補助	0.24	0.04	0.13
現石割	1.11	0.32	0.26
有志拠金	0.05	0.04	0.04
前年度出入差引残金	19.76	28.41	49.29

(『新潟県史』通史編6近代1，630頁より引用)

第2表　新潟県戸数割税等級表(明治12年)

等級	所持地価 地価未定ノ地ハ現石	乗率	比例
上等上級	4,000円以上30石以上	10個	平均戸2戸ニ当ル
上等中級	2,500円以上20石以上	8個	同1戸6分ニ当ル
上等下級	1,000円以上10石以上	6個5	同1戸3分ニ当ル
中等上級	600円以上　5石以上	5個	平均戸
中等中級	350円以上　3石以上	4個	同8分ニ当ル
中等下級	130円以上　1石以上	3個	同6分ニ当ル
下等上級	65円以上　5斗以上	2個	同4分ニ当ル
下等中級	15円以上　1斗以上	1個5	同3分ニ当ル
下等下級	15円未満所持地ナキ者 1斗未満所持地ナキ者	1個	同2分ニ当ル

(『栃尾市史』中巻，104頁より引用)

在戸割は現在居住している戸への均等割で、家を単位とした人頭税とも言うべき性格を持っている。平均戸割は、県税戸数割を基準とした賦課方法で、「各戸資産ノ等差ヲ大別シテ三等トシ、一等毎ニ上中下ノ三級ヲ立テ、而シテ中等ノ上級戸ヲ以テ等級ノ平均ヲ取リ乗率ヲ立ル」(明治一二年一二月二三日新潟県布達甲二四〇号「地価割戸数割税徴収規則」第九条)こととなっていた。現在戸割は所得と関係がなく均等にかけられる税で上に軽く下に重かったが、平均戸割もまた階層的に逆進性、つまり下層への重課傾向、富裕層への軽減傾向をもつ税であった(第2表参照)。町村税は地価割とこの平均戸割・現在戸割の組み合わせによって徴収されたのである。

　地価割と戸数割の組み合わせ方は、町村会の審議事項で、各町村で異なった方式が取られた。新潟県下では、前述のように、大多数の町村が地価割七分、戸数割三分の方式で協議費の大半を賄った。明治一九年以後と比較すれば、地価割主体という点で、所得への比例を配慮した徴税方法であるといえよう。ただ、防火費・神社費・祭典費など、村民の日常的地域生活に関係が深く土地所有高と関連が薄い費目は均等賦課された例が多い(第3表参照)。

　第二の特色として、賦課方法が費目ごとに別個に考えられた点が注目される。たとえば土木費には昔ながらの毎戸平等な労力提供が生き続けていたが、橋や道の利用頻度に差がある場合は、部落単位に労力割当の差がつけられた[7]。堤防費については、平常は用水関係の地主負担、堤防決壊の際は協議費より応分の救助を行うとされた例もある[8]。これらの細かな区別は、地域の伝統と慣習に則った運用方式であった。賦課方法が費目ごとに違っていたように、各費目の精算についても一種の独立採算制が作り上げられていた。剰余金は次年度の当該費目の繰越金となり、赤字も次年度の当該費目で精算される仕組みであった。

　第三の特色は、収入の第三位にある共有金利子である(第1表参照)。これは、小学校費に充てるために住民の寄付を積み立てた学校資本金の利子で、三新法期の小学校費は、この共有金利子を主体に、不足分を協議費、寄付金、補助金で賄うという原則が立てられていたのである。しかし、第4表に明らかなように、松方デフレ財政下の明治一四年、

第3表　北荷頃村明治15年度予算

（カッコは合計額に占める各事項の割合）

事　　　項	金　額（%）	徴　　収　　方　　法
	円銭	
村　会　費	31.35　(2.46)	地価7分，平均戸3分
古志郡連合費	13.602　(1.07)	地価7分，平均戸3分
西谷組連合費	46.35　(3.63)	地価7分，平均戸3分
病院補助費	6.00　(0.47)	地価5分，平均戸5分
戸長役場費	80.52　(6.31)	地価7分，平均戸3分
村重立費	71.72　(5.62)	地価7分，平均戸3分
学　校　費	721.19　(56.56)	⅘ハ地価7分平均戸3分，⅕ハ平均戸割
道　路　費	86.40　(6.78)	地価7分，現在戸3分
橋　梁　費	10.00　(0.78)	地価7分，現在戸3分
川除ケ費	70.30　(5.51)	地価7分，現在戸3分
鎮守社諸費	15.00　(1.18)	地価5分，現在戸5分
防　火　費	5.00　(0.39)	地価5分，現在戸5分
凶歉予備金	90.50　(7.10)	平均割
備荒儲蓄金	27.18　(2.13)	地価割
合　　　計	1,275.112	

（『栃尾市史』中巻，102頁より引用）

第4表　新潟県および古志郡公立小学校費の収入（決算）

（カッコは合計額に占める各事項の割合%）

事　　　項	明治13年	明治14年	明治15年	明治16年	古志郡 明治16年
	円	円	円	円	円
前年ヨリノ繰越	14,124.651 (4.93)	20,204.991 (6.40)	20,459.481 (4.57)	18,190.010 (3.30)	2,962.004 (5.63)
協議集金	80,888.075 (28.24)	127,324.561 (40.30)	204,509.735 (45.64)	254,228.934 (46.07)	14,344.924 (27.25)
寄　付　金	24,066.574 (8.40)	38,896.754 (12.31)	72,371.339 (16.15)	102,537.120 (18.58)	17,342.012 (32.95)
授　業　料	4,960.815 (1.73)	6,453.809 (2.04)	8,679.177 (1.94)	10,430.647 (1.89)	2,259.620 (4.29)
地　方　税	13,204.424 (4.61)	16,628.335 (5.26)	14,557.480 (3.25)	17,947.551 (3.25)	1,568.800 (2.98)
積金利子	86,228.181 (30.11)	94,713.180 (29.98)	120,139.735 (26.81)	134,123.903 (24.30)	5,928.117 (11.26)
文部省補助金	52,810.077 (18.44)				
雑　収　入	10,109.009 (3.53)	11,688.853 (3.70)	7,367.899 (1.64)	14,388.270 (2.61)	8,230.315 (15.64)
合　　　計	286,391.806	315,910.483	448,084.846	551,846.435	52,635.792

（『栃尾市史』中巻，101頁より引用）

第5表　新潟県協議費の支出割合(決算)

	明治13年	明治14年	明治15年
	%	%	%
土木に関する諸費	56.33	53.64	64.82
衛生費	5.72	7.17	5.43
教育費	18.21	21.57	15.48
戸長役場費	4.99	4.63	2.58
区町村会諸費	5.00	4.96	3.29
神社費	3.45	2.58	1.49
防火費	1.93	1.63	0.94
勧業費	0.11	0.49	3.68
共有物諸費	1.45	1.00	0.43
其他	2.81	2.33	1.86

(『新潟県史』通史編6近代1，632頁より引用)

文部省補助金が打ち切られて以後はこの原則が崩れて協議集金・寄付金を増加して不足分に充当する措置が取られ、住民負担強化につながった。

では次に、歳出を見てみよう(第5表参照)。歳出中、土木費・教育費の二つが全体の七〇—八〇%を占め、戸長役場費は僅かに四%内外にすぎない。戸長役場費は前述のように経費の大半を賄う額が地方税から支出されており、協議費からの支出分はその補給にすぎなかった。部落が散在しかつ積雪量の多い山村では、地方税からの支出額だけでは足りず、協議費で不足分を負担する場合が多かった。(9) 衛生費・勧業費の全体に占める割合も低く、この時期の財政は、教育・土木関係が過半を占めていたのである。

また町村財政には、郡連合費・組連合費という費目があるが、これは郡下全町村連合会・組連合町村会によって議決されたそれぞれの運営費と事業費の各村の分担金である。農談会・農事通信委員関係の勧業費・学校委員費、衛生費、小学校費などが組財政で支出された例が多い。郡規模の連合会では、中学校、病院などの設立と運営を行う財政が成立していた。

この時期の政府は、町村にたいしては、財政面でも地域独自の運営を許容する政策を取っていた。ここから各町村は、従来の伝統を踏まえた独自の財政運営を行ったのである。それは画一的というよりも多様であり、かつ伝統や慣習の影響が強い財政運営であった。

(1) 明治一三年五月布告「郡区町村編制法ニ依リ郡区設置」に関する内務省上申には、これらの郡区分合の例とその理由が語られている(太政類典四―一四)。

(2)　戸長の給料と職務取扱費は、大区小区制期と異なって地方税(県税)支弁となったが、すべての町村の戸長役場費が府県庁下付の費用のみで賄われたわけではない。各町村が協議費(町村費)で給料や職務関係費の補助を行うことは自由であった。戸長役場費の主体は地方税支弁であったが、地域によっては協議費で不足分を補給した例も見られた。新潟県の例でいえば、戸長給料は戸数によって増減された額(戸数八〇〇戸以上は四〇円、八〇〇戸未満五〇〇戸以上は三五円、五〇〇戸未満三〇〇戸以上は三〇円、三〇〇戸未満一〇〇戸以上は二五円、一〇〇戸未満は二〇円)が年俸として支給され、そのほかに旅費は実費が支給された。戸長役場吏員にたいしては、戸数三〇〇戸に一人の割合で筆生(年給一三円)、小使(年給一二円)の給料が支給され、また職務上取扱費として年額三円、他に一〇戸につき八五銭の割合で筆墨紙・郵便切手などの需要費が支給された。以上の諸費用は、九月、一二月、三月、六月の四回、三ヵ月分をまとめて郡役所から戸長役場に渡された。

(3)　『新潟県史』資料編、近代三、九五―九六頁。

(4)　『新潟県史』資料編、近代三、九七―九八頁。

(5)　坂井雄吉「明治地方制度とフランス――井上毅の立法意見を手がかりとして」九頁(日本政治学会編『近代日本政治における中央と地方』所収、一九八五年、岩波書店)。この論文で明らかにされているように、井上は町村以下の下部構造については、自然の自治体制を尊重する方針を持ち続けた。

(6)　滝沢繁「国会開設運動と小出郷」(『魚沼文化』二〇号)参照。

(7)　新潟県古志郡中村・木山沢村(現栃尾市)、北蒲原郡新発田本村は従来の慣習である毎戸労力提供で土木工事を行っていたが、利用頻度によって差等をつけていた。

(8)　前掲中村・木山沢村、『栃尾市史』中巻一〇三―一〇四頁。

(9)　古志郡北荷頃村では戸長役場費六・三%、戸長補助業務をになった重立たちに対し重立費五・六%を支出している。

三　明治一〇年代後半の諸改革

1　民権運動と松方デフレ財政

明治一〇年代の後半、地方関連法規には次々と改正措置が加えられた。数次にわたる府県会規則の改正、明治一七（一八八四）年の町村に関する大改正、府県庁機構の改正、府県区画の改正などである。これらの改革を促した主要な原因は、自由民権運動の発展と松方デフレ財政の進行にあった。三新法が実際に緒についた時期は、また自由民権の高揚期でもあったのである。

明治一二年一一月の第三回愛国社代表大会では、国会開設請願が決議され、以後運動は、豪農層を主要な担い手として全国的に拡大されていく。国会期成同盟の結成、国会開設上願書の提出、政党結成・憲法草案作成論議の発生という運動の発展を通じて、各地で「社」と名づけられる農民の結社が競って作られ、学習啓蒙活動・政治活動・産業改良活動への積極的取り組みを始めた。結社に集まった人々は啓蒙思想家の翻訳書の輪読会を催し、討論会を行った。あるいは、民権派の新聞をはじめとする各種の新聞雑誌の縦覧所を作り、無料で近隣の人々に閲覧させると共に、新聞雑誌の解説や輪読を行った地域もあった(1)。政治への自覚、社会改革への関心が地域へと広がり始めたのである。結社に集まったのは豪農層の子弟、教員が多く、文字に親しむ機会の少ない民衆はその圏外に置かれていた。しかし、結社が啓蒙のために催す演説会は、彼らをも引きつけ、演壇に立つ弁士たちの話を通じて新しい思想への目が開かれていったと思われる。

これらの活動は、村を基盤にしていたが、孤立したものではなく、他地域との交流が積極的に図られたのが特色であった。新しく設けられた府県会も、この地域的交流の機会を作り出した。さらにこの時期に各地で開設された連合町村会も数カ村あるいは郡単位の地域結合を作り出す場となった。民権思想をもつ議員のこれらの場での交流が、地域の活動を刺激し、活発化する契機となったのである。

地域交流はその府県内にとどまらなかった。すでに民会開設の気運の中で、各地の府県民会議員が連絡を取り合って団結し、国会開設を働きかけようとする動きがあらわれていた。府県会開設直後にも、府県会議員が団結して国会の早期開設を実現しようとする呼びかけが行われた。明治一二年七月、千葉県の桜井静が各府県の議員にあてて送った「国会開設懇請協議案」(2)がそれである。さらに翌年三月、大阪で開かれた愛国社の第四回大会で、国会開設請願運動の開始が具体的に決定されたのを契機に、全国の情勢は大きく進展する。運動の成功にむけて、遊説員が派遣され、各地で演説会が開かれた。県会議員層、結社の社員たちを中心に村では請願運動が繰り広げられた。運動を担ったのは、村の豪農層とその子弟、士族インテリ、教員、そして中農たちであったといわれる。(3)そしてこれらの運動の担い手たちは、府県会議員、戸長あるいは町村会議員として、地方政治を舞台に活動し、政府への批判を強めていくのである。

一方、明治一四年の政変で登場した松方正義大蔵卿の財政政策も、豪農層を含めた農村全体に大きな影響を及ぼした。明治一四年一〇月から同一八年末まで大蔵卿の座にあった松方正義は、紙幣整理と銀兌換制度の確立をめざす財政改革に取り組み、「松方デフレ」と呼ばれる深刻な不況をひきおこしたことで知られる。紙幣整理資金にあてる歳入剰余金を造出するために、一般経費の徹底した緊縮抑制、地方財政への負担転嫁ならびに増税(消費税強化と地方税増徴)などの政策がとられる一方、緊縮の掛け声とは逆に軍備拡張計画が開始されるという、民生無視の財政政策の強行であった。紙幣整理と軍備拡張のための増税は、明治一三年にくらべて同一六年には二五%増という過酷な税負担となって民衆の肩にふりかかった。さらに、米価と糸価が一四年から一七年までの間に約半値に落ち込むという物価下落が農民を叩きのめした。中貧農のみならず、上層農民までが土地喪失の危機にさらされ、地主＝高利貸への土地集中が進行したという点で、この時期は資本の原始的蓄積の強行期とも称されている。(4)

この激しい社会変動は、当然大きな社会不安を発生させ、各種の抵抗運動をうんだ。「困民党」「借金党」とよばれる負債の利子減免と元金の年賦償却を求める農民騒動が農村に広がり、税金納期の延期と減税を求める請願運動が自由民権家を中心に各地域に展開した。(5)また各地の府県会では、「府県長官幷郡区長公選之建議ハ一般ノ流行物ト相見候」(明治一五年六月九日、井上毅より伊藤博文宛書簡、『井上毅伝』史料篇四、六五頁)といわれるように、府知事県令と対決する地方自治拡大闘争や予算議定をめぐる闘争がくりひろげられ、政府の危機感をあおった。そして農民の抵抗運動は、群馬事件、秩父事件のような武装闘争をも生じさせるに至ったのである。

これらの状況下で、国家行政貫徹のために名望家の権威や共同体秩序を利用しようという三新法体制が効力を失ったのは当然であった。国家の統治構造の基底として定置された有力者支配様式の機能不全は、まさに政務の基礎を動揺させる緊急事態と受け止められた。三新法体制の再検討が重要な課題として浮上したのはまさしくこの故であった。

2　府県会への規制強化

国会開設請願運動が高揚し始めた明治一四(一八八一)年以後、府県会に対する官僚的統制を強める諸改革が次々に打ち出された。まず同年二月の改正で、府知事県令が会議の論調を反体制的と認め会議を中止した場合の事後措置として「府県会ニ於テ若シ法律上議定スベキ議案ヲ議定セザルコトアルトキハ、府知事県令ハ更ニ其議定ヲ要セズ内務卿ニ具状シ其認可ヲ得テ之ヲ施行スルコトヲ得」(府県会規則三三条二項)と府知事県令に議案の単独施行権を与え、行政権の優位を確保する措置を講じた。同時に府知事県令と府県会との間で法律の見解・権限の争いがおこった場合の裁定権を政府に与える改正(第九条追加)も行なわれた。

当時府県会では、限られた議会権限を最大限に行使して、租税共議権、予算議定権、決算承認権の拡大強化をはかる闘争が続けられていた。特に、明治一三年六月の備荒儲蓄法の制定と一一月の太政官布告四八号（地租付加税の地租三分の一以内への増税枠拡大、監獄費などの地方税支弁費目への変更、府県土木費への国庫補助金廃止）を契機に、過重負担の軽減を要求する対決気運を強めていた。この軋轢の激化を太政官内に設置した調停機関＝審理局に裁断させ、府県会・地方長官両者に裁断への必従義務を負わせたのである。つまり、府県会の諸要求・諸闘争を調停の形で合法的に決着＝弾圧することを可能にする道を作ろうとするものであった。「大森文書」四五の「府県会規則追加案」は、この審理局の機能について次のように述べている。

本年六月備荒儲蓄法ノ令、又四八、四九号ノ公布アリテ地方ノ負担復夕稍重キヲ加ヘタルヨリ、府県会ノ状況平穏ナラズシテ地方官其処分ニ苦シムモノアリ、此勢ヲ以テ推ストキハ、来一四年三月ノ通常府県会ニ至テハ又一層ノ困難ヲ起シ或ハ殆ンド収拾ス可カラザルニ至ランモ難計ク深ク憂慮スベキモノアリ、其異議ヲ起シ争論ヲ発スノ原因ヲ考フルニ、蓋シ唯夕事ニ比シ口実ヲ求メテ徒ラニ地方行政官ニ抗議セントスルニ在リ、故ニ今之ヲ防カント欲シテ尚地方官若クハ内務卿ノ指揮ヲ以テ処分ヲ施サントスルトキハ、却テ彼レカ口実ヲ授クルニ過ギズシテ遂ニ其効ヲ奏スル事ナカラン、故ニ今ノ時ニ於テ之ヲ制御スル具ハ法律ノ力ニ頼ルノ他又他ニ求ムベキ者ナシ、行政官ノ処分ヲ以テ能ク制シ得ル所ニ非ルナリ……爾今法律ノ執行ニ際シ地方官ト府県会トノ間ニ異議ヲ生ジ、地方官ノ指揮ニ服セザルノ議会アラバ、之ヲ太政官ニ上告セシメ、太政官ハ臨時ニ一局ヲ開キ立法主管ノ官ヲ集メテ其費ニ充テ其審理判定ヲ委任スベシ。

以後、府県会紛争で審理局（一〇月二八日以降は参事院）裁定に委ねたもののほとんどが、行政側に有利な裁定結果に終った例が示す（公文類聚七―三、八―四参照）ように、この調停機関の設置は府県官僚機構の権限確保の大きな武器となった。

明治一五年二月の改正は府県会の建議の制限の明示(七条)と国事犯の被選挙資格剝奪の範囲拡大(一三条、なお国事犯の資格剝奪は明治一二年四月の改正で行なわれた)である。前者は一府県の利害をこえて国の政策変更を要求する建議の頻発(たとえば府知事県令・郡長の公選建議)に対する対応であり、後者は民権運動家の府県会締め出しをはかった措置であった。

さらに一二月二八日の改正で官僚統制は一層強められる。府県会の会期(三〇日)内に議案を議決し終らないときは、内務卿に具状し認可を得て府知事県令がこれを施行しうることとされた。次の開会までの期間は府知事県令が一方的に地方税の経費予算および徴収方法をさだめて内務卿の許可を得て施行しうるという改正である。この布告の理由書には「府県会設立以来或ル地方ノ府県会ハ時世ノ風潮ニ変動セラレ有心結合シテ力メテ府県官ニ対抗シテ公然譏毀シテ以テ長吏ヲ廃置センコトヲ企ツル者アリ、全案ヲ否決シテ以テ行政ノ機関ヲ破壊セントスル者アリ、其治安ヲ妨害シ人民ヲ蠱惑スルコト実ニ少小ナリトセズ」(「大森文書」)と当時の府県会の対立の激しさを述べ、この改正が府県会の地方長官への激しい闘争への対応として原案執行権の拡大を図るものであることを明らかにしている。すなわち、現在の法では、府知事県令に府県会の中止・解散権はあるものの、解散後九〇日後には再び議員を召集し、前議会の未議決の議案を再び議定せしめねばならぬ規定(一四年改正の三四条追加)となっている。そのため、中止もしくは解散はかえって議会の反抗に油を注ぎ「輾転報復シ地方行政ノ事務ヲ挙テ全ク為スベカラザルニ至テ而後ニ止マントス」という事態を招く。この逆効果を防ぐためには、府知事県令に府県会の議決を要せずして原案を執行しうる権限を付与する以外にないという主張であった。

また六条二項「出納決算ノ報告書ニ付府県会ヨリ説明ヲ求ムルトキハ府知事県令若クハ其代理人之ヲ説明スベシ」の追加は「往々議会ニ於テ説明文(六条一項―筆者註)ヲ奇貨トシ府知事県令ヲ陸続相求候向」(公文類聚六―二)といわれる府県議会の府知事県令出席要求と知事への対決戦術への対応であった。(8)

さらに同日太政官布告七〇号で「府県会議員会議ニ関スル事項ヲ以テ他ノ市県会議員ニ聯合集会シ又ハ往復通信スルコトヲ許サズ、其集会スル者何等ノ名義ヲ以テスルモ、府知事県令ニ於テ此禁令ヲ犯ス者ト認ムルトキハ直ニ解散ヲ命ズベシ、前項ノ場合ニ於テ解散ノ命ニ従ハザルモノハ集会条例第一三条ニ依テ処分ス」という単行法令が発布された。府県会相互の交流は、明治一二年六月千葉県桜井静が全国県会議員の親和連合と国会開設運動の連携的展開を呼び掛けた「国会開設懇請協議案」が全国各地の新聞に発表され、さらに全国各府県会議員に配布されたのに始まる。(9) その後一三年には、地方官会議を機として上京した府県会議員らによって国会開設をめざした一府九県の県議連合が作られて「国会開設建言」が提出され、以後自由民権運動の発展とともに府県会相互の交流が活発化していた。(10) 七〇号布告は、この自由民権運動の全国的な連携体制への抑圧に他ならない。

右の改正はいずれも、当時地方費の削減、住民負担の軽減、郡区長公選、地方自治権拡大などの要求を掲げて激化しつつあった府県議会闘争(11)への弾圧を策したもので、井上毅はその緊急性を次のように述べていた。「府県会ノ景況一意税入ヲ減少スルノミ傾向シ一事会議上ノ風習ヲナシ候、独リ現今地方事務ノ障害ノミナラズ、後日国会設立ノ時ニ伝染スル病疹ナルモ知ルベカラズト奉存候、此弊今ニ及ビテ予メ薬石ヲ施シ其方向ヲ一変セシメン事要急ノ至」(井上毅書簡、「伊藤家文書」四〇巻)。

府県会に対する改正提案は、法律改正となってあらわれたもの以外に、岩倉の府県会中止論を始めとし多数存在した。政府が改正原案を作りながら、元老院で否決されたものや、余りに抑圧的であるとして政府法律顧問ロエスレルの反対で陽の目をみることなく終ったものなどがある。これらはいずれも政府首脳の強い危機意識を背景としていたことは言うまでもない。(12)

3　府県庁の組織改革

この時期の府県庁の機構改革は、まず治安対策の強化から始められた。明治一四（一八八一）年一一月二六日太政官達第九九号「府県官職制増補」によって府県には警部長新設が命じられた。警部長は、大少書記官の下に位置付けられ、その職務はつぎの内容であった。「第一、警部長ハ事ヲ府知事県令ニ承ケ其府県警察上一切ノ事務ヲ調理ス、第二、警部長ハ国事警察ニ付テハ直ニ内務卿ノ命令ヲ奉ジ又ハ直ニ其事情ヲ具状スルコトアルベシ」。警部長は、府知事県令の下で府県警察に関連する業務を総括すると同時に、内務卿の直接指揮下に国事警察業務を担当する府県の責任者でもあったのである。むしろこの時点で比重が高かったのは後者であった。住民の政治的動向の調査は、それ以前から警察の重要業務とみなされていた。たとえば新潟県では、明治一二年四月二日に警察課にたいして「注意報」を出し、日常的に注意すべき事項を具体的に達していた。その注意概目は六四項目にも達していたが、その中にはつぎのような事項がトップに掲げられていた。

乗輿及皇族ニ関スル事、百官有司総テ官途ニ関スル事、新令ノ出ル毎ニ人民ノ感覚及布達限日外周知実施ノ現状、官民及町村争訟ノ原因及諸般ノ評説、政事上ニ付妄誕無稽ノ説ヲ主張シ及ヒ不平ヲ抱ク者等ノ挙動、官庁及郡区役所等ヘ百般ノ事件ヲ教唆ヨリ訴願セシムル者ノ挙、百般ノ事件ニ付苦情ヲ鳴ラシ官庁及郡区役所等ヘ訴願セントスル町村ノ原状《ママ》、政談講学会及諸集会ノ原因並景況。

そして特に国事犯に関する事項に付いて、「隠密神速ヲ要スル事件ハ筆記又ハ面陳スル等実際ノ便宜ニ任セ」と記し臨機応変の措置を要望していたのが特徴的である。警部長の新設は、この従来の方針をさらに徹底し効率化するための措置にほかならなかった。

前述のように明治一四年は自由民権運動の最高揚期であった。地方民権政社には、自由民権の立場から憲法草案を作成する動きが広がり、中央では自由党結成の準備もすすめられていた。他方、この時期には北海道開拓使官有物払下げをめぐる藩閥と政商の結託が暴露された事も重なり、反政府の世論はますます激しさを加えていた。政府は「明治一四年の政変」と呼ばれる反革命クーデターによって辛うじて当面の危機を切り抜けたものの、この危機を乗り越えうる体制整備を急がねばならなかった。警部長新設はまさにこれらの社会運動抑圧策の一つにほかならなかった。なお、荻野冨士夫『特高警察体制史』(一九八四年、せきた書房)によれば、政府は警部長設置後の翌年から彼らを召集して警察諮問会を開き、民権運動抑圧策を練ったという。第一回諮問会(一五年四月)では、集会条例による処分の各府県統一に関する問題や集会・演説会の取り締まり強化などが審議対象となり、翌一六年の第二回諮問会には国事探偵担任の警部の随行が内達されたという(同書三五頁)。

上記の社会運動抑圧機能の確保は、財政面にも如実な形で表われ、極度な歳出抑制を掲げる松方財政下でも国事警察費は増額を続けた。当時政府が民衆のさまざまな抵抗運動抑圧のために運動内部に密偵を潜入させ、挑発と情報収拾をほしいままにした事実については、井手孫六他編『自由民権機密探偵資料集』(三一書房)が詳しい。政府の展開する弾圧政策は、正確な情報を基礎にして始めて効果を表すものであるだけに、社会不安の激増は、必然的に密偵機能の重要性を高める。

これゆえに、政府は財政緊縮下にも警察費支出は惜しまなかった。その一例として内務省に対する明治一五年度の国事犯・臨時探偵用の二万円支出がある。内務省は、明治一五年度の国事犯および臨時探偵に関係する費用として三万円の交付を要求した。太政官は、これを通常経費予算内に繰り入れて提出した内務省の予算手続きを問題にし、通常経費定額中に編入する性格のものでないとして削除し、臨時歳出扱いに変更した。この措置に対し、内務省は、探偵費はその性質上、緊急に必要となる場合が多いとして、あらかじめ臨時探偵費の枠を設定し、太政官への具状・稟議を経ることなく、入用の都度、大蔵省から内務省へただちに交付する特別措置を講じてほしいと上申した。結局、内務省の臨時探偵費三万円の要求は、一万円の削除をうけ、二万円として認可され、大蔵省の臨時歳出雑支出中雑件の扱いで、内務省の自由使用が認められた。その他、首都東京を管轄する警視庁については、これとは別扱いの措置が取られ、一五年度分として探偵費一万三〇〇〇円の下付が決定したのである。(13) 翌一六年度にも同じ扱いで内務省本局用として二万円、警視庁用として一万円、計三万円の下付が承認されている。内務省の一六年度経常費歳出予算が六三万九〇〇〇円である事を考えると、この密偵費支出が持つ重みが明らかになるであろう。

ここには、極度の歳出抑制を唱えながら、一方では反体制運動弾圧のためには支出を惜しまない政府の体質が示されている。と同時に、臨時探偵費を定額予算外の大蔵省臨時歳出扱いとした点に、密偵政策を権力内部の秘部として隠蔽し、非公開性を保持しようとする権力的思考を見ることができる。

密偵政策を隠蔽しようとする財政操作は、府県段階にも表れていた。明治一六年一一月二一日の大蔵卿松方正義、内務卿山田顕義連名の太政官宛「賦金ノ内若干円徴収スル議ニ付稟申」(国立公文書館所蔵『公文別録内務省一』所収、「各地方賦金徴収適宜府県へ配賦ノ件」)によれば、各府県の警察が用いる探偵費は、売春営業者から徴収する「貸座敷娼妓賦金」と国庫下渡金によって賄われていた。「貸座敷娼妓賦金」とは「国税地方税ト異ナル一種ノ賦課ニ出ルモノニシテ其支出方モ亦特種タリ、即チ該営業取締及ヒ検黴費、警察探偵費、衛生費等ニ塡充セシメ都テ地方官限リ収支セシメル」(前掲上申書)という特殊な性質をもつ税金であった。国税でもない、地方税でもない、府知事県令の手許金的財源として機密費に充当されたのである。地方税扱いでないということは、府県会の審議の対象外におかれたことを意味しており、探偵費は府県会からの監視や削減を受けることのない一種の聖域内の資金として府知事県令の自由な裁量下におかれていたのである。右のように政情不安、財政危機が強まったがゆえに、松方デフレ財政下にあっても「目下極メテ緊切ナル警察事務」については、支障を来さないように行政的に財政的に万全の配慮が払われたのであった。(14)

警察事務に続き配慮の対象となったのは勧業行政・軍事行政・徴税行政であった。まず明治一四年六月二五日、府県庁に勧業課新設が命ぜられた。農商工及山林に関する事務を管掌する勧業課設置は、同年四月の農商務省新設に対応する措置で、「本省ト各地方ト其気脈貫通」(太政類典五─一八)せしめることが狙いであった。農商務省設置時点では、農商工振興に関する問題を審議する農商工会議設置計画が組まれており、勧業課は当面この計画の実施を担当する予定であった。しかし、これは企てだけにおわり、民間の代表者を入れない官吏のみによる農商工上等会議が一回開かれただけであった。府県の勧業政策の本格的実施は明治二〇年代末を待たねばならなかった。

次に、明治一六年一月、府県庁内に兵事課が新たに設置された。明治一四年九月二七日の陸軍卿大山巌の建議によれば、その目的は当時蔓延していた徴兵忌避の防止にあった。周知のように徴兵令施行以後、民衆は生活を支える若者の労働力が徴発されることを嫌って、免役条項を最大限に活用する形で徴兵忌避を行なってきた。[15]「徴兵ニ至テハ人ヲシテ最愛ノ子弟ヲ出シ危険ナル兵役ニ服セシムルモノナレバ之ヲ収税ノ事ニ比スレバ一層ノ難事」と前掲大山建議は述べている。政府はこの動きにたいし数次の徴兵令改正を行なって免役条項の枠を狭め、徴兵忌避の防止に務めた。明治一六年一二月にも国民皆兵主義をさらに徹底する形で常備兵を増加するために、廃疾・不具などによる終身免役を除く他、家事故障等による免役制を廃止しすべて猶予の制に改め、その猶予の場合も「戸主年齢満六十歳以上ノ者ノ嗣子或ハ承祖ノ孫」、「戸主廃疾又ハ不具等ニシテ一家ノ生計ヲ営ムコト能ハサル者ノ嗣子或ハ承祖ノ孫」、戸主の三種に限定し免役条項を一層制限する制度改正を行う事になっていた。[16]

この改正を控えて「府県庁中ニ徴兵ノ一課ヲ新設シ更ニ徴兵ノ事ヲ担任セシメ而シテ其僚属ニ必ズ陸軍満期の下士ヲ混用セシム」(前掲大山建議)ことが要望されたのである(公文類聚六─六五)。なお大山は兵事課設置に終るのではなく、戸長のみで戸籍加除が可能な現戸籍法の関係部分を改正し「誤謬訂正ハ其事由ヲ詳記シ府県庁ニ出頭セシメ該庁ニ於テ之ヲ警察官ニ付シ事実ヲ探偵セシメ其徴証判然タル者ニ限リ訂正許可」することをも求めている。これは当時の戸長のなかに、住民への同情から戸籍の訂正に手心を加える例があったことを窺わせる記述である。事実、当時の新聞には、徴兵令改正を問題として、戸長が徴兵忌避を大目に見る傾向があったと記す記事が散見する。[17] この新たに置かれた兵事課の組織を新潟県の例で見ると、兵務掛と戸籍掛の二つに分かれ、兵務掛は徴兵令・陸海軍兵籍願・武官恩給願・徴発令などに関する事項を管掌し、戸籍掛は、「戸籍ノ事務」、「逃亡死亡絶家ノ財産ニ係ル事」、「改氏改名願ノ事」、「廃児迷子ノ事」などを管掌することになっていた。[18] 前述の大山の建議の趣旨は生かされていたのである。

また同じく一六年六月二三日には大蔵省達第二八号で府県庁に国税課を新設することが命ぜられた。大蔵省からの上申を審議した参事院の議案によれば、従来の府県庁の国税徴収業務は、各課の一部に属したり、また主務の課を置いても土木、地方税などの業務との混同が見られるというように不完全で「其間ニ乗ジテ逋税ヲ謀ルノ徒少シトセズ」(公文類聚六―六五)という状況であった。特にこの時期に国税徴収の杜撰さが問題となったのは、「酒造、麴、煙草、売薬等税則ノ改正アリテ歳入上増殖ノ道ヲ開カレ」とあるように、一三年から一五年にかけて増税政策が次々に実施されたためであった。国税課設置は、この増徴を確保するための制度改正にほかならなかった。

徴税行政重視は、さらに翌一七年五月二〇日太政官達第四七号による収税長、収税属新設となってあらわれた。その理由書が「租税ハ国家経営ノ基人民休戚ノ係ル所也、宜ク主務官吏ノ地位ヲ崇フシ才能ヲ撰ンデ之ニ任シ以テ其職ヲ尽サシメザル可ラズ……属官ノ手ニ委スベキニアラズ、又宜ク適当ノ官ヲオキ其事ノ重キヲ示スベキ也」と述べたように、この措置は徴税行政の専門化を進める措置であった。「重キヲ示ス」ために収税長は奏任に位置付けられた。なおこの措置は、同日発令された大蔵省における主税局設置と軌を一にするものであり、以後収税上緊要の季節には、主税官以下の吏員が府県に派遣され徴税業務の実況監査が始められる。この監査体制は明治一九年四月五日大蔵省令第一三号「府県税務監査規則」によってより明確に制度化される。

4　府県区域の是正――三府四三県

明治九(一八七六)年の府県大廃合によって三府三五県となった府県区域の矛盾が露呈し始め、各地方から分県要求が相次ぐようになったのは、三新法施行後であった。前述のようにこの区域作りは、政府の統治理念が先行する形で行なわれたもので、経済上、生活上の基盤の違いを内包する地域では何らかの対立が生ずることが当然予測された。政府当局者自身、明治九年の大廃合の矛盾を認める次のような文を記していた。「其廃置分合ニ至テハ率ネ一時ノ区画ニ出テ、所謂深ク山川向背ノ在ル所ヲ察シ土宜ヲ視、民情ヲ察スルノ比ニ非サルニ似タリ、是ヲ以テ数年ナラスシテ民情ノ安ンセサル習俗ノ一ナラサル所在区画ノ改正ヲ望ム者踵ヲ継テ起ルニ至ル、是レ蓋シ事情已ムヲ得サルニ出ル者ニシテ全然其因由無キニ非サルナリ」(明治一四年八月一八日、参議山県有朋復命書、太政類典五―一二)。しかし、府県内の地域的利害対立がこの時期いっそう激しくなった背景には、三新法(とくに地方税規則と府県会規則)の施行があった。地方税規則の施行は、前述のように、旧慣に応ずる形で多様な運営形態を許容していた府県財政に原則的な改変を迫るものとなった。とくに土木費(治水費と道路費)の負担方法の変化は県政の運営に深い影響を与えた。従来治水費はその川に直接利害関係をもつ地域、道路費はそれに直接関係をもつ地域が負担し、他地域は無関係であったが、地方税規則はその慣習を廃止し、府県全体を一単位とする課税と支出の原則を打ち立てたのである。府県内の土木工事は、府県の事業として全府県民が負担するという形である。そして、この従来とは異なった近代的な財政運営方針の採用が、府県内部の潜在的な対立を顕在化する要因となった。

明治一六年五月九日に出された「府県区域改正ニ関スル内務省稟候」(公文類聚七―三)は、地方からの苦情を次のように述べている。「其最モ甚シキモノハ府県ノ区画ト地方税ノ賦課ニ有之候、之ハ一ハ今府県ノ組織或ハ中間ニ大山脈アリテ往来ノ不便ヲ醸シ、或ハ風習同ジカラザルヲ以テ諸事協議ニ至リ難ク、甚シキハ従前管轄異ナリシガタメ、又ハ利害同ジカラザルガタメニ議論協同セザル者アルニ由リ、一ハ現今地方公費ノ組織全府県ニ負担スベキ者ト一村ニ負担スベキ者トノ区別ハ有之候ヘドモ、全府県ト一郡区トノ負担ニ至テハ毫モ区別無之、或ハ流域同ジカラザルノ治水費ヲ出シ、或ハ利害関セザルノ修繕費ヲ出スガ如キハ所謂紛紜苦情ハ多ク是等ノタメニ醸成致シ候間、地方施政ノ完全ヲ望候ヘバ此紛紜ヲ排シ此苦情ヲ除カザルヲエズト存候」。

さらにこの対立に拍車をかけたのが、松方財政下の地方への財政負担転嫁政策、なかんずく府県土木費への国庫補助金廃止と府県会開設であった。長期にわたって低迷する景気と民衆の貧窮化のなかで、これに追討ちをかける形で行なわれた土木費への国庫補助廃止は、いくつかの地域では府県会の土木費審議を収拾のつかない事態に追い込んだ。明治一三年の徳島県設置、翌一四年の堺県廃止、福井県設置はこれをよく示す例である。

明治九年に阿波と土佐の二国を抱える形で作られた高知県はそもそも「旧来地勢ノ阻隔セルヨリ風俗民情モ亦随テ経庭シ之ヲ一治ノ下ニ統御スルニ於テ実地困難ノ事情不少」(明治一二年一二月一五日、太政官宛内務省上申)という傾向を持っていた。そして三新法実施以後「本県ノ阿土二国ヲ管轄スル者、其施政ノ不便ハ枚挙スルニ遑アラス、之ヲ地形上ニ問ヘハ二国ヲ界タル山脈連亘峻嶺重畳、車馬通セス舟筏来セス、人々交通ノ因ナク、物ノ運輸ノ便ヲ得ス、人情風俗ノ上ヨリ観レトモ、阿ハ通商ニ富ミ利ヲ見ル事怜悧ナリ、土ハ鎖国ノ余習未タ脱セス、民智頑陋工商未タ開ケス、二国慣習各異ニシテ、利害ヲ共ニスル事能ハス、是レ地方税支出ニ於テ尤モ其困難ノ著ルシキヲ見ル、県会開設ニ於テ愈其利害ヲ共ニスル可ラザルヲ識ル」(明治一二年一一月内務省宛高知県伺、太政類典四―一四)に至ったのである。阿波・土佐二国の分離を願う高知県の上申は内務省・太政官のいれるところとなり、徳島県(阿波一国を管轄)の高知県よりの分離が同年三月に決定した。

この徳島県の設置は、各地でおこっていた分県運動に弾みをつけ、太政官宛の分県要求を噴出させるに至った。明治九年の大分合以来、府県区域は一定不動で一切分県要求は受け入れられないと思われていた政府の方針の一角が崩れたからである。そして多くの要望のうち、これがいれられて明治一四年の区域改定の対象となったのは、福井県新設、堺県の大阪府への合併、鳥取県再置であった。

まず、福井県の石川県からの分離は、徳島の場合と同じように、如何ともし難い地域対立の激化がその背景にあった。そもそも石川県は、先の大分合によって、越中、加賀、能登の三国と越前の七郡を管轄下においた当時最大規模の県であった。旧藩名で言えば、金沢藩、福井藩、大聖寺藩、富山藩などが合わされたもので、この当時の府県の平均人口が八九万、平均地租額が一〇九万円のなかにあって、人口一八〇万、地租二一五万円というぬきんでた存在であった。しかし、この大県の内部には、越中・加賀・能登対越前の抜き難い対立が内在していた。そして県会開設以後、この対立は県政をめぐって公然化し、医学校・師範学校・病院・勧業・警察などの費用の使用をめぐり議場でことごとに確執を繰り返すに至ったのである。特に県令の深い憂慮の対象となったのは、地域による土木費負担の慣習の相違であった。従来越前は、河港堤防費は四官六民で負担、幹線道路費は官費の負担であったが、他の地域はみな民費負担であった。明治一四年に国庫補助金が廃止になり土木費の県民負担が増加した場合には、「南越三州ノ軋轢今日ヨリ想像ニ堪ヘザルナリ、之レヲシテ管内画一ノ政治ヲ布キ統馭其宜キヲ得ント欲スルハ木ニ縁リ魚ヲ求ムルト一般三尺ノ童子モ尚ホ能ク得ベカラザルヲ知ル」(明治一三年一二月石川県令千阪高雅の太政官宛建言、太政類典五―一一)状態になるであろうというのが県令の観測であり、一刻も早く分県を断行する必要があると県令の建言は述べていた。

一方、堺県の大阪府への合併には、大阪の財政問題が絡んでいた。大阪府知事の建議によれば、大阪府は他府県に比して河川橋梁の数が非常に多いにかかわらず、府の規模は小さく、また農村部が少ないという特徴を持っていた。市街部が多く農村部が少ないということは、すなわち地価割の財源が少ないことを意味する。今でさえ地方税は民力に比して過重であるのに、明治一四年以後土木工事に対する国庫補助金が廃止されれば、「理財ノ一大困難ヲ発生シ……小当府ノ如キハ重税堪ユベカラザルノ不幸」(内務省宛大阪府知事建野郷三建議、太政類典五―一一)に陥るであろうというのが建議の主旨であった。国家財政建て直しのためにとられた政府の地方への負担転嫁政策が大阪府の財政を崩壊させるという訴えにほかならない。結局これらの財政上の困難を配慮して、明治一四年二月七日堺県の廃止と大阪府への合併が決定した。

さらに石川県についても「全国無比之一大県施政上困難ナルハ是亦無論之義ト被存候」(前掲太政類典)との見地にたって、石川県から越前七郡、滋賀県から越前一郡と若狭三郡を分離し同年同日福井県が設置された。なお、同年九月一二日の鳥取県再置(島根県からの分離)は、松江藩と鳥取藩の旧藩意識が根底にあった。とくに鳥取藩士は大藩の余風を固守し、他の管轄を受けること、松江藩と同県たることを喜ばず、旧城下に集居しややもすると反逆の兆しを見せると報告されている(「山県有朋復命書」、「内務大書記官今村和郎、同少書記官勝間田稔復命書」、太政類典五―一一)。

府県議会開設に伴う地域対立の顕在化は、徳島、石川だけではなく、各府県に多かれ少なかれ存在した現象であった。とくに前述の「内務省稟候」が述べるように、土木費の支出をめぐって、道路改鑿を重視するか、洪水予防のために治水を重視するかは山間部と平野部の対立となり、議会運営を困難にした。府県財政の窮迫化が進む過程でその対立はいっそう厳しくなった。風俗、慣習、民情などの著しい相違と共にこの土木費論議が分県・復県請願に踏み切らせる契機となった。

各地の請願をうけて、明治一五年から一六年にかけて政府部内に府県区画改定案が浮上した。一五年一一月二四日、三条実美は参事院議長山県有朋に「府県ノ区画ニ関スル布告案」(前掲「大森文書」)を提出「現今地形民情ニ於テ分合ヲ要シ其戸口反別亦以テ一県治ヲ支持シ得ベキ者ノ中ニ就テ此際必ズ変革セザルベカラズトシタル」ものとして次の四つを挙げた。一、新潟県下東・中・西頸城郡を長野県に併合、二、長野県下の中・南・北安曇郡、東・西筑摩郡、諏訪郡、上・下伊那郡を分離して松本県を新設、三、長崎県の一部を分離して佐賀県を新設、四、鹿児島県の一部を分離して宮崎県を新設。

そして翌一六年内務省は現今の府県のなかで施政上「至大又ハ至不便ナル者」を対象に次のような改定案を提示した。福島→福島・会津、新潟・長野→新潟・長野・松本、石川→石川・富山、静岡→静岡・浜松、愛知→豊橋・愛知、大阪→奈良・大阪、兵庫→兵庫・姫路、岡山→岡山・広島・玉島、愛媛→高松・愛媛、福岡→福岡・大分・小倉・三潴。これをうけた第二局は、明治九年の大分合について「皆一事ノ便宜ニ出タルヲ以テ土宜ニ適シ民情ニ適シ施政改良ヲ見ル能ハズ」としたうえで府県の区域について次の趣旨を述べていた。区域が広大に過ぎる場合は、統治が行き届かず内部対立が生れやすい。分割して区域を縮減した場合は、統治が行き届き交通が便となり、風土・人情に大差がないために共同事業が起こしやすく、県会が一致しやすいという利点がある。しかし一方、戸口・反別寡少のため民衆が地方税の負担にたえず国家も財政的な影響をうけるという短所がある。従ってこれらの長短を考慮したうえで最終的には「風土・人情ニ於テ万止ムヲ得ザル地方ニシテ其戸口反別亦以テ一県治ヲ支持シ得ベキモノ」として富山・松本・佐賀・宮崎の四県の新設を建議したのである。この第二局議案は更に絞り込まれ、最終的に新設が決定したのは富山・宮崎・佐賀の三県であった[19]。

明治九年の府県大合併は、旧藩的団結再生産の母胎となっている府県庁に打撃を与えることが一つの目標であった。その目標が達成された後、府県会開設と府県財政の窮迫化という新しい状況を迎えて、この強行された合併政策は内部矛盾を露呈し、区域改定を行わざるを得ない状況を現出した。前述のように明治一〇年代以後二〇年代の初頭にかけて、府県内に地域対立という矛盾をかかえ、活発な分県運動を繰り広げた地域が多く存在した。しかし、当時の府県が担った過重な行政・財政上の負担は、これらの分県運動の大部分を不成功に終らせた。結局明治一六年以後行なわれた府県区域の改定は、明治二〇年一一月四日の奈良県設置[20]、翌二一年一二月三日の香川県設置で終りを告げ、三府四三県の府県区画が確定する。

明治一〇年代の府県をめぐる諸改革は、あくまでも松方財政下の政治情勢を反映した緊急措置的な性格を多分に持つものであった。従ってこれとは別に永続性をもつ体系的な地方行政機構の制定が政府の重要な課題として政府内部の論議の対象とされてきた。周知のように、明治一四年政変の時点で、プロイセン・ドイツを立憲化のモデルとして選択する継受方針を決定した政府は、伊藤博文を憲法を始めとする諸法律取調べのためにドイツに派遣した。そのなかには地方制度の取調べも含まれていた。そして伊藤帰国後の一七年頃から、憲法起草とならぶ形で、地方制度制定の準備も進められた。明治憲法が発布された明治二二年前後は、同時に戦前日本の地方官僚・府県行政機構の性格や職務を基本的に規定する主要な法律が公布された時期でもあった。そしてこの背景には、明治一〇年代の激しい農民層の分解をもたらした社会変動と社会不安が一応収束し、農村に地主制が形成されていく状況があった。これは名望家層を体制内に位置付ける可能性が現実的となった事を意味する。明治一〇年代に展開された地方統合政策は、まさしく明治二〇年代初期に予定される明治憲法体制のための社会的地ならし、準備工作でもあったのである。

（1）　色川大吉『自由民権』(一九八一年、岩波新書)、江村栄一『自由民権革命の研究』(一九八四年、法政大学出版局)を参照。なお、村における新聞雑誌の縦覧所、輪読会、演説会、請願署名活動については、前掲書の他に『茨城県史市町村編』Ⅱ、『長野県史』通史編七巻および神尾武則「研究ノート千葉県の民権結社とその動向——明治一〇年代を中心に」(和歌森太郎先生還暦記念論文編集委員会編『明治国家の展開と民衆生活』一九七五年、弘文堂)参照。
（2）　桜井静のこの提案については、神尾武則「桜井静と地方聯合会について」(稲田昭次編『近代日本形成過程の研究』)参照。
（3）　江村栄一前掲書六三頁参照。
（4）　大江志乃夫『日本の産業革命』(一九六八年、岩波書店)八四—八九頁参照。
（5）　青木虹二『明治農民騒擾の年次的研究』(東京新生社、一九六七年)参照。
（6）　備荒儲蓄法に対する府県での激しい反対については、大江前掲書三〇三—三一一頁、原口清『日本近代国家の形成』(一九六八年、岩波書店)二六一—二六三頁参照。
（7）　審理局→参事院の機能については山中永之佑『日本近代国家の形成と官僚制』(一九七四年、弘文堂)二一八—二二七頁、

後藤靖「自由民権期の府県会闘争(一)—参事院裁定書」(『立命館経済学』一六巻五・六号)、同「自由民権期の府県会闘争(二)—参事院、法制局裁定書」(『立命館経済学』一七巻一号)参照。

(8)　たとえば、福島県の例については、大石嘉一郎『日本地方財行政史序説』(一九六一年、御茶の水書房)参照。なお、府県会への統制については、勝田政治「統治機構の確立」(鹿野政直・由井正臣編『近代日本の統合と抵抗』1、一九八二年、日本評論社)が詳しい。

(9)　前掲神尾武則「桜井静と地方聯合会について」参照。

(10)　内藤正中『自由民権運動の研究』(一九六四年、青木書店)参照。

(11)　大石・内藤前掲書および有元正雄「地租改正と地方政治」(『岩波講座日本歴史』一四近代1)を参照。

(12)　前掲亀卦川浩『明治地方自治制の成立過程』八〇—九〇頁参照。

(13)　「臨時探偵費ノ件」(国立公文書館所蔵『公文別録、内務省一』明治一五年度所収)。

(14)　拙稿「松方デフレ期の内務行政」(『長岡短期大学紀要』六号所収)参照。

(15)　松下芳男『徴兵令制定史』一九四三年、三〇五—三一〇頁。

(16)　松下芳男『明治軍制史論』下巻(一九五六年、有斐閣)一一九—一二〇頁参照。

(17)　前掲大山巌建議に「且戸長モ旧制ノ如キ官撰ノ時ト異ニシテ、現今ハ人民ノ公撰ナルカ故ニ常ニ人望ヲ博取スルニ汲々トシ、却テ徴兵忌避策ノ術ヲ助クルヲ之レ勧ムルカ如キ情ナキ能ハス」との一節がある。

(18)　明治一六年二月五日、新潟県「兵事課事務章程」(新潟県編『稿本新潟県史』一二巻、国書刊行会復刻)。

(19)　当時長野県では七カ年にわたる道路改鑿計画が県会で決定された直後であった。松本県設置はその計画を阻害するとみなされたのである。さらに、道路開通後は県内の移動も便利になり、分県の必要性も減ずるであろうというのが松本県見送りの理由であった。

(20)　奈良県設置も、治水費を必要とする地域と道路費を必要とする地域との利害対立と地方税賦課方法のもつ矛盾が背景にあった。大和は大河川がなく、治水費の必要性を感じないのに対し、摂津・河内・泉地域では大河川が多く治水費を必要とする。数万円にのぼる大河川の治水費の負担をしなければならない状況は不満を内攻させ、また県会内部でも少数派の大和の声は無視される傾きがあったことも分県要求に結びついた。

四　民権運動の激化と一七年の改正

1　村の窮迫と動揺

国会開設運動が大きな高まりを見せてからほどなく、深刻な不景気が村をおそった。いわゆる松方デフレ財政の展開である。松方デフレ財政の展開にともなって、明治一五(一八八二)年頃から始まった物価の下落は、米、繭、生糸などの価格を半値近くに押し下げ、農家を窮乏のどん底に突き落とした。さらに、紙幣整理と軍備拡張のための増税がこれに追討ちをかけた。煙草税・酒税の大衆消費税が大幅に増徴され、菓子税・醬油税も新・再設された。また、府県税の上限を地租五分の一から三分の一に広げ、今まで国庫負担になっていた費目を府県・町村財政の負担に移した。明治一二年には公立学校費および新設の学務委員の給料を町村費支弁とした。一三年一二月の教育令改正では、義務教育年限が一年四カ月から三カ年に延長されるとともに町村の小学校設置義務がいっそう厳しくなり、同時に今まで国から支給されていた小学校補助金が廃止された。従来から村にとって重い負担であった小学校維持の費用は一四年度以降さらに急激に膨張して村財政を圧迫し、村税増徴を余儀なくさせた。

府県に対する措置としては、一三年に府県庁舎建築修繕費、府県監獄建築修繕費が国費から府県費負担にかわり、さらに府県土木費に対する国庫下渡金も廃止された(1)。とくに土木費に対する国家補助の廃止は、府県土木費の町村への転嫁＝町村土木費膨張につながった。これらの地方への負担転嫁策の結果、府県税・町村税も大幅に増徴される。国民の税負担は、明治一三年に比べると一五、一六年度には一躍二五％増になっている。しかもこの増税が、極端なデフレのなかで米価低落(一四年一石一一円二〇銭から一五年八円九三銭、一七年には五円一四銭)に苦しむ農民の肩にふりかかったのである。米価が半分に下落し、農民はその下落した米価で米を売って税金を支払わねばならない。二五％の増税は実質的に五〇％に相当した。

さらに農民を苦しめたのは、地租の納期の改訂（明治一四年二月の「地租納期改訂令」）であった。従来、田方地租の納期は、一二月より翌一月までに五分、翌二月より翌三月までに三分、翌四月中二分と定められていた。それが、新徴収法によれば、一一月より一二月一五日までに五分、翌一月より二月二八日までに五分と納期が大幅に短縮されたのである。従来の五カ月間を三カ月間に短縮したこの措置は、農民にとって深刻であった。明治一六年九月一六日の『朝野新聞』は、「再望貢租期限之改正」と題する論説の中で、この影響を次のように述べている。「此ノ巨額ノ租税ヲ一時ニ徴収セントスレバ其ノ民間ニ於テ如何ナル困難ヲ来タス可キカ、甲ノ租税ヲ納メントスルトキハ乙モ亦財布ヲ傾ケ尽シ東隣ニテ金ヲ得ント欲スルトキハ西隣ニテモ亦米ヲ売ラント欲ス、此クノ如ク一村ヨリ延テ全国ニ至ラバ安ゾ米価ノ下落ト金融ノ壅塞トヲ一時ニ生ゼザルヲ得ンヤ」。地租納入の為に、短期間に大量の米を売る事を強制された結果、米価の低落や商人の買いたたきによって農民は一層苦しめられることになったのである。

松方財政の進展とともに農民の窮迫は著しくなっていった。明治一五年から一八年にかけて租税滞納者が激増し、強制処分によって土地を失う農民が続出する。借金の担保のために土地の質書入れをおこない、請け出すことができずに土地を失う身代限りもこの時期激増した。不況の嵐は小農や貧農をおそっただけではなかった。府県会の選挙権をもつ地租五円以上一〇円未満の納税者、いわゆる有力者層も、明治一四年を一〇〇とすれば二〇年には七四（二四万五〇〇〇人余減）に減じた。一〇円以上の納付者は七万六〇〇〇人、約九分減じたという。[2] 政府高官の井上毅は明治一九年の近畿地方への旅行で、郷里を追われ流浪する人々が陸続と群れをなし、あるいは行き倒れる有様を目撃し、農村と農民の困苦のはなはだしさに驚き「地方政治改良案」（『井上毅伝』史料篇一）を草した。井上は同時にこのなかで、この時期の乞食、餓死者、犯罪者の著しい増加を農民の窮迫がもたらした現象としてあげている。

また、明治一七年一月一六日の『朝野新聞』は「農家ノ不利益」と題する論説で次のように述べている。

明治十三四年頃即チ米穀ノ最モ騰貴シタル時節ニ於テモ凡テ此等ノ諸税ヲ支払ヘバ残ル所ハ五六円ヨリ七八円ニ過ギザルナリ、去レバ本年ノ如キニ至テハ地価百円ノ土地ヲ所有スルモ二円以上ノ利益ヲ獲ル者ハ実ニ稀有ナリ、殊ニ其ノ甚シキニ至テハ全ク土地ノ収益ヲ以テ貢納及ビ諸税ニ充テルニ足ラザル者アリ、地方農家ノ実況ヲ解知セザルモノハ或ハ此ノ言ヲ以テ虚妄ナリト為スナラン、然レドモ深ク実際ニ立チ入リ農家現今ノ状況ヲ査察スレバ吾輩ガ読者ヲ欺カザルヲ知ルニ足ラン、故ニ今日農人ハ朝ニ簪ヲ売リ夕ニ衣服ヲ典シ今日家屋ヲ有スレドモ明日ハ屋外ニ起臥セントスルノ状況ヲ現出セリ、然ラバ即チ他ノ事業ニ資本ヲ卸ス者モ亦農民ト一般ナル有様ナランカ、否決シテ然ラズ、他ノ一方ヲ顧ミレバ鉄道会社ノ株主ノ如ク若クハ公債証書ヲ所持スル者ノ如キハ少クシテ六七朱ヨリ多キハ九朱或ハ一割以上ノ利益ヲ得ルノ勢ナリ。

増税とデフレによる重圧は、村の有力者をも含めた多数の農民を没落の淵に追い込み、土地から追い立て、あるいは死に追いやった。しかし、同時に、この不景気を好機として金を貸し、取り立て不能のときは土地を取り上げて土地を集中していく地主＝高利貸もあったのである。小作地率の増大が他のどの時期よりも大きいことはこれを示している。松方財政は、多数の農民を土地から追い立て流民化し、あるいは小作人化することを通じて、資本主義の基礎を築き、さらに農村に地主制を拡大する役割を演じたのであった。

深刻な不況の到来とともに、村秩序の動揺も激しくなっていった。三新法は、共同体を媒介として国家行政の浸透をはかろうとする体制であったが、その柱である戸長公選制や村会議員選挙は、住民の手で住民のなかから政策決定者を選ぶものであっただけに、国家との関係で矛盾が生じた場合に戸長や議員が住民の側に立つ可能性をもっていた。明治一七年五月一五日の『朝野新聞』は、公選戸長について「動モスレバ人民ノ一方ヲ庇蔭スルノ傾向アリ。故ニ戸籍上ニモ曖昧ノ記載有テ徴兵ノ下調ベニ不都合ヲ生ジ、其ノ兵役ヲ恐レテ逃亡スル者ノ所在ヲ知ルモ之ヲ告発スルニ忍ビズ、警察署、学校ノ建築ニ因リテ寄付金ノ世話ヲ命ズレバ、却テ人民ノ総代トナリテ延期ヲ請フガ如キ、行政官ハ之ヲ認メテ其ノ公選ニ因テ生ズル弊害ト為スナラン」と徴兵忌避を戒め寄付行為を推進するべき戸長が逆に民衆よりの行動に走る傾向を指摘している。

また、国会開設や自由の獲得を求める自由民権運動が全国各地の村々に浸透し、学習啓蒙活動・政治活動・産業改良活動が民権結社を核に活発に行われる過程で、それらの活動に心よせる戸長や議員たちも現われてくる。「明カニ名ヲ党員簿ニ掲ゲザルモ屡バ政党ノ懇親会ニ臨ムガ如キ」(前掲『朝野新聞』)公選戸長の出現、「戸長公選方法等ニ至リテモ亦種々ノ弊害ヲ生ジ、乃チ投票上ニ私党ヲ結ビ遂ニ一村ノ平和ヲ破ルモノアリ……軽躁詭激ノ徒ヲ挙ゲ政党ノ組織ヲナスヲ企ツルアリ、就中戸長ノ軽薄ナルモノアレバ該町村ニ於テハ学務委員、小学教員、町村会議員ニ至ルマデ皆其同主義ノ輩ヲ選挙スルノ風ヲナス等、其弊害殊ニ甚シク決シテ等閑ニ付スベキモノニ非ザルヲ信ズ」(「関口隆吉元老院議官地方巡察復命書」栃木県、我部政男編『地方巡察使復命書』下巻九二九頁、一九八一年、三一書房)、あるいは「府県庁ノ今日ノ憂患ハ全ク町村ノ施政ニ在リト謂フモ誣言ニ非スト、蓋此今日ハ白面書生ノ言論世間ニ流行シ、町村会ノ議事ノ如キモ実際ノ利害ヲ後ニシテ徒ラニ政論ヲコレ力ム、此弊風ヤ実ニ熾ンナリ」(明治一七年元老院会議における渡辺清発言『元老院会議筆記』二〇巻二九七―二九八頁)といわれるような政党勢力の町村への浸透も決して特異な例ではなかった。(3)

不況の嵐が荒れ狂い農民一般が収奪にさらされる度合が強まれば強まるほど、戸長や村会議員が国家や国政に背を向ける動きはいっそう広がっていった。戸長や村会議員が共同体という日常的な生活の場、団結の場から選出され、共同体に連帯感をもって結びつけられているということが逆に、官僚的規制をも乗り越えて、村民の利益を守るという反体制的動きを生み出していった。例えば、自由党員と農民とが結合して県政に対決した福島事件は、地方統治機構をゆるがすものとして政府に強い衝撃を与えた。

2　町村体制の再検討——戸長官選

政府はこの村の動揺に対処するために、明治一七（一八八四）年ふたたび村制度改革を布達した。それは次の四点を内容としていた。一、町村が行政単位としての地位をふたたび喪失し、行政単位が数カ村を包括するものに拡大されたこと。二、戸長の官選。三、町村会に対する官僚的統制の強化。四、従来まったく放任されていた町村財政に対する費目および科目の指示限定と費用の徴収に対する強制力の付与（増加した国家行政事務の財政的確保）。

この改正は元老院の審議で廃案と決議されたにもかかわらず、政府の手で強行されたものであったが、その動きの中心にあった山県有朋は三新法改正の必要性を次のように述べていた。「右三案並ニ之ニ属スル戸長選任ノ公達案ハ客年中内務省ニ於テ反覆調査ヲ尽クシ普ク地方官ニ諮詢シ彼此参酌ノ上今日ノ情勢最モ急トスル所ヲ以テ具申セシモノニシテ今更陳弁スルヲマタズ、就中区町村会法ノ改正並ニ戸長選任ノ二事ニ至テハ最今日ノ急務ナリトス……蓋百般政務ノ挙否ハ要スルニ之ヲ町村ノ実施如何ニ帰セザルヲ得ズ、而ルヲ其当務ノ機関ニシテ検束ノ法タタズ監督ノ道弛緩スルトキハ何ヲ以テ能ク政務ノ挙ル事ヲ望マン、各地方官ニ於テモ其意ヲ明了シ一日モ其発令ノ遅カランコトヲ恐ルルノ現況ニアリ」（一七年改正ニ関スル山県有朋建議「大森文書」）。当時、憲法制定準備の一環として体系的地方自治制度の制定作業が本格化していたにもかかわらず、それを待ち切れずに急遽応急的な制度改正に着手したのは、山県が記したように政府の町村に対する危機意識が深刻なためであった。

戸長官選と戸長役場管轄区域の拡大は、戸長が持つ国家機関としての機能を保持するため、府知事県令—郡長—戸長のルートを強化することをめざす措置であった。すでに明治一六年頃から一部府県（とくに自由民権運動の影響の強い福島、栃木、長野、兵庫など）は独自に官選への切り替えを行っていた。(4) これは福島事件に象徴されるような広汎な農民の政治化気運を抑圧するために、村落から離れた立場の者を戸長に選び、府知事県令—郡長—戸長の系列のもつ国家機関としての機能を維持しようとの要求を露骨に示すものであった。一七年の改正はこれら府県の先導的試みの全国的拡大であった。

しかし、戸長官選とはいっても、「純然官選トナスハ従来ノ慣行ニ背馳シ得策ニアラズト存候」(内務省稟議、公文類聚八―四一)との配慮から、三人ないし五人の候補者を公選させ、その中から地方長官が任命する方式がとられた。同日出された「戸長官選ニ付訓示心得」は「戸長タル者ハ政令ヲ上ニ奉ジテ之ヲ実施シ町村人民ニ相接シテ其公事ヲ処理シ上下ノ間ニ立チ斡旋スル所ノ機関タリ、宜シク土着ノ者ニシテ名望資産トヲ有スル者ヲ挙用スベシ」(「大森文書」)と述べていた。つまり、条件付き官選によって官僚機構と有力者の結合をより緊密に強化することをはかり、それが不可能な状況の場合には、政府に忠実な行政吏登用の道を作ったのである。事実、この改正の結果、士族戸長の増加がもたらされることとなった。(5)

さらに政府は戸長役場管轄区域として平均五町村、五〇〇戸を標準と定め、この区域に戸長役場をおく改正を行った。この拡大は、元老院会議で白根専一政府委員が「毎町村ニ俸給優厚ナル戸長ヲオクハ素ヨリ望ム所ナレドモ、此ノ如キハ其費用ノ支フ可キニアラズ、因テ管轄区域ヲ広ウシ優厚ナル俸給ヲ与ヘテ以テ良戸長ヲ得ントスルハ本案ノ希望スル所ナリ」(6)と述べたように、政府にとって有能な戸長を登用する経済条件を作るためのものであった。一方では戸口・区域とも狭少で国家行政を負担する財政能力が貧弱な町村が広汎に存在し、他方では「府県郡区町村共ニ年ヲ逐テ其事務ニ煩忙ヲ加ヘ随テ地方税支弁及国庫支弁ノ各部分ニ変更ヲ来シ地方ノ負担ハ漸ク重ク」という町村に対する行政的財政的負担の過重化が進展する状況が地方行政単位の区域拡張を不可避としたのである。

そして数町村を管轄する戸長候補を選出する場合には、毎町村より同数の選挙委員を選び、この選挙委員が戸長候補を選挙するという間接選挙形態がとられた。この選挙形態が示すように、この行政区域の拡大は農民の日常的生活の場を超えた広い地域の有力者の意見を重視する改正でもあった。松方デフレ財政は、自営的小農民だけでなく中小地主をも含めて農民の全階層的な没落を進行させ、地主的土地所有の急激な拡大を招いたといわれる。区域拡大は、村を超えた地域を経済的に掌握する地主を行政内部に位置付ける措置ともなった。

しかしこの改正で村＝部落の独立が全面的に否定されたわけではなかった。この趣旨をよく表わしているのが戸長候補と連合町村会議員の選出方法である。戸長候補の選出は前述のように規模の大小に関わりなく、毎町村同数の選挙委員による投票で行われ、連合町村会議員の選出も毎町村同数の定員を定めて町村会議員が互選した。各町村の独立がこのような形で尊重された戸長役場管轄区域には、数個の町村の連合体としての性格が残っていた。行政単位を共同体をこえるものに拡大しながら、その大小にかかわらず各共同体の独立性に配慮を払ったという点で、この改正は三新法と町村制の過渡期に位置付けられる性格を持っていた。

3　区町村会法の改正

「区町村会法ヲ改正スル所以ハ、名ヲ協議会ニ藉リテ放恣ナル論説ヲ為ス者ノ甚ダ多キヲ将来ニ防制センガタメナリ」(明治一七年元老院会議における安場保和発言、『元老院会議筆記』二〇巻三〇七頁)と述べられているように、この改正は詳細な条文を設けて町村会を政府の強い規制下においた点に特徴があった。

改正の主要点は、(1)区町村会の議定範囲のうち「其区町村ノ公共ニ関スル事件」とあったのを「区町村費ヲ以テ支弁スベキ事件」と限定的に改め、(2)会期、員数、任期、改選及びその他の規則について、以前は町村が自由に設け府知事県令の許可を受けるだけであったのを、以後府知事県令がそれを定め施行する事と変え、(3)区町村会の議決と議事を区戸長が不適当と認定した場合、府知事県令の指揮を乞う事を義務づけ(以前は任意)、(4)議案の発案権を区長・戸長のみに与える事とし、(5)議員の選挙・被選挙権に関する規定を設けて全国的に統一し、(6)区町村会の議長を区長・戸長と定め、(7)会議の中止、解散の要件を「若シ法ニ背クコトアリトスルトキハ」から「若シ法ニ背キ治安ヲ害スルコトアリト認ムルトキハ」に変えて区長・戸長にも中止解散権を与え、(8)府知事県令の会議中止解散権を「何時タリトモ区町村会ヲ停止シ又ハ之ヲ解散シテ改選セシムルコトヲ得」と拡大し、(9)会議の停止、解散又は会議不成立、議案未議了の場合、区長・戸長に経費の支出徴収方法の決定権と府知事県令の認可を得たのちの施行権を与えた事などである。いずれも区町村会に対する厳しい統制を示す措置であった。

また、選挙・被選挙資格は今まで不動産を所有する者であったのを改め、地租を納めるものとさらに狭く限定し、また、「国事犯禁獄ノ刑ニ処セラレ満期後五年ヲ経ザル者」は選挙・被選挙資格を欠くと定めて、自由民権運動で国事犯となった者を村政から排除する措置をとった。つまり、政府への反対を唱える勢力を町村会からしめだし、穏健な有力者中心の町村会を再構成しようとしたのである。

なお戸長役場管轄区域の拡大にともない、従来の町村におかれた町村会はだんだんと有名無実の存在となり、戸長管区単位に作られた連合町村会に実質的機能が移る傾向がみられた。町村会をそのまま存続させた場合も、町村会の協議事項は道路・堤防・橋梁などの村内の土木事業、消防・災害予防などの村落生活に固有な事業に限定され、教育・勧業・衛生のような国―県―郡の系列で展開される行政関係は連合町村会の協議事項に移されていった。そして、それ以外の村社祭典費、村総代給料などの生活共同体の費用は別に村寄合で決定されるという複雑な仕組みがとられるようになったのである。(7)

戸長管区制度の採用にともなって、村が行政単位としての実質を喪失したことは、従来村が統一的な形でもっていた自治機能と行政機能を分離させる結果を招いた。村が持っていた行政機能は、村を超えた単位におかれた戸長役場に集中された。また、戸長役場単位におかれた連合町村会は、地域の少数の有力者が集まり地域の諸問題を討議する場となり、村を超えた広い地域での名望家の連携を成立させる契機となったのである。

4　町村財政の変貌

明治一七(一八八四)年五月七日政府は布告第一五号をもって「区町村会ニ於テ評決シタル区町村会費及ビ水利土功会ニ於テ評決シタル土木費ノ滞納者ハ総テ明治一〇年一一月第七九号布告ニヨリ処分ス可シ」と達した。また同日内務省訓示をもって、区町村費目と徴収科目の指示限定を行った。この訓示で町村費扱いとなったのは、戸長役場費、会議費、土木費、教育費、衛生費、救助費、災害予防及警備費、勧業費で、町村費の徴収科目は「地価割又ハ反別割、営業割、戸別割」であった。政府から指示されたのは費用の概目で、区町村はその状況に応じて区町村会の評決をとりこれを取捨することができたが、実際上、この布告を契機に町村費は上記の委任事務費中心に組み立てられ、そこから落ちた神社祭典費、雨乞費などの村落生活に関するものは、村落の私的協議費として扱われることとなった。つまり、従来住民の自由な協議に委ねられていた町村協議費は、以後町村費(公費)と協議費に分けられ、町村費には公財政の性格が付与されたのである。そして、費目や徴収科目が限定されて画一化がはかられるとともに、布告一五号で明らかなように町村費の滞納には、国税・地方税と同じ強制徴収力が与えられ、以後滞納者には財産差し押えと公売処分が適用されることになる(8)。

従来、国税と地方税は、先取特権と滞納者の財産公売処分でその徴収を保護されていたが、町村費は、滞納にたいして行政処分をもって公売することが許されておらず、今までは私債と同じように民事訴訟を提起するほかはなかった。そのため国税・地方税は徴収しやすかったが、町村費は法的な強制がないだけに「地方税ハ徴収スルヲ得ルモ町村費ハ徴収スル能ハズ、強テ之ヲ徴収セントスルモ得失相償ハザルヲ如何セン」(明治一七年元老院会議における槙村正直発言『元老院会議筆記』二〇巻三三一頁)という状況下におかれていた。滞納に対する有効な対応を可能にしようという措置が急遽この時期にとられた背景には、町村に対する委任事務費の激増があった。そもそも松方財政の緊縮政策は、従来国費で施行されていた費目の地方転嫁を重要な柱としており、このため明治一四年以降の地方財政は府県町村を問わず著しい膨張をつづけていた。とくに町村については、明治一三年一二月教育令が改正されて義務教育年限が一年四カ月から三カ年へ延長されたことおよび国庫からの小学校補助金廃止が実施されたことの影響が大きかった。さらに追討ちを掛けるように、一七年五月には、今まで府県費で支弁されていた戸長役場諸費が町村の負担となった。

これらの措置の影響をうけて、この時期の全国区町村歳出合計決算額は明治一二年に比べ一六年は一・三八倍、一七年は一・二五倍に膨張している。とくに教育費は一二年を一〇〇とする指数でみると一六年は一八三、一七年は一九八と二倍近い数字を示した。これにこの時期の米価、糸価の暴落ぶりを考え合わせれば、この町村財政の膨張は実質的にはこの倍率をはるかに上回る重さで住民の肩にのしかかり住民をおいつめる機能を果したといえよう。町村費用の徴収権確保は、この時期に倍加した国家行政の完遂をめざすものであり、村の自治とは無縁な措置にほかならなかったのである。

さらにこの時期には、貧民に重い負担を課する結果を招いた町村税規制が行われたことが注目される。明治一八年八月太政官布告「土地ニ賦課スル区町村費ハ明治十九年度ヨリ地租七分ノ一ヲ超過スルヲ得ズ」との地租割制限策である。この布告の背景には、窮迫の度をさらに強めつつあった農村の状況に対する政府の憂慮があった。明治一四年以後じりじりと低落を続けた米価は、明治一七年には一四年の半値以下に落ち込んだ。[9] 長野県東筑摩郡片丘村村民は、同年三月県令宛に現状匡救策実施を願う上願書を提出しそのなかで次のように述べている。「今日ハ不幸ニシテ財産家屋ヲ公売セラレ、仰テ父母ニ事フル能ハス、俯シテ妻子ヲ育スルヲ得ス、闔族離散路頭ニ悲泣スル者世間滔々皆是レナリ、此惨状ヲ見テ孰レカ感慟セサル者アランヤ……物価ノ低落ト諸税ノ増加ニ因テ俄然困乏ヲ極メタルノ状今之ヲ明治十四年以前ニ比スレハ、物品ヲ以テ算フルニ其差十倍乃至二十倍ニ迄《ママ》ルモノアリ」(『長野県史』近代史料編二、二五九頁)。このような農民窮乏の状況を前にして、政府もさすがに農村救済策を考慮せざるをえなくなり、まず、一八年八月町村の衛生委員、学務委員の廃止、小学校授業料の一般的徴収を打ち出し、町村費節減をはかった。そしてさらに同年同月土地所有者保護の見地から前述の布告をだしたのである。

この布告案の元老院審議の際、白根専一政府委員が「従来地方税ニハ制限ヲ立ルモ町村費ヲ土地ニ賦課スルニハ今ニ至ルマデ一定ノ制限ヲ設ケズ、是ヲ以テ動モスレバ重ク土地ニ賦課スルノ憾ミ無キ能ハズ、故ニ今此法律ヲ布キ以テ此患害ヲ矯正シ土地所有者ヲシテ其堵ニ安ンゼシメントス」(明治一八年七月二九日『元老院会議筆記』二四巻一五八二頁)と述べたように、この布告は、土地所有者保護をめざすものにほかならなかった。当時の農民の窮乏は重要な政治問題であったから、元老院ではすべての議員がこれに賛意を表した。箕作麟祥は土地に賦課する税額を軽減すれば、「今日ノ如キ土地所有者ノ頻頻ニ公売処分ニ遭フ無キヤ必セリ」(前掲書一五八四頁)と述べ、津田真道は「本官ノ如キハ真ニ涙ヲ流シテ賛成スル者ナリ」(前掲書一五八六頁)と発言した。

しかし、村の窮乏の根本原因である過重な税負担と米価の低落に手を付けないまま行われた村費の地租割制限は、土地所有者の軽減分を他に負担させる結果を招く。そして当然の帰結として生じたのが戸数割への重課であった。では、当時の村費は一般的にどのような方式で賄われていたのであろうか。維新後、政府は町村財政には積極的な関与措置をとらず、各地の慣習に任せる方針をとったために、当時の村財政には、旧幕時代の運営方式がまだ色濃く残存していた。従来、村入用の割り付けには、いわゆる「高割」がもっとも多く用いられ、それ以外は地方の慣習や便宜に従って「家別割」や「反別割」が用途別にとられていた(『地方凡例録』巻五参照)。明治一五、六年頃の村税の賦課方法もその慣習を引き継ぎ、土地の地価を基準に賦課する地価割を主に、家を対象とする戸別割を従とするのが村財政の一般的慣習であった。旧幕時代は、各費目の必要額の合計を予算として作成し、その予算の合計額を基準に課税額を決め賦課方法を決めるという形態ではなく、村入用は村役人が代って支払っておき、年度末に精算して村民から徴収する形がとられていた。そして、徴収の際は費目ごとにそれにふさわしい賦課方法で賦課を行い、費目ごとに決算をおこなうという費目単位の一種の独立採算制がとられていた。このような賦課・決算方法は当時は各地でそのまま受け継がれていたように思われる。

たとえば長野県南佐久郡跡部村の明治一五年度協議費財政は、戸長職務取扱費、筆生給料、用水水揚費、畦畔調費が地価九分、戸数一分、堤防修繕費、人民総代給料、村会諸費が地価八分、戸数二分、消防費、衛生諸費、道路修繕費、入会山入費が地価七分、戸数三分、小学校費が地価六分、動産二分、戸数一分、学齢一分の割合で取り立てられている。(10) また、新潟県古志郡北荷頃村では、村会費、郡連合費、組連合費、戸長役場費、村重立費、学校費、土木費などは地価七分、戸数三分の組合わせ方式で、病院補助費、鎮守社諸費、防火費などは地価五分、戸数五分の組合わせ方式で割り当てられている。(11) 日常的な地域生活で住民がそれぞれ同等な立場で関係を結ぶ費目について五分五分の賦課がみられるものの、大部分は土地の所有規模に応じて費用を負担し、貧しい者に配慮する財政の仕組みが作られていたのである。

「全国町村歳入総括内訳表」によると、明治一八年度の地租付加税収入は七五五万六〇〇〇円、戸数割税収入は四四四万二〇〇〇円と、ほぼ六対四の比率で地価割が上位を占めている。ところがこの布告実施後の明治一九年度には、地租付加税四八九万五〇〇〇円、戸数割税六〇二万四〇〇〇円とこの比重が完全に逆転する。長野県の場合はこの逆転はさらに劇的である。明治一八年と一九年を比較すると、地租割収入は三七万五〇〇〇円から一三万九〇〇〇円へと前年の三七%に激減し、戸数割収入は同じく一四万七〇〇〇円から三一万八〇〇〇円へと二倍余に激増する（「県下町村費科目別収入・支出調」『長野県史』近代史料編二、二五七頁）。戸数割税は、階層的に逆進性、つまり下層生活者への重課傾向と富裕者への軽減傾向をもつ人頭税的性格が強い税金である。従って一九年以後、戸数割の比重が地租割を超える形で高まったということは、地主に有利な、貧農には不利な税体系が施かれ、下層への負担が顕著な形で重くなっていったことを意味する。

明治一七年という時点は、秩父事件に象徴されるように、土地を失って小作人化・流民化する危機を脱するための抵抗運動が農村に繰り広げられた時期であった。厳しい税の取り立てに追われる農民たちはやむなく高利貸しから借金し、その結果高利の誅求をうけて身代限り(破産)処分に追いつめられて、各地で困民党・借金党と呼ばれる高利貸説諭の嘆願運動を始めた。この間、地主あるいは商業＝高利貸資本家に上昇転化しつつあった一部豪農層は、自由民権運動から脱落する兆しをみせはじめていた。自由党の合法派と急進派の分裂・自由党解党はこのような事態を背景とした現象であった。一七年の改正は、まさに急進化する運動とは袂をわかったこれらの名望家たちを政府の側に引き寄せる懐柔手段の一つとなったと思われる。[12] 一方、村税滞納者への財産差押え処分実施と戸数割重課は、下層農民の没落に一層拍車をかけることとなったのである。

5　自治破壊への批判

一七年に始まる制度改正は、戸長管区拡大、戸長官選、町村会法改正、町村財政の画一化などの措置によって村に対する中央の統制をいっそう強め、村制度を変貌せしめた。これはやがて施行される画一的な「官製自治」の前駆となったのだが、この政策にたいしては民間からだけではなく、政府の内部からもこの措置は村を衰退させるものとの批判がよせられた。

例えば、政府内部で外交・内政の全般にわたる政策の企画・立案を担当し、いわば政府の知恵袋的存在であった井上毅は、かねてから自治的村落尊重を貫いているフランス地方制度に学ぶべきだとの持論を抱いており、[13] その立場からの批判を展開した。彼は明治一九年に発表した「地方政治改良意見案」で次のような趣旨を述べている。

「そもそも村の団結にはおのずから自治の精神があり、自治の一体にはまたおのずから首領があって村を代表するのが自然の習慣である。しかるに、今回の改正では村の首領を廃し村の団結精神を衰弱せしむるような措置をとった。

村の団結の精神は地方政治の発展に欠かせない要素である。従ってこの回復のために、ふたたび毎村に一戸長をおき、彼を村の総代として村の自治に関するものはすべて村総代に委ねる体制を作る必要がある。他方、現今の戸長役場管轄区域を数十カ村に拡大して、戸長役場は行政事務の実施と村の監督に専念せしむべきだ」と。また二一年に執筆された「地方事情」(国学院大学図書館所蔵「井上毅文書」)では、封建時代の村体制と戸長役場体制とを対比して、後者の法規拘泥主義や形式主義が民衆に多くの不便をもたらしているとの批判を繰り広げた。

「区長又ハ戸長役場ニテ人民ノ願届文書ヲ受取ルニ他ノ官衙ト同様ニ時間ヲ隔ル事此レ人民ノ為ニハ一ツノ不便ナリ、或府ノ区長役場ニテハ土曜日ニハ十一時三十分迄ナラデハ文書ヲ受取ラズ、又各地方ノ戸長役場ニ大抵文書受取ノ時間ヲ掲示シテ午前九時ヨリ午後二時又ハ三時迄トシ、暑中ハ十二時迄トスルハ大ナル心得違ナリ、農民ハ旧封建ノ時ハ午間農事ニ忙シキ故ニ日暮後ニ庄屋ノ内ニ願届ヲ持チ行キ、庄屋不在ナレバ庄屋ノ妻ニ預ケ置キ帰宅スル位ノ簡易ナル政事ナリシニ、今日ノ田舎政事ハ総テ中央官府ノ体裁ニ模擬スル故ニ、戸長役場迄モ儼然タル入口ヲ構ヘテ応接時限ヲ狭クシ、人民ノ為ニ無用ニ時間ヲ費シ一日ニテ済ムベキ事ヲ二日モ掛リ、昼飯弁当ノ用意ニテ旅行セシムルノミナラズ、時トシテハ旅店ニ一宿セシムルニ至ル、而シテ納税ナリ、徴兵、年金届ナリ、戸籍上ノ届ナリ、衛生上病人ノ届ナリ、戸長役場トノ関係ハ昔日ニ十倍セルヲヤ……或ル田舎ノ一人ノ話ニ今日民間ノ苦情ハ租税ノ重キニハアラズ、登記法及其他ノ手数ノ六ヶシキト収税役人ノ横行トニアリト云ヘリ、又戸長役場ノ関係ニ時間ヲ費スコトハ人民ノ為ニハ重税ニ当ルナルベシ、何トナレバ営業ノ為ニハ時間ハ第一ノ資本ナレバナリ」と。

農村生活にとけこんでいた昔の簡素な庄屋制度にくらべて、戸長役場の形式主義、事大主義が農民を苦しめていると述べる井上は、おわりに「要スルニ皮相ノ文明ハ実際ノ民政ト水火相反スル者ナリ」と記し、自生的な基盤を持たない外からの制度輸入が如何に現実から遊離しいたずらに民衆生活の負担となっているかを言葉鋭く批判した。要するに井上は、時の流れのなかで自然に育まれた簡素な自治生活を壊すのではなく、逆にこれを尊重して国家の基盤に取り入れるべきだと主張したのである。

井上と同趣旨の主張は当時の新聞論調にも見られる。明治一七年五月九―一一日の『朝野新聞』は、「区町村会法及ビ戸長選挙ヲ論ズ」と題した論説を載せ、政府の法改正を全面的に批判したが、そのなかの一節では町村会への規制強化に関連して次のように述べられている。

「町村ニハ自然ノ慣習法アリ、之レニ向フテ一定ノ規則ヲ発スルトキハ却テ風俗人情ニ違背スベシト思惟セラレシ故ナル可シ、現ニ寒村僻邑ノ有様ヲ見ルニ、町村会ノ名アレドモ其ノ実ハ氏神講日待ノ寄合ト一般ナルモノ有リ、ソレノ体裁ハ誠ニ笑フベキモ漁父農夫ノ集会シテ協議費ノ出途ヲ定ムルニハ此クノ如クニテ足レリ、何ゾ一定ノ規則ヲ要センヤ……新法ノ如ク其土地ノ便宜ニ因ラズ、一々府知事県令ヨリ其規則ヲ発スルトキハ、我輩其角ヲ矯メテ牛ヲ殺スニ至ラン事ヲ恐ルルナリ、何トナレバ地方官ニ於テ区町村会ノ規則ヲ定ムルトキハ、仮令ヒ充分ニ民情ヲ斟酌スルモ必ラズ博ク一地方ニ通用ス可キ定則ヲ設ケテ之ヲ施行セザル可ラズ、是ニ於テカ、寒村僻邑モ人家ノ稠密ナル市街ト同一ナル法則ノ下ニ支配セラレ、今日マデ氏神講ト一般ナル相談会ハ過半数トカ多数決トカ云フガ如キ手数ノ掛リタル会議トナリ、却テ懇話熟談ノ利益ヲ失フニ至ラン……若シ人民一般ニ於テ之ヲ便利トスレバ隠居ヲ集メテ協議費ノ相談ヲ為サシムルモ可ナリ、村民一同ノ氏神ノ社頭ニ会シ学校教師ノ来臨ヲ請ヒ其ノ説明ヲ聞キ手ヲ拍テ以テ会議ノ終結スルモノト見做スモ亦可ナリ……市街ト無ク村落ト無ク其ノ土地ノ模様ニ応ジテ相当ノ議会ヲ起シ人民ヲシテ其ノ村落ノ費用ヲ担当セシムルハ則チ人情ニ従フノ政ヲ行フ者ナリ、我輩ガ町村会ノ規則ハ其ノ土地ノ便宜ニ任カセ法律ヲ以テ選挙者被選挙者ノ資格ヲ定ムルヲ要セザルベシト謂フモノハ之ガ為メナリ」と。すなわち、本来村の政治や行政は、その村の人情風俗に即した独自の形が各村で作られるのがもっとも望ましいと主張したのである。

これらの主張のように、一七年の制度改正は、旧来の自治的団結とは無縁な人為的な行政単位(戸長管区)と組織を作りだし、官選の戸長を任命し、町村の自治的行政体の実質を喪失させた。町村会との関係でいえば、管区戸長＝連合町村会・町村会という公的機関が連合町村・町村の公的事項を審議し、そのほかの自治的団結体（村落共同体）の運営事項（村祭り、共同労働、水利慣行など）については、村総代＝寄合が協議するという二重構造を作り出した。また、財政面では、国家行政と関係の深い費目からなる町村財政には公財政の性格を付与してこれを官僚的規制の下におき、それ以外は村落共同体の私的な協議費として関与しないという財政上の二重構造をも導入した。これらはいずれも明治二二年に施行される町村制の法理念の前駆をなすものであり、以後の村落自治破壊路線を暗示するものであった。

（1）　藤田武夫『日本地方財政制度の成立』（一九四三年、岩波書店）参照。
（2）　大江志乃夫『日本の産業革命』一九六八年、岩波書店。
（3）　町村会への政党勢力の浸透は、連合町村会で最も顕著であった。例えば明治一六年徳島県において町村会法の改正案が連合町村会に付議された時の状況を伝える「徳島県町村会ノ景況」（「大森文書」一七―二、「区町村会法改正他」2所収）は「規則改正案ヲ郡長之ヲ発ス、該会員四十余名ノ内改進党ノモノ十余名有之、議長及議員中重立チタルモノハ該党員ニシテ……議案ヲ議セズ返上ニ決ス、郡長ハ会法第五条ニヨリ指揮ヲ請ヒタルヲ以テ直チニ原案ノ通施行ス可キ旨達セリ、之ガタメ議員中不満ヲ抱キ或ハ事故アリト称シ……続々二十二名退職ス」（那賀郡）と伝えている。問題となった町村会法改正とは、徳島県独自のもので、従来徳島では、町村会法制定については町村の意見に任せて裁可していた。しかし現在では穏当ならざる条項もあり、施政上障害となる懸念もあるとして県知事の判断で改正案が出され、これが県下の反対党の一問題となり、各連合町村会で対立が生じたのである。
（4）　例えば福島県では、民選された者の一位から五位までの中で県側から見た適任者がいない時は官選とした。その結果、明治一六年三月には、菊多、磐前、磐城三郡一五人の改選定員中、一〇人が官選戸長となった。一五人の族籍は士族一二名、平民三名であった（「戸長改選事務執行顛末並概況調」国会図書館憲政資料室所蔵「三島通庸文書」所収）。兵庫県の例については山中永之佑「郡長制の成立と機能」（『阪大法学』五一、一九六四年）参照。
（5）　前掲亀卦川浩『明治地方自治制の成立課程』、七七頁参照。
（6）　明治法制経済史研究所編『元老院会議筆記』二〇巻、二八五頁。

(7)　新潟県の明治一七年連合町村会規約・町村会規約および新潟県栃尾市の例(『栃尾市史』中巻、一一七―一二一頁)を参照。愛知県の例についての細かい分析は神谷力『家と村の法史研究』(一九七六年、御茶の水書房)参照。
(8)　藤田武夫前掲書参照。
(9)　『日本史総覧』Ⅵ巻所載の「近代米価一覧」によれば、明治一四年一石あたり一〇円四九銭の高値をつけた正米相場は、一五年八円八六銭、一六年六円四五銭、一七年五円一一銭とじりじり下がり続けた。一八年には六円五三銭にもどしたものの、一九年には再び五円六六銭となる。
(10)　『長野県史』近代史料編八、三一二―三一五頁。
(11)　『栃尾市史』中巻、一〇二―一〇五頁。
(12)　松方デフレによる農村の窮乏への対応として、明治一八年五月農商務省から「済急趣意書」が布達され、それにもとづき全国の農村で府県庁の指導下に勤勉、節倹、貯蓄をうたった村規約が制定された。この村規約は村民の日常生活全般に渡る生活行為を規制したもので、その規制方法は「生成した地主層の成長とその発展に基礎をおく、共同体内部の家格にもとづ」くものであったという(神谷力『家と村の法史研究』四八五頁)。「済急趣意書」については、海野福寿「共同体と豪農」(海野・大島『家と村』日本近代思想大系20所収)を参照。
(13)　井上毅のフランス地方制度への共感については坂井雄吉「明治地方制度とフランス――井上毅の立法意見を手がかりとして」(日本政治学会編『近代日本における中央と地方』一九八九年、岩波書店)を参照。

第三章　体系的地方制度の制定

明治一七(一八八四)年の改正は、戸長官選、区町村会への統制強化、区町村費にたいする強制徴収力付与を内容とし、組織的、財政的に国家行政の遂行確保をめざすものであった。しかし、あくまでも松方財政下における町村情勢の激化にともなう緊急措置にすぎなかったために、応急処置的色彩を多分にもっていた。したがってこれとは別に、永続性をもつ体系的な地方制度の樹立が、かねてからの政府の課題であった。もちろん、これは地方制度にのみ特有な問題ではなく、憲法を頂点とする体系的法制度の樹立は、明治一〇年代初頭から政府の重要な課題として論議の対象となっていた。すでに明治一四年政変の時点で、プロイセン・ドイツを立憲化のモデルとして選択する継受方針が決定され(1)、明治一五年三月、伊藤博文にたいして憲法調査の勅命が発せられ、ビスマルクの支配する新興プロイセン帝国に伊藤が派遣されていた。プロイセン流の立憲政治を施くという基本的前提下に、伊藤に示された取調事項は三一項目にわたっていたが、そのなかには地方制度の取り調べも含まれていた。伊藤は、シュタイン、グナイスト、モッセ等によってプロイセン流の立憲政治のあり方を叩きこまれると同時に、地方自治が立憲政治の基礎であることをも教えこまれた。そして帰国後の明治一七年頃から、憲法起草とならぶ形で、地方制度制定のための準備が秘密裏にすすめられたのである。では地方制度に関する具体的な立法作業はどのように進められていたであろうか、これを諸草案の分析(2)を通じて明らかにしよう。

一　諸草案とその制定過程

1　村田保の町村法草案

右の町村法草案は、村田保が内務大書記官に在任中、山田顕義内務卿の命によって調査に着手し、その数カ月後の明治一七年五月に完成させたものである。立法化作業のなかではもっとも早い時期に属する試案である。村田は、明治一三年五月にドイツに派遣され、翌年七月帰国するまで、グナイスト、モッセ等について自治制、行政裁判法、憲法、刑法等の調査研究につとめた経歴をもち、プロイセンを中心にヨーロッパ諸国の地方制度に通暁していた。そして、その豊富な海外の諸知識をもとに、日本の古来からの多くの立法例を参考としつつ、一二章二二〇条から成るこの法案を作成した。彼自身、この作業について、「本邦古今ノ法規慣例ヲ考究シ幷ニ欧洲各国ノ法令ヲ蒐集シ之ヲ取捨折衷シテ以テ各条ヲ設立シ」(3)と説明している。しかしこの草案は、山田顕義の後任となった山県有朋内務卿の賛成を得るにいたらず、結局不採用となり、山県は町村法調査委員を任命して調査を再開、村田は内務省を去り元老院大書記官に転任した。

後の草案と比較しての村田案の特徴は次の諸点であった。

(1)　「凡ソ町村ハ現今ノ区域名称ニ依リ行政区画ヲ為スモノトス」(一条)とあるように、既存の町村規模を行政単位とした。組合町村の設置を認めはしたものの、それはあくまで例外措置である。規模のうえでは、戸長管区制の理念に逆行する形であり、三新法継続の色彩が濃い。

(2)　三府五港および大都市を除く町村には五人組を設置した。五人組は五戸編成を原則とし「互ヒニ相助ケ法令ヲ守ラシメ不良懶怠ノ者ヲ勧諭シ其生業及ヒ教育ヲ奨励シ租税並ニ町村費ノ怠納ナカラシメ戸長ノ奥印ヲ要スル事件ハ総テ先ツ互ヒニ評議ヲ為ス可シ」(一五条)と定められていた。税金の確納、法令遵守、風紀維持、相互扶助、相互監視を主要目標とした点で、徳川期の五人組の伝統をひきついでいた。

(3)　戸長・用掛(のちの助役)の官選方式、町村会への強い規制などの点で、一七年改正と共通する自治抑圧傾向があった。戸長および用掛は、町村会で二、三名の候補を選出し、この中から府知事県令が任命する。町村会が選挙した候補者中に適任者を見出せないときは再選を命じ、再選後もなお適任者がないときは、府知事県令が適宜これを任命する。また府知事県令は「其職務ニ堪エサルカ又懈怠」(三七条)であるとみなした戸長を免ずる権をもっていた。町村会にたいしては、戸長が中止権と議案未評決の際の原案施行権をもち、府知事県令が解散権、停止権をもった。さらに府知事県令により解散を命じられた後の選挙では、解散議会に属した議員に再選を許さないのも村田案の特徴であった。

既存の町村や伝統的五人組を尊重したのは、村田保に「一国の法制は国情民俗を基礎として国人みずからの手により編纂しなければならぬ」[4]との信念があったためだといわれる。しかし、これは、山県の抱く地方制度構想と合致しない一つの要素であった。山県は後年、地方制度編纂をふりかえって、「我邦従来ノ五人組、庄屋、名主、総代、年寄ヲ設ケタル制度ノ中ニ於テモ、自治制度ノ精神固ヨリ存スト雖トモ、明治二十年トモナリテ欧米列国トノ間ヘ処スベキ当時ナレバ、他ノ制度トノ調和ヲ図ル為メ勢ヒ法案ノ形式ニ於テ欧洲ノ制度ヲ参照スルノ必要殊ニ切ナルモノアリ」[5]と述べ、伝統尊重は近代的国家体制と矛盾しない枠内にとどめるべきだとの信念を示している。また村田案の戸長官選方式や町村会への強い規制も、山県のえがく政治的安定のために自治設定を、という構想と一致しない要素をもっていた。これらの点で村田案は山県に拒否されたと思われる。[6]

2　町村法調査委員案とルードルフ案

村田案を不採用とした山県は、明治一七(一八八四)年一二月、内務省内の若手書記官白根専一、清浦奎吾、山崎直胤、大森鐘一、久保田貫一の五名を町村法調査委員に任命し調査を開始させた。その半年後の明治一八年六月、一〇章一五四条より成る「町村法草案」(7)が作られ、山県内務卿に提出された。

この案と村田案との相違は次の諸点であった。

(1)　戸長管区制を前提とした規模を想定して行政区域とし、各町村に戸長の補助者として町村用掛をおいた。

(2)　五人組に関する規定を削除した。

(3)　戸長の選出は次のように行われる。町村の選挙権者が三名の候補者を選び、郡長の推薦を経て府知事県令がその中から任命する。

(4)　選挙権者は町村内居住者に限られず、地租五円以上納入の他町村居住者にも選挙権が与えられた。また、町村会議員の選挙に際し地租の納額により選挙人を三級にわかつ等級選挙制度を採用した。

右のうち、とくに(4)の他町村居住の土地所有者に選挙権を与えたこと、町村住民を階層的に分断する等級選挙制を導入したことは、地主に特権を与える措置として従来にない特徴であった。

ほぼ同じ時期に起草されたと思われる草案に、政府雇ドイツ人カール・ルードルフ起草のものがある。(8)一六章二二九条より成る厖大なこの草案の主な特徴は左記の通りであった。

(1)　郡と町村の中間に所轄区をおき、一七年改正の戸長役場区域をこれにあて、府知事県令の任命する所轄区長をおき、町村には町村会が任命した町村長をおくという二重構造をとった。

(2)　町村会を地主中心に構成するための種々の配慮をしている。町村会議員は三級の等級選挙で選ばれる。ただし、町村税総額の五分の一以上を納める多額納税者は選挙をまたずに町村会議員となることができる。また、町村外居住者および法人株式会社、鉱業組合で第一級に属する住民と同じ町村税を納めるものは町村会議員選挙の権をもつ。これらの選挙権者は代理者に委任して投票させることができる。さらに「少クトモ町村会議員ノ半数ハ地主ヨリ成立ス可シ、其土地ノ関係ニ因リテ必要ナルトキハ郡総代ハ少クトモ町村会議員ノ半数ハ地主ヨリ成立ス可シトノ規則ノ違例ヲ許可スルコトヲ得」(四四条)と地主中心の議会構成をめざす措置もとられた。

右のように、地主を自治体の柱にすえるルードルフの構想は、彼の県制草案、郡制草案、市街法草案の内容をあわせ考えたとき一層明瞭になる。彼の「地方自治制草案理由」[9]には次の構想が語られている。

府県、郡にはそれぞれ議会をおく。府県会は郡会より選挙する複選制をとり、郡会は三分の一は郡民中の多額納税者の互選、三分の二は市区町村議員の選挙でえらぶ。また府県会・郡会はそれぞれは総代・委員をえらび、それらの総代・委員は府県知事・郡長を補助する形で、府県、郡の自治事務を処理する。さらに県、郡の総代は行政裁判の一部を委任されて処理をする。

これらのルードルフ構想は、のちの明治二三年公布の府県制、郡制のなかに理念的に継承されていった部分が多い。府県会議員、郡会議員の複選制、郡会の大地主議員の規定、参事会員、委員の規定などがそれであった。

内務官僚による町村法調査委員会案、ルードルフの町村法草案は、いずれも地主制を社会的背景にした地方制度を構想している点[10]およびモデルとしてプロイセンの地方制度をえらんだ点で共通していた。そしてこの構想を土台に、明治憲法体制下の基底たるにふさわしい地方制度が、政府雇法律顧問モッセの指導下に緒についていくのである。

3　地方制度編纂委員の設置とモッセの自治思想

政府は、内務官僚による町村法調査委員会案を政府雇法律顧問、ロエスレル[11]、モッセの二人に示し意見を求めた。

これにたいしモッセは、たんに草案の内容だけではなく、地方制度の根本的あり方について長文の意見書を提出した。その要旨は「市町村制史稿」によれば次のとおりである。

「憲法ノ制規殊ニ上下両院ノ組織ノ如キハ地方団体ノ構成ニ関連スル所尠カラス、且立憲制度ヲ実施セントスルニ当テハ、先ツ国民ヲシテ公務ニ習熟セシメ党派政争ノ風波ニ当ルノ前、予メ地方自治体制ヲ建テテ以テ国家ノ基礎ヲ鞏固ナラシムルノ必要アリ、故ニ地方制度ノ改革ハ、必ス憲法ノ実施ニ先チテ之ヲ施行セサルヘカラス、然レトモ町村ノ制度ト上級自治体ノ組織トハ首尾関聯シテ相離ルヘカラサルモノアリ、自治機関ノ地方官治機関ニオケルモ亦交互ニ影響スル所極メテ多シ、若シ予メ革新ノ目的大綱ヲ定メスシテ個々ノ立法ニ着手セハ其主義方針相牴触シテ終ニ拾収スヘカラサルニ至ラン、故ニ地方制度ノ調査ヲシテ遺濫ナカラシメ其制定ヲシテ時機ヲ失セサラシメント欲セハ周囲ノ思慮ト透達ノ識見トヲ聚メテ特ニ高等ノ一機関ヲ設ケ、之ヲシテ大体ノ計画ヲ起案セシメ閣議ヲ経上裁ヲ仰テ予メ改革ノ大綱ヲ確立スルニ如カス」(12)。

山県はこのモッセの説に深い共感を示し、閣議決定を経て地方制度編纂委員を設置した。山県を委員長に、芳川顕正内務次官、青木周蔵外務次官、野村靖逓信次官、モッセが委員に任命され、町村制だけでなく広く府県と郡を含めた地方制度作成のための編纂綱領をモッセが起草することになった。なお、白根専一、大森鐘一、荒川邦蔵の内務書記官が委員に付属して調査に従事した(13)。このモッセの起用について、山県は後年次のように述べている。

「抑ミ予カ我法律案ノ起草ヲ欧洲人タルモッセ氏ニ命シタルハ……明治二十年トモナリテ欧米列国トノ間ニ処スヘキ当時ナレハ他ノ制度トノ調和ヲ図ル為メ勢ヒ法案ノ形式ニ於テ欧洲ノ制度ヲ参照スルノ必要殊ニ切ナルモノアリ、随ヒテ自治法案ノ如キモ我邦古来ノ自治ニ関スル精神ヲ基礎トシテ明文上自治法規ノ完備他ニ優リタルドイツノ自治制度ニ則リ其ノ形体ニ遵拠シテ我邦自治法案ヲ起草セシムルノ最モ確実ナル功程ヲ進ムヘキ好方法ナリシヲ以テナリ」(14)。

山県ら内務官僚は、モッセを通じてビスマルク体制を支えていたプロイセンの「自治」精神を学び、この理念を日本に適応させた独自の制度立案にのり出したのである。プロイセンの自治精神はモッセによってどのように紹介されていたであろうか(15)。彼は、自治と分権の設置が国家の統治上きわめて有効であることを明らかにする。

「凡ソ国家開明ニ進ムニ随ヒ社会ノ利益ハ競争ノ形勢ヲ生ズルニ及ビ、自治体ハ其団結中ノ人民共同シテ利害ノ関係ヲ有スルモノナルガ故ニ、一般競争スル所ノ利益ヲ平均スルモノナリ、自治体ハ人民ト政府トノ間ニ生ズル圭角ヲ円滑ニスルモノナリ、又自治体ハ愛国心ヲ喚発スルモノナリ。如何トナレバ人民ハ国家ノ何タルヲ弁ゼズ、唯租税ヲ納ルノミヲ以テ初メテ国家アルヲ知ルモノ多ク、自治体ハ之ニ反シ直接ニ人民ニ関係スルモノナルヲ以テ此自治体ニ団結シテ始メテ共同ノ心ヲ起シ、意ニ国家アルヲ知ルニ至レバナリ、……猶ホ自治体ノ利益ヲ挙ゲンニ、立憲政体ノ国ニ於テハ人民ニ最モ高尚ナル国事ニ参与スルノ権ヲ与ヘタリ、此権利ヲ利用セシムルニハ先ヅ共同体即チ自治体トハ如何ナルモノナルヤヲ知ラシメザルベカラズ。立憲政体ノ国ニ於テハ人民ニ租税及歳出ノ事ヲ議スルノ権ヲ与ヘタリ。斯ノ人民ニシテ苟モ共同体ノ事務ニ通ゼズンバ、復タ何クンゾ能ク其事ヲ議スルコトヲ得ンヤ。……日本人民ハ憲法ノ如キ大体ノ事ニノミ注目シテ、道路学校橋梁等ノ己レノ利害ニ直接スル事項ニ注意セザルモノノ如シ。今日本ニ国会ヲ設立スルモ其議員ナルモノハ抑モ如何ナル人民ヨリ挙ゲラルベキ歟。若シ此等ノ議員ニシテ行政ノ何タルヲ弁ゼズ、徒ニ高尚ノ議論ニノミ奔駆スルコトアラバ、其弊タル挙テ云フベカラザルニ至ラン。余ノ考フル所ニ依リ之ヲ視レバ、分権及自治ノ事ヲ定メズシテ直ニ国会ヲ設置セバ宛モ南亜米利加ノ如キ形況ニ陥ランノミ。」（モスセ氏演述伊東巳代治筆記「自治論」、伊藤博文編『秘書類纂法制関係資料』下巻一九九—二〇一頁）。

右のようにモッセは、国会の開設に先立って、町や村に地方自治体を作り上げてまず体制の基礎固めを行うことが焦眉の急であると力説した。地方自治体とはいっても、主体的な個人が作りあげる分権的自治が想定されていたわけではない。身近な日常的な行政に住民を部分的に参加させ接触させることによって、彼らのなかに中央集権国家や官僚機構を積極的に支える「公共」精神を醸成させることを重要視したのである。当時の社会に広くみられた政府への抵抗気運は、地方行政への参加という経験を経ることによって、体制内での地についた政治活動＝国家への共感と奉公心へと転換していくであろうとの主張である。

しかし、モッセは決してすべての住民の自治政治への参加をえがいたわけではない。住民中の「教養と財産ある者」に名誉職の義務を与えて町村長や議員に就任させ、「貴族的な政治」体制を作ることがめざされていた。

「人民ハ一定ノ学識ヲ有セザルベカラズ。又人民ハ義務ニ任ズル心ヲ有セザルベカラズ。今一ツハ一般ノ利益ノ為ニ各自譲与拋棄スベキコトヲ心掛ケザルベカラズ、又人民中資財ヲ有スルモノナラザルベカラズ。若シ己レノ職業ノミニ従事シテ名誉官ノ事務ヲ執ルニ暇ナキモノハ措テ之ヲ取ラザルノ外ナシ。故ニ自治体ハ決シテ民政主義《デモクラチック》ノ性質ヲ帯ブルモノニアラズ、却テ貴族政治《アリストリチック》ノ主義ヲ包含スルモノナリ。是レ決シテ門閥ヲ称スルノ謂ニ非ラズ、専ラ学識幷財産ヲ重ズルニ起ルヲ以テノミ。」(前掲モスセ氏演述「自治論」二〇一頁)。

明治一〇年代の自由民権運動の昂揚への対処に頭を悩ませてきた政府にとって、このモッセの提案はきわめて歓迎すべき内容をもっていた。かくて、国会開設前に公布することを絶対条件に、「貴族政治の主義」つまり地主を担い手とする地方制度が具体的に構想されるに至る。

4　地方制度編纂綱領

地方制度編纂委員会を開くにあたり、モッセはまず大体の編纂方針を列挙した「地方官政及共同行政組織ノ要領」を明治二〇(一八八七)年二月一日付で委員長山県有朋に提出した。さらにその後「共同区行政ノ監督」「官政事務上ニ於テ参事会ノ会議庁タル職権」および「行政裁判」の三つが提出された。これらを叩き台に、地方制度編纂委員会が一ヵ月近くの審議を重ね「地方制度編纂綱領」を作り上げ、二月二四日に閣議に提出、決定を得るに至った。

この綱領は、組織の基礎、府県、県会、郡市、町村、共同区行政ノ監督、行政裁判の七款からなり、府県、郡区、市町村の各行政機関の権限、各議会、参事会の組織と権限、行政監督権、行政裁判所などの全般にわたる体系的な地方制度編纂の根本方針が記述されていた。相互に有機的関連をもつ、のちの市制・町村制、府県制、郡制の基礎がここにできあがったのである。

その主要な特徴を次に示そう。

(1)　モッセのいわゆる「貴族的な政治」理念が具体化されていた。町村会は「法律ニ依リ選挙ヲ受ケスシテ議員タルコトヲ得ル者」と「町村ニ於テ選挙シタル者」から成る。前者の無投票議員とは町村税総額の六分の一を納める者である。後者の町村会議員を選ぶ選挙権者は原則として納税者だが、知識人(「大学得業生以上ノ学位ヲ有スル者」)は納税資格を免除される。選挙は納税額により三級に分ち、多額納税者に少数で代表をえらべる特権を与えた等級選挙制であり、さらに議員の半数以上は「土地所有者ナラサル可ラス」との但書がつけられていた。

郡会は無投票の大地主議員、大営業人議員および町村会議員による間接選挙で選ばれた郡会議員より成る。被選挙人は府県会、郡会ともに、年齢三〇歳以上の独立の公権所有者で一〇円以上の納税者であった。府県会議員は郡市会の間接選挙で選ばれる。地主およびブルジョアジーの特権が大幅に認められると同時に、いわゆる知識階級に特例を設け「教養と財産ある者」の政治参加をうたった点が特徴的である。

(2)　彼ら有産者の一部を、町村年寄、郡参事会員、府県参事会員とし、公共事務の処理に参加させ、官僚との融合連繫をはかった。町村年寄は町村長の補助および代理者として事務を「処弁」する。県郡参事会は、県会郡会の議事立案、議決施行、県郡吏員の選任監督、委任事務の議決、官庁の下問にたいする意見陳述などを任務とする。町村年寄、参事会員はいずれも旅費日当の実費弁償のみをうける名誉職である。これらは、有産者に義務として自治体行政に参加させることをめざしたモッセの理念の具体化であった。

(3)　内務大臣に連なる府県知事―郡長という階統的地方官僚組織が構想されると同時に、その官僚組織による厳しい監督が各自治体に加えられた。監督官庁(郡長・知事・内務大臣)は、行政事務の報告を要求し検査を行う権利、強制予算の権利、町村長・町村年寄・各参事会員を懲戒する権利、各議会・参事会の議決を破棄あるいは許可する権利をもつ。町村会・郡会・府県会は内閣の上奏により勅令で解散させられ得る。なお、議決破棄処分への不服者が監督官庁に抗告した場合、監督官庁は参事会と協議して裁定するとの規定があり、地主特権への配慮をみせている。

(4)　現今の町村はそのまま存立させることを原則としたけれども「自治ノ目的ヲ達ス可キ十分ノ資力ヲ存セサル町村」については、合併を提案し、のちの町村合併への路線をしいた。モッセのゲマインデ尊重も、現存町村すべての尊重ではなく、国家の要請にこたえうる有力町村を念頭におくものであった。なお、合併とそれにともなう財産処分および町村の境界の変更は、町村の関係住民ではなく県参事会の議決に決定がまかされ、県規模の有力者の意向に委ねる措置がとられた。

右のように、この綱領は、多額納税者を中心とする地方の有産者に自治行政参加を義務づけると同時に、この自治体に内務大臣―府県知事―郡長と続く統治系列による官僚統制を加え、官僚と有力者の連繋体制を作ることを構想していた。ここには、市制・町村制―郡制―府県制の理念の原型が示されている。

5　自治部落制草案と市制・町村制法案

地方制度編纂綱領の閣議決定後、モッセは独文で「自治部落制草案」[16](荒川邦蔵訳)を起草し委員会に提出した。法案は一六二条から成り、町村市区には共通の規定が適用され、とくに必要のあるものについてだけ市区と町村を区別していた。「自治部落」というのはゲマインデの訳で市町村を汎称する言葉である(以下部落は町村と変えて用いる)。左記は今までの案とは違った自治部落制草案の特徴である。

(1) 名誉住民の規定を設けたこと。国家もしくは町村のため著しい功労のある者は、住民の要件を欠いても(たとえば不在地主)名誉住民権が与えられた。名誉公権をもつ者で町村内で最多額を納税する町村住民三名の一人よりも多額の直接税を納める者には選挙権が与えられる。これはあきらかに不在大地主の特権を意味していた。

(2) 名誉職義務を故なくして拒否した場合に、参政権停止および町村費の負担増課の罰則を設けたこと。

(3) 人口の大小によって町村の処遇に差等を設けたこと。人口三〇〇〇以下の町村の町村長・助役は名誉職で就任を義務づけられる。三〇〇〇以上では市町村長当選の諾否が当選者の意思にまかされ、また市町村会の議決で市町村長を有給吏員となしうる。五〇〇〇以上の市町村では必ず有給吏員となる。

選挙された町村長および助役の認可権者も人口により異なり、二万五〇〇〇以上は皇帝、一万以上は内務大臣、五〇〇〇以上は知事、五〇〇〇以下は郡長であった。市長は皇帝に選任され任期は一二年となっている。

(4) 区域が広い町村、人口稠密な町村は、施政の便宜をはかるため内部を数区に分ち、区長をおくことができるという行政区の規定を設けたこと。

(5) 町村は基本財産維持の義務をもち、その財産より生ずる収入、手数料、科料などを主体に財政を維持し、税は補助財源とするという不要公課町村の理念をかかげたこと。なお、町村財産は全町村のために管理共用する。旧部落有財産については町村会の決議で旧慣を変更することができるとした。

(6) 町村内に部落単位の選挙区を作り、小部落の選挙人を大部落の圧制から守ろうとしたこと。

(7) 町村―郡―府県の各自治体が上下に結びつき上級団体の指導下におかれたこと。たとえば町村長・助役の選挙が同数となり決定しがたい時上級団体の参事会がこれを決するなど。

地方制度編纂委員会は、この自治部落制草案を市制と町村制の二つに分割した上でそれぞれについて審議に入り、明治二〇(一八八七)年九月上旬法案の修正校訂が成り、一七日山県委員長は修正法案を内閣に提出した。その間モッセには市制・町村制理由書の起草が命ぜられた。内閣は閣議を開いて審議のすえ、従来の制度に急変をきたす部分、繁雑にすぎて実行が難しく思われる部分などの修正を要望した。この修正は「大体ノ主義ニ於テ異同アルコトナシ」(前掲「市町村制史稿」一四頁)といわれてはいるものの、次のような重要な修正を含んでいた。

(1)　自治権制限の法的根拠を勅令や命令にまで拡げて、法治主義的自治行政の成立を阻止する方向での変更を行った。モッセは権力分立思想の原則にたち、国の行政権が恣に自治権を侵害することを警戒して、市町村に事務を委任し住民に負担を課する場合、つねに法律を以てしなければならないと定めた。市制・町村制法案はこれを改めて、勅令や命令を以てしてもこれをなしうるとしたのである。この改正についてモッセは、「提出案第三十二条ニ於テ将来勅令ヲ許シタルハ立憲ノ主義ニ背戻セリ」[17]と強い反対の意思を示したが、元老院は天皇主権絶対化の見地から、あえて法治主義逸脱の変更を行ったのである。ここには、プロイセンよりさらに後退した日本の立憲制の特徴が示されていた[18]。

(2)　市町村行政にたいし住民が監視する機会をさらに狭めた。予算表および決算書を市会・町村会に提出する以前に、関係者の縦覧に供するべき旨の規定を削除し、さらに市町村会議長に議会傍聴を禁止する権利を与えたのはこの例である。

(3)　日本社会の実状を配慮して、名誉住民の規定、多額納税者の無投票議員の規定、多額納税の村外者の選挙権など、大地主の特権が町村内に露骨にあらわれるものは削除した。

(4)　町村内選挙区を廃止した。モッセは部落の政治的機能を重視する立場から町村合併後もその団結を保持するために選挙区を設定したが、修正案では新町村中心の秩序形成のために部落の割拠性を軽視する立場をとったのである。モッセはこれについて「此規定ニ拠レバ、小部落ノ選挙人ヲシテ容易ニ大部落ノ圧制ヲ受ケシムルモノナリ。当選ハ多数ニ依リ定ムルカ故ニ、大部落ノ選挙人ハ専ラ総テノ議員ヲ選挙スルコトヲ得ルニ至ルヘシ。之ニ反シテ旧案ニ於テハ多数人ノ圧制ヲ防キ、各部落ヨリ相当ノ議員ヲ出サシムルコトトセリ。新案ハ猶此外政治上の弊害ヲ醸スノ恐レアリ……要スルニ新案ハ民主政体ノ党派競争ノ器具トナルモノニシテ、立君確実ノ政体ニ適合セス(19)」と強い非難をあびせていた。

右のように内閣は、官僚的支配を強化し、新町村単位に地主中心の支配秩序を形成する方向でモッセ案を修正した。この修正が最終的に法案としての形を整えたのは明治二〇年一一月一日で、その後直ちに法制局の審議を経て、草案は元老院の議に付せられた。元老院では議論が沸騰し、廃案説が何回かとなえられたものの、結局原案の大筋を可とするものが多数を占め、いくつかの点で細かい修正が要望された。⑴人口による町村の差別的取扱いを改め、町村長・助役はすべて名誉職とし町村の情況により有給吏員となし得る道を開いたこと。⑵町村の監督をすべて第一次は郡長、第二次を府県知事、第三次を内務大臣と画一化したこと。⑶名誉職拒辞にたいする制裁は公民権の停止だけを残し町村費の増課を削除したことなどが主な修正点である。この修正は、明治二一年二月八日にいたりようやく確定議了し、同年三月二一日閣議を総理大臣官邸に開き市制・町村制施行の議が決定したのであった。

かくて、政府は永続的な地方体制として明治二一年四月二五日市制・町村制を、明治二三年五月一七日府県制、郡制を公布した。いくつかの試案を経て結実したこの地方自治制制定には、維新以来の地方制度の変遷過程で、政府当局者が地方行政を通じてえた国内経験と、保守的な国際経験(プロイセン)が集大成されていた。また農村で基本的な階級関係となりつつあった地主制が制度の社会的背景として想定されていた。中央の政党勢力に左右されない名望家中心の地方自治体制を早急に作り上げ、日本の支配構造の根底を安定させた後に国会開設を迎えようとした山県有朋の意図は、ここに日本型地方自治制度として実を結んだのである。

(1)　清水伸「独墺における伊藤博文の憲法取調と日本憲法」、梅渓昇『お雇い外国人――政治・法制』(一九七一年)、山田公平

「近代日本地方自治研究序論(一)」(『日本福祉大学研究紀要』二七号)参照。

(2)　この項作成にあたって亀卦川浩『明治地方自治制度の成立過程』第六章―第九章および大島太郎『日本地方行財政史序説』第三章第一節を参照した。

(3)　大森佳一編『自治民政資料』一七二―一七三頁。

(4)　亀卦川浩『明治地方自治制度の成立過程』一〇二頁。

(5)　山県有朋「徴兵制度及自治制度確立の沿革」(国家学会編『明治憲政経済史論』一九一九年)四〇一頁。

(6)　この点については大島太郎前掲書の指摘を参照。

(7)　東京市政調査会篇『自治五十年史　制度篇』(一九四〇年)九〇―九八頁参照。

(8)　起草の経過や年月などは一切不明であるが、施行期日が明治二〇年一月一日となっているところから、明治一八、九年頃のものと推察されている(前掲『自治五十年史　制度篇』一〇四頁参照)。なお、町村法草案は伊藤博文編『秘書類纂法制関係資料』下巻(一九三四年)一二五―一九二頁に収録されている。

(9)　伊藤博文編『秘書類纂法制関係資料』下巻(一九三四年)一一九―一二四頁。

(10)　ルードルフの案に、他町村居住の土地所有者に町村会議員選挙権を与え、かつ代理者による投票を許しているのは、寄生地主制における村外寄生地主―在村差配の支配系列を想定させる。また、町村法調査委員案には、プロイセンの私領地に倣った規定がある。一人で一町村の土地を所有する者があるときは別に戸長をおかず議会を設けず、すべてその所有主が町村の事務を担任する。所有者が他地方居住者の場合は府県知事の認可をうけて他の者に事務を代理させることが出来るという規定である(前掲『自治五十年史　制度篇』九五頁)。

(11)　ロエスレルの欧州諸国の法制と対照した詳細な批評については、亀卦川前掲書一〇九―一一一頁参照。

(12)　大森鐘一・一木喜徳郎共編「市町村制史稿」(明治史料研究連絡会『明治史料』三集一九五七年)一三頁。

(13)　外務次官と逓信次官の二人が加わったのは職務上の関係ではなく、青木、野村の二名ともドイツに滞在し自治制度にたいする造詣が深く、かつグナイスト、モッセと交遊があったためだという(前掲『自治五十年史　制度篇』一二〇頁)。

(14)　前掲山県「徴兵制度及自治制度確立ノ沿革」二七―二八頁。

(15)　モッセの師にあたるグナイストも、モッセと同様に、国会開設前にまず自治制を施くことが最も重要であること、自治の基本となるものこそは村(ゲマインデ)であることを力説していた(「西哲夢物語」中の「グナイスト氏談話」を参照。『明治文化全集　憲政篇』四巻、一九三八年所収)。
(16) 前掲『自治五十年史　制度篇』一四八―一六五頁参照。
(17) 前掲『自治五十年史　制度篇』一七二頁。
(18) 亀卦川前掲書、大島太郎前掲書参照。
(19) 前掲『自治五十年史　制度篇』一七〇頁。

二　町村合併の強行――「有力町村」の造成

1 「有力町村」の論理

激動期に即応した緊急措置として、戸長管区の拡大と戸長官選を実施した政府は、他方、永続的な地方体制の制度化に取り組み、明治二一(一八八八)年市制・町村制を公布し、さらに二三年府県制・郡制を公布して、明治憲法体制を支える地方自治体制の全貌を明らかにした。維新以来、市制・町村制成立までの二十余年間、大区小区制―三新法―官選戸長管区と揺れ動いてきた地方制度は、この時最終的な確立期を迎えたのである。

この町村制に示された自治とは、第一に地域の有力者が支配権を握る自治であった。第二に政府の政策に背くことなく、国家体制を安定させる機能をもつ自治であった。そして第三に、中央にそびえ立つ強大な集権国家の屋台骨を支えるために、町や村は「有力町村」であらねばならなかった。各町村は、政府が割り当てるさまざまな負担を無理なくこなす事のできる行政能力・財政能力をもたねばならない。そのためには、町村は一定の広さと人口を持つ必要がある、との論理である。

そしてこの論理に基づき、政府は町村制実施に先立つ形で、村を決定的に変貌させる町村合併を明治二一年に強行した。この町村合併の結果、全国の町村数は一〇ヵ月あまりの短期間にほぼ五分の一に激減した。一七年の改正で作られた戸長管区体制では、前述のように町村の連合が行われただけで、各町村の独立はまだ保障されていた。しかし、この大合併は、旧来の町村の自立を根こそぎ奪うものとなったのである。

この急激な大削減を強行した理由を、政府の出した「町村合併標準」はつぎのように説明している。「町村制ノ改革ヲ決行スルニ当テ最重要ナル事業ハ有力ノ町村ヲ造成スルニ在ルモノトス、抑ゝ有力ノ町村タランニハ相当ノ区域及人口ナカル可ラズ」。この「標準」の説明をさらにたどれば、有力町村とは具体的に戸数三〇〇戸以上をもつもの、あるいは「町村ノ治務ヲ十分ニ挙行シ得ベキ力アルモノ」であった。つまり町村制は有力な町村を想定した法制度であるから、まず施行の前提として弱小町村を整理統合しなければならないとの主張であった。

では、なぜ、村は有力であらねばならなかったのか。一口でいえば、旧藩以来続いている村と、維新以来専制的中央集権国家に急成長し複雑かつ大規模な行財政構造をもつに至った国家機構、この二つの間の矛盾を国家の側の論理で一方的に止揚したのがこの合併政策であった。周知のように、日本の急速な近代化は、国家の保護助成による大工業の急速な育成、強力な軍隊・官僚機構の樹立を柱とする富国強兵政策によってすすめられた。いわゆる経済的自由主義とか安価な政府の理念とはまったく無縁な巨大な行財政構造をもつ国家が主導する近代化政策は、地方団体を国家行政の下請け機関、官僚機構の下部機関たらしめることが前提となっていた。国家が町村に支出を義務づけた経費は多額であり、町村役場が処理しなければならない行政事務は複雑多岐にわたった。とくに明治二二年施行予定の町村制の下では、国政委任事務の増加が予想され、それに対応しうる町村役場機能の組織化と効率化が強く求められていた。つまり町村役場は自治を推進する場所である以前に、政府の命じた行財政事務を処理するお上の役場であらねばならなかったのである。その行財政事務の繁雑さは例えば、「本案ノ如ク其行フ可キ職務ヲ列挙スル以上ニハ日出テ行キ日没ニ帰ルモ猶ホ足ラザルノ繁務……」(明治二〇年一二月二四日『元老院会議筆記』二九巻七六頁)と、井田譲元老院議官の心配を呼び、経費の点でも「有力ノ団体ニ非ザルヨリハ得テ公法上ノ義務ヲ実践シ能ハザルベシ」(同「筆記」)と予想される類のものであった。

ではこれと関連して、町村の財源はどのような状態におかれていたであろう。「市制・町村制理由」が「政府ハ市町村ノ経済ヲ以テ国ノ財政ニ牴触セザラシメ之ガタメニ国ノ財源ヲ枯渇セザラン事ヲ努メ」と述べたように、政府は町村財源が国家財源と競合してこれを蚕食することをひたすら警戒し、町村の自立に必要な財源を保障するのではなく、逆に町村財源に強い制約を加える態度をとった。町村税には、明治一八年の地租付加税七分の一の制限がそのまま生き続け、その他の直接国税付加税にも一〇〇分の五〇という制限が付けられた。さらに特別税についても、新税を禁止する措置がとられた。この規制によって、他に財源を持たない町村財政は必然的に戸数割、家屋税などに頼らざるをえず、そして戸数割の貧民への重課傾向が、その財源をいっそう乏しくさせる矛盾を生んだのである。

このように政府は、財源の狭隘という制約を堅持しつつ過重な経費負担、事務負担を村に負わせる政策をとった。もちろん、維新以後、国家が収奪した入会林野を町村の基本財産に返還する意図も毛頭なかった。町村合併とは、このような国家政策を支える能力をもつ下部団体を地域に創出する政策にほかならなかったのである。

2　計画の立案と推進

では合併計画はどのように作られ、推進されていったのか、新潟県を例にとって明らかにしよう。新潟県では、明治二一(一八八八)年五月三日、県庁内に書記官、収税長、警部長、属、警部ら一八名からなる「市町村制実施取調委員会」(委員長は書記官)を発足させ、翌六月、「市町村制実施要綱」と「町村合併標準」を発表した。合併はおよそ三

○○戸以上を標準とする事、町村の異議が強く合併が不可能の場合は次善の策として組合町村とする事、合併の区域は現今戸長役場所轄区域を目標とする事、合併の最終期限は一一月末日とする事などが明らかにされた。

そして、この方針に基づき、合併計画作りが具体的に緒につく。まず、郡長が郡下町村の合併計画案を作り、これを市町村制実施取調委員会が査定し、必要な場合は修正を加えて再び郡長に諮問する。郡長はこの委員会案を郡下の戸長諮問会にかけ、さらに町村総代の意見を徴した上で、実施見込みを委員会に答申する。委員会は、郡長答申の実施見込案を実地調査し、再調査を行ったのちに支障がないとみなせば、これを決定する。つまり、県庁吏員と郡長のコンビが合併計画案を作成、地域状況を調査した上で最終決定を行ったのである。当事者である町村住民には、郡長に対する意見申述権が与えられたにすぎなかった。

政府はこの合併計画作成の過程で「可成ハ町村ノ請願ヲ酌量シ且平穏調和ヲ企図ス可シ」(「町村合併標準」)として、旧慣や関係者の熟議を大切にするよう指示し、府県の独断専行を戒めていた。たとえば、新町村の名称について、「実施要綱」は大町村による小町村合併の場合は大町村の名称を、数町村の対等合併の場合は「各町村ノ旧名称ヲ参伍折衷スル」など、民情をふまえる必要があると述べると共に、いずれの場合も旧名称を大字の名前として残す保証を与える必要を強調していた。また旧町村所有の財産については、なるべく合併して新町村の財産とする事が望ましいが、強い反対があるには旧町村財産として維持する事もやむを得ないと記されていた。

右のように、一応旧慣の尊重や関係者との熟議の必要が唱えられはしたものの[1]、最終的には、「有力町村造成」という政府の方針は絶対であった。政府の出した「市町村制施行手続」は、正当の理由を持たない苦情は、懇篤説諭してこれを退け、説諭に応じない時は苦情にかまわず合併計画を立てるよう命じていた。そして、その苦情が正当か否かを判断する基準は、住民の生活や生産の論理ではなく、前述の有力町村の論理であり、区域の最終決定権は県が掌握したのである。

3　合併反対の動き

上記のようにこの町村合併は政府の統治上の必要からうまれた政策で、村落の生活圏の自然的拡大をふまえたものでなかっただけに、合併の強行は全国的に大きな紛議をまきおこした。「市制町村制実施につき一番大きな紛議をまきおこしたものは、実に市町村の分合及境域変更のことにてありき……其紛議殆ど各府県において之あらざるなく、一々之を紙面に細録するは到底之をよくすべきにあらず……委員を選んで直接に内務大臣に具陳請願したる、郡長辞職せしめんと奔走尽力一々枚挙にいとまあらず」と『自治新誌』(明治二二年六月一一日号)が記したように反対運動は全国でまきおこった。

この反対の声を具体的に新潟県の例にみよう。新潟県でも合併政策が進行するにつれて、各地域は騒然たる雰囲気に包まれた。「本件タル未曾有ノ一大事件ニシテ恰モ新天地ヲ創設スルノ感」(「中蒲原郡新飯田村外二ヶ村戸長町村分合ノ議ニ付意見上申」)、「町村人民ノ休戚ニ大関係アルヲ以天下致ル所翕然トシテ之ヲ論ゼザルハナシ」(「中蒲原郡七日町村惣代町村分合ノ議ニ付上申」)と各地の「合併に関する上申書」は当時の雰囲気を述べている。

では、住民側の反対はどのような内容をもっていたのだろうか。合併反対の理由は各地域さまざまであったが、基本的には、この合併が住民の生活上全く必要性がないばかりか逆に生活を脅かしかねないという危機感がその根底に存在していた。当時の村は、農民の生産基盤・生活基盤として、住民の日常と深い関わりをもって存在していた。農業用灌排水施設、入会林野、農道などの共同利用をはじめ、土木、祭礼、消防などの事業は村あるいは村内部の小集落を単位に行われ、村の団結の基盤を作っていた。各地域の村総代はこの生活共同体を「用水樋管ヲ同フシ、春秋鎮守祭礼モ古来ヨリ同日ニシテ、俗ニ言フ所謂寺院之御講休暇日物日ヲ同フスル」(「西蒲原郡二階堂村・又新村惣代答申書」)と述べ、あるいは「地勢風俗民情ト言ヒ将盆暮、郡村費収支、耕地養育、農家休業等ニ至ルマデ」(「西蒲原郡松橋村・永野新田村長渡村惣代答申書」)同じ気風が存在するものと表現している。このほかに、村所有の財産の維持方法、学校維持方法、用水・林野の利用方法など、各村々の間には微妙な相違があり、複雑な利害関係が存在していた。こうした実態をもった村の団結を破壊し、より大きな団結体を人為的に作りあげようとする町村合併に反対の声が起こるのは当然であったといえよう。

各村の上申書があげた合併反対の具体的理由は、地域事情を反映してさまざまであったが、沿革・地勢・民情・水利・土木などの諸条件の相違をあげた場合が多い。まず沿革については、新潟が大藩支配地ではなく、幕領・小藩・諸藩預り地が錯綜する小規模な割拠地であったことからくる気風や慣習の相違が反対理由としてあげられている。幕藩体制下に育まれた固有の文化や気風の相違は簡単に無視できるものではないという主張であった。また、大河川、中小河川が多数流れる農業県新潟には、河川灌漑、水害予防などの水利・堤防問題について、各地域ごとに複雑かつ微妙な差異が存在していた。水害が多発する地域と被害が少ない地域、高燥地と低地は、堤防費や水利費に違った対応が生ずるのは当然である。とくに水利については、その地域独自の種々の規約や慣例があるのが普通であった。上申書には、水利について利害がまったく対立し「水火相容ザル情状」(「西蒲原郡麓村・村山村・境江村・観音寺村町村組合ノ議ニ付追申」)にある村々を強いて合併すれば、旱損地と水損地との対立は抜き難いものとなろうと問い掛けたものもあった。

そのほか、山村と漁村、商業地と農業地という産業基盤の相違、城下町における士族居住地と商人居住地の反目など、それぞれの地域の独自性が合併を阻む要因となったのである。一年のうち半ば近くを雪にうもれる山間の豪雪地帯では、谷間の小集落の立場から合併反対の理由を次のように述べていた。「村伍ヲ合併シ自治区域ヲ大ニシテ可ナルカ、吾々人民焦慮熟考スルモ其区域ヲ大ニスルハ連檐接庇スル町村ニシテ、山間ノ村落ヲ之ト同一視シ区域ヲ大ニシテ人民ノ鴻益ヲ視ル能ハズ」(「中魚沼郡外丸村惣代意見書」)。

右のように、沿革・地勢・民情・水利・土木などの生活上・生産上の諸条件の相違が、合併反対・合併区域編成替え・独立要求をうみだす要因となった。しかし逆に、これらの諸条件が一致した区域、あるいは、村を超えた一定規模の結合がうまれていた地域では、合併は平穏に進行した。前者は一村同様といわれる状況であり、後者は、地主制がそれを支える新しい条件となった場合であった。

4　住民の自治論

新潟県庁所蔵の「町村合併関係文書」をみると、反対の意思表示を強く示した上申書のなかには、県や郡と対等な立場にたって自治を論じ、合併のあるべき姿を論じたものが多いことに気付かせられる。たとえば、中蒲原郡大安寺村・中新田村・金沢村の上申書は、町村の分合にあたっては、地形、民情、水利土功、貧富の度合、古来の沿革、将来の利害に至るまで十分観察し研究した上で行わねばならない。軽率にこれを行うときは、住民を不幸にし隣保団結の習慣をも破壊してしまうだろうと述べ、合併区域の決定は、地域住民自身の判断と責任で行うのが正当であると主張している。地域が過去から未来にわたって抱えている諸条件を精細に観察することができるのは、官吏ではなく、その地域に生活している住民自身であり、また町村制実施後の自治を実際に担うのが住民である以上、住民自身の責任でその規模と資力を決定させるべきだ、というのである。そして、この立場にたって「一二郡吏ノ見込ヲ以テ之カ程度ヲ定ムルハ、実ニ無用ノ干渉ト謂ハザル可ラザルナリ」と言い切っている。政府の統治型自治理念に正面から対立する住民自治論の主張であるといってよいであろう。

これと同様な自治権の主張は、他にも多く存在する。「法律第三条ニ依レバ、自治ナリ恃立ナリ之レガ施行ヲ計画スル又人民自ラ決スル所ナカルベカラズ」(「西蒲原郡井田村惣代自治区域ノ義ニ付上申」)、あるいは「町村分合則自治区ナルモノ、之ヲ計画スル人民自ラ決スル所ナカラザル可ラズ」(「中蒲原郡下八枚村惣代上申書」)とあるのはこの例である。

そのほか、伝統をもつ自然共同体的団結を破壊し「人為脅迫的団結」(「中蒲原郡七日町村惣代上申」)を作ったとしても、将来必ず弊害が現われ、自治とはいえない不完全な形に堕すであろうという主張、合併後の新町村内部には、部落＝旧村対立や複雑な二重構造(町村―部落＝旧村)が再生産されて、新町村の団結は名目だけのものになってしまうであろうとの観測も述べられていた。合併の強制は、団結基盤のない不完全な自治体を創出させるだけで、国家・住民双方にとって不幸であるという論理であり、まさに町村制実施後の町村不統一の正確な予言であったといえよう。

これらの史料を通じて、この時期の村々には、地域の問題は住民自身の手で決定し解決するべきであるという積極的な自治意識が存在していたことが明らかとなる。この現象は決して新潟にのみ固有の現象ではなく、全国の合併反対の動きは多かれ少なかれこのような意識によって支えられていたものと思われる(2)。これはまさしく、政府の打ち出した中央優先・資力重視の有力町村理念に対抗する住民の視点にたつ自治論であった。

政府は、まきおこった反対にたいし、郡長・府県吏員の手で再三説諭をし、一定範囲内での譲歩も示しながら妥協点を見出すことに努めた。しかし、反対が強硬な地域には、最終的に府県の作成案を強行した。ただ、一つの妥協として、旧村＝部落を強制的に一挙に破壊することは避け、さしあたり農民の日常的生活領域とは別個の機能を営む行政領域を作るという形をとって新町村は発足した。旧村＝部落所有の財産を旧村に残したままの合併を許したのである。新町村に合併しなかった部落有財産を町村の一部である財産区の財産として保障した条文(町村制一一四条)がそれであった。しかし政府は、その財産区の財産を、町村長の管理下におくという法的措置を通じて、後年の部落有財産統一実施への布石とすることも忘れなかった。

また、行政村内の旧村＝部落を行政区とする道を残し、部落長を区長として村行政の下部機関としたのも、妥協の一つのあらわれであった。行政区の設定は、行政の浸透と村政の円満な維持を助ける機能を部落に期待したもので、行政村内に独立の結合体を認めたわけではなかった。区長の選任についても、区内の公選ではなく、村会の選挙で選任される制度が作られたが、ほとんどの場合それは建前と化し、各部落が部落長を選び、村会で形式的に承認するのが慣例となった。旧村の存在を部分的に承認する妥協をおこなったことは、その後の過程でその団結を再生産する結果を招き、村の統一を脅かす要因の一つとなったのである。

（1）岩手県では、戸長を始め人民総代、重立ら有力者を呼び寄せ、説得に努め、彼らの要求をある程度入れながら区域決定が行われている（岩手県庁所蔵「岩手県町村制実施後景況復命書調」）。

（2）埼玉県の例については、佐藤政憲「明治地方自治と「村」――市制町村制をめぐって」（鹿野政直・由井正臣編『近代日本の統合と抵抗』1所収、一九八五年、日本評論社）を参照。

三　町村・郡・府県の自治体制

1　町村の有力者支配

町村制が公布された時点は、明治一五―一八年にわたる農村の不況によって生じた農民の階層分化のあとをうけて、地主制が広汎に創出されてきたといわれる時期である。これ以後、一七年を頂点とする不況も次第に回復に向い、町村費は漸次減少し農村内部は安定へと向っていく。区町村費については、前述のように明治一八（一八八五）年八月一五日太政官布告二五号により「土地ニ賦課スル区町村費ハ明治十九年度ヨリ地租七分一ヲ超過スルヲ得ズ」と制限され、またそれとともに町村の衛生委員、学務委員の廃止、町村立学校の授業料の徴収、中学校設立費の区町村等からの除外等の措置が行われて、町村費は減少していったのである。明治一七年度に比して二一年度の全国町村費は二一・六%減少したのであるが、それと同時に、地租割の制限は必然的に営業割、戸別割の重課をもたらしたといわれている(藤田武夫「日本地方財政制度の成立」一九四一年、岩波書店、一二〇―一二一頁)。これは下層への重圧という負担の不均衡をもたらし、地主として成長しつつあった層を国家の側へ引き寄せる作用をなしたであろう。また区町村費の減少は、動揺しつつあった農村秩序を再び地主制の下に安定させる結果となったであろう。これは共に地主制への方向を推進するものであった。

このような農村内部の変化は、維新以来揺れ動きつつあった地方制度にも当然変化を与え、永続的な体制として町村制が作られることになった。この町村制は、上述のように、農村社会の基本的な階級関係として地主制が形成されていく傾向を背景としていることは勿論である。しかしそれと同時に、維新以来の地方制度変遷のうちに、政府当局者が地方行政を通じて得た経験と、先進諸国中最も反動的な先例の摂取がその制定の際の土台となったことも忘れてはならない。大区小区制以来の国内経験と、保守的な国際経験の集大成のもとに、日本国家機構の一環であり、また基底として最も重要な町村の組織的な構築を行ったのがこの町村制であった。

町村合併によって成立した新町村には部落をこえた統一的支配秩序がしかれた。ではこの秩序はどのような政治参与方式によって作られたのであろうか。

まず町村会について。町村会議員は新町村全体の町村公民中から単選で選出され、選挙権も町村公民のすべてが所有する。町村公民とは「凡帝国臣民ニシテ公権ヲ有スル独立ノ男子二年以来町村ノ住民トナリ其町村ノ負担ヲ分任シ及其町村内ニ於テ地租ヲ納メ若クハ直接国税二円以上ヲ納ムル者」であった。農村の場合、土地所有者にのみその資格が与えられ、小作人は排除されたのである。そしてそれとは逆に村内に居住しない者でも、多額納税者の場合、すなわち不在大地主には選挙権が与えられたのであった(町村制一二条二項)。この理由は「市町村ヲ以テ其盛衰利害ノ関係ヲ有セサル無智無産ノ小民ニ放任スル事ヲ欲セサルカタメナリ」(町村制理由)と述べられている。土地所有者の優越はまずここにおいて認められる。

次に有産者の優越は等級選挙によって認められる。「選挙人中直接町村税ノ納額多キ者ヲ合セテ選挙人全員ノ納ムル総額ノ半ニ当ル可キ者ヲ一級トシ、爾余ノ選挙人ヲ二級ト」し「各級各別ニ議員ノ半数ヲ選挙」するこの規定は、多額を納税する者に多くの権利を与えたものであった。(1) 有産者は少数で半数の利益代表を直接確保し得る仕組みになっていたのである。この有産者の優越は、下級の選挙を先にし上級を後にするという上級権者への優位な選択権の付与によってより完全なものとなっている。(2) この選挙法は「細民ノ多数ニ制セラルルノ弊ヲ防ク」(町村制説明)ためのものであった。農村における有産者とはすなわち土地を多く所有する者を意味する。選挙権が土地所有の規模に随伴するということは、全村内の大土地所有者を中心として村の政治体制が作られたことを示している。「被選挙人ハ其区内級内ノ者ニ限ラズトナスハ市町村会ノ議員ハ全市町村ノ代表者タルノ原則ヨリ出ヅル者」(町村制説明)と述べられているように町村会議員は最早部落を選出母体とするものではなかった。部落的結合をこえた土地所有の原理が村落体制の中心となったのである。

町村会議員は右のように選出され、この町村会によって町村長・助役等の町村吏員と町村委員が選ばれる。町村の政治体制を考える場合には右の等級選挙と同時に、この町村長、町村助役、町村委員等が名誉職であったことにも注目しなければならない(町村長および助役は有給職の場合もあり得るが、原則としては名誉職であった)。名誉職とは無給を原則として職務上の実費賠償及び勤務に対する報酬のみが給与される吏員である。このことは、名誉職吏員が安くつくという事実から、前述のように不要公課町村を理想とする当時の財政体制において区町村費を節減するという財政的理由があったのはもちろんである。(3) しかしより本質的には、それは有力者を村の政治的支配層とするための方策であった。名目的な報酬によって継続的に、村会議員の場合は兼職的に行政的な仕事に携わることのできる者とは、ある程度以上の有資産者で時間的にも余裕を持っている者でなければならない。名誉職の有資格者の典型はまさに地主であった。町村制の説明には「蓋名誉職ニ任ズルハ町村公民ノ軽カラザル義務ナレバ資産アル者ニ非ザレバ之ニ任ズル事能ハズ」と述べ、ほかには「名誉職ノ重義務ハ有力ナル家柄ニアラザレバ実際之ヲ果シエザルノミナラズ……」(大森鐘一・一木喜徳郎「市町村制史稿」四五頁)と述べている。(4)

この名誉職を等級選挙とあわせて考えてみると、町村制は中小地主、中農上層を中心とする村内の有力者層を糾合し、彼らによって村落の支配体制を作ろうとするものであった。そしてこの有力者を政治的地位につけるためには一つの強制手段をも設けてあった。公民の義務たる名誉職の担任を故なく拒辞退職するときは、公務参与権の停止および市町村税増課等の制裁が課せられる(町村制八条三項)、というのがそれである。これはそれ以前の弊害として指摘されている「人民ノ大ニ希望スル人物、即チ得票数ノ最モ多キ者ハ何レモ其上任ヲ辞退シ、其次点者モ亦何トカ口実ヲ設ケ職ニ就カザルヨリハ結局ハ得票数ノ最モ少キ奴ガ当選上任スル」(二〇年一二月二八日、元老院会議における白根専一発言、『元老院会議筆記』二九巻一五六頁)というような状態をなくして、村内有力者層を村落行政の運営者に仕立てるための措置であったといってよい。(5)そして「町村長ヲ名誉職トナスハ町村自治ノ精神ニ適ヒ、所謂町村自治ノ道具タテノ一ツナレバ、名誉職ヲ原則トシ有給ヲ例外トナスヲ可トス」(明治二一年一月一六日、元老院会議における槇村正直発言『元老院会議筆記』二九巻二七〇頁)といわれているように、名誉職は原則として各町村に強制されたのである。岩手県の村々において「当村ノ儀ハ山間ニ散居シ世事ニ通ゼザル僻村落ニシテ名誉職ヲ得ルニ難」(6)きために有給村長にしたいという請願が多くの場合却下されたのも、財政的理由と共にたとえ貧困村であってもその中の有力者とみなさるべき者を中心とする自治が政府にとって理想とされたからである。

右に述べた有力者の糾合とは、すなわち上層には抑圧されながらも自己を頂点とする小宇宙では下部に君臨しているという政治的中間層を、底辺と頂点とを連絡する重要な弁として権力構造の中に設定したことを意味している。それは住民の政治的関心を正当に発揮させる事を妨げ、中小地主を中心とする権威と温情にもとづく関係を町村組織の中核とする体制であった。井上馨が、町村自治に関して「中等以上の人民を大いに団結せしめる事」(「明治二一年町村自治に関する意見書」、国会図書館憲政資料室蔵「世外井上家資料」)といっているのはこの体制を指したものであり、これによって日本の支配構造は安定への道を得たといいえよう。

次に町村会、町村長等は実際にどのような権限をもっていたかを見ていく。

町村会には次の権限が与えられていた。議決権としては、市町村の権能として定められた一切の事件を議決する権を有し、その議決は特に監督官庁の同意を要するものの他は町村の意思としての効力を生ずる。すなわち町村という公法人の最高の意思決定機関としての地位を得たのである。[7]

その他、争議決定権、選挙をなす権、市町村行政監査権、意見提出権等を有することになり、町村会は町村の最高の意思決定機関としての地位だけでなく、また町村行政組織の組織機関、行政裁判機関、監査機関等の地位をも分与されたのである。従来の町村会に比すると大幅にその権限を拡げ、町村政治を町村有力者に委任する町村自治体制が確立した。

町村会が意思決定機関としての地位をえた結果、町村長は執行機関として性格規定されることになり、町村の固有事務、委任事務に関して町村長は町村会の議決の執行者にすぎなくなった。[8]しかし町村長が町村会の議決について公益を害すと認めるときは町村長は議決の執行を停止する権を有していたのである。その他町村長に委任された国政事務については、町村長は町村会と相関せずに、指揮命令を官庁からうけて官庁に対して責任をもってこの処務を処理することとされていた。町村長は半面において国家機関であり、官僚機構の下部として機能すべく義務づけられていた。この点は次項でふれる。

町村会のほかに注目すべきものとして町村委員がある。委員は町村会の議決によって臨時または常設としておかれるものであり、その権限は町村行政事務の一部の分掌であった。町村住民はこれによって直接その行政の一部に参与する権限をも得たわけである。これが名誉職であり、町村会議員が委員となることが奨励されていることからみると、これが有力者の意向を行政に反映させ、行政と村内有力者との結びつきを一層強める作用をなしたであろうことが推察される。町村制の説明はこの設置について、「自治ノ効用ヲ挙グル事ヲ得ベシ」と述べているが、これは有力者による「自治」の効用をあげるということに他ならない。

町村合併によって成立した新町村には、その拡大された区域内の村内有力者(中小地主)を中心とした支配体制を作ることが求められ、その自治体制によって町村を「春風和風子ヲ育シ孫ヲ長ズルノ地」(明治二二年一二月二五日、市制町村制制定後憲法実施前山県内務大臣の訓令)と化することが求められたのである。その場合理想としてあげられたのが封建社会の村落共同体の秩序であった。「日本ニ於テ地方自治ノ萌芽ハ村邑ニ於テ夙ニ封建ノ時ヨリ発生シタル……故ニ村ノ自治ハ其萌芽ヲ培養シテ以テ今日憲法上ノ機関トナスニ尤必要ナルハ疑ヲ容レザル所ナリ」と井上毅は述べている(前掲「井上毅文書」)。

しかし町村合併によって成立した新町村の区域は、近世における如く水と山の共同所有にもとづく一個の完結した経営体としての村落共同体と直ちに合致するものではなく、したがって共同体がもっている伝統的秩序を拡大して新町村のものたらしめるには幾多の困難が予想された。この場合めざされたのが、地主を中心とする村落秩序形成であったのは、前述の等級選挙や名誉職制に明らかに現われている。が同時にこれに関連して町村基本財産に注目しなければならない。

町村制は町村基本財産の維持を町村の義務として規定し(八一条)、これによって「市町村固有ノ経済ヲ立テ必要ノ費用ヲ支弁スル道」(町村制説明)すなわち不要公課の道を設けようとした。これは国家財源の蚕食を防ぐためのものでもあるが、それと同時にそれが新町村の秩序の強化を意図していたことは見逃すことができない。そしてこの町村有(9)

財産の管理、処分の決定は町村会に委ねられていた(三三条)。町村基本財産を作り、有力者による運営によって町村の支出を賄わんとするその意図は、あたかも村落共同体における共同財産の運営が、共同体的秩序の基盤となっているのと同様に、町村内に有力者中心の支配秩序を作るための基盤となるものであった。このような形で新町村の秩序を強化せんとする意図は、当然これを阻害する部落的結合の否定となって現われてくる。前に述べたように、部落有財産統一の法制的土台が町村制によって建設されたのは、そのための設計図が町村制施行の段階においてすでに政府の脳中にえがかれていたことを示している。この段階において部落有財産統一が強行されなかったのはただ町村合併を成功させるための策であった。だが、施行段階のこの妥協によって、町村基本財産造成は政府の意図だけにおわり、新町村はほとんど基本財産をもたずに新しい自治団体として発足せねばならなかった。(10)

この理念と現実とのギャップを埋めるために、一方では官林の町村への下付や、備荒儲蓄金の町村への配付が建議される(福島正夫「部落有林野の形成」『東洋文化研究所紀要一〇』三六―三七頁参照)。だが、官林の町村への下付は、明治三二年国有林野特別経営事業開始による不要存置林払下(『日本林野制度の研究』八三頁参照)によって始めて実現されたもので、全国官林統一をやっと終えたばかりのその当時の段階では不可能とされていた。従って他方の政策として、町村合併段階において一時延期された部落有財産統一が打ち出されて来るのである。

たとえば「明治二五年三月三一日福井県丙三二号郡市長へ訓令」(国会図書館憲政資料室蔵「牧野伸顕文書」)には「基本財産造為方法、使用及び増殖方法」として、雑収入、前年度決算後の剰余金、国税県税の徴収に対する交付金、怠納による公売物件、道路の使用料、備荒儲蓄、土地建物の交換売買譲渡の際の手数料徴収等を、町村基本財産として積み立てて利殖をはかることが要望されると同時に、部落有財産を町村財産に移すことが積極的に要望されている。それによると、この部落有財産の統一は、「大字共有山林原野ハ各都市紛々ノ媒介ニシテ、タメニ市町村行政ノ円滑ヲ欠キ、起ルベキノ事業起ラズ甚ダシキニ至テハ訴訟延テ数年ニワタルモノアリ、タメニ財力ノ消耗スルモノ鮮シトセズ、自治ノ制度施行日猶浅ク新旧制度ノ調和熟セザル、其起因ノ多キニ居ルベシト雖モ、今ニシテ之ヲ除カズンバ町村ノ分離ヲ来シ、市町村ノ独立ヲシテ益危殆ナラシムルナキヲ保セズ、如此モノハ宜シク基本財産ニ編入スベシ」とあるように、部落割拠という阻害物をなくして、新町村の統一的秩序を作り出そうとするものであった。

町村制施行以来、部落有財産統一は政府の方針として勧奨されてきた。しかし部落が一つの団結を有している以上その勧奨によっては多くの効果を挙げることはできなかった。(11) そしてその後明治四〇年代になって、民有林野の資源政策と日露戦争の戦後経営に基づく自治機関の強化政策が強力に要請され、町村基本財産設置が緊急事となるにおよんで、国による部落有財産統一政策が強固に打ち出されてくるのである。本格的な実行はこのように明治末期から大正初期にかけてであるが、町村基本財産の増殖は、新町村の秩序及び財政強化のために内務官僚によって初期から一貫してとられた方策であることに注意しなければならない。

町村制に流れている基本原理は、部落をこえた新町村秩序の創出、すなわち中小地主を中心とする村落体制の形成であった。この体制をもつ自治団体を作り出し、それを通じて間接支配の形態をとることは、政府にとって支配の基盤を広げて国家を安定せしめることを意味したが、それは同時に新しく成立しつつあった地主層にとっても地主的土地所有を維持するため権力機構を支柱としうる体制が作られたことを意味した。町村制は国家と地主との結合の契機を作り出したのである。

2　官僚的拘束

町村自治の一要素たる、地主制に根をおいた有力者支配体制については前項にのべたが、次に他の一要素たる官僚的統治について述べる。町村制においては、住民に対して町村行政に関する大幅な権限の分与がなされた半面、一七年改正の中心であった国家による強力な統治もまた忘れられていなかった。

具体的に国家官庁（第一に郡長、第二に知事、第三に内務大臣）による地方行政の監督は次の八つから成る。

一、町村吏員選挙の認可、臨時町村吏員の選任権（五九—六二条）。町村長、助役、収入役の選挙は監督機関の認可を必要とし、不認可の場合は再選挙をなす、再選挙の結果もなお不認可の場合は、監督官庁は臨時町村吏員を選任するか、または官吏を派遣し職務を管掌する。

二、議決の許可権（一二五・一二六・一二七条）。指定事項に関する町村会の議決は内務大臣、大蔵大臣、郡参事会の許可を必要とする。

三、強制予算の権（一二二条）。必要事務の支出を定額予算にのせずまたこれを支出しない時は、その支出額を定額予算表に加えまたは臨時支出せしめる。

四、郡参事会による代議決の権（一二三条）。町村会において議決すべき事件を議決しない時は、郡参事会が代って議決する。

五、町村行政事務の監査をなす権（一二一条）。

六、町村会の議決の停止権（六八条一項）。

七、町村吏員に対する懲戒処分権（一二八・一二九条）。

八、町村会を解散せしむる権（一二四条）。

町村に加えられた右のような多様な監督は、町村自治をして「法律ノ範囲内ニ於テ自ラ其部内ノ事務ヲ理治セシムル」[12]（明治二三年二月二三日、町村制施行に関する山県内務大臣の訓示）ためのものであった。そこには、地方団体が自然法的な住民の生存権や生活権と結びついた地方自治権を有するというような考えは少しも見られない。町村とは、国家の下において国家から存立の目的を与えられた自治団体にすぎなかったのであり、[13]したがって国家的目的からの逸脱に対しては厳重な監督措置がとられたのである。近代国家において地方団体は何らかの形で中央統制をうけるといわれる。

しかし、近代的地方自治概念における中央統制とは（イギリス地方自治に典型的に現われているように）権力的性格のものではなく、地方団体の自主性を尊重したところの、中央と地方との有機的結合として現われる（辻清明『日本官僚制の研究』一四〇頁）。これに比して日本の中央統制は、右に述べたように自主性の剝奪、官僚制による拘束をその内容としていた。たとえば「自治トハ人民ヲシテ国ノ事務中ニツキ地方ニ於テヨクナス事ハ之ヲ委任スルヲ以テ便利且適当トスルニ由ル者ニシテ、或論者ノ自治行政ノ区ハ政府ノ命令ヲ須タズシテ自治ニ其区ノ事務ヲ処理スルヲ得ルナリト云ヘルハ誤解ノ甚シキ者ナリ。自治ノ制ハ中央政府ノ親シク処理スルヲ要セザル事務ヲ地方人民ニ委シテ代弁セシムルニ在リト謂フベシ」（「自治施行ニ付テノ意見」、『秘書類纂法制関係資料』下巻三七五頁）などはその意図を最も明らかに示しているといえよう。

町村に対するこの官僚的拘束と、前項に述べた村内有力者への支配の委任とを併せて考えてみると、町村制における町村自治とは、地方の有力者層に支配を委任すると同時に、この有力者層を体制的に吸収して、がっちりと官僚的支配の下部に固定するものであった。この措置によって政府のよって立つ基盤は拡大し、そして地方自治とは反体制的なものではなくまさしく体制を安定させ強固にするものとして機能することになる。町村会の権限について「大政ニ論及スル等凡ソ此ノ界限ヲ踰ユルモノハ則法律ニ悖戻スルモノナレバ法律上ノ権力ヲ以テ之ヲ制セザルベカラズ」（町村制説明）と述べられているように、地方団体が反体制的な政治的エネルギーを結集する政治団体となることはあくまでも拒否される。地方有力者層＝在村中小地主を頂点とする「政党政派ニ関係ノナイ(14)」自治体（小宇宙内部で有力者層が管理する伝統主義的自治体）が求められたのである。町村有力者層を媒介とする間接支配の理念がこの町村制によって制度的に成立することになった。

3　新町村と共同体

町村制に流れている基本原理が、部落をこえた新町村秩序の創出であり、それを阻害するような部落的割拠は否定されていたことは1に述べた。ではこの町村制の原理は全く部落の存在を抹消し去ったのであろうか。決してそうではない。一つの経営体としての基礎をもつ部落の強固な結合は決して抹消し得るような性質のものではなかった。理念と現実とのギャップは実際問題として部落の存在を認め、その結合を行政のために利用するという形態をとらせた。

大区小区制以来、実際に行政を効果的に浸透させるためには、部落的結合を媒体として利用せねばならなかったし、また戸長官選、行政区域の拡大を打ち出した一七年の改正においても、町村には町村総代人がおかれ行政の媒介をなしたことは前に述べたが、町村制もその例外ではなかった。「町村ノ区域広濶ナルトキ、又ハ人口稠密ナルトキハ処務便宜ノタメ町村会ノ議決ニヨリ之ヲ数区ニ分チ毎区区長及其代理者各一名ヲオク事ヲ得」(六四条一項)という行政区、区長の設定は部落を制度的に認めた事を示している。町村制説明はこの行政区について「蓋区ヲ設クルトキハ施政ノ周到ナルヲ得可ク、一市町村内ノ各部ニ於テ利害ノ軋轢スルヲ調和シ、市町村費賦課ノ不平衡ヲ矯メ又能ク行政ノ労費ヲ節略スルヲ得可シ、要スルニ区長ヲ設クルハ更ニ自治ノ良元素ヲ市町村制ニ加フルモノニシテ旧制ノ伍長組長等ノ例ヲ襲用セルナリ」と述べている。町村行政の浸透と町村政治の円満な遂行を助けるための機関としておかれた行政区とは部落を行政村の下部機関としたものであった[15](岐阜県吉城郡小鷹利村では各部落をそのまま行政区として設定した。このような例は全国的に多いと思われる)。決して町村内に独立の結合体を認めたものではなく、町村長の事務を補助執行する機関を作り出すものにほかならなかったのである。「要スルニ区ハ市町村内別ニ特立シタル一ノ自治体タルニアラズ、単ニ町村長ノ事務ヲ補助執行スルノ便ニ供フルニ過ギズ、区長ハ市町村ノ機関ニシテ区ノ機関ニ非ズ、区ハ法人ノ権利ヲ有セズ、財産ヲ所有セズ、歳計予算ヲ設ケズ」という町村制説明は区の性格を明らかに示している。選任についても区長は区内の公選ではなく、町村会における選挙によって選任するものとされた（六四条二項、但し財産区において区会の設けあるものは区会の選挙）。これは町村行政の円滑な施行のために、町村秩序をこわすことなく町村秩序の下部秩序として部落を利用するという性格のものであった。その際区長が名誉職であるということは町村吏員の場合と同じく部落内の有力者を地位につける結果をもたらしたと思う（岐阜県吉城郡小鷹利村の調査では区長格の家は部落内の数戸の家＝中農上層及び上層農によって占められていた）。区長が町村会によって任命される事実と併せて考えてみると、これは村議—区長、すなわち中小地主層と部落有力者の支配体系を作り出したものとみることができる。部落をこえてしかも部落に根をもった町村の役職を作り出す作用を果したといえよう。町村の統一的秩序を阻害するのではなく、むしろ部落に根をもつことによってその統一的秩序を強化することがその意図であったのである。[16] 各地で施かれた区長職務規定のうち岩手県西閉伊郡附馬村の例をとると、その職務は「一、行政及ビ町村事務ニ付其区内ヘ伝達スル事、一、道路橋梁ノ管理、一、区有財産ニ関スル事務其他特ニ町村長ガ命令スル事務」（明治二二年の規定、岩手県庁所蔵）であり、町村長の下部機関としての性格を明示している。

しかしこの政府の意図にもかかわらず、部落のこのような利用は同時に部落結合を再生産する結果となり、町村の統一秩序を強化するどころか、逆に統一を脅かす要素となる危険があった。「私ノ郡ニオケル自治タル町村ノ行務ハ矢張旧ノ町村即チ大字各区デ施行シテオル姿ニテ、町村長ハ実際其事務ヲ取扱ハザルノ傾キアリ……町村長ノ施行スル所ハ国郡ノ行政事務丈ケニシテ、町村ノ行政ハ更ニ取扱ハス渾テ区長ニ任ズルノ観アリ」（「明治二五年福井県第一回郡長会議日誌」、前掲「牧野伸顕文書」）が現実であったといってよいであろう。水利山林の共同所有を基礎として強固な結合をなしている部落の存在は実際上町村統一の障害物としての存在を続けていったのである。町村の統一的秩序を作り出すべき町村会議員の選挙も実際においては部落代表という形（福武直編『日本農村社会の構造分析』四八七頁）をとって行われ、行政村は部落の連合体としての性格を強固に残存させたのである。町村制の理念たる統一体制も現実には行われ得なかった。これでは強力な行政の浸透は望むべくもなく、村政は常に動揺に曝されねばならない。したがって、現実における町村と部落との軋轢を打破し、町村の統一秩序の下に部落をはめこんで、村内の中小地主を中心とした支配体制を確立しようという町村制の理念は次代の課題として残されていったのである。

4　郡・府県の政治参加

明治二三年五月一七日に郡制、府県制は発布された。従来単に行政区画に過ぎなかった郡は、これによって新たに公共団体としての実態を備える事になり、また従来府県会組織によって公共団体への傾斜を示していた府県も、これによってその内容を発展させたのである。これは町村を基底とする三階級の自治体制が完成したことを示している。

府県住民、郡住民の政治参与は、それぞれの議会及び参事会において実現されていた。それぞれの議会は、まず議決機関として各団体内部の財務に関する事件について議決権を有していた。選任機関としては、自治団体の長たる府県知事、郡長の選任権は有しておらず、単にその補助機関たる府県・郡の吏員(たとえば収入役のような府県税経済の範囲内においてその公共事務に従事する吏員のみで行政官庁に属する吏員には及ばない)および委員に関する選任権が与えられているにすぎなかった。府県知事、郡長は行政官吏であり、上級官庁に選任され、その指揮監督に従順たるべき義務を負わされていたからである。その他の権限としては、意見提出権、建議権等を有していた。これらすべてを町村会に比した場合、議決権、選任権の内容に関してもまた他の行政監査権、争議決定権をもたないという点でも非常に権限が狭い。そしてまたこれらの議決権の内容に関して府県知事、郡長の監督権が非常に大きく、これに内務大臣による監督権を加えると本質的に三新法体制下の府県会に比して殆ど自治内容の発展を見ることはできない。これは建議権に関して大政には言及しえずとされている点でも同様である。

これに反して各参事会の権能には注目すべき点がある。府県参事会とは、府県知事、高等官二名、名誉職参事会員として府県会で互選された府会議員八名もしくは県会議員四名をその構成員とする。郡参事会とは、郡長および名誉職参事会員四名(このうち三名は郡会での互選、一名は府県知事が郡会議員もしくは郡内町村の公民中から選任する)をその構成員とする。三新法体制下の府県会にも常置委員会の設置があるが、これが単なる諮問機関であったに過ぎないのに比して、参事会の権限は極めて広い。議決権として府県会、郡会の委任をうけた事件、府県会、郡会の権限に属する事件にして臨時急施を要する事件、府県費、郡費による工事の執行に関する事件の議決権を有する。意見陳述権として府県知事、郡長より発する府県会、郡会議案につき郡長、府県知事に対して意見を述べ、会議に報告する権および府県知事、郡長、その他の官庁の諮問に対して意見を述べる権限を有する。その他行政監査権、争議決定権をも有する。

これらはすべて従来府県知事、郡長において専決処分していたところの府県行政および郡行政への住民の参加(限られたものではあっても)を許容するものであったが、この他に最も注目すべきものとして参事会の町村監督事務への参加がある。これは郡制、府県制において「其他法律命令ニヨリ参事会ノ権限ニ属スル事務」となっているものである。町村制の規定によると、町村の区域、町村吏員の選任、町村行政に関する争訟の裁決、町村会の代議決、町村吏員の懲戒裁判等、多くの事務の監督行政への参与権がこの参事会に付与されている。これは議決機関のみならず、執行機関に対しても住民の参加が認められたこと及び府県会議員、郡会議員と町村との有機的結合が作られたことを物語っている。なお、郡会、府県会と同様に参事会に対しても、府県知事、府長の監督権が加えられたことを付記しておく。

右のように府県制、郡制によって、府県公共事務に関して、特に顕著には参事会組織において従前に比すると多くの自治的発展がもたらされた。これについて山県は「今日宇内ノ大勢ヲ通観スルニ文運月ニ進ミ人智日ニ開クルノ情況ナレバ我邦ノ人民ニ於テモ益々参政ノ思想自治ノ精神ヲ発達スルニ至ルハ勢ノ然ラザルヲ得ザル所ナリ、此時運ニ際シ最早不認可権ノミヲ恃ミテ以テ地方ノ政ヲ為ス可カラズ、若シ強テ之ヲ為サントセバ知事ト議会トノ間ニ於ケル敵対ノ紛情ハ益々激昂シ国会開設ノ日ニ至リ政党ノ運動一層活潑ヲ加フルニ至レバ中央ニモ地方ニモ常ニ紛擾衝突ヲ起シ終ニハ収拾スベカラザルノ情勢ヲ醸成スルニ至ラントス、故ニ今日ニ於テ宜ク地方分権地方自治ノ制ヲ定メ、国ノ行政事務ニシテ地方ニ委任スルコトヲ得ベキモノハ之ヲ委任シ(郡市町村ノ監督権ノ如シ)、又各共同区ノ経済ニ属スル事務ニシテ其自治ニ任カス可キモノハ官ノ監督ノ下ニ於テ之ヲ処理セシメ、完全ナル地方制度ヲ立テ国家ノ組織ヲ鞏固ニシ智識財力アル者ヲシテ其所ヲ得セシメ、以テ国ノ立法ニ参与スヘキ老熟ノ人物ヲ養成スルノ道ヲ開キ国会開設ノ準備ヲ為スハ国家ノ長計ニシテ、又今日最大ノ急務ト謂ハサル可ラズ」(明治二三年五月、「郡制府県制編纂ノ綱要ニ関スル山県内務大臣ノ演説大要」前掲『自治民政資料』四二五頁)と述べている。これは三新法以来の府県会闘争の高まり、参政要求の発展が、地方行政の円満な遂行を脅かし国家機構を不安定にした過去の経験に鑑み、権力をより多く地方住民に分与することによって彼らを体制内の協力者として機能せしめんとした政府の意図を示すものであった。したがってこの地方自治に対する官僚制的拘束も忘れ去られていなかったのである。「要之府県制ハ府県公共事務ニ付法律ノ範囲内及ビ政府ノ監督下ニ於テ自ラ之ヲ処理セシメントスルニアリ……国家必要ノ政権ハ厳然之ヲ中央ニ集メ少シモ仮借スル所ナキ」と山県が同時に述べているように、それは中央集権体制内の自主性を剥奪された自治にほかならなかった。

次に、政治参与を許容された住民の階級的性格について考えてみよう。郡会、府県会の選挙はともに複選制であった。郡会は、町村会の選挙による議員(各町村会において選挙する議員の数は原則として一名。総数は上限二〇名下限一〇名とする)、上記議員定数の三分の一は地価一万円以上の地主間の互選による議員から成る。府県会の選挙権者は、市会、市参事会、郡会、郡参事会の各構成員であり、被選挙権者は直接国税一〇円以上を納めるものである。この複選制の採用については、五つの原因があげられているが、その要旨は下級共同体を代表する者を組織に加わらせることによって政党政派の紛争から郡会、府県会をきり離し適任者を選任するというにあった(17)。明治立憲体制の基礎として町村に有力者中心の非政治的体制を設定し、それを土台とすることによって郡会、府県会をも有産者中心の議会とせんとしたのである。府県会議員の被選挙資格たる一〇円以上の地租納税者とは全国地租納税者のわずかに一八％にすぎない(明治一九年一月調、地税上納人員、前掲「井上毅文書」)。郡会の大地主の特権もいわずもがなである。この選挙資格と、議員が名誉職である事実は、府県会、郡会が有産者中心、すなわち地主中心の組織であることを物語っている。「地方ニ於テ土地財産ヲ有シ、国家ト休戚ヲ共ニシ、社会ノ秩序ヲ重ンズル者ヲシテ各地方議会ヲ組織セシムルニ至ルベシ」と山県は元老院における郡制、府県制審議に際して述べている。

府県制郡制は、地方住民の中の有産者、具体的には町村支配者より大きな規模の地主を中心とする有産者層に府県、郡行政への参与権を与えたのである。これは、全住民中から彼らを切り離し国家体制内における自治組織に参与せしめ、彼らの利益を保全し、名誉を与えることによって体制内に吸収し支配を安泰にせんとした三新法体制の一層の発展であった。特にこの町村制体制においては、府県会、郡会へ選出された層が郡参事会、府県参事会に参加することによって町村への監督が任されたことが特徴的である。これは寄生地主—町村有力者という地主的支配のルートができたということと共に、町村、府県、郡と相互補完し合う大小の有力者層支配が官僚支配のうちにくみこまれることによって明治立憲体制を安定させる基盤ができ上ったことを意味する。

明治初年の、人民の参与を全く排除した官僚的支配体制たる大区小区体制に始まり、三新法—一七年の改正と最も安定した体制を求めて大きく揺れ動いていた地方制度は、町村制、郡制、府県制の制定によって、ここに始めて体制の基底としての重要な機能を果し得るものとなって完成したのである。ここにおいて、三新法体制に源流をもつ地方人民の行政への参与方式は、明治憲法的立憲体制の基底としてふさわしい日本型地方自治として完結した形を現わした。

これは国家と人民との間に府県、郡、町村の自治体を設置し、これに地方住民中の有力者を参与させて有力者を頂点とする自治体制を作り、これを官僚的統治と密接に結合させるところの支配様式の形成であった。この背景には、農村社会の基本的階級関係として地主制が成立して来たという事情がある。この地主制成立の理念を得て、国家は地主を地方行政の中軸として支配体制内に位置づけることによって、始めて安定した地方自治体制を成立させたのである。これは地主にとっても自己の地主的土地所有を維持し発展せしめる支柱として権力機構に頼る体制が成立したことを意味し、ここに国家と地主との結合の契機が完成したのである。

これは、寄生地主—在村中小地主—部落有力者の支配のルートの下に各段階の有力者支配を有機的に結合させた。国家と有力者とが一体化し、有力者層と農民一般の連繋がたちきられることによって、明治初年の全地方住民を基盤とした農民運動は全く終熄し、人民の政治的エネルギーを結集した地方政治結社に代って、有力者の権威を中心にした「政党政派ニ関係ノナイ」地方自治体が成立し、農村社会を運営していくのである。

しかしこの町村制、府県制、郡制の成立は、制度的に地主的地方自治の理念が作られたことを示すだけで、現実にその体制が確立するためには幾多の問題の展開があったことが予想される。部落と町村との関係もその一つであろう。そのためには明治二〇年代、三〇年代の地方制度の展開を辿っていかねばならない。

（1）　明治二一年一月一四日元老院会議における大森鐘一発言、「元来選挙ニ二級乃至三級ノ等級ヲ設クルハ何故ナルヤト云フニ、是ハ畢竟多ク義務ヲ尽クス者ニ多ク権利ヲ与フルノ原則ヨリ出ヅ、ソレ故ニ本案ニ於テモ多ク義務ヲ尽クス所ノ少人数ト少ク義務ヲ尽クス所ノ多人数トヲ睨ミ合セテ多人数ナル二級選挙人ト少人数ナル一級選挙人ト同等ノ権利ヲ有セシメタリ」。

（2）　町村制説明「先ツ下級ノ選挙ヲ了ルノ後ニ上級ノ選挙ニ着手セシムベシ、是一人ニシテ数級ノ選ニ当ル事ヲ防ギ、且上級ノ者ヲシテ下級ノ選挙ニ当ラサル候補者ヲ選択スル事ヲ得セシムルモノナリ」（『元老院会議筆記』二九巻二一七頁）。なお明治二一年一月一四日ノ元老院会議において大森鐘一はこの点について次のように述べている。「一級選挙人即チ知識アリ財産アリ着実老練ナル者ヲシテ二級選挙ノ当選者以外ヨリ適当ノ人物ヲ選バシムルカ其選挙ノ上ニ於テ好結果ヲ得ルナラント云フニアリ、若シ之ニ反シテ一級ヲ先ニシ二級ヲ後ニスレバ或ハ後ノ二級選挙ニ於テ適当ノ人物ヲアゲエザルカノ恐レ無シトセズ」(前掲書二一八頁)。

(3)　町村制説明「本制ハ分権ノ主義ニヨリ名誉職ヲ設ケ、従テ従来ノ町村費ヲ節減センコトヲ期ス」。

また、岩手県庁所蔵文書に町村制施行後の町村の財政額を予想した文書があるがこれによると、人口三〇〇〇未満の町村長の報酬は三円、給料は八円と仮定されている。名誉職の場合は有給と比べて半分以下と観念されていたのである。

(4)　マックス・ウェーバーは門閥行政の門閥について「不労所得の所有者或は、それほどでないまでも自分の(ありうべき)職業活動の外に行政機能をひきうける能力を与えるが如き性質をもった所得の所有者であって、同時に彼等のこうした経済的状態によりある身分的名誉という社会的威信を彼等にもたらし、それを通じて彼等を支配の座につけるところの生活様式を持つ限りの人々」(浜島朗訳『権力と支配』一九五四年、みすず書房、一六七頁)と規定している。

(5)　山県有朋は「此法律ハ本邦ノ旧慣ヲ襲用スル者モ亦多シト雖モ、地方ニ依テハ自治ヲナスノ人ヲ得ル事ニ於テ、且又町村共同事業ノ費用ヲ負担スル事ニ於テ多少ノ困難ヲ感ズル事アルベシ。然レドモ、本案市町村ノ自治制ハ即チ其人ヲ養成シ其資力ヲ充実セシメントスルニアリ」と述べている(『明治憲政経済史論』四〇九頁)。

(6)　岩手県北九戸郡戸田村戸長より北九戸郡長宛請願(明治二一年六月二一日)。これは内務大臣より不認可の指令が下されている。南九戸郡夏井村、山根村も同様であった(岩手県庁所蔵文書)。

(7)　町村の固有事務、委任事務を含む。但し市町村長に委任せられた事務についてはその事務について議決する権限を有しない。ただその経費についてのみ議決する。

(8)　町村制説明「町村長ハ議会ノ議決ニ依ラズシテ之ヲ施行スルコト能ハザルノミナラズ、猶其議事ヲ準備シ議決ヲ執行スルノ義務アリ、故ニ町村会ニ於テ法律ニ背戻スルコトナク其権限内ニテ議決シタル事項ハ仮令町村ノタメニ不便アリト認ムルモ町村長ハ之ヲ執行セザル事ヲ得ズ」。

(9)　町村制説明「政府ハ市町村ノ経済ヲ以テ国ノ財政ニ牴触セザラシメ、之ガタメニ国ノ財源ヲ涸渇セザラン事ヲ務メザルベカラズ」。部落有財産統一政策が日露戦争後の地方財政窮迫化の時期に強行された理由の一つもここにある。

(10)　在京府知事総代高崎東京府知事による「市制町村制御制定ニ付建議」は「現今町村ニ於テ財産ヲ所有スルモノハ実ニ僅少

ニシテ概シテ所有セザルモノト云フモ不可ナキノ実況ナリ」と述べている(前掲『秘書類纂法制関係資料』下巻、四二頁)。また明治二三年地方情況諸調査表(「大森文書」)によると、無財産町村数は六四一八、財産をもつ町村数は七一五五である。有財産町村の平均財産額は一六三〇円(土地価格、建物価格、穀物、公債、株券、現金)にすぎなかった。

(11)　明治四二年の部落有林野面積は二二八万四〇〇〇町、名義上の私有地を含めると五四〇万から五七〇万町歩であるという。これに反し町村有および組合有は六四万九〇〇〇町である。全国部落総数七万六〇〇〇の中四万一〇〇〇の部落が部落有林を所有していた(古島敏雄編『日本林野制度の研究』(一九五五年、東京大学出版会、一〇〇頁参照)。

(12)　黒田首相の明治二二年二月一二日の演説にも「抑地方自治ノ制ハ政府ノ分任ニヨリ人民自カラ共同ノ事務ヲ処理シ其本務ヲ尽クサシムルノ意ニ出ヅル者ニシテ政府統御ノ下ニアリ公義ニ服スルハ其立法ノ精神ニ照シテ瞭然タリ」とある(国会図書館憲政資料室所蔵「牧野伸顕文書」)。

(13)　戦前の日本の行政法学上においても地方団体が国家から独立の存在を有するという考えは排斥され、例えばいわゆる固有事務が地方団体の固有するところの事務であることはすべての学者によって否定されていたといわれる(宮沢俊義『固有事務と委任事務の理論』)。美濃部達吉は公共団体の定義を「公共団体トハ国家ノ下ニ於テ国家ヨリソノ存立ノ目的ヲ与ヘラレタル法人ナリ」としている(美濃部達吉『行政法撮要』上)。

(14)　「地方自治ノ制度ハ政党派ニ関係ナク、地方ノ独立シタル意思ヲ以テ公共ノ事務ヲ行フベキモノナルニヨリ政治熱ノ或ハ地方自治行政上ニ波動影響ヲ与フルアランヲ恐レ……」(山県有朋「徴兵制度及自治制度確立ノ沿革」、『明治憲政経済史論』四二六頁)。

(15)　大森鐘一・一木喜徳郎「市町村制史稿」七三頁には、この区長について「現今各地方ニ於テ或ハ人民総代ト云ヒ或ハ組長抔ト称シ戸長役場ト人民トノ間往復、即布告布達類ヲ毎戸ニ告示スルコト又ハ国税地方税町村費ヲ取纏ムルコト其他町村内種々ノ世話事ヲ担当スルモノアリテ戸長人民トモニ其便利ヲ知ル……今之ヲ公認シテ官民ノ便宜ヲ助ク」とあり、これが部落の認可である事を示している。

(16)　財産区の設定に当っても行政区と同様に町村の統一を阻害することは極力警戒されていた。「本制ハ市町村内ニ独立スル小組織ヲ存続シ又ハ造成スル事ヲ欲スルニ非ズ」と町村制説明は述べている。管理、処分、条例等に関する措置はこれを示している。

（17） 大森文書「郡制府県制実施前の改正論に対する意見」。しかしこの郡会、府県会の選挙規定は施行後日ならずして明治三二年三月の郡制の改正の際に改められた。すなわち、複選制を単選制とし、府県会議員の選挙権者は三円以上の直接国税納付者、被選挙権者は同じく一〇円以上の納付者と定め、郡会議員は大地主の特権を廃し、選挙権者は同三円以上の納付者、被選挙権者は同五円以上の納付者と定めた。複選制を単選にした理由としては町村会議員選出の際の競争激化が町村秩序を脅かすこと、大地主の特権が実状にあわざる事があげられている。この改正によっても地主議会の本質は変えられていない。

四 町村制施行後の町村

町村制の理念とは、中小地主の権威を中心とする伝統主義的自治体制を行政村規模で人工的に作り上げ、官僚的支配の下部に固定することであった。そしてこれは、近代日本の地方制度の原型として、戦前の日本の支配構造を根底から支える役割を果たした。町村制が実際に施行された明治二〇年代とは、町村をその理念型にはめ込んでいく重要な時期であった。しかし、維新以来の内部的な混乱と動揺、そして政府に対する抵抗の歴史を持つ町村に、町村制の理念が根づくには多くの障害や問題があったはずである。では、町村制施行期の町村の実態とそれへの政府の対策はどのようなものであったのだろう。

1 等級選挙と名誉職制

全国の町村を揺るがした町村合併の翌二二（一八八九）年は政治的に大きな意味を持つ、大日本帝国憲法の公布と、

第1表　等級別選挙権者の事例

郡　町　村　名	1級選挙人	2級選挙人	備　　考
南蒲原郡田　上　村(田上町)	4人	399人	戸数605・人口3,451
大　槻　村(三条市)	27人	251人	戸数355・人口2,389
金　子　村(　〃　)	25人	157人	戸数280余
加　茂　町(加茂市)	19人	210人	—
北蒲原郡笹　岡　村(笹神村)	12人(1人)	320人	—
中頸城郡直江津町(上越市)	96人	852人	—

(『新潟県史』通史編6，近代1，850頁より引用．
カッコ内市町村名は現市町村名．笹岡村の(1人)は他村者の数を示す．多額の村税を納める不在大地主には選挙権が与えられていた．)

市制・町村制の施行があいついだ時期であった。憲法発布を迎えて、人々は「各地とも待ちに待ちたる憲法発布の当日なれば、己がしし趣向を付けて祝ふもあれば相集ひて帝国の万歳をことほぐもあり、孰れも近頃に見ぬ熱鬧を現はして」(明治二二年二月一二日『新潟新聞』)これを祝った。憲法の内容は知らないながらも、人々は天皇を中心とした新しい国家体制の発足を祭り気分で祝いあったのである。

しかし、もうひとつの法律、憲法体制を根底で支える市制・町村制は、熱狂も喜びもなく、むしろ警戒の雰囲気の中で、四月一日の施行を迎えた。「其分合廃置に就ては苦情百出、今に至て尚其已む所を知らず、其東京控訴院へ出訴中なるもの殆ど二十余件」(『自治新誌』一八号)といわれるように、町村制施行後も合併に対する不満はくすぶり続け、法廷への出訴だけでなく、合併反対あるいは境界変更を府県庁に出願するものが後を絶たず、府県庁が困惑する状況では、新制施行を祝う気持ちは生まれようがなかった。五月四日の『新潟新聞』は、「自治団体の第一歩」と題して、「町村合併を軽々しく行えば、必ず他日悔いを残すと再三注意したにもかかわらず、当局者は「例の御説諭手段」で民意を無視し、折り合いの悪い地域も合同させて一箇の新町村を作ってしまった。その結果、施行後の選挙に誰も投票にいかない無選挙町村すらあるという。人民の訴えこそ是であり直であり、当局者が民意を顧みないのは迂であり、非である」と言う趣旨を記し、新制施行に冷淡な民情にこそ理があるとの評価を下している。

では、右にも触れられている町村会議員選挙はどのように行われたのか、新潟県を例にとって検証して見よう。新潟県下の各町村では、四月中旬以降、いっせいに選挙が実施され、同月末から五月初めにほぼ議員が確定した。第1表は、新聞に報じられた等級選挙の事例である。一級の一票と二級の一票は、このように大きな格差を持っていた。土地所有者が平等な一票を持っていた三新法時代と異なって、町村制は地主主導の村作りを明確に打ち出したのである。しかし、この等級選挙は、必ずしもすべての地域で平穏無事に行われたわけではなかった。『新潟新聞』は、「某郡某村にはその合併一部なる某々の公民は曩きに地方官が指定せる新町村の組織に不服なるがため一人も選挙会場へ出席せず、剰さへ投票用紙を悉皆返却に及べりと、又曰く某県某市には甲乙両会派の間、劇げしき競争ありて甲派は終に長夜の宴に選挙人の足を抑へて多数を制したり、又曰く某町の選挙会には、投票の数公民の数に超ゆるもの若干為之に無効選挙の請願におよびたりと」(明治二二年五月四日)という記事を掲げていた。

事実、内務省に対する府県からの伺いには、町村合併に対する不満から議員選挙をボイコットした事例が報告されている。明治二二年四月二六日の群馬県伺「町村制施行ニ際シ長尾村ニ於テ先ツ村会議員ヲ選挙セシムルニ該村人民ハ町村合併上当初ヨリ其輿望ノアルトコロヲ達セサルヲ不服トシ一人ノ投票ヲ為スモノ無之依テ百方説諭ヲ為スモ頑然之ニ応セス」、あるいは明治二二年六月一日静岡県伺「町村ニ於テ議員ヲ選挙セス又ハ議員ノ選挙ヲ為セシモ当選者其選ヲ辞シ就任セス、再三選挙セシムルモ亦如此ナルトキ及ヒ議員ハ就任セシモ町村長等ヲ選挙セサルトキハ之カ行政機関ヲ造ルノ途ナシ」(1)などである。

町村制施行への反発は村会議員選挙への非協力にとどまらなかった。「村長助役共ニ辞シ議員モ三分一以上辞職セリ」(宮崎県伺)、「県下射水郡橋下及老田ノ両村長以下役員都テ辞職セリ」(富山県伺)、「町村長助役共ニ出奔踪迹ヲ失シタル者アリ」(大阪府伺)(2)とあるように、町村制は村長・助役当選者の辞退や、村会選挙の低い投票率が伝えられるきわめて醒めた異常な雰囲気のもとで実施されることになったのである。

さらに、町村制の骨子と見なされていた等級選挙にたいしても、民権の気風がいまだ残る中、公然と反対の声をあげた例もあった。明治二一年一二月七日の新潟県会では、左記の建議の採択が三人の議員によって提案されている。

市町村制実施延期ヲ乞フノ建議

夫レ人ノ生ヲ天地ノ間ニ享クル、他人ヲ害セサルノ限リハ自由ニ行為作動スルコトヲ得ルノ権アリ。然リ而シテ人々相合シテ家ヲナシ家々相集テ部落ヲナシ国家ノ権柄ヲ犯スヘキ場合ヲ除ク外共同ノ事業ヲ維持シ、随意ニ条規ヲ設ケテ各自ノ利益保存スルコトヲ得ル。之ヲ自治ト云フ。故ニ国家ヲ泰山ノ安ニ置キ富強ノ本ヲ立テント欲セハ自治ノ権ヲ重ンシ、自治ノ政ニ依ラスシテ其目的ヲ達センコトヲ要スルモノハ猶ホ木ニ縁テ魚ヲ求ムルカ如シ。夫レ然リ、故ニ吾カ政府ノ明治維新ノ後チ比年ナラスシテ封建以来ノ陋習ヲ掃蕩シ、四民ノ等級ヲ廃シ、人権ヲ均一スルニ孜々力ヲ尽クサル、所以ノモノ枚挙ニ遑アラスシテ、自治ノ政ニ於テハ明治十二年郡区町村編制法ニ依リ行政ノ区域ヲ改良シ、区町村会町村聯合会府県会規則ヲ発布スルモノ皆以テ帝国長足ノ進歩ヲ謀リ立憲政体ノ準備ニ非ラサルハナシ。吾輩モ亦常ニ心ヲ此ノ二者ニ注ヒテ務メテ県民ノ幸福ヲ拡張シ中央政府ノ煩労ヲ省カンコトヲ望ムヤ久シ。吾輩謹ンテ本年四月公布ノ市町村制ヲ案スルニ大ニ県下ノ情況ニ適当セサルモノアリ。誠ニ其要旨ヲ掲ケ閣下ノ明示ヲ仰カン。本制ノ主眼トスヘキ市制第六条七条町村制同条々ニハ人民ノ名称ヲ分チ、市制第十三条ニハ選挙権ノ三級、町村制第十三条ノ二級トスルカ如キニ至テハ、義務負担ノ軽重ニ伴フテ権利ノ強弱ヲ異ニシ、維新以来ノ方針ニ背反ノ弊害挙ケテ言フヘカラサル者アリ。抑人民相互ノ間ニ権利隔絶ノ形跡アレハ従テ擯斥疾視ノ風俗ヲ長シ親睦和平ノ徳義ヲ破ルハ勢ノ免カレ能ハサル所ナリ。苟モ人民親睦和平ノ徳義ヲ失ハ、市町村ノ自治其名美ナリト雖何ヲ以テカ真正ノ自治団体ヲ為サン。市町村果テ真正ノ自治団体ニ弗ラストスレハ基礎既ニ凹凸複雑ヲ極ム。国家ノ衰頽ヲ招キ土崩瓦解ノ禍ヲ醸スヤ坐シテ待ツヘシ。郡県ノ自治何ノ地ニアラン、自由ノ人民ニ弗レハ自治ノ政ヲ行フニ堪ヘス。平等ノ社会ニ非レハ共同ノ利益ヲ保ツコトヲ得ス。殊ニ本県両州ノ人民タル各自ノ間稍々等級抑圧ノ苦境ヲ脱スト雖、生計困難ニシテ殆ント流離顚沛ノ惨状ニ陥ルモノ幾万人ナルヲ知ラス。方今ノ急務ハ負担ヲ弛メテ生計ニ余裕ヲ与ヘ為メニ休養ノ道ヲ求ムルニ外ナラス。此ノ時ニ当テ本県ニ此制ヲ実施スルハ譬ヘハ冬天ノ候饑寒身ニ迫マルモノニ向テ夏ノ葛衣ヲ勧ムルカ如シ。豈ニ自治ノ名ヲ以テ数百千年ノ市町村ヲ合シ軽々改造構成スルニ忍ヒンヤ。法律ヲ布クコト固ヨリ容易ノ業ニアラズ。故ニ政府ハ斯ニ見ル所アリ。市制ニハ第百廿六条町村ニハ第百卅七条ヲ以テ地方長官ノ能ク其情況ヲ洞察シ具申ニ従テ実施スヘシトス。敢テ全国画一ヲ要スルニアラサルヲ知ル。故ニ本県両州ハ前陳ノ情況アルヲ以テ実施ノ延期アランコトヲ切望シ此段建議候也。

明治廿一年十二月

新潟県会議長山口権三郎

新潟県知事篠崎五郎殿

右ノ主旨ヲ以テ県知事　上申相成リ度此段建議候也

明治廿一年十二月七日

三十三番議員　清水治吉

四十九番議員　大竹貫一

三十五番議員　長谷川万寿弥

新潟県会議長山口権三郎殿

（『新潟県第一一回通常県会議事録』九五五—九五八頁）

提案者の一人大竹貫一は、町村制実施の延期を求めるのは、人民に公民住民の区別をたてた上にさらに等級選挙を設けた町村制が維新以後の自由・進歩の進展に逆行し町村に害を与えるためであるとして次のように発言している。

王政維新ノ目的ハ四海同等ニアリ、然ルニ明治廿余年ノ今日ニ至テ若クハ水呑百姓若クハ貴族ト云フカ如キ区別ヲ立ツルハ抑モ何ノ必要アルカ、特ニ本県進歩ハ他府県ノ下ニ位スハ何ソ、主トシテ素封豪族ノ多キモノ、ナス所ナルニ、今更ニ之ヲ挙ケテ貴族的ノ施政トナスハ其害コソアレ其利ハアラサルナリ、階級撰挙ノ不可ナルハ論スル迄モナク、負担ノ軽重ニヨリテ権利義務ノ等差ヲ来タスハ是レ真正ノ団体ヲ傷フモノナリ。（前掲『通常県会議事録』九六九頁）

建議に採りあげられたのは、町村合併・等級選挙・住民公民の区別がもつ不当性であったが、提案者がこの中でもっとも重視したのは、「町村分合ナトハ枝葉ナリ、建議ノ骨子ハ先ツ人民ニ階級ヲ附スルハ不当トスルニアリ」（清水治吉発言、前掲『通常県会議事録』九五九頁）とあるように、不平等な原理にたった等級選挙であった。この提案は、結局賛成者少数で否決されたが、これは県会内部の動向にとどまる現象ではなかった。

反対の意思が、村会で多数を占め、村条例で等級選挙廃止を打ち出した村もあった。新潟県西蒲原郡東太田村（現燕市）、小高村（現燕市）、中蒲原郡茨曾根村（現白根市）は、等級を作らずに選挙を行う規約を作り、この条例を村会で可決している。(3) 東太田村は、等級選挙廃止について、その理由を次のように記している。「本村公民数ハ現四百四十四名内二級選挙人ハ百三十四名ニシテ一級選挙人ハ僅ニ十名ニ過キス、斯カル少数ヲ以テ村内ニ及ホスヘキ権利ノ半ヲ占領スルハ是其当ヲ失シ一村ノ円滑ヲ欠クモノナリ」。また茨曾根村でも、二〇〇〇人以上の人口のうち、わずか一一名の一級選挙人（二級は一三五名）で定員の半数（六名）の議員を選ばせるのは、村内に隔たりを作り出し、協和を乱すと主張した。

しかし、等級選挙を町村制の中心に位置付けていた内務省には、等級撤廃を認める意思は毛頭なかった。ただすぐ不許可を言い渡すのではなく、郡役所の手で村々を説諭し、翻意を促す方針をとった。だが、三村とも一向に説得に応ずる気配を示さなかった。特に茨曾根村は、他の二村が条例を撤回したのちも、半年余の郡長の説得にまったく耳を傾けず、千田知事は遂に説得不可能との上申を内務省に提出した。その中で知事は、「訂正方懇諭イタシ候得共固執シテ動カス、元来該地方ハ徒ニ民権熱ニ浮カルルノ傾有之、懇諭ノ示諭モ輒モスレハ官権ノ干渉ナリナドノ感触ヲ起スノ状勢ニテ」[4]と述べている。結局、翌二三年一月八日、内務大臣は茨曾根村村条例不許可を言い渡し、等級選挙の実施が強制されたのである。右のような事例は、おそらく新潟県に固有の特異な現象ではなかったであろう。民権運動の影響をうけた地域には、何らかのかたちで町村制の不平等な傾向への批判が存在したと思われる。これについては、今後の実証をまちたい。

四月末から五月にかけての選挙で成立した町村会では、まず町村長・助役・収入役・委員の選挙が行われた。町村長・助役は府県知事の認可、収入役は郡長の認可を得たのちに正式にその職が確定することになっていた。町村長・助役については、ほとんどの場合、有給吏員を望む町村の希望は否定されて名誉職となることを強制された。明治二二年五月四日の内務省内訓第四一一号は、町村条例の許可を求めるものの大半は町村長・助役の有給を望むものであり、中でも助役一名を有給とすることを望むものが非常に多いとしたのちに、名誉職に関する内務省の方針を次のように述べていた。

抑本制ハ其風土民俗ニ依リ相当ノ吏員ヲ挙ゲ交互ニ公民ノ義務トシテ名誉職ヲ担任セシムルニ在ルハ曾テ各位ノ熟知セラルル処ナルベシ……此際助役一名ヲ有給トスルヲ得ルハ大町村ニシテ事務ノ繁劇ナル等ノ情況アルニ限ルノ旨意ヲ体認セシムル様尚深ク注意セラルベシ[5]。

右のように、たとえ町村会が希望しても、内務省が妥当とする大町村でない限り有給吏員の就任は許されなかった。たとえば、新潟県岩船郡岩沢村(現朝日村)では、「民生未ダ其度ニ達セズ」名誉職助役に適当な人物を見いだせないから助役を有給にしたいと願ったにもかかわらず、五〇〇戸内外の大村でないとして不許可を言い渡された[6]。このような名誉職の強制は、特に小村で経済的余裕に乏しく、名誉職を引き受ける人材を見いだせない地域を困惑させた。仕方なく就任したものの、本業がおろそかになるとして短期間で辞職し、後任者の選出に頭を痛めたり、また報酬の名のもとに給料と等しい額を支給するという便法をとって障害を乗り越える事例も見られた。明治二二年八月二日の

『新潟新聞』は、「名誉吏員と有給吏員」と題する記事で具体例を引きながら「市町村制実施以来、各地方とも種々の不都合不便利を惹き起し、当局者中にも今更実施の早かりしを後悔するものあり」と、名誉職のもつ矛盾が制度施行上のつまずきの一つとなっていると指摘している。

2　町村内の対立と党争

政府は、村で名望と権威をもち、かつ行政的に有能で、政治的にも政府に従順な名望家が村長や助役になることを強く望んでいた。この政府の思惑は、はたして達成されたであろうか。

町村制施行にあたって、内務大臣山県有朋は、各府県知事にあてた内訓七一六号をもって、「此際ニ当リ各位ノ猶深ク注意セラルベキモノ一アリ、何ゾヤ、各位ハ党派ニ関係セズ、党派ノ気焔ヲシテ地方ノ議会及行政ノ間ニ侵入セシメザル是ナリ」と、とくに町村吏員の中正の立場を力説した。しかし、町村の実態は山県の期待にはほど遠かった。「市町村ノ議員及ビ吏員ニシテ公務ヲ措テ其党派ノ私事ニ奔走シ甚シキハ相結托シテ其職権ヲ濫用スル」(明治二三年二月二三日、山県内務大臣訓示)と憂えざるをえない現実があったのである。

明治二三(一八九〇)年の群馬県知事の「管内景況報告」(群馬県庁所蔵文書)は、政府にとって憂慮すべき事態を次のように述べている。「吏員概ネ従来ノ戸長用掛若クハ県会町村会議員タリシモノヨリ撰出セラレ、町村事務ニ付多少ノ経歴アルモ政論激昂ノ日ニ際シ、県会衆議院等ノ議員選挙ニ狂奔シ、自己固有ノ職務ヲ曠《むなし》フスルノ弊アルハ実ニ痛歎ニ堪ヘザルナリ、是等ノ弊アルハ名誉職ニ町村長助役ヲオク処ニ殊ニ多キヲ見ル。」

このような現象は、全国的に瀰漫していたらしく、毎年のように、町村吏員の党派的動きを戒め、中立・公平を強調する訓令が政府から府県知事に出されている。しかし、この年中行事的訓令は、実際にはほとんど効果をもちえなかった。

中央政局における民党対藩閥政府の対立は、民権諸派の反政府統一運動である大同団結運動を契機として、国会開設以降いっそうその激しさをまし、地方町村をもまきこむひろがりをみせていたのである。

「全国町村吏員の多数は其政党の所属において民党たり。其選挙の時において民党候補者を推挙したるは事実なり」(明治二五年九月一五日『郵便報知新聞』)といわれるように、町村長が民党の側に立つ事例が全国的に数多くみられた。たとえば、富山県礪波郡下二七町村長一同が、第三帝国議会閉会に際して民党議員総代に、その活動を感謝する感謝状を贈ったというような反政府色を鮮明にした動きさえもあった。この町村長らは、政府の激しい怒りを買い、結局解職された(明治二五年九月三日『郵便報知新聞』)が、このような反政府的行動は、政府にとって頭痛のたねであったに違いない。

村長と民党とが結びつき反政府の動きを示した背景には、それぞれの地域の有力者支配圏の形成がある。この時期には、「何れも其の郷における地主・富豪・門閥家」(青木平八『埼玉県政と政党史』)が県会議員あるいは郡会議員となり、彼がその下に町村・部落のボスを統合して、だいたい郡規模の一定地域を掌握するという形ができあがりつつあった。そして選挙は「今日の如く投票の買収などは行われず、大体において郡会議員が県議選挙の母体となって民衆を率い、県会議員は代議士選挙の牛耳を執って大衆を其の意のままに動かし」(前掲『埼玉県政と政党史』)て行われた。つまり、町村ボスを統合する郡規模のボス層のなかから県議層が選出され、また郡規模のボスを府県規模のボスに統合しながら衆議院選挙は闘われたのである。

村長は、いわば渡り者の官僚集団である府県知事や郡長の系列下で「公平中正」な立場を貫くよりも、むしろその地域の日常性に根ざした有力者の支配系列の配下のほうをえらび、とくに選挙のような政争の季節には、その手兵となって動く傾向を示したのである。したがって、初期議会の時期にしばしば政府によって行われた選挙干渉(典型的には、明治二五年二月、二五名の死者を出した松方内相の選挙大干渉)に際しても、政府が駆使しえたのは郡長、警察どまりで、町村吏はむしろ民党として吏党に敵対する事例が多かった。政府がいかに物理的強制力を駆使して強引な選挙干渉を行っても、町村の草の根は民党にほとんど独占的に掌握されていたために、吏党は数次の敗北をよぎなくされたのである。

いわば思惑違いのこの草の根の動きに対し、苛立った政府がとった応急対策の一つは、監視の強化であり、他の一つは褒賞制度の実施であった。

明治二五年五月九日、内務大臣は府県知事に宛てて、「市町村行政事務ノ監督ヲ行フ可キ事項ノ要領」、「市町村巡視規程概則」の二つの訓令を出した。町村長の選出については、府県知事は認可権を最大限に活用し、犯罪不正の行為ある者、懲戒処分をうけたことのある者、経歴がその任にふさわしくない者は認可しないこと、また、就任後、不都合な行為を行う場合は厳重な説諭をくわえ、なお悔悛しない場合は、「仮借スル所ナク処分ヲ行ヒ、且以テ規律ヲ厳粛ニスルノ良習慣ヲ養成スル」ことが、現時点で最も必要だとされている。そして、具体的な町村吏員の監督については、郡長の毎年最低一度の郡内各町村の巡視が義務づけられ、巡視事項として、「市町村全体の状況（平穏無異ナリヤ否ヤ、党派軋轢ノ弊アリヤ否ノ類）、市町村会議ノ景況、市町村会議選挙ノ景況」とならんで「吏員ノ勤怠能否及事務ノ成績（土木事業教育勧業ノ挙否若クハ兵事戸籍ノ整否）、市役所町村役場事務分課及執務ノ体裁、市町村事務ノ状況（事務ノ繁簡便否ノ類）市町村吏員ノ処置法律命令ノ規程ニ違背スル所ナキヤ否、吏員ノ部民ニ対スル接遇、予算決算ノ整理、営造物及財産ノ管理、簿書ノ整理並保存、出納ノ正否及現金ノ保管、市町村経済ノ状況（負担ノ軽重課税ノ適否財産及負担多寡等ノ類）」などがあげられた。巡視によって町村の実状を把握し、その上で監督を厳重に行うこと、町村吏員の本分逸脱に対しては、迅速に処分することが郡長に命ぜられたのである。

なお、この時期の前後には、府県知事の町村長への懲戒処分をめぐって、町村長からこれを不当とする行政裁判がいくつか提起されている。しかしいずれも、「郡長ノ命令ヲ奉ゼザル町長ヲ県知事ガ懲戒ニ処シタルハ違法ニ非ズ」

（明治二四年一月二九日判決）、「村治上ニ困難アルモ町村長ハ法令ニ従ヒ其職務ヲ行フ義務アリ」（明治二四年四月二一日判決）、「町村長ガ衆議院議員ニ感謝状ヲ発シ懲戒ニ付セラレタルハ当然ナリ」（明治二六年三月二八日判決）として、その懲戒処分権を全面的に擁護する判例となって結着した。これは、府県知事・郡長の上級者としての絶対性が行政裁判上でも確立されたことを示すものであり、府県知事・郡長への従属を否応なしに町村長に感じとらせる効果をもたらした。

右のような監督強化政策を裏から支える役割をはたすものとして制定されたのが、市町村吏員の褒賞制度であった。「旧来地方ニ徳望高ク公同事務ニ従事シテ多年倦怠ナキ者、公平清廉ニシテ村民ノ折合ヲ得、誠実勤勉ニシテ党派ノ関係ニ偏セズ事蹟顕著ナル者」（明治二四年、内務大臣内訓一一六号）を基準とする表彰の実施によって、「アメとムチ」を使いわけて、市町村吏員の体制への吸収がはかられたのである。

また、少し時期はくだるが、明治三二年の郡制、府県制の改正によって、郡会議員、府県会議員の複選制が廃止されたのも、府県議を中心として村長をもまきこむ党派的系列化を切断し、市町村への党争波及を抑制する対策であった。

しかし、より総括的な対策はこれ以後の政府の全政策の進行のなかにみられる。一つは二〇年代以降、地方行政機構を通じての勧農行政、土木治水行政、あるいは全国的規模での鉄道敷設などが、地主保護的方向を明らかに示しながら積極的に展開されていった事実、政治的にみれば第二として、政友会の成立に象徴されるように、超然主義を放棄した政府と、民党主義を変質させ、藩閥のなかに提携を求めはじめた民党との間に妥協が成立し、地主・ブルジョアジーと政府とが同一基盤にたつ政治体制が作られた点である。

中央政局で民党と政府との提携が成立するのと呼応して、地方でも地方行政機構から地主層に通じる利益導管が整備される。そして、寄生地主化を明確にした地主は、この府県行政への連繫の通路を積極的に利用するために、地方政治の舞台へすすんで登場していく。

地主＝有力者、さらには町村長の政府との一体化は、この全政策の進行過程で実現されていくのである。

3　町村役場の「近代化」

前に述べたように、村は一応自治的な公共団体として認められていたけれども、実質的には何よりもまず、国家行政を末端において遂行する行政機関であった。新町村の行政事務の七、八割は国政委任事務であり、村長も村役場もまず第一にこれに取り組むよう義務づけられていた。いな、その処理においまくられる、というのが実状であった。しかし、この複雑で多岐にわたり、かつ多量な国家行政事務を円滑に処理する能力がはたして当時の村役場にあったのだろうか。この能力がなく、国家行政事務が曖昧な形で処理されたり放置されたりすれば、ちょうどうろをもった大木のように、国家はその根元から崩壊することになる。政府にとって、村役場の組織的近代化と機能の合理化は、重要な課題の一つであったのである。

群馬県群馬郡長は、明治三一（一八九八）年三月三〇日「各町村巡視ヲ結了セシニ就キ意見内申書」に、「ソモソモ三十八ヶ町村ノ内通常事務ニ於テハ……九ヶ町村ハ整理シオリシモ、其他二十九ヶ町村ハ概シテ整理シ居ラザリシ」とその実状を報告している。また、後年一木喜徳郎は次のように回顧している。「当時自治体の監督即ち市町村の監督――監督といふよりは寧ろ指導と云つてよいのでありませうが、つまり教へると云ふやうなことをやつた……例へば小さい山間の町村などでありますと予算と云ふものがあるが予算とは一体どういふものであるか、どう云ふ風にこれを作つていくのであるかと云ふことすらよくわからなかつたやうな有様」（「市町村制施行当時の状況」、一木喜徳郎『自治座談・回顧編』）であったという。

このような状態をまねいた原因の一つは、町村制のとった名誉職制度である。「町村吏員ハ多クハ名誉職ナリ、而シテ名誉職其者ノ名ハ実ト大ニ相反シ、或ハ其職務ノ惰リ甚シキハ連日役場ニ出勤セザル等ノモノアリテ、之ヲ従前ノ戸長役場ニ比スレバ其運転稍渋滞セリト云フベシ」(「群馬県下北甘楽郡長巡視報告」)という報告は、名誉職行政がもつ兼職的性格が、迅速正確な行政処理と矛盾する要素をもつことを指摘している。

名誉職行政というものは一般的に、民衆の選挙によって任命されるという点で上級官庁への従属度がうすく、独立傾向をもちやすく、かつ兼職的で専門職ではないために、その機能が、正確さやスピードや統一性を欠くという欠点をもっている。技術的な有能さや上級への従順さという点では、訓練をつんだ専門官僚による行政がはるかに立ち優っているのはいうまでもない。

しかし、従属性と能率性においてまさる官僚行政が、その権力的性格のゆえに民衆からの激しい反発をうけた経験をもつ政府は、社会的威信と経済力をもつ有力者を行政につかせることが、政治的支配の権力性を薄める効果をもつはずだとして、名誉職行政を地方制度の基本原理としたのであった。したがって政府は、この組み立てがもつ本質的矛盾には手を触れることなく、この方式内での合理化をひたすら追い求めた。

町村における行政渋滞に対し、政府はまず、行政事務を処理する上で守るべき諸規則を制定し、それに基づいた郡長による監督強化体制を作り上げた。そもそも、町村制はその第一二一条に「監督官庁ハ町村行政ノ法律命令ニ背戻セサルヤ、其事務錯乱渋滞セサルヤ否ヲ監視ス可シ、監督官庁ハ之カ為メニ行政事務ニ関シテハ報告ヲ為サシメ予算及決算等ノ書類帳簿ヲ徴シ並実地ニ就テ事務ノ現況ヲ視察シ出納ヲ検閲スルノ権ヲ有ス」と町村の行政事務に関する監督官庁の監査権を細かく規定していた。そして政府は、この条文に基づいて、府県に行政事務処理についての諸規則の公布を命じた。明治二五年五月九日内務大臣内訓第三四八号は、市町村事務報告例、処務規定準則、出納帳簿式、出納検閲例規、市町村事務引継順序、市町村巡視規定などの作成を府県に命じたものであった。その内容はほぼ次のように整理できる。

(1) 町村事務のすべてについての報告の義務づけ(市町村会、市町村吏員、財政、役場内部組織、選挙、予算決算など二〇項目にわたる)。

(2)　郡長の周期的な町村巡視。
(3)　町村事務の処理順序、処理方法についての標準例の作成。
(4)　出納に関する簿式の制定と郡長の会計監査。
(5)　吏員交代の際の事務引き継ぎの定式化と監査。
(6)　行政事務に関する簿冊の種類・員数・様式の定式化。

また内務省は、町村の経費についても「標準町村費計表」を町村に示しこれに準拠することを求めた。そこには、町村が大中小の三種に区分され、それぞれ町村吏員の人数・給料報酬・役場費・会議費・衛生費・救助費・土木費・衛生費などの経費の概算の基準が示されていた。町村はこれを参考にして歳入出予算を作成したのである。

右のように、内務省の指導下に各府県は多方面にわたる細かい規程や基準を設けて、公務処理を細部にわたって規律し、町村行政の画一化を推進した。郡長は、この規則に則った公務処理を行うように町村長を常時指導監督した。また郡長は、一年一回以上の町村巡視をおこない、町村全体の状況(町村折り合いの良否・町村民の意向・生計の模様・党派の弊害など)をはじめとし、町村吏員の勤怠能否、事務の成績、帳簿の整理保管状況などを視察して知事に報告し、不備については厳しい注意を与えたのである。

町村への細かな監察がまだ行われなかったために、慣習や地域事情をふまえた自主的な公務処理や財政運営がある程度可能であった戸長役場時代の牧歌的風景は、町村制実施後に一変した。上級官庁への従属は以前より強められ、その監督下に、煩瑣な形式に沿った形で事務の能率化と合理化が推進されたのである。またこれと同時に、各郡市町村の書記、雇員及び将来の就任希望者を対象に「行政上諸般ノ法理及実務ヲ研究講習シ以テ地方制度ノ整理改良ヲ図ル」目的で地方制度研修会なるものも設けられ、町村吏員の教育が試みられた。

しかし、右のような方針の実施は、近代的な公務処理の原則を村役場にもちこむという外見をとっていたにせよ、上級官庁への一方的な従属強化の形で行われた能率化と合理化が、村行政を実質的に近代化することができなかったのは当然である。第一に、民衆の意思と人格の尊重に基礎づけられていず、民衆の批判や監視の埒外におかれていたという点で、民衆を威圧する強力な特権的体系を作り上げるという結果を生んだ。村民にとっては、自分たちの村役場ではなく、ますます「お上の村役場」となったのである。そしてその能率化は、あくまでも上級機関に対するもので、民衆に対しては、ともすれば非能率と無責任をまねきやすかった。第二に、官僚的統治を強める形で行われた合理化は、町村吏員の自主性を奪い、繁文縟礼、先例踏襲をこととする煩瑣な形式主義を村行政にもちこんだ。現在、行政文書調査などで村役場を訪れたときにみられる、明治二〇年代後半以降の画一的な多量な村行政資料の存在は、上級官庁の厳しい監視下におかれた村役場の苦衷を表現しているともいえるであろう。

これらの対策は、町村吏員を中央政府の下級行政吏に仕立てあげるという効果をあげた。そして、町村吏員のこの行政吏化は、前述の名誉職行政と行政的合理化との矛盾を、その自主性侵害の方向で解決することとなった。つまり、右の改革は町村吏員に、当然一定の訓練と経験、そして専門化を必要とし、職務上に全活動力を要求するようになる。兼職的な公務処理は不可能となり、助役以下、あるいは収入役以下の主たる町村吏員の事実上の固定化を必要としてくる。したがって、煩瑣な形式を必要とする行政の実際の処理は、上級官庁に従属する彼らによって行われ、町村長や町村会議員の発言は狭められていかざるをえない。村役場の「近代化」によって、政府の側は、官僚的支配の拠点確保という目標を達したけれども、自治体制の側は、自主性の欠如をいっそう決定的にし、村民から遊離した「お上のお役所」色をいっそう強める結果となった。

4　町村と部落の財政

町村制に規定された町村財政の一般的性格は、藤田武夫(『日本地方財政制度の成立』)によって、貧弱な財源と義務的支出の過重による弾力性の欠如がその特徴であると指摘されている。この結論は、町村制ではとくに財政面からの制約が強い点を指摘する重要な発言である。ここでは、この制度的考察を参考としながら、財政機構がもつ町村の実生活への具体的機能を明らかにしていきたいと思う。国家と町村との関係、町村財政の農村諸階層への影響、町村財政と部落財政との関連などである。

まず、町村の財政規模についてその膨張度を知るために、町村制施行以前と以後を対比してみると第2表、第3表のようになる。第2表は経費の名目的金額による比較なので、貨幣価値の変動を考慮し、物価指数(中沢弁次郎『日本米価変動史』の参考資料によった)によって按分し直したのが第3表である。施行以前とくらべて、町村の絶対的経費膨張が約一・四—一・五倍であることをこの表は物語っている。合併によって「有力の町村」になったはずの新町村にも経費膨張＝人民負担の増加は必然的であったのである。

この膨張は何を原因としたものだったのかを費目検討によって明らかにしたのが第4表、第5表である。これによれば、経費膨張の主要原因は、役場費および会議費であることが明らかとなる。やや増えているのが土木費であり、また町村制施行後の新たな費目として警備費、町村債費、諸税および負担、財産管理費などがあるが、これはきわめて少額である。これに反して激減した費目は勧業費、衛生費、社会事業費である。

明治二三年度をみると、役場費、会議費の一般行政費は三六・二%、教育費は三二・五%、両者あわせて六八・七%におよんでおり、町村公共行政の展開はきわめて制約されていたといわざるをえない。役場費とは、町村吏員給料、雑給、役場修繕費、町村吏員職務取扱費、掲示場および布達費、諸税取扱費、徴兵費から、会議費は町村会に関する

第 2 表　全国町村歳出合計

年　度	金　額	指数
明治 18 年	13,549 千円	108
19 年	13,682	109
20 年	12,495	100
21 年	12,700	102
23 年	19,258	154
24 年	20,531	164

(「明治大正財政詳覧」538 ページ,「町村歳出総計内訳表」より作成).

明治 20 年を基数としたのは, 明治 21 年には町村合併が実施され, 財政面への影響があったと思われるため. 明治 22 年を除いたのは, 町村制の施行時期が全国的にまちまちなため.

第 3 表

年　度	明治 20 年を基準とし按分し直した町村歳出総計	指　数	物価指数
明治 18 年	13,549 千円	108	144
19 年	14,175	113	139
20 年	12,495	100	144
21 年	12,065	97	151
23 年	16,755	134	165
24 年	19,094	153	154

第 4 表　(単位は千円, カッコ内%)

費目＼年度	明治 18 年	明治 19 年	明治 20 年	明治 21 年	明治 23 年	明治 24 年
教育費	6,085 (44.9)	6,153 (45.0)	4,475 (35.8)	4,492 (35.4)	6,266 (32.5)	6,738 (32.8)
土木費	3,672 (27.2)	3,135 (22.9)	3,336 (26.7)	3,282 (25.8)	4,766 (24.8)	5,448 (26.5)
衛生費	453 (3.3)	704 (5.1)	496 (4.0)	480 (3.8)	407 (2.1)	319 (1.6)
勧業費	247 (1.8)	296 (2.2)	323 (2.6)	432 (3.4)	115 (0.6)	87 (0.4)
社会事業費	61 (0.5)	43 (0.3)	39 (0.3)	30 (0.2)	35 (0.2)	22 (0.1)
役場費	2,304 (17.0)	2,526 (18.5)	2,916 (23.3)	3,092 (24.4)	6,656 (34.6)	6,555 (31.9)
会議費	154 (1.1)	180 (1.3)	197 (1.6)	200 (1.6)	317 (1.6)	315 (1.5)
警備費					164 (0.9)	152 (0.7)
町村債費					141 (0.7)	242 (1.2)
諸税及負担					120 (0.6)	263 (1.3)
財産管理費					5 (0.03)	9 (0.04)
その他諸費	574 (4.2)	644 (4.7)	713 (5.7)	690 (5.4)	265 (1.4)	382 (1.9)

第5表　各費目比較指数

費目＼年度	明治18年	明治19年	明治20年	明治21年	明治23年	明治24年
教育費	100	101（106）	74（74）	74（70）	103（90）	111（103）
土木費	100	85（88）	91（91）	89（85）	130（113）	148（138）
衛生費	100	155（161）	109（109）	106（101）	90（78）	70（65）
勧業費	100	120（124）	131（131）	174（165）	47（41）	35（33）
社会事業費	100	72（75）	62（62）	49（47）	57（50）	36（33）
役場費	100	110（114）	127（127）	134（127）	289（251）	284（264）
会議費	100	117（122）	128（128）	130（124）	206（179）	205（191）

（カッコ内は物価指数により按分し直した数）

報酬、諸雑給、需用費などから成っている。このような内容をもつ一般行政関係費の拡充とは、第一に、町村行政組織の整備、強化、つまり、「近代的」な威容を誇る行政機関の設立を示している。そして町村役場の取り扱う事務の七、八割が、国、府県、郡の行政事務であることを考えるならば、これは、国家委任事務遂行を保障する機構整備を、財政面で示すものであった。前に述べたような事務内容の組織化、上級機関の監督強化に照応して、民衆に君臨し支配する特権的行政機関を町村に作り上げるための財政措置であったといえよう。第二に、これは町村行政担当者の活動の場の整備、強化を示している。町村行政担当者つまり町村有力者が、新しい行政組織に照応した新しい威信を再生産する場ともなり、町村における有力者支配の権威の一つの支柱となったと思われる。

土木費は、この全国町村歳出総計によれば、明治二三年度に二四・八%と町村財政のかなりの部分をしめている。しかし、この統計は特殊条件をもった町村（災害被害地など）をも含めた数字であり、各村でこれとひとしい割合が恒常的に土木行政にあてられたとは考えられない。

たとえば、平場農村地帯の群馬県新田郡の明治二三、四年の町村歳出総計の各費目別割合は第6表のとおりである。

明治二三年には役場費、会議費、教育費の合計額が六九・九%をしめ、土木費はわずか五・九%である。また二四年には前者が八八・八%、後者は八・二%の割合である。前者にくらべ、土木行政がきわめて軽視されていた事実が加えられる。

第6表　群馬県新田郡町村歳出費目別割合

費目＼年度	明治23年	明治24年
役場費	34.3%	33.3%
会議費	1.6	1.5
教育費	34.0	54.0
土木費	5.9	8.2
衛生費	0.4	0.6
救助費	0.08	0.03
警備費	0.8	0.6
勧業費	0.3	0.5
雑支出	0.2	0.2
諸税負担	21.9	
予備費		0.4

（「群馬県庁所蔵文書」より作成）

第7表　群馬県勢多郡芳賀村明治23年度歳出

費目	金額	全歳出中各費目のしめる割合
役場費	440円954	45.9 %
会議費	4円 80	0.05
教育費	509円118	53.0
衛生費	5円000	0.05

（「芳賀村所蔵文書」より作成）

次に、この傾向がもっと顕著な例として、群馬県勢多郡芳賀村の財政は第7表のとおりである。これによると役場費、会議費、教育費が町村財政のじつに九九%をしめ、土木費は支出されていない。これは群馬県の特殊例であったわけではなく、長野県南安曇郡豊科村の場合も九九%を役場費、教育費、会議費がしめ、土木費は支出されていない（『豊科町誌』）。これからみて、全国町村の集計にみられる、国家行政経費の過大、自治行政経費の貧困という特徴は、とくに農村においていちじるしく、行政村の財政は村民の日常生活のためにはほとんど支出されなかったという事実を知ることができる。村役場とは国の出先機関であるにすぎず、自治体とはまさしく名のみであったのである。

次に村と部落財政の関連を述べよう。

村における公共事業費の軽視は、その多くの部分を部落にゆだねる結果をまねいた。たとえば、群馬県知事は、明治二七年の時点で、協議費＝部落財政の実態について、内務省に次のような答申をしている。

「目下市町村ニ行ハル、協議費ナルモノハ市町村税外ニ一種ノ新税ヲ課スルト同様ナルハ夙ニ熟知スル処ニシテ、今其種類ヲ挙グレバ総代人伍長等ノ給料手当、用悪水路及道路開鑿修繕費、火防水防費、社寺祭典開扉ニ関スル費用、共有建造物等ニ要スル費用、墓地、火葬場費、伝染病予防ニ関スル費用等ニシテ、其額実ニ一ヶ年金拾万九千八百三拾弐円余ノ多キヲ要シ、殆ンド市町村費ノ四分ノ一ニ達セリ」(「協議費ノ諮問ニ関スル答申」)。つまり、本来町村財政に含まれるべき部分の多くが部落財政に負わされており、その額は町村費の四分の一に達しているというのである。

群馬県新田郡の部落費を示したのが第8表であり、明治二四年の各費目をめぐる町村費と部落費の関係を示したのが第9表である。これによれば、実質的には町村財政に含まれるべき二一%余が部落によって肩がわりされ、とくに、土木行政、消防行政は全く部落によって代行されていた実状を知ることができる。これは勢多郡芳賀村の場合いっそうはなはだしい(第10表)。そしてこれはこの時期にのみ固有な特徴ではなく、芳賀村では明治年間を通じて土木費はほとんど部落負担であった。

たびたび述べたように、町村費の七、八割は国、府県、郡の委任事務費であり、町村の公共行政に用いられる経費は二割強であるにすぎなかったのだから、協議費が町村費の四分の一に達している場合、公共行政では部落が町村の倍の負担をになっていたことになる。土木、消防、衛生などの負担を部落に代替させることによって、自治体の実体は成り立っていたのである。

この二重構造の原因の一つは、行政村が委任された行政事務の処理に忙殺されていたためであり、他の一つは、部

第8表　群馬県新田郡協議費財政

費　目	明治23年	明治24年
	円	円
役員費	272.68	268.010
土木費	3,516.437	3,923.962
消防費	1,589.794	1,329.899
祭典費	1,014.460	1,114.510
衛生費	105.020	80.020
計	6,498.391	6,716.401

第9表　群馬県新田郡町村費部落費，費目比較

費　目	町村費 A	部落費 B	B/A
役場費	8,664円	268円	0.03
土木費	2,119	3,924	1.85
衛生費	163	80	0.49
警備費	153	1,330	8.69
歳出総計	26,316	5,602	0.21

(部落費歳出総計からは祭典費を除外している)

第10表　勢多郡芳賀村明治23年度経費

町村費		部落費	
	円		円
村役場費	440.954	役員費	60.316
会議費	4.80	土木費	164.716
教育費	509.118	水防火防費	19.13
衛生費	5.000	衛生費	15.993
		祭典費	39.243
計	959.872	計	289.405

第11表　全国町村歳入費目別割合　（単位千円，カッコ内%）

費目＼年度	明治18年	明治20年	明治23年	明治24年
地租付加税	7,555 (52.6)	4,594 (34.9)	5,682 (27.9)	5,913 (27.1)
段別割	585 (4.1)	192 (1.5)		
所得税付加税			13 (0.1)	25 (0.1)
間接国税付加税			0.7	1
戸数割付加税	4,442 (31.0)	5,608 (42.6)	7,545 (37.1)	6,999 (32.1)
府県営業税付加税	329 (2.3)	511 (3.9)	607 (3.0)	602 (2.8)
特別税段別割			357 (1.8)	318 (1.5)
税収入合計	12,911 (90.0)	10,905 (83.4)	14,205 (71.9)	14,213 (65.1)
財産収入			591 (2.9)	627 (2.9)
使用料及手数料			23 (0.1)	29 (0.1)
国税徴収交付金			100 (0.5)	579 (2.7)
府県税徴収交付金				199 (0.9)
寄付金			407 (2.0)	676 (3.1)
町村債			215 (1.1)	326 (1.5)
前年度繰越金	(1.1)	714 (5.4)	644 (3.2)	1,068 (4.9)
其他諸収入	161 (8.9)	1,468 (11.1)	2,052 (10.1)	2,169 (9.9)
補助金	1,279		1,416 (7.0)	1,763 (8.1)
税外収入合計	1,440 (10.0)	2,182 (16.6)	5,448 (28.1)	7,436 (34.9)

（『明治大正財政詳覧』より作成）

落の根強い団結の存在であった。各部落独自の伝統と社会構造が残存している状況では、行政村の統一的な自治行政は不可能に近かったのである。土木費を例にとれば、各部落ごとに里道、橋梁の大小、数、性質などさまざまであり、負担額に大小があるところから、村として統一的な賦課を行えば、たちまち不満がおこる。また消防についても、人家の密度の相違、部落所有消防器具の相違などから、もし町村税負担にすれば大紛議の種子になる。また部落所有の財産額もさまざまである。つまり、新行政村とは、個々の部落の連合体にすぎず、部落をこえた統一的財政が確立する基盤がまだできていないことが村財政を通じてうかびあがる。このような事情を背景にして、行政村の村役場＝国の下級行政機関、部落＝自治行政の場という二重構造が定着し、これがまた、部落の存在意義を再生産する結果となった。

では次に、村の財政を歳入面からながめてみよう。この時期の全国町村歳入総括は第11表のとおりである。

まず、全歳入中税収入のしめる割合は、一八年九〇%、二〇年八三・四%にくらべて、町村制施行後の二三年は

第12表　群馬県新田郡町村歳入費目別割合

費目＼年度	明治23年	明治24年
財産ヨリ生ズル収入	1.0%	0.7%
雑収入	9.6	13.5
前年度繰越金	0.7	2.1
国庫交付金	0.4	0.5
府県税交付金		1.1
寄付金	0.9	0.1
町村税	85.1	81.4
町村税内訳　地価割	33.7	36.0
町村税内訳　県税営業割	4.7	4.6
町村税内訳　戸数割	46.6	40.8
町村税内訳　所得税割	0.04	0.04
夫役	0.6	0.7
公借金	1.7	

(「群馬県庁所蔵文書」より作成)

第13表　人口1人当り市町村税負担額

年度	金額	物価指数により按分し直した金額
	円	円
明治18年	0.342	0.342
19年	0.305	0.317
20年	0.281	0.281
21年	0.276	0.262
23年	0.395	0.346
24年	0.384	0.367

七一・九%、二四年は六五・一%とその比率が低下し、それに応じて税外収入の比率が高まっている。

この税外収入の比率の高まりは、町村制以後、町村財産の収入、使用料、手数料、国税・府県税徴収交付金などが新財源として設定された事態を反映しているとはいえ、町村制の精神――税外収入を主とし、税収入を補助とする不要公課町村――にはまだ遠く、税収入は依然として主要財源であった。とくに農村地帯では、第12表の例が示すように、税収入の地位は圧倒的であった。

また、税収入の割合低下も、歳入総額膨張という現象下でのものであり、実際に住民負担の軽減を示すものでないことはいうまでもない。第13表の人口一人当り市町村税負担額の変遷はこれをよく物語っている。

明治一九、二〇、二一年と町村税負担額が減少を示しているのは、松方財政による深刻な不況から農村を回復させるため、町村公課の軽減(地租改正費、地籍取調費の消滅、衛生委員の廃止、教育関係費削減)が政府によって策されたためであったが、一時減少した町村税負担も、町村制施行後ふたたび増加し、一八年を凌駕するにいたった。

では、この負担増加が、どのような階層性をもっていたかを明らかにするために、地価割と戸数割の関係に注目しよう。一八年を基点として、両者の指数を比較したのが第14表である。

土地を租税客体とする地租付加税、段別割の減少、家を租税客体とする人頭税的性格の強い戸数割の増加がいちじるしい特色をなしている。これは、明治一九年度から土地に関する町村費については地租七分の一を超過しえない、との明治一八年八月の政府布告が、町村制にもそのまま引き継がれたためである。この制約によって、戸数割三七・一%、地価割二七・九%(明治二三年)という戸数割重課がもたらされたのであった。

第14表　地価割・戸数割の明治18年を基点とした指数

費目＼年度	明治18年	明治20年	明治23年	明治24年
地租付加税 段別割	100	59	70	73
戸数割	100	126	170	158

戸数割は人頭税的性格が強く、階層的に逆進性、つまり下層への重課傾向が強い。したがって、地価割の軽減、戸数割の重課という構造をもつこの町村税のあり方は、村内上層の負担軽減、村内下層の負担重課を意味するものであったことは疑いない。

地方団体の経費の大きさは、人口や資力に比例せず、小地方団体ほど経費負担の割合が大きいといわれる。町村税の過重は小村においてはいっそういちじるしく、また田畑が少なく生産力の低い貧村では、戸数割の重課傾向が強かったことは想像にかたくない。たとえば、群馬県西群馬郡白郷井村の地租四分の一賦課を願った文は、窮状を次のように伝えている。

「当白郷井村明治二五年度村税ノ総額ハ経常費千五百余円ニシテ地租七分ノ一賦課収入ハ僅々弐百八拾円余、其他ニ村税ヲ賦課シ得ルモノハ営業税、雑種税、所得税、付加税及戸別割ナルモ、本村ノ如キハ山間僻地ニ位スル村落ナルヲ以テ営業者少ク故ニ営業税雑種税ニ付加スルモ収入四拾三円余、之レニ所得税付加税ヲ加フルモ僅ニ五拾余円ニ過ギザレバ勢ヒ過重ノ戸別割ヲ課セザルベカラズ、然ルニ当村ノ状況タルヤ土地ヲ所有スルモノ概ネ財産者、土地ヲ所有セザルモノハ悉皆貧者ナリ、貧者平素ノ職業タルヤ荷車馬背日雇山稼等ヲ営業トナシ生活ヲ為シ居ル次第……以テ戸数ニ賦課スルモ小民ノ負担ニ堪ヘザルノミナラズ自治区諸機関ノ運転上大妨害ヲ来スヤモ知ルベカラズ」

この白郷井村では、法定どおりの場合は、地価割が町村歳入の一九％で、他は戸数割にたよらねばならない。四分の一に地価割制限がゆるめられても総歳入の三二・六％にすぎず、貧民への重圧は基本的には変わらなかった。

町村財政の膨張は、戸数割重視で示されるように、実質的には村内下層への逆進的方向をともなっていたにもかかわらず、それがさほどの摩擦をともなわずに実施されえたのは、なぜであろうか。第一に、有力者が住民に対しても つ権威と親和感が税行政に巧みに利用されたことである。戸数割の等級、徴収額の決定は町村有力者の構成する町村会によって有力者の意思として示され、その徴収が部落という媒介体をへて行われた。第二に、戸数割の構成が等級による格差をもっていたことである。等級のたて方が合理的な比率にもとづかず、むしろ、下層者ほど高い比率で負担しながら、あたかも上層者が高い犠牲をはらうような外見をとりうるのである。第三に、その等級づけが、有力者の威信と貧困者の屈従意識を再生産する機会となり、村内の階層対立を隠蔽する作用をもったことである。等級づけは、社会的にみると、町村内の社会的優劣を整然と上下に組みたてて住民の前に示し、貧富の差によって新しく村内の家格を作り上げる効果をもった。情報が伝播しやすく、単一の価値基準が支配している村にあっては、この上下の順列にもとづく分担の多寡は、有力者の権威を確立させる機会となった。

右のような村財政の構造は、農村社会を地主中心に構成するための一つの武器ともなった。名誉職行政の強制は、このような物質的裏付けをともなっていたのである。

（1）「市町村制指令録」国立公文書館所蔵「自治省文書」所収。

（2）そのほかにも、鹿児島県、愛媛県、長崎県、茨城県などに同様の伺または照会がある（前掲「市町村制指令録」）。

（3）『新潟県史』資料篇15近代三、三三五―三三七頁。
（4）前掲『新潟県史』三三六頁。
（5）前掲「市町村制指令録」。
（6）町村長の頻繁な交代や事実上の有給化については、石川一三夫『近代日本の名望家と自治――名誉職制度の法社会史的研究』（一九八七年、木鐸社）参照。また一カ村に視点を据えて行政村の変化を追った研究書、大石嘉一郎・西田美昭編著『近代日本の行政村――長野県埴科郡五加村の研究』にも町村長助役の頻繁な交代が報告されている。同書によれば、このような現象を招いた原因は、村民の旧村的「自治」と「公益」要求を無視した形で合併が強行されたことにあり、町村制施行後も、部落割拠意識にもとづく行政村への反発が根強く残存し、行政村の行財政機能を麻痺せしめたという。この機能不全状態が克服され、行政村（地主自作層が主導）―部落（自作地主層が主導）の連繫ルートが形成されたのは日清戦後であると指摘されている。なお、地主自作層とは、貸付地収入が自作地収入を上回り、なおかつ自作地収入が一〇％以上の階層、自作地主層とは、自作地収入が貸付地収入を上回り、かつ貸付地収入を一〇％以上もつ階層と規定されている。

五　地方官制の整備と府県会活動

この時期の地方制度は、地方官制の整備体系化を一方の極とし、同時に地方自治の制度的体系化を他方の極として行われた。前者は国家統治のための合理的地方機構の確立であり、後者はそれを支える政治的統合体系の確立であった。本節では、この地方官僚機構について、機構と担当者に問題を分けて特質を述べよう。なお担当者については、それに大きな変化を及ぼした任用方針の転換がその中心にすえて扱われる。結論的に要約するならば、それは機構的合理性に象徴される近代性と、身分的人間関係及び特権意識に象徴される封建性の奇妙な複合体の制度的確立であった。この二面性はすべての面に貫徹される。

まず、本論の前提として、この時点に地方官制の整備が必要とされた理由を簡単に指摘しよう。第一は、国家建設の動乱期の終熄に伴う、継続的、日常的な国家行政の必要である。廃藩置県に続く明治一〇年代は、封建体制から近代国家への脱皮の遂行期として、具体的には、地租改正、教育制度、徴兵制度等、国民の生活を変革させる大事業を施行する激しい動揺期であった。したがって、そこでの地方統治形態は、雄藩の志士としての権威と胆力をもった地方官による、武力を背景とした強力な統轄、指導であった(福島事件で著名な三島県令、あるいは山林国有化に強引な権力を振った本山筑摩県令はその典型である)。この強引な統治によって短期間の集権が成就されたのである。しかし、激しい動揺期の終焉に始まる二〇年代には、以前とは違って、国家行政の面でも、日常的継続的な安定性が必要とされてくる。行政は個人の能力に期待する方式から、恣意を排除した客観的基準下で組織的に処理される方式への転換が必要とされる。換言すれば、人格的支配から、客観的基準をもつ機構支配への移行によって、国家は継続的統治体制を築いたのである。しかし、第二に、機構支配への移行という、一見中立的なこの行政改革がもつ政治的意図を問題としなければならない。技術上の近代化も、ある場合には統治機能増大による住民の抑圧強化を結果する。そして、この行政改革は明らかにそれに該当した。憲法発布、国会開設、地方自治制等の一連の国民の政治参与体制施行を前にして、政府は急速にその陣営を強化する必要があったからである。政府としては、議会が作られる前に、それに優越する組織と機能をもった官庁機構を作り、支配の主導権を護持する必要があった。したがって、この政治意図から発した行政改革は、必然的に住民の抑圧という一定の枠を持ったのである。地方官庁機構の確立も、任用原理の変革も、以上の二つの要請によってこれに規定されつつ行われた。

1　府県庁の制度的特質

地方官庁機構は、明治一九(一八八六)年の地方官官制及び明治二三、二六年のその全面的改正によって近代日本における原型をほぼ確立した。それは、それ以前の諸官制によって徐々に形を整えつつあった官僚的統治ルートを、全国的規模で厳然たる組織として確立したものである。

その特徴を指摘するならば、第一に、官庁機構の構成員の機能、権限、あるいは管轄が明確に分配され、行政事務が分化した形で各々の役割担当者をもつようになった点、および、定員基準が設定され組織に客観性が備えられるようになった点である。この官制改革の原案としてその基本方針を明らかに示した、明治一七年、内務卿山県有朋から太政大臣三条実美に出された上申書「府県官ノ職制改正ノ儀」(市政専門図書館所蔵「大森文書」)によれば、「現行ノ制ニ於テ書記官ハ知事県令ヲ輔ケ事ニ参列シ警部長ハ稍独立事ヲ計ルノ情アリ、警部長収税長ニ比シ他ノ課長タルモノノ地位卑シ。是ニ依テ自然事務ノ精神一到ナラス、趣旨一ニ出テス、責任ニ軽重ナク、従テ服務ノ規律厳粛ナラス」と官庁内の秩序の無統一と混乱を指摘し、「宜シク外国ノ制ヲ折衷シ各課長ノ地位ヲ拾当ナラシメ漸次官職ニ定員ヲ設ケ……」と改正の方向を指示している。実状をみても、たとえば府県職制事務章程(明治八年一一月三〇日、太政官達二〇三号)、府県官職制(明治一一年七月二五日、太政官達三二号)によって定められた地方官庁とは、府知事県令の下に大書記官、少書記官が存在し、その下に庶務、勧業、租税、警保、学務、出納の六課があり、属が庶務を分掌し警部が警察を掌るというきわめて単純かつ大まかな組織であった。各々の権限、職務についても明確な規定はみられない。したがって、府知事県令の権限が非常に大きく、その裁量が地方行政上重要部分を占めている。これは後に徐々に改められ、明治一四年の典獄、副典獄、監獄、書記、看守の設置、警部長、警部補の設置、明治一七年の収税長、収税属の設置等が行政機能の分化、専門化を押し進めた。この傾向を組織として集大成し整備したのが、前述の一連の地方官官制であったのである(三八頁、第10表参照)。

たとえば、二六年には、府県庁機構は、知事官房、内務部四課、警察部、収税部、監獄署と分化し、書記官、警部長、収税長、典獄以下、属、警部、収税属、監獄書記、看守長が並ぶ配置形態が完成した。また従来定員のはっきりしなかった判任官についても、全体の定員は内務大臣が定め、各部門の定員は府県知事が内務大臣の認可を経て定めるという定員基準が設定され、府県知事の判任官登用に一定の量的基準が与えられるに至った。府県知事が、一定の客観的基準をともなわない裁量によって、行政権限を分割し、行使する余地が、この改正によって失われた。換言すれば、権限が技術的専門的に分化し、その行使が規則によって限定され、基礎づけられるような組織形態への移行が行われたのである。なおこの行政事務の専門的分化は中央への権限集中化を伴いつつこの後も引き続き行われた。明治二九年の収税事務の大蔵省の直轄化、明治三二年の府県、郡における教育行政担当の視学設置、明治三六年の監獄署に対する司法省の管理権掌握がこれである。

明治初年の中央集権体制樹立過程の地方官は、以前の封建領主とは断絶した異質な官僚であったけれども(軍事権の消滅が決定的な差を示す)以後との比較ではなお立法権、司法権をもち、広大な権限の基礎に立ってかなり自由な政治的裁量によって統治行政を行っていた。それと比較すれば、ここには行政原理の改革がみられる。すなわち、人格的支配から非人格的機構支配への移行の完成であり、また同時に府県知事の行政官僚化完成の一指標となる。

次に、第二の特徴として官庁機構内部の統治階統制の整備強化をあげよう。「抑一府県ノ行政事務ヲ総判スル所ノ長官ニシテ、其次官タル書記官其他自ラ指揮監督スル行政一部ノ長タル警部長、収税長ト等シク奏任官タラシムルハ其職任ノ軽重ニ対シテ妥当ナラズ、長次官ノ分別厳然タラズ」(前掲「府県官ノ職制改正ノ儀」)と歎かれたような、官庁機構内部の厳格な身分的階統の欠如がこの改正によって除去されたのである。この間の経過を図表によって示せば第15表のようになる。明治一九年以前の上下の格付けのかなりルーズな状態から、徐々に勅任、奏任、判任の三つの整然

第 15 表　地方官僚官位変遷表

	明治 10-17 年	明治 19 年	明治 23 年	明治 26 年
知　事	勅任 3 等(勅 2 等) 奏任 4 等(奏 1 等)	勅任 2 等 奏任 1 等	勅任	勅任
書記官	奏任 6, 7 等(奏 3, 4 等)	奏任 2 等以下	奏任	奏任
収税長	奏任 8 等(奏 5 等)	奏任 4 等以下	奏任 2 等以下	奏任
警部長	奏任 8 等(奏 5 等)	奏任 4 等以下	奏任 2 等以下	奏任
典　獄	判任	判任(1, 2 等)	判任 4 等以下	奏任
副典獄	判任	判任 3-5 等		
看守長	判任	判任 5-7 等	判任 3 等以下	判任
監獄書記	判任	判任 6 等以下	判任	判任
警　部	判任	判任 1-7 等	判任	判任
警部補	判任	判任 8 等以下	判任 6 等以下	
収税属	判任 9-17 等 (判 2-10 等)	判任	判任 1-6 等	判任
郡　長	判任 8 等(判 1 等) (奏任トモナシ得)	奏任 4 等以下	奏任 3 等以下	奏任
郡書記		判任 4 等以下	判任	判任
参事官			奏任	奏任

(カッコ内は，明治 19 年以後の位階に直したもの．19 年以前とは，位階階等数が違うため，比較の際には直す必要がある．)

第 16 表　地方官僚給与変遷表

	明治 17 年	明治 19 年	明治 23 年
知　事	年俸 3,000円 2,400	4,500; 4,000 3,500; 3,000	4,500; 4000 3,500
書記官	1,200; 960	2,400 円以下	2,000; 1,500
収税長	960; 840; 720	1,200 円以下	1,400; 1,100
警部長	960; 840; 720	1,200 円以下	1,400; 1,100
典　獄	年俸 900; 720; 600 月俸 75-50	900-600 75-50	800; 600
副典獄	年俸 540; 480; 420 月俸 45-35	45-35	
看守長	月俸 30-25	28-21	45-12
書　記	30-25	30 円以下	40-35
警　部	50-20	45-21	75-35
警部補	15; 12	18-21	30
収税属	50-12	50-8	75-30
郡　長	年俸 960 月俸 80-30	1,200 円以下	800; 600
郡書記		月俸 45	

たる等級秩序によって横断的な格差がつけられた経過が示される。周知のように、この等級秩序によって、以後宮中席次、位階勲等、昇進、その他日常的服務様式、広くは社会的栄誉、待遇に至るまで、地方官僚内部に細かく厳しい差別がつけられたのであり、こうして社会的身分差が確立されるのである。まさしく「長次官ノ分別ヲ厳然」とした身分制度の確立であった。そしてこの確立が主として府県の上級官の地位上昇によってもたらされた点に注目する必要がある。これによって上級と下級の甚しい身分的差別が地方官庁機構内に確立し、原型として以後を規定して行くのである。これはいうまでもなく、社会的に平等な立場にある個人の単に職務上における上級、下級の合理的な相対関係ではない。上級官僚が下級官僚に対してもつ身分的優越と差別の制度的表現に他ならない。

また、制度を経済的に保障するものとしての給与制度も、この原則に立脚してこの時期に制度として体系づけられている。すなわち、明治一九年地方官官等俸給令、判任官等俸給令、明治二三年地方官官等俸給令改正等によって地方官の俸給は、はっきりと格付けされ、明治二三年の例によれば第16表のようであった。この上級と下級との非常に甚しい差別によって前述の社会的身分差が実質的に形造られたのであった。

第三に、この改正は、地方官庁機構内等級秩序の確立と共に、被治者の服従心理の中に官僚の権威、ひいては国家の権威を確立しようとする意図をもっていた。前掲「府県官ノ職制改正ノ儀」が、府県知事の大半が奏任官である点を「府県内ニ在テ行政長官タルノ威儀ニ乏シ」として難じ、知事すべての勅任官への格付けを目標として出しているのは、これを実証している。地方官僚、特に上級官僚の地位の身分的上昇は、彼らを民衆の上にそびえたつ特権的存在と化せしめる意図をも内包していたのである。

2　任用原理の変革

地方官庁が機構支配の原理によって構築されたのと照応し、担当者の性格にも変化が及んだ。それは専門的行政官僚化の要請である。前述のように、明治一〇年代の地方官の多くは、維新の動乱を潜った志士であり（栗林貞一『地方官界の変遷』一九三〇年、世界社、第一章の五参照）、彼らは雄藩の志士としての権威と胆力をもって、中央政府の代表者として民衆に君臨し、不安定な地方政情の中で中央集権政策を遂行した。明治一三年に府県会が開かれて後の滋賀県の状況について「蒲生郡選出の当時としては出来のいい一議員が予算の杜撰な点を指摘して県当局を論難攻撃すると果然その夜県令から使者が立って官舎へ出頭しろと云ふ、その議員が怖る〳〵参上すると「議員の分際で今日の議場に於ける有様は何事ぞ！」と散々油を絞られた揚句「本日議場においてなせる本員の言動は貴官の威信を傷けること甚しく、重々不都合につき今後はきっと相慎み申すべく」といふ一札を入れてやっと赦してもらった」（前掲書三三六頁）といわれる事例は、当時の県令の権威を具体的に示している。だが体制の安定に伴う行政原理の変革は、権限が分化し、専門化した行政機構内の一員としてふさわしい専門的行政知識の所有を担当者に要求した。雄藩の志士であり、維新功労者であるという威信をもつ地方官に代って、行政的優秀さを威信の根拠とする地方官の登場が求められつつあったのである。そしてその制度的表現が資格任用制度の採用だった。

資格任用制度は、明治二〇年（一八八七）七月二三日勅令三七号文官試験試補見習規則に始まり、以後、地方官僚のうち、奏任官、判任官の採用に適用された。この試験による任用制度とは、学理的知識の所有程度と、現行法令の理解力をはかるための公開選抜試験の合格者を、一定期間の実務習得後に任官させる制度である。官吏の専門職業化を原理的に明らかにし、官職の機能遂行に要求される明確な資格を官僚に要求しようとするものに他ならない。これは、従来の志士の官僚採用にみられた藩閥という狭い枠を開放し、水準化された官僚を継続的に登用する制度の確立であり、前述の機構支配の確立を人材面で示している。この試験制度は、奏任官、判任官を対象としていたから、府県知事の卵である奏任官にこれが適用されたのは、地方官僚全般にわたる、任用原理上の専門資格、閲歴制度の採用を示している。

制度的表現はとらなかったけれども、任用原理の変革は、府県知事の人事行政の質的変化を呼び起した。具体的にいえば、藩閥的情実人事から、行政的な知識、手腕の所有者への、任用人事の転換である。たとえば、明治二二年一二月の山県内閣による地方官の大更迭はいわゆる老朽連の一部を退職させ、新たに若手の腕利きと称せられる本省の書記官を数名登用する形で行われた。(1)当時の新聞論調はこの更迭を支持し、「本年国会を開き地方制度を改め、其事務漸く繁密を加ふるに就いては、地方長官其人の如き将来の手振りにて能く其任を全ふし得べきにあらず、自今一層の技倆を要するに至りたる」(明治二三年一月九日『郵便報知新聞』)といい、また「中には固より近世の学理に通じ当今の時務に明かなる者之れなきに非ず、然れども其多数は概するに維新前後槍を杖にて四方に横行し以て功名を一時に博したる亜流の人物なるが如し、故に其材幹往々今日の務めに適せずして挙動間々物議の種子と為る者少なからず……夫れ現在の地方官は多くは二〇年前に用立ちたる人物なり、而して被治者は最早二〇年前の人に非るなり」(明治二三年三月四日『郵便報知新聞』)と述べて、中央権力の不安定、地方政情の不安定ゆえに非日常的な強制権力が求められ、したがって志士官僚が必要とされた時期が過ぎ去った点を指摘した。支配の安定に伴う行政の日常化、永続化は、明確な階統制、権限、管轄の明確な分配を規定した官庁機構を成立させ、それに伴って行政吏に合理的能率的な事務処理と機敏で的確な行政判断をなしうる学識と行政手腕を求めていた。藩閥の権威と志士官僚の強制力が徐々に効果を失うに伴い、(2)政府の方針は官僚機構の中枢にあって、その機能を駆使しうる能力所有者の登用に切り換わったのである。この時期以後はかかる転換期であり、最後的には明治末の帝大官僚の登場をえて、専門官僚による人材補塡が完成する。藩閥的情実人事の限界を中央の藩閥官僚自身が明確に認識し、広く国民の中から優秀な人材を官僚陣営の中に吸収する原理上の変革を行った事実がここに明らかに認められる。そしてその方針に沿って以後若手の行政官僚の抜擢が積極的に進められて行くのである。(3)

この資格任用の方向に連なる任用方針の転換、専門的行政官僚採用の方針は、狭い藩閥という枠内で情実に終始しがちであった従来の人事に比較すれば、たしかに任用方法の近代化を進めるものであった。しかし、人間関係からは全く独立に、専門的に分化された職務へ、その職務の要求する素質と能力所有者を画一的に配置する近代的人事行政はついに樹立されずに終った。換言すれば、人材登用の門戸開放は、その後も情実を内包した人事行政によって運営されていたのである。単なる藩閥の結果とは形をかえたが、地方官僚内の派閥は、一掃されるべくもなく存続していった。

新しい若手官僚抜擢の際も、そこには技術的能力と同時に上級官僚に対する忠勤性の有無が大きく評価される。たとえば、有能明敏な行政官として山県の側近の一人であった小松原英太郎も、新聞記者として過激な論文を草して入獄し、出獄後当局者に抜擢され官吏となり、その後品川弥二郎に知られさらにその後山県の知遇を得たのである。しかし、その知遇とは、職務上の有能さと同時に「その夫人頗る敏慧にして前山県内閣の時小松原が秘書官たる間は小松原夫人常に山県夫人の側に侍し小松原夫人無くんば夜も日もあけず」(明治三二年五月二六日『毎日新聞』、「官吏評判記」)という種類の、全人格的な隷属性にもとづいた忠勤により培われたものであった。知遇を得るためには職務及びそれ以外の個人生活面での奉仕と忠勤の励行による上級官僚とのパーソナルな関係の確立が必要だったのである。官庁内の派閥とはそういう親分子分関係を内容として成立していった。その成立を具体的にいえば、職場の上官に対する忠誠によって成立する場合と、藩閥的割拠性にもとづいて同郷の縁故を辿り、その門戸への出入りによって成立する場合等である。(4) しかし、いずれにしても「役人にはひっぱりの糸が大切」「糸即いのち」(伊藤金次郎『地方官生活と党人気質』一九二二年、大阪毎日新聞社、二三四頁)と後代においてもいわれる所以である。なお、この時点における具体的な内務省内の派閥としては圧倒的な山県閥の存在があり、地方官の大多数がその勢力下におかれていた。(5)

もともと、敗戦前日本官僚の服務倫理は、封建領主への身分的忠誠を天皇への忠誠に拡大再編成する過程で樹立された(田中惣五郎『日本官僚政治史』四四頁)。そして、このために官僚機構内においても、天皇に連なる大小の服従意識が再生産されて、近代的人事行政とはおよそ縁遠い人事運営に終始したのである。機構的には一応合理化を貫徹しながら、機能的には親分子分的情実関係がその精神的な柱となるという二面性の奇妙な複合によってのみ、正に日本の官僚制は運営し得たのである。これは、1に述べた官僚機構内部における身分的差別とまさに照応している。

郡長の任用は、明治二〇年以後試験制度の適用をうけた（明治二〇年七月二三日、閣令二〇号）。この閣令は、郡区長の試験は他の高等官と違って「学術ニ偏セス実務ヲ旨トシテ専ラ其地ノ状勢、民情及利害ニ通暁スル者ヲ撰任スヘキ必要」があるとして、郡区長の試験科目は当分の間、地方の実況を斟酌して内務大臣が指定するとし、また郡区長は高等官であっても他の高等官には転出しえない（文官高等試験合格者を除く）という原則を出した。同年一二月二九日に出された郡区長試験条規（内務省令第五号）によると、受験資格は満三〇年以上（ただし該地方で五年以上奏任官または郡区長だった者はこの限りに非ずとされる）、試験科目は、就職すべき地方の風土慣例及び物産、郡区長職務に必要な法令、郡区長職務に関する公文の立案の三つで「必要ナル法律命令ヲ実務ニ応用シ及之ヲ口述スルニ確実敏捷ナルヤ否ヤ……其言語動作適正ナルヤ否ヤ」（明治二一年「郡区長試験手続」）も考慮された。試験委員長は内務省総務局長、委員は内務大臣が選出した内務省の高等官もしくは他官庁の高等官であった。郡長は、地方民衆と直接に接触し、具体的状況下で自己の裁量による判断を下す必要があるゆえに、学理的行政知識と同時に、就職地の実状への通暁と実務的能力が重視されるのである。具体例として明治二四年九月に施行された郡長試験問題を左に掲げる。

筆記問題

一、従来地租金一五円を収め来り、昨年天災に罹りたるため同年の地租を免除せられたる者あり、而して同人は右天災後免租許可前更に地所を購求し現在の納租額は金一五円以上なりと云ふ、此の如きものは仍ほ衆議院議員選挙人の資格を有するや否や幷にその理由如何。

一、郡制に依り常設委員をおくは如何なる場合に於て必要なりや又た之を設置する趣意如何。

一、水害予防組合に於て組合事業のため必要なる費用を否決したる事実を府県知事に具状して指揮を乞ふの文案。
一、徴兵令の免役延期及び猶予の区別如何。
一、市町村に於て徴集の義務を有する国税の種類は如何、其納税の義務を完了する手続如何。（以下三問略）
口述問題
一、助役一名の町村に於て町村長助役とも県会議員に当選就職いたしたるときは県会の開期中町村の事務は如何に処理すべきや、又町村事務之がため差支を生ずべき場合に於て郡長は監督上如何の処置をなすべきや。
一、地目変換開墾荒地の場合における地租の徴収は如何。
一、町村の一部にして道路の遠隔若くは困難なるがため児童をして其町村の尋常小学校に通学せしむること能はざる事情ある場合に於ては改正小学校令の旨趣により其処分は如何、其負担は如何。（四問略）

（明治二四年一〇月九日『郵便報知新聞』）

これによれば、行政的知識と実務能力の審査がその試験の重点であったことがわかる。同新聞の記事によれば、地域の実状については「就職府県の戸数人口の概数、郡名及郡役所数、町村の概数、主なる山川道路、主なる物産工業」が問われたにすぎなかったという。なお、この時の受験者数は東京二十余名、兵庫四十余名で、東京で一人の合格者があったのみという難関であった。しかしとにかく、従来府県知事の恣意的任用に委されていた郡長採用が、内務大臣の統轄下に、一定の試験委員の手による一定基準の公開試験を経るようになったのは、郡長の性格に大変化を与えた。

まず第一に、従来の有力者郡長にかわって官僚的郡長が出現してくる。それ以前の郡長は、郡内の有力者から採用される場合が多かったのである。政治的動乱期ゆえに、郷土出身の連帯感及び在地有力者としてもつ支配力の利用が、

人心収攬と体制的安定化に不可欠と判断されたからであった。(6)

しかし試験制度実施以後は、地方の有力者は試験による判定を嫌悪して（第八帝国議会衆議院における喜多川孝経発言、『大日本帝国議会誌』三ノ八四六頁）自然淘汰され、それに代って「郡属の古手、警部の果て」「老朽官吏」、さらにいえば、土地人情も分らず、言葉も通じないため在地性や郡民との親近性を喪失した赴任官僚が一般化していくのである(7)（同多田作兵衛、木暮武太夫発言）。第二に、かかる官僚郡長の出現によって、郡長の職務活動は、当然国家権力の代弁者、執行者としての色を濃くしていった。「唯己の地位の安固ならん事を欲して所謂己より上の方に向へば実に申し悪いやうな意久地のない仕事で殆んど郡と云ふものを後とにして唯己れの地位を守る」（同喜多川孝経発言、八四六頁）という、官職への服務でなく上級官僚への服務を服務倫理の中心にすえる天皇制的官僚意識が郡長の一般的形態となる。それは、階統的職務への奉仕者という近代的官僚の姿ではなく、むしろ支配者への忠誠を特徴としていた。政府の側からいえば、官僚的支配の最末端の拠点としての郡長把握である。府県、郡、町村の有力者を中心とする自治体制の体系的建設は、地方支配の要としての官僚郡長の定置によって、自治体制と官僚制の接点の安定化と、官僚的支配の主導権の内側からの確保をなし遂げたのである。いわば、これは町村自治体制施行の重要前提であった。かかる郡長の官僚的支配の特徴は、たとえば明治二五年の選挙大干渉に具体的に示される。この選挙において、郡長が県知事の命令下に警官とともに吏党組織の拡大および民党組織の潰滅をはかって強力な手段を振ったのはあまりにも有名である。だが、この選挙に先立って、選挙干渉を有効に行うために郡長の配置転換が行われ、またさらに選挙終了後に吏党候補者当選に勲功あった郡長に昇進をはかった（第四帝国議会衆議院における選挙干渉に関する上奏案をめぐる討議、『大日本帝国議会誌』二ノ一〇三七―一一〇〇頁参照）のはあまり知られていない。この民衆に君臨する強大な権力装置の最先端としての郡長操作と、それに応える役割りの確保こそが、任用方針転換の第一目的であったのである。一定の客観的資格を重視する公開試験という任用制度の近代化が、民衆に対する広汎な門戸の開放と民主的統制を結果するのではなく、全く逆に民衆に君臨する権力装置となって結実したのである。民衆を奴隷視した志士官僚の特権意識は、近代化された機構の内に、依然選民意識、指導者意識として生き続けたのであった(8)。

以上述べた地方官僚機構の確立によって、政府はその地方統治を強化した形で日常化し永続化する基盤を作りあげた。そのために、合理化し能率化した機構の確立及び専門官僚の育成による、官庁体系の近代化が行われた。と同時に、他面これを外部的には民衆に対する特権的支配を永続化する構造とし、内部的には上級官僚の権威を保障する制度的体系とした。議会を中心とする、地方政治への住民参与の実現に先立って、その前提として統治機構のこのような整備が行われた点に、日本の地方支配の特殊性が集中的にみられる。

3　官僚・有力者議会の対立

この項においては、官僚制的拘束下の地主議会として成立した府県会の機能と形態について明らかにしよう。明治全期にわたる府県会の存在形態はほぼ次のように時期的に区分される。第一は、明治一一(一八七八)年府県会開設以後明治二三年府県制制定まで、第二は、これ以後明治二七、八年頃まで、第三は、それ以降の時期である。まず第一の時期は一方の極に全国的規模で昂揚しつつあった自由民権運動があり、他方の極にはその弾圧を指向する府知事県令―郡長を最先端とする官僚機構があった。この対抗関係の基盤の上に立って、府県会は府知事県令との「対決」という形でその存在を明らかにしていた。土地所有者中心原理によって構成された有力者議会としての分断的限界をもっていたとしても、彼ら有力者の地位は機構上、決して保全されていたとはいえなかった(歴史学研究会一九五五年度大会報告「歴史と民衆」、大島太郎「地方制度」『日本近代法発達史』第五巻(一九五八年、勁草書房所収)参照)。府県会は一方では地方税増徴反対、支出削減の経済的要求を掲げ、他方では郡長、府知事県令の公選、府県会権限の拡大等の、政府の権力的官治的行政機構の改革要求を掲げ、国家主権の問題にまで接近する可能性を示したのである。さらにこの時期の府県会闘争を特徴づける条件は、議員層の主導による国会開設請願運動に典型的に示されるように、対立が議会内部にとどまらず、より本質的な内容を含む全人民的規模における闘争へと発展する道を求めていた点であった。(9)

本稿で扱う第二の時期は、この対決から連繋への一歩を踏み出した時期と評価すべきである。これには、前述のように、地主を中心とする有産者を体制内部に吸収する立憲体制が制度的に作られ、彼らの政治的意思のはけ口が一般民衆とは切り離された形で保障された点が決定的である。だが、この時期は、第三期の、同調体制の全面的成立とはやはり質的に異なり、以前と同様に府県知事への対決を半面の特徴としていた。第二期は、彼ら有産者に政治参与の場が体制的に確保されたという点では決定的に第一期とは相違しながら、具体的な統治方針として政府が政府＝官僚機構による圧倒的な主導――議員層のそれへの追随――をもくろんでいた点では第一期の継続であり、ここに対決が触発される契機が存在していたといえよう。国会段階でいえば、政府は自由党、改進党に代表される民党と、国会議場での同調的な政策決定を行わず、政府に従属する吏党の育成によって民党を圧し、さらに、民党に対する買収懐柔政策によって政府の行政方針の妥協なき貫徹を期していた。選挙干渉や、第一議会における自由党員土佐派の裏切りはこれを示す。この動向は、府県会においても同様である。府県会は政府の統治方針の展開に触発され、国会開設による中央政界の政党運動活発化に呼応しつつ、対決の姿勢を強く打ち出すのである。(10)それが最も昂揚したのは、明治二五年衆議院議員選挙の品川内相による大干渉後であった。「今日僅か一〇日若くは一五日の間において各府県会と地方官との軋轢、その結果として或いは県会が解散せられ或は中止となり、若しくは警察費全廃を唱ふるあり、その有様は実に各府県会即ち各府県治と云ふものは今日は無政府の有様に変じはしまいかと私は憂慮致します……全国一〇有余県殆んど二〇県足らずの府県が皆府県治が維持出来ぬ今日の有様になつておる」（明治二五年一二月一二日第四帝国議会衆議院、福田久松、府県治上に関する質問『大日本帝国議会誌』二ノ四九〇頁）というのがその状況だった。

ではその対決の性格規定が次の問題である。それは、第一に、作られた体制内で完結する権限獲得闘争であり、その体制を批判しそれをのりこえて発展する可能性のない闘争であった。そして第二に、それは民衆と連繋を失った県議層によって県会を舞台として行われた闘争に過ぎなかった。すなわち、地方官の高圧的恣意的議会操縦に対して、府県会権限を確保し地方官と同等の立場を要求する闘争が多かったのである。大干渉後の大昂揚は、官僚の強圧的支配に対する反発を典型的に示している。しかしそれは平常的な府県行政に関しても同様であった。たとえば、明治二三年の佐賀県会の闘争は、県知事の予算費目の流用を越権処置として行われ（明治二三年一二月二三日『郵便報知新聞』）、また、明治二二年の山形県の闘争は県知事が議会に問わずに郡役所の移転を決定した点を議会の権限無視の行為として闘われていた（明治二二年四月二八日『郵便報知新聞』）。府県制によって、保障された議会権限の官僚による侵害に端を発し、議会の審議権確立を意図するものが大部分であった。[11] 国会において、府県会において、また郡会において、政権参与の場を与えられた選ばれた有産者としての自負心も「如何に議員たりとも人民の分際で知事の不信任を決議するが如きは以ての外である。県会の解散を命ぜられて後悔している事であらう」と豪語（青木平八『埼玉県政と政党史』一〇九頁）するような地方官僚の強圧的態度にふみにじられ、ここから対決が誘発される場合が多かった。

しかし、この対決も、選ばれた有産者として体制に保障されたはずの彼らの権限の合法的な実現要求以上のものではなかった。したがって、これらの闘争の多くは法制局の裁定を仰ぎ、この裁定に従うという形をとって終っていた。[12] また闘争が法制局裁定以後に持ち越される場合でも、運動は県令個人への反発を中心として進められている。たとえば、前述の選挙干渉後の「地方政務の弛廃し紊乱したる今春臨時総選挙の時を以て最も甚だし」（明治二五年九月一六日『郵便報知新聞』）という事態を招いた府県会闘争の高まりにもこの種の傾向が強く、関係知事の他府県への転任、他の官職への転任、免職の三方法から成る干渉善後策によって収拾しえたのである。この時期の府県会闘争は、闘争目標の上からも体制をこえるものではなく、また上記の記述に明らかなように、闘争形態上も県会内部から出て院外大衆と結びつく種類のものでもなかった。府県会は結果的にみれば「住民の下からの政治化の途を阻みそれと切り離された形での「政治家」の活動の場」（石田雄『近代日本政治構造の研究』一九五六年、未来社、一一八頁）となったといえよう。[13]

次に、この府県会闘争を質的により明らかにするために、県議層の性格及び府県会内部の政党組織の問題に触れよう。まず第一に、県議層とは「何れも其の郷における地主・富豪・門閥家」（前掲『埼玉県政と政党史』、また『群馬県議会誌』第一巻、一五六八―九頁にも同様の記述がある。）でありその下に、町村、部落のボスを統合して、大体、郡規模の一定地域を掌握している者が大部分であった。「当時の選挙は今日の如く投票の買収等は行はれず、大体において郡会議員が県議選挙の母体となって民衆を率ひ県会議員は代議士選挙の牛耳を執って大衆を其の意の儘に動かした」（前掲『埼玉県政と政党史』七七八頁）といわれる状態であったのである。選挙地盤における最底辺は町村であるが、この一般選民は部落を統合するボスという核のまわりにまとめられ、一般民衆はボスに従属し、選択と思考を放棄する形が一般的であった。さらに、町村ボスを統合する郡規模のボス層から県議層は選出されたのである。

また国会について言えば、この郡規模のボスが府県規模のボスに統合される形で衆議院選挙は闘われたのであった。[14]彼ら県議層が代表する地盤とは、個人の利益を基礎とした大衆の組織体ではなく、地方有力者に統合されたところの党派性を明示しない地域的連合であったのである。[15]

第二に、このような県議層によって構成される府県会内部の党派性を問題としよう。府県段階における党派性とは、成立の源流にさかのぼってみれば、府県内部の地域的対立に基づくものが多かった。たとえば、長野県、岩手県、埼玉県の南部派と北部派、秋田県の南部派と北部派と中部派、茨城県、宮城県の河川党と山岳党、愛知県、神奈川県、大阪府等の大都市を包括する府県での商人派と地主派（郡部派と市部派）の対立等はこの例である。[16]この地域的対立とは、地形的、産業的、社会慣習的相異に基づいた府県内部の地域的連合間の対立が行政的利害をめぐって表面化したものであった。そもそも、府県議会が、府県議層を府県行政に連繫させ、それを通ずる利益確保の場となるのは前節の通りである。したがって、府県行政への連繫が問題となり、しかもそれが府県の一部地域に関係する場合には、彼らの利害が対立的に反映するのは当然であった。たとえば「河川の改修こそ県道路の認定並に其の改修と共に本県における県治の生命、政党人の去就多く之によりて決せらる」(前掲『埼玉県政と政党史』二八頁)といわれているように、道路、治水、学校等の行政をめぐる予算獲得及び費用分担、または県庁、郡役所等官庁の所在地の決定の場合がこれである。この場合、彼ら府県議層はその地盤の利益を代表して争い、ここから上記のような地域的連合を生じてきたとみてよいであろう。要するに、府県会内部の党派性とは、主義政綱によるよりもむしろ府県内の地域的有力者支配の連繋と対立によって生じたものであった。

第三に、故に府県段階における地方政党とは、そしてまた自由党、改進党等の全国政党の府県組織とは、これら有力者の地域的連合を基礎としていた。たとえば、埼玉県の自由党と改進党の対立は県内の南部派北部派の有力者の対抗を基礎としたものであったし、山形県において「東村山郡の豪農斉藤武一郎氏が公友会なる名の下に東村山の一郡を翕合して自家の嚢中に入れてより、進派(進歩派—筆者註)の形勢漸く一変」(明治三二年八月一一日『毎日新聞』)といわれ、また庄内地方において「本間一家が自由派に反対せしを以進派の勢力揚れり」(同『毎日新聞』)といわれたように地方有力者の地域掌握力に政党勢力が結びつき、彼ら有力者が政党の地方における帰趨を掌握した。ゆえにこの時点においては、改進党といい自由党といい、相互にその基盤は同質の有力者支配であり、地方利益または人的諸関係を土台とした有力者の対立が対立政党の組織化を結果したのである(県政への有力者の連繋の度が強まり、利益確保の機会が多くなると、自己の利益保持をはかるため有力な党派への結びつきが強められ、それにより政党間の対立は激化していく)。その対立も有力者の対立を根底にしたものだけに非常に感情的に激化しやすく、それと同時に、有力者の手打式により、また人的系譜の再編成によって、たやすく妥協が成立し、対立が解消する性質のものであった(17)。

この時期の府県会の特徴とは、形態的には有力者支配を基盤とした県政の体制的確立である。そして、機能的にはこの限界内で一面では地方官僚の強圧的支配に対する抗争を行いつつ、同時に他面では、県行政への連繋の通路を作り始めた時期とみなすことが出来る。そしてそれは同時に有力者を核とする政党組織と地盤の形成期でもあった。[18]

（1）「若手の腕利きを挙げ実務に耐へ得らるる地方官たらしめんとの趣意……是までの如き地方官と地方官若しくは元老院議官との入替のみにあらず」（明治二三年一二月二六日『郵便報知新聞』）。

（2）たとえば明治二七年に非職となった長谷部山形県知事を短評して「長谷部山形は何時も噂に掛る人、腕力自慢で法律等は不得手」（明治二七年一月二一日『郵便報知新聞』）とあるのは、老朽とされる官僚の典型であろう。

（3）ちなみに藩閥人事からの転換を府県知事出身地別統計（栗林貞一「地方官界の変遷」附録二の歴代地方長官表から作成）でみると、明治二〇年、鹿児島一二、山口一〇、熊本四、高知三、福井二、東京二、（以下一は略、以下同じ）という薩長の圧倒的比重が、明治二四年には鹿児島八、山口五、高知三、熊本三、長崎三、高島二、東京二、佐賀二、仙台二、京都二、石川二、大和二となり、さらに明治四四年には鹿児島五、東京五、熊本四、岡山四、佐賀三、山口二、長野二、静岡二、福岡二、奈良二となっている。このような薩長閥の衰退は、一方における東大卒二六（明治四四年）という帝大官僚の進出に裏付けられているのである。

（4）「地方長官は肥後と薩摩の染絣……実際はおの〳〵の先輩が後輩をひき立てたのに原因している……今日の知事及び先輩部長たる多くの人々はいも（薩）の先輩にして警視総監たりし安楽兼道がつるをひいたもの、うちは（肥）の先輩にしておなじく警視総監たりし亀井英三郎がたゝき寄せたもの……」（伊藤金次郎『地方官生活と党人気質』三九一頁）といわれるように大正一一年頃にも安楽、亀井の経路によって肥後、薩摩系が有力だったといわれる。明治後半期でも地方官出身地別統計をみれば、勢力が減じたとはいえ薩長閥が依然その勢力を競っていた。「薩長派を以て現今の知事を色分けする時は長派最も多きを占め内政の事は概ね長派の手に帰するの傾きあるを以て薩派の中には不平多く、先頃来之に関し種々内議ありし末、今後の補欠には必ず薩派の人を任用する事となり居りしが」（明治二九年四月二八日『報知新聞』）とあるのはこの一例である。

（5）岡義武『山県有朋』（岩波新書）四七頁。なおその他「同省は山県侯の領地にして地方長官の如きも殆んどその乾分多ければ」（明治二九年八月七日『報知新聞』）。

（6）明治一一年七月二五日太政官達三二号府県官職制「郡長ハ該府県本籍ノ人ヲ以テ之ニ任ス」。その他「県令は手ごわい議員に論客封じの妙薬「郡長任命」という奥の手を用いて議員を辞職させた」(『県政物語』一九三八年、世界社)宮城県。他にも山梨県、秋田県、長野県等参照)とある。福島正夫「地方体制と戸籍制度――山梨県の場合」(『東洋文化研究所紀要』一五)、大島太郎「地方制度」(『日本近代法発達史講座』第五巻所収)等も参照。

(7)　筆者のみた郡長の経歴出身(各府県史、郡史所載)などにも、明治二二、三年頃からこの傾向が現われている。なお、これには、明治二三年二月五日勅令第九号が「郡区長ハ五ヶ年以上官務ニ従事シ判任官五等以下ノ現職ニ在ルモノニ限リ当分ノ内試験ヲ要セス郡長試験委員長ノ詮衡ヲ経テ任用スルコトヲ得」と、官歴者に例外措置を施いた影響が強い。

(8)　なお明治末年の帝大官僚の登場とともに、郡長は従来の地方属官の登竜門としての限界を脱し、文官高等試験合格者からも広く人材を吸収する措置がとられ、大学出の若手郡長が登場する(明治四二年一〇月五日『毎日新聞』参照)。郡長の官僚的性格はさらに強化されたといえよう。

(9)　大江志乃夫『明治国家の成立』(一九五九年、ミネルヴァ書房)、大石嘉一郎『日本地方財行政史序説』(一九六一年、御茶の水書房)、大槻弘『越前自由民権運動の研究』(一九八〇年、法律文化社)参照。もちろん一〇年代全般にわたってこの特色が存続し続けたというわけではなく、細かくいえば一七、八年以降は対決から連繋への過渡的段階であるのは周知の事実である。なおこの種の対決の典型を一三年の国会開設運動昂揚期に求め「日本近代史上最初の最も緊迫した革命的情勢」と評価し、一四年以後もそれとは違った段階への移行として把握するのが前記の大江氏の論文である。これらは各地の府県会を対象とした研究が深まるにつれ、より的確になるであろう。なお山梨県については、有泉貞夫「明治前期における地方政治の展開――山梨県の場合」(『日本史研究』四一)、京都府については、原田久美子「民権運動期の地方議会――明治一三年京都府における地方税追徴布達事件」(『日本史研究』三八)がある。

(10)　「五、六年前を顧みれば如何にも冷淡を極めたりし府県会議員選挙も昨年に至ては国会開設に迫り来りし故にや其の競争に大なる熱度を加へ前年に比較すれば非常の相違にて……」(明治二二年三月五日『郵便報知新聞』)とあるように、明治二三年前後から政党の組織化とその活動は自由民権運動終熄後一時沈滞していた地方においても活発化する。『秋田県政史』、『大分県政党史』、『群馬県議会誌』、『埼玉県政と政党史』、『県政物語』等参照。

(11)　その他知事が議会の定めた地方税支出額と戸数割税率を恣意的に変更した事実にからむ岐阜県会の闘争(明治二三年)、県知事が山陽鉄道会社から弁償させた郡書記の出張費用に係る清算報告をなさず、またその弁償金を地方経済の収入となさざるは不当という岡山県会の闘争(明治二四年)、大水害の復旧工事のための国庫補助金請願を知事が簡単に却下した事に対する大分県会の闘争(明治二二年)、警察費の予算超過をめぐってこれを警察費経常費追加予算として計上することは合法的処置でないとする群馬県会の闘争(明治二四年)等がある。

(12)　しかもこの裁定が二、三の例を除きほとんど県知事の勝訴に終った点は注目しなければならない。元来、これは府県会闘争の高まりを「地方議会ト地方官トノ間法律ノ解釈ニ関シテ其見解ヲ異ニシ、各自ラ見ル所ヲ固執シテ之ヲ裁断スル所ナキニ因ル」(内務部主管参議取調案「府県制度資料」一七三頁)とみなし裁断機関の設置によって合法的にこれを弾圧しようとするところから起ったものであり、その主要目標は「如此スルトキハ則チ其裁断ハ法律ト力ヲ同シ地方官民共ニ必従ノ義務ヲ負ハシムルニ足リ其裁定アルトキハ則チ地方官ハ府県会ノ異議アルニ拘ラスシテ之ヲ断行スルヲ得ヘシ」(前掲一七四頁)という、中立的外見を有する裁断機関設置によって地方官の恣意貫徹を制度的に保障し、府県会闘争をその枠内にとどめようとするものであった。法制局裁定によって終熄する府県会闘争とはこの合法体制の枠内におけるものに他ならなかった。

(13)　これと関連して府県制、郡制の制度に関する自由党、改進党の国会闘争に簡単に触れておこう。府県制、郡制改正法律案は、第二議会以後毎回のように自由党員、改進党員により提出されたが、未決、否決または貴族院否決によって成立しえなかった。その内容を簡単にいえば、府県制は第一に選挙法の改正であり、直選制にし選挙権を五円以上の納付者と定め、被選挙権を町村会議員選挙権者に付与する選挙権の拡大である。第二は参事会組織の改正で、行政官の参事会員を廃止し名誉参事会員を増すという議員権限の拡大に主眼があった。これらはいずれも一応府県会権限の拡大と政権参与層の拡大を示すものであったが、改正の主眼がこの程度にとどまり、近代的自治の実現を阻む官僚的拘束に関しては一指も触れていないのはこの改正案の限界、更に民党の限界を示すものである。郡制に関しては選挙被選挙資格を町村公民とし大地主の特権を廃止する直接選挙、府県と同様な郡参事会の機構改革、郡長公選がその主眼だった。郡長公選は官僚的支配に打撃を与えるものとして評価すべきであるが、これも最後まで貫徹されることなく「郡長選挙の事に就いては世間熱心に賛成する人々もござりまする代りに又熱心是に反対する論もござりまする。それ故に先づ世間反対の多い事柄は後に廻しておいて」(第八帝国議会衆議院、多田作兵衛発言、『大日本帝国議会誌』三ノ七三八頁)と削除されて政府側と妥協した改正案に変化し、永久に「後に廻され」たのであった。官僚的拘束に関しては府県制と同じである。

(14)　「一町一村の少なる尚ほかつ其間に衆人の嘱望する所の人物あり、その言行を以て暗に其町村を動かし居れり、町村の衆民は此人に依て以て其進退を決せんとす、此の如き人物を名づけて之を社会結束の中央点と云ふ、此の如き人物は其身一人の動く所を以て能く数町村を動かすに足る。一郡を結束するの人物は一人を以て一郡を動かし……」（明治二二年一〇月八日『郵便報知新聞』、同志諸君の郷に帰へるを送る）。

(15)　「地方選挙は推すに土地の名望家を以てし運動の方法如何によりて其当選を得べきものにして主義政綱の争ひにあらざればなり」（「大石正巳氏の大気焰」、明治三二年一〇月一日『毎日新聞』）。

(16)　長野県―明治二二年一月一九日『郵便報知新聞』。埼玉県―『埼玉県政と政党史』二七、二九頁。岩手県―明治二三年五月六日『郵便報知新聞』。秋田県―『秋田県政史』上巻三三一―三四二頁。茨城県―『県政物語』五六―五八頁。宮城県―明治二二年一月一七日『郵便報知新聞』。愛知県―明治二三年一二月一五日『郵便報知新聞』。神奈川県―明治三一年一一月二七日『毎日新聞』。大阪府―明治二一年一二月七日『郵便報知新聞』。

(17)　鹿児島における明治二九年前後の民党と吏党との妥協過程参照（『鹿児島県史』四巻）。「政事党派となす所のものは多くは大政上に関する主義より起りたるものにあらす、寧ろ地方の事情に依て発生したる一種の朋党又は私党にして決して政党の名称を下すべからざるものなり……此の種の党派は政治と云はず交際上と云はず営業上といはず経済なり教育なり総べての事に付て相争ふものにて別に定まりたる主義も無く、甲党が右と云へば乙党は左と云ひ、万事総べて他党の反対に立つて相争ふ……其双方互に争ふ所のものを問へば別に政治の主義に拘はるにあらず、或は人と人との争よりして朋党の形をなし或は地方の事に関して利害の異同により党派を分つものあり」（明治二三年二月一八日『郵便報知新聞』）といわれるまさにそのものであった。

(18)　本項は主として府県政党史、議会史の一部及び毎日、郵便報知、朝日等の全国新聞の政治関係記事を資料として組み立てており、一地域の集約的研究の上に立ったものではない。故にこの結論は各地域の集約的研究によってさらに検討されねばならぬ性質のものである。

第四章　資本主義確立期における地方制度の展開

一　時代的変遷と制度的補強

明治三〇年代以降は、日本資本主義の確立期として社会条件の変化がいちじるしい時期である。資本主義社会の成立に先立って、制度的に体系化された地方制度は、これに対応する制度的補強を必要とする。社会経済上の変化とは、まず第一に資本主義の確立であり、さらにそれにともなうブルジョア・地主の地位確立を示す政治的形態の変化＝政党政治化動向の発生である。

第二には、資本主義の確立が同時に早期的な帝国主義体制への転換を招き、これによる財政上、統治上の矛盾の増大が、国家の統治能力の強化を要請した点である。たとえば、財政上国民の税負担に現われた点をみれば、明治二四年を基準として、日露戦時および戦後にかけて、実質的に二―二・五倍の増加を示している。そしてその増加は、町村税、府県税における戸数割の増加、国税における間接税の強化を主要手段とした、社会構成上逆進的性格の強いものであった。またこれを支出面から検討すれば、その費途は、国家の場合には軍事費、植民地経営費、重要大産業助成費等の軍事体制強化に吸いとられ、町村の場合も国家的要請を中心として配分されていた。負担の強化が住民生活の向上という形をとらず国家により吸いとられ、住民生活は以前よりも却って無視されるという、住民自身にとって矛盾せる財政構造であった。これを支障なく維持するためには、当然統治機能の再検討が行われねばならない。

第三は、地主の寄生化と資本主義経済の農村への侵入にもとづく、農村内部の階層的支配体制の動揺であった。明治後期から大正初期にかけて小作地の増加、地主の土地集中が最高の数字を示すと同時に、農村において寄生地主制が基本的階級関係としての基礎を固めてきた。これは地主的豪農のブルジョア的側面の喪失であり、それを農村内部の関係でいえば、地主の在村機能稀薄化にともなう人格的支配力の弱化を示す現象であった。この傾向は、産業の勃興にともなう大地主の都会への進出――商業資本家、産業資本家への転形――によって一層拍車をかけられた。さらに、日露戦後の株式投機熱・企業熱の勃興に象徴されるような社会の資本主義化は、農村にも資本主義経済の波濤を及ぼし、農村の階層的支配の枠を弛める契機となった。

これらの構造変化に伴って体制側の補強が当然問題にならねばならなかった。これらの矛盾の中、政党政治化動向の官僚機構への波及と浸蝕に対して、政府は文官任用令を改正し、官僚機構の特権的地位を確保する一方、支配様式の妥協的転換をおこない、県議有力者層に対し県政における利益環流経路を確立し、政党の県政への関与を認めると同時にそれを通じて知事が政党操縦をおこなう様式をとり、政党化現象に対応した。また同時に、制度的には郡制府県制の複選制と大地主議員に対する改正がおこなわれ、政党政治化と地主制の構造変化にともなう制度的破局が防止された。さらに町村に対しては、その支配体制の弛緩をもたらす上記の諸矛盾と、統治要請の強化に対して町村に関する官僚的統治の強化とならんで地方改良運動が展開されるのである。

1　政党知事の登場と文官任用令の改正

政党知事の登場は、自由党、改進党を中心とする民党と藩閥政府の抗争が妥協的に解消し、ブルジョア・地主・官僚の利益の一体化をもたらす議会体制が成立した時点、つまり、日清戦後に始まる。すなわち、板垣が内相として入閣した第三次伊藤内閣の明治二九(一八九六)年八月に、自由党員石坂昌孝、桜井勉が各々群馬・山梨の知事となったのを初めとし、進歩党との妥協によって作られた松方内閣では、三〇年四月に進歩党所属代議士五名、自由党員一名、旧国民協会四名が知事に就任した。さらに、明治三一年六月の隈板内閣においても、それぞれ自由党員、進歩党員が多数任命された。

この政党人の知事就任は、日本資本主義の発展に応じて地位を確立して行く地主・ブルジョアを無視しては、もはや政治がおこないえない政治状況の発生を示すものである。それはまた、藩閥官僚あるいはそれに服属する新進官僚による高圧的支配の行き詰りと、政府の糊塗妥協策を示す。(1) とはいえ、これは従来の専制的地方支配に対する一つのアンチテーゼたりうるほど重要な意味をもっていた。なぜなら、これは藩閥官僚の派閥的系譜によって、極めて集権的に構成されていた知事のもつ階統的従属と専制的支配の二面に対して、直接的変化と打撃を加えるからである。たとえば、政党知事の任命された地域では「甚だしきは或県の如き殆ど明治一〇年前の鹿児島県にも比すべき有様にして中央政府に対し一種の治外法権を有するに似たる所なきに非ず……而して其県の方針は則ち其県下における多数党派の方針に外ならず、実に極端の党派政治を実行しつゝあるにあらずや、斯る地方に於ける知事は中央政府に牽制せらるゝよりは寧ろ党派の意向に掣肘せらるゝこと甚しく、中には一属官の任命も之を党派の首領に諮らざるべからざるものあり、故に教育と雖、勧業と雖、苟も党派の利益便利に害ある場合には其為すべき事も為さずして……」(明治三二年一月二〇日『国民新聞』)と県政が中央官庁、ひいては藩閥官僚の掌握下から、一変して政党ひいては地方の地主・ブルジョアの意思によって主導される情勢が展開していった。

このように政党政治への状況変化を認めざるをえなくなったとしても、政府は行政の要である知事をたやすく政党に開け渡すわけにはいかない。この変化に対処して体制の再構成を確保する方策の検討こそ、まさに政府の課題でなければならない。果せるかな、これは、官僚機構を蝕む政党知事、さらに広く政党政治化の発生事態に反撃を加えるばかりか、失地恢復を計って逆に、体制を固める法令の発布となって現われた。明治三二年の文官任用令の改正がこれである。これによって、自由任用制だった勅任官への門戸は以後官歴者に限定され、直接的な政党勢力進出に対して門戸を閉ざし、官僚の排他的な階層制を固めたうえで政党政治化状況に対処することとなった。

その主たる改正理由は「行政は漸く専門技術たらんとする期に達せり、是を以て行政官たる者は唯に天賦の才能のみによりて其任務を全くし得べきに非ず。必ずや行政に須要なる専門の学説を有せざるべからず」(任用令発布理由)と行政の日常化、専門化にともなう官僚の専門資格の必要を強調し、そこに改正の妥当性がおかれている。政党知事が行政能力の点で訓練された官僚とは比較にならない低さを示し、かつ政党の利益本位に発する猟官の横行と指摘される人事の不適格がみられたのはたしかである。(2) しかし政党知事が官職の開放を通じて特権的官僚制を質的に転換させ、地主・ブルジョアの主導する民衆の政治意思をより強く考慮または反映する可能性をもつという、高い歴史的意義を忘れてはならない。文官任用令改正理由における官僚の職業的能力(専門化した行政能率の高さ)の誇示という一見非政治的表現は、かかる可能性をもつ議会、政党の政治的上昇を圧殺するために、時勢に逆行して、より特権的に体制を固めるという政治的判断から発していた。

ところで、アメリカにおける猟官制の転換が、公務員制度の民主的改革という成果をふまえて、そこに合理性、機能性を導入しようとするものであり(辻清明「アメリカの公務員制度」『比較政治叢書・公務員制度』所収)、またイギリスで国王権力に対して議会のヘゲモニーを確立し、行政の主導権を議会と多数党が掌握したのちに資格任用制度が問題とされた(足立忠夫『英国公務員制度の研究』一九五七年、弘文堂、参照)のと比較するならば、日本におけるかかる資格制限のもつ特殊性は明らかであろう。日本では、漸く政党政治化現象をとって現われ始めた民衆による統制をさらに排除して、特権的な機構を保障するために、資格制限の強化がおこなわれたのである。したがってこれは、秀才でさえあれば、門地にかかわらず出世できるという、すぐれた流動性を持ちながら、すべて官僚知事としての能力を確保するための資格制限であった。右の点を裏付けるかのように、文官任用令改正前後から、能力を誇示し、エリートとしての支配者意識を身につけた帝大官僚が、官僚機構へ漸次登場していき、官僚機構はその人材を得て、議会、政党から超越した特権的性格を防衛・維持するばかりか、政党政治をその系列で左右していくのである。(3) もはや政党政治化現象そのものを変ええない以上、政党を全く無視した支配様式は不可能であった。したがって、官僚知事を確保したうえで政党政治に対処する知事の政党色化――政党に一応妥協の形態をとりつつも、基本的には知事が政党を操縦し実際の政治の主導権を握るかたち――を許容したのである。その知事とは、特権的昇進を約束された専門官僚であり、何よりもまず、官僚としての階統的従属を行動原理とする立身出世主義者である。知事の政党化とは、かかる官僚の、巧妙な政党政治化現象対応策にほかならなかった。そして政党政治とは、その特権的官僚機構の把握と主導下に展開するものであった点で、任用令改正以前とは質を異にする。

このようにして漸く芽生えてきた政党政治は、またもや、いち早く、換骨奪胎される運命をたどる。そしてこの転換の一要因こそ、この一片の任用令改正であった。

2　郡制・府県制の改正

明治二三(一八九〇)年に公布された府県制、郡制は、公布後一〇年にして早くも改正の羽目に立たされた(府県制は明治三二年においてもなお施行されない府県三府四県を数えた。全国の府県制、郡制の施行年月については『自治五十年史』制度篇、一九四〇年、良書普及会、三五頁)。

この改正は細かい点にわたれば多くの内容を含むが(詳しくは藤田武夫『日本地方財政発展史』一九四九年、河出書房、及び前掲『自治五十年史』)、その主眼点は複選制の廃止、大地主議員の廃止にあった。施行後一〇年未満にして早くも改正を迎えねばならなかったのは、制度制定の際の誤算と同時に時勢の進展にともなう現実と法理念との背離の激化からである。元来、複選制の採用目的は市町村民を直接選挙に参与させず、下級団体に選出された有力者のみに選択権を与えて、郡会、府県会を構成するという、市町村の政争からの切り離しにあった。しかし、資本主義確立に伴う地主・ブルジョアの政治的進出は有力者間の角逐を熾烈化し、選挙地盤の争奪をめぐって、複選制の基底である町村会を選挙戦の焦点とする傾向が逆に発生していった(「複選制廃止に関する理由」第一三帝国議会貴族院)。

有力者支配秩序の整然たる段階的構築によって政争から切り離されるはずであった府県、郡、町村の三段階の自治制度は、政党政治化動向の進展によって第一の危機を迎え、複選制の廃止が問題となる。したがって、その廃止の主目標は、政争からの町村の隔離という根本理由貫徹のための制度的修正であった。従来の議会構成に貫徹していた地主議会の方針は、複選制の廃止後も直選制の資格権のうちに従来以上に確保されていた。郡会の選挙権者直接国税三円以上納付者、被選挙権者五円以上、府県会の選挙権者三円以上、被選挙権者一〇円以上という規定はこれを物語る。

次に、大地主議員であるが、そもそもこの規定は、地価一万円以上の大土地所有者に特権を与えて小農の跋扈を防ぎ、彼らによる郡会の統合を意図していた。しかし、前述のように、郡内に名望と権威をもち、小中農を統合する大地主議員という郡制のシェーマは、制定当初から誤算があったし、時勢の進展は一層その誤算を拡大したのである。一つは、資本主義と地主制の進展にともない、大地主が商業資本家、産業資本家へと転身する方向の発生であり、他は逆に、商業産業資本家が土地に投資して大地主となる方向の進展である。これは、「時勢の変遷に伴いまして大地主必ずしも郡内の名望家と云ふ訳ではありませぬ」(明治三一年二月二四日、第一三帝国議会貴族院における山県有朋演説)という状態、つまり郡内統率力とは無縁の大地主の増加を示している。他の一つは、党争の激化にともない郡会議席の独占を狙って選挙間近ににわか作りの大地主がつくられ「党争の具」(前掲山県演説参照)とされる現象が生じた事実である(『大日本帝国議会誌』四ノ八一二頁参照)。かかる制度の理念と実態の背離は、郡制の中心シェーマとされた大地主議員制度を廃止させる状態に追い込んだのであった。

以上のように、この郡制、府県制の改正は資本主義の発展と政党政治化動向の発生という社会条件の変化に、支配原理を対応させるための形態的改正であった。なお、この郡制、府県制の改正において、郡長、府県知事の対議会関係の権限が一部強化されたことも指摘しておこう(詳しくは藤田武夫前掲書参照)。これは政党政治化動向に対する官僚機構強化を示す面であり、この意味で文官任用令改正の精神とつながるものであった。

最後に、これと関連して、明治末期に政治問題として脚光をあびた郡制廃止問題について簡単にふれよう。郡制はその制定当初からプロイセンの大地主議員の機能を模倣し、それと複選制をかみあわせ、大地主を支柱とした緩衝制度を地方に設定しようとした政治的意図の強い制度であった。プロイセンでは日本の場合よりも町村が小さく府県が大きく、したがって郡の果すべき役割が広いという実状の認識において誤算があった。故に、それが施行され現実の制度となるにつれ多くの弊害が生じ、まず第一に誤算の清算として前記の改正がおこなわれたわけである。さらに、その後数年を経て郡制廃止が再び問題としてとりあげられる。第二一議会において尾見浜議員から提出されたのを始めとし、第二二、第二三議会には西園寺内閣の提出によって郡制廃止問題が議事にのぼり、政界の大問題となった。

郡自体について見るならば実際、郡制の施行状況は甚だ芳しからざるものがあり、郡独自の事業はほとんど存在しなかった。(4) 当初から実施効果を欠いていた郡制は、商品経済発展に伴う経済領域の拡大、交通、通信網の発達による社会圏の拡大と、行政の機能分化にともない、郡機能は府県、町村または他の分化した行政機関へと吸収され、(5) 郡は「無用の長物化」した。郡制廃止は、この時勢の進展に即応しえない制度の廃止要求を基本にもっていた。

しかし郡制廃止問題が紛糾したのはこれに政治的対立がからんだからであった。原内閣がこれを提出したのは「将来山県系をして全く無勢力たらしむ」(『原敬日記』三巻一六―一七頁)という内務行政に占める山県閥に対する攻撃の意味があった。したがって、貴族院の山県系勢力は「自家権力の減殺」(明治四〇年二月二五日『毎日新聞』、郡制廃止案の裏面)に対して積極的反対をおこなう立場をとった。これは極端に政党を嫌悪した元老山県を頂点とする藩閥的官僚勢力に対する政友会の一つの抵抗であった。内務省を政友会の勢力下におく政治闘争の色彩を帯びていたのである。さらに、これに進歩党、大同派との政治的対立がからむ。そもそも、政友会によるこの提案は、郡役所廃止を含んでおらず、むしろ郡会廃止によって郡役所がその制御を脱して町村監督を自由に展開しうる効果が計算されていた(第二二議会衆議院委員会速記録における原敬発言)。したがって、進歩党、大同派は、きたるべき衆議院、府県議会選挙において、政友会が選挙干渉に自由に郡長を駆使するのを危ぶみ、政治的反対をおこなった。郡制廃止は、制度自体の得失をこえた政治的次元での問題にすりかえられ、否決されたのであった。(6) 多くの欠陥を認められながらも、郡制は大正一〇(一九二一)年まで、郡役所は大正一五年まで存続していく。

3　政党政治への移行

この画期としてはやはり明治三二(一八九九)年八月の立憲政友会の創立が重要である。伊藤の主導下に、それに屈服した憲政党を中核に、小政党、華族、官僚の加わっているこの政党は、日本資本主義の発展に応じて、地主・ブルジョアを無視しては政治が成り立ちえぬという、伊藤を中心とする藩閥官僚の認識にもとづいて創立された。これによって、官僚・ブルジョア・地主という日本資本主義体制の政治的支柱が作られ、日露戦後の日本資本主義の確立を迎えて体制的に定着していくのである。地方においてもこの頃から、ブルジョア・地主の政治的進出傾向が明白になっていく。(7)

この中央での政党政治への移行が、国会議員—府県議—郡議—町村議の有力者を拠点とする政治通路を通じて地方に及び、政党勢力の拡大が積極的にすすめられ、以後、地方政治は政友、非政友に色づけされる結果となるのである。たとえば、明治四〇年の内務省公報による府県会議員の党派別は、政友会七七七名、進歩党三八三名、帝国党四七名、無所属二二六名、その他一〇一名(明治四〇年一〇月一二日『毎日新聞』)であり、政党勢力の進出を示している。そして「地方議会の紛乱は一種の慢性流行病となり……通観するに政友派対非政友派の抗争其極に達して遂に暴力乱行を擅にする狂態……」(明治四〇年一〇月一九日『毎日新聞』)といわれる党争が一般化する。

この政党政治の特色は次のように要約されうる。それは第一に、地方有力者層の派閥的対立の激化と、その特定一派の県政における利益環流関与体制の確立である。政府との緊張関係が弛緩すると同時に、有力者層間の対立関係が表面化し、特定の派閥が地方官僚に結びつき、知事派——与党——として県政の利益を確保するのに対し、他が激しくこれに対抗する形態が一般的になっていく。たとえば、従来旧自由派、旧進歩派にそれぞれ結集していた対立的有力者層は、中央における政況の変化に応じて政友、非政友へと結集し（栃木、埼玉、山梨、静岡等、『毎日新聞』及び青木平八『埼玉県政と政党史』、『群馬県議会誌』二巻等参照）、また、政党分布の不明確だった地帯もこの頃から漸次県政の利益をめぐってその党色を濃くしていくのである（鳥取、島根、『県政物語』一九三八年、世界社刊、参照）。この際に官選知事がこの傾向を強くリードした点に注目しなければならない。「愛媛県は曾て進歩七分政友三分の地方なりしに安藤前知事が畢生の怪腕を揮い三津が浜築港を始め二二年継続の土木事業を起して政友会拡張に努めたる結果遂に政友七分進歩三分の形勢」（明治四二年八月三〇日『毎日新聞』）といわれ、また、大分県で明治三九年頃から政友系の知事が政友派の党勢拡張に力を尽くした（長野潔『大分県政党史』参照）といわれるように、地方における政党政治の発達は県政と同様に、府県政治上圧倒的支配力をもつ知事を中軸として発展したのである。これ以後、府県議会は知事とそれに連なる有力者層の利益環流の場たる傾向を濃くし、前に述べた対抗的関係は全く止揚され、それに代って有力者間の対抗が激しくなってくる。これは、地方における高圧的支配様式から地方の政党との妥協支配様式への転換がもたらした変化である。言葉をかえていえば、藩閥官僚による絶対主義的統治の敗北——住民の意思（一部有力者）を無視しては政策を施行し得ない時代の到来——を示している。しかし、この政党化が議会の主導下ではなく、特権的官僚機構の主導下に展開されたために、政党政治の全面的開花を妨げ、あるいは歪曲したのはもちろんである。

右のような連繋の場としての地方議会の確立には、それを支えるものとして地主・ブルジョアを官僚機構に結びつける国家政策の展開があった。たとえば、この時期の強力な勧農政策としての耕地整理法、農会法、産業組合法、水利組合法の諸法の施行は、官僚に主導された地主的農政の展開であり、地主、官僚両者の妥協的支配体制の農村における確立であった（渡辺洋三「農業関係法（法体制確立期）」『講座日本近代法発達史』一九五六年、勁草書房、第二巻所収）。さらにこの時期の金融政策の展開にもそれはうかがわれる。明治三〇年に農業工業の改良発達を助けるために各府県に一つずつ設立された農工銀行は、府県の有力者にとって一つの利権獲得経路として機能した。設立直後から、この資金の貸し出しをめぐる有力者間の対立は激化し、この運営主導権掌握をめぐる政争は、「府県政争の天王山」と称せられたのであった。さらに、日露戦争後から、大蔵省預金部の資金が日本勧業銀行、府県農工銀行を通じて地方産業、災害救済、さらには、地方公共団体の各種事業に貸し出されるいわゆる「地方還元」の資金運用がおこなわれるようになった（以上は『日本勧業銀行史』参照）。これらはいずれも、議会における利益環流体制の樹立を具体的に裏づける政策の展開であり、有力者と官僚との連繫はかくて成立したのである（具体例としては、明治三四年三月島田三郎議員による「地方行政の紊乱に関する質問」『大日本帝国議会誌』五ノ一一三四頁参照）。これは大正期の補助金行政の展開をむかえてさらに本格的となり、日本における「政党政治」の確立をもたらした。明治末期は正にそれへの過渡段階であった。

なお、これに付随してこの政党には「下から上へ」ではなく「上から下へ」政策の決定がされる中央集権的性格が貫徹している点にも注目しなければならない。これは前章五の3に述べたように、政党地盤とは政策を明示しない有力者集団の縦の系譜であり、その組織は上からみれば投票獲得経路であり、下から言えば、地方有力者の利益環流経路として形成されていたからである。故に、政策ではなく人を基軸とした中央における政党の離合集散が、下部に直ちに貫通し、政治的対立が規定されるのである。中央における政友会の成立が直ちに地方における政友会支部の結成を結果し、さらに従来これと人的対立関係にあった党派を非政友派として結集させた原因がここにある。

第二に、前記の点と表裏するものとして、この時期の政党政治気運の発生が官僚機構内部に藩閥的官僚群とは異なったタイプの官僚群を生み出した点も注目しなければならない。それは、政党的色彩を身に帯びつつも本質的には官僚にすぎない「政党知事」の誕生であった。すなわち、第一次西園寺内閣（明治三九年一月）の原敬内相による地方官

第1表　府県長官任期時代別集計

	明治10年-30年	明治31年-大正5年
1年未満	13人	45人
1-2年未満	56人	127人
2-5年未満	112人	163人
5-10年未満	61人	41人
10年以上	15人	4人

（『地方官界の変遷』附表より作成．両時代に跨っている場合は長い方へ算入）

更迭は、従来、山県系に壟断されていた内務省内に政友会に繋る知事を出現させた（『原敬日記』二の続及び三巻には内務省内の山県系の勢力削減と自派の勢力拡大に対する意図が随処に散見される）。さらに後の立憲同志会の成立（大正二年二月）を迎えるとともにこの地方官の政党的色彩はますます明確化し、内閣の交替ごとにその内閣の政党色に応じて知事の交替が行われるようになっていく（栗林貞一『地方官界の変遷』参照）。頻繁な知事の移動は、知事任期の短縮化となって現われている。第1表は、府県長官の在任期間を明治一〇―三〇年まで、三一―大正五（一九一六）年までの時期区分によって各時期別に集計したものであり、任期の短縮は明らかである。これは前代の長官の、専制的とはいえ、赴任地への情熱と親近感、さらには強力な指導力を喪失させる傾向を招いた。たとえば、明治八年以降七年余の間秋田県に在任し、秋田に籍を移し秋田県士族と号し養嗣子を秋田に求めて家系をつがせた秋田県令石田英吉（『秋田県政史』上巻、三二六頁）のようなタイプの知事は姿をひそめる。階統的官僚機構の確立――特権的昇進制度の整備――と相俟って、府県知事と赴任地との親近感は稀薄となり、赴任地をたんに昇進の段階視する傾向が増大してくる。そして、知事の一つの類型として、変転する政党内閣のいずれの意をもそこなわぬようなぬえ的県政方針、たとえば「下は其地方に勢力ある党派の機嫌を損ぜず、上は中央の大臣、総務局長の命令に屈従」（明治三四年九月四日『毎日新聞』）する「店借根性」（明治三五年三月七日鈴木万次郎「地方官任免黜陟ノ方針ニ関スル件質問」『大日本帝国議会誌』五ノ一八一六頁）、換言すれば、危険な諸争点を回避し、事態を弥縫する、ことなかれの形式主義が生まれた。自己の行政指導原理にもとづいた長期計画を欠き、さらに、重大な経済的社会諸問題に対処する動的指導力の欠けた県政が類型化していくのである。これはいわば、官界遊泳術の巧みな官僚の誕生であり、機構整備にともなう動脈硬化症状の発生である。また、第二類型としては有力政党の一方に結びつくことによる昇進をのぞむ、札つきの政友知事、非政友知事の誕生である。この類型によっては、知事と知事派による極端な県政壟断がみられる。だが、その本格的確立はむしろ大正中期以降の問題である。

いずれにしろ、政党政治化傾向に対処するために確保された、中立的行政技術者としての官僚知事が、地方政界と関係をもつ過程で生まれてくる類型であり、根本では天皇の官僚として中立性を保持することが義務づけられながら、現象面では政党知事の側面をもつという点で、官僚、政党の本来の姿からそれぞれ歪曲されていた。

（1）　周知のように政党との妥協を説いたのは主として伊藤であり、山県始め山県系の官僚はこれに強く反対した（田中惣五郎『日本官僚政治史』）。地方官庁においてもこれに対する抵抗がおこなわれていた。「山形県庁内に於ても属僚等は菊地知事（改進党代議士―筆者註）に対し或は目を見合せて冷笑した。或は頬をふくらして反抗の気勢を示した」（『床次竹二郎伝』一六六頁）。また当時の新聞論調によれば、板垣の内務大臣就任に対して、多くの地方官が反対運動をおこなったという。

（2）　「現内閣（隈板内閣―筆者註）組織以来官吏登庸に関する形跡をみるに兎角才能知識等は第二段として一に其標準を旧両党の釣合若しくは多年党事に奔走したりとか或は地方の関係上などより打算して登庸したる嫌なきに非ず。其故中には随分老朽無能の人を養老的に採用せるなどの事もある由なるが、かくては追々党閥の弊を助長する……」（明治三一年九月九日『毎日新聞』）。

（3）　帝大地方官僚の登場は明治三〇年に始まり、明治四三年には二一名、明治四四年二六名、大正元年三一名となり、明治末期には志士官僚から帝大官僚への移行がほぼ確立する。

（4）　「此郡制ハ権能ト云フコトニツイテハ形式一遍ノ制度……実際ノ運用ハ郡会議員ノ旅費、日当ヲ討議スル位、次ニハ各町村農会ノ補助費、ソレカラ町村会ニオイテ不服アルヘキモノヲ訴願スル」（『第二一帝国議会衆議院委員会速記録』）。

（5）　例えば徴税は税務署に、衛生戸口調査は警察に、土木事務は府県の土木出張所、教育は視学にというような吸収が行われ「郡役所は脱穀になってしまって郡長一人と受付一人あれば事が足りる」（明治三八年二月七日、第二一議会、佐藤虎次郎発言『大日本帝国議会誌』六ノ三四〇）とさえいわれた。

(6)　これを詳しく論じたものとして、宮本憲一「郡制廃止と町村合併」(島恭彦編『町村合併と農村の変貌』所収)がある。宮本氏は郡制に対する各派の見解を、絶対主義官僚派、えせボナパルチスト、ブルジョア的改良派と区別して論じているが、このように割り切ることには問題があろう。この政治的対立は、政党政治の本質とからめて更に検討されるべきである。

(7)「旅中の見聞につきて殊に驚くべき現象は官尊民卑の弊風滅却し自主独立の気風上進せること……例えば各地の宴会の如き其主幹として威を振ふものは土地の有力実業家にして書記官以下の官僚は其下風につきて周旋するの模様あり」(「大隈伯の漫遊談」明治二九年六月四日『報知新聞』)。「数年前に遊説したる際に比して出迎人若しくは懇親会の出席者等全く一変したる……多くは実業家而かも資産あり信用ある実業家なりし。是れ全く地方の実業家が政治と直接関係あるを覚りたるものなるべし」(同明治二九年六月六日『報知新聞』)。また明治三二年一〇月一八日『毎日新聞』は「信州諏訪生糸家の政治的出陣」と題して諏訪郡において開明社の社長片倉、岡谷製糸の社長小口の二人が郡会議員に立候補し、生糸家が応援運動を展開している情勢を述べ、「真実の商工業徒が政治に着眼し初めたる喜ばしき音信」としている。

二　地方財政の特徴と機能

1　国民の税負担増加

まず、国家財政と国税との関連を簡単に概観し、住民の国税負担を明らかにしよう。日露戦争は、国家財政、地方財政に大きな影響を及ぼした。財政規模から見ると、日露戦争に関して支出された経費総額は、一八億円余であり、これは戦前明治三六年度における歳入総額に比するとその六倍半余に達する(『明治大正財政史』一巻二二四、二三二頁)経費膨張度である。そしてこの膨張全額は、主としてその財源を国民負担によった。すなわち、臨時事件費の財源には、一四億七〇〇〇万円にのぼる公債発行、二億一〇〇〇万円に達する増税および専売の強化による増収入を主軸とし、その他一般会計剰余、特別会計資金繰替、一時借入金、軍資献納金等があてられた（真藤素一「明治末期の財政政策」『経済論叢』七七ノ三号）。この主要財源たる公債とは本質的に租税の前どりであるとともにその長期分割の手段である以上、それは長期にわたって国民の租税負担を増加させる。また戦時にのみ時点を合わせてみれば、八億円余にのぼる外債を除く内国債の公募が、末端においては町村への強制割当というかたちをとっており、租税と同様な負担を国民に課すものであった。租税増徴は、明治三七（一九〇四）年四月一日の非常特別税法による第一次増徴、明治三八年一月一日同法改正による第二次増徴によって、地租、所得税、営業税、砂糖消費税の各費目にわたる増徴、新設のかたちをとった。また、明治三七、八年には、巻煙草、刻み煙草の製造専売制度、塩専売制度がそれぞれ創設され、大衆負担を一層強化した。

右の財政膨張は、たんに戦時の臨時軍事費特別会計の場合にのみ該当する特殊な現象ではなかった。この戦時下のたびかさなる公債の発行は、その元利支払いの大負担を戦後に義務づけたし、さらに戦後の課題として、海外への帝国主義的な進出を可能とするための体制整備を中心とする前掲の諸経営の実施が掲げられていた。そのために、財源としては依然として租税と公債があてられ、公債はその発行高を増加させて財政膨張を拡大再生産する要因となり、租税の増徴も継続されたのである。非常特別税は、明治三九年の改正により、戦後も引き続き賦課され、また明治四〇年には煙草定価の値上、明治四一年には酒造税、ビール税、アルコールおよびアルコール飲料税、砂糖消費税の増徴がおこなわれた。明治四三年には、地租、所得税、営業税等の軽減がおこなわれたものの、他の戦時における増税はほとんど撤廃されず、大衆課税たる間接税を中心として戦後における租税負担はかえって強化されている。第2表は国民一人当りの国税負担額の増加を示している。財政面においては、戦争の終結にもかかわらず非常時は依然として強化した形で継続していた。

第2表　国税負担額変遷表

年　度	実　数	指　数	1人当り
	百万円		円
明治 24 年	65	100(100)	1.511
30	89	138 (96)	2.066
36	146	227(132)	3.011
37	194	301(166)	4.005
38	251	390(201)	5.107
39	283	422(211)	5.662
40	316	490(227)	6.220
41	323	500(244)	6.235
42	323	501(252)	6.268
43	317	492(245)	6.051
44	329	510(245)	6.186
大正 1	361	560(253)	6.667
2	366	568(257)	6.570

カッコ内は物価指数により調整した数字
(『明治大正財政詳覧』651 頁より作成．物価指数は中沢弁次郎『日本米価変動史』第2篇米価史年表中の参考資料による．)

資本主義の発達、独占資本の形成、帝国主義段階への到達——資本主義のもつ矛盾の拡大深化——にともなう軍事費、公債費、社会政策費、産業助成費、植民地経営費等を中心とする経費の膨張は各国共通の現象であるといわれる(武田、遠藤、大内『近代財政の理論』一九五五年、時潮社、九六—一一二頁)。日本でも、帝国主義段階への到達と独占的傾向の進展を示し始めたこの時期以後、軍事費、公債費、植民地経営費、産業助成費等の費目を中心に経費の膨張が現われた(詳しくは『明治大正財政史』一巻参照)。そしてその主たる財源を租税にとり、国民の国税負担を、明治二四年に比して実質的に二倍から二倍半以上にも高めたのである。この際、租税の増徴が大衆課税たる間接税を中心としておこなわれ、とくに一般民衆の収奪を強化したのが特徴的であった。

右のような国家財政面に現われた変化が、徴税の末端組織である町村の行政組織に、また広く政治的意味での町村体制に深い影響を及ぼしたのである。

2　町村財政の膨張

町村財政においても経費膨張は共通の傾向となった。その膨張度を、明治二三(一八九〇)年を一〇〇として指数により比較したのが第3表である。これによれば、戦時下を除き(1)実質的にほぼ二倍から二・五倍の膨張度を示している。

この財源の点で、第一に、町村歳入において税収入の占める割合を示したのが第4表である。これによれば、町村制施行直後の明治二三年と比較して、全歳入中に占める税外収入はほぼ六―一〇％増加している。この増加は主として町村債費、使用料および手数料、財産収入、寄付金、交付金等の増加による。しかし、このうち町村債、寄付金が租税の変形にすぎない以上、税外収入が実質的に増加しているとは決していえない。否、むしろ、税収入の全歳入中に占める割合が同数もしくは上廻っていると言ってよいのである。町村がその財源の大部分を町村住民の税負担に頼る形態は、依然変らなかった。

したがって、町村財政の膨張は当然租税負担の強化を結果した(第5表参照)。そしてそこで特に注目しなければならないのは、この租税負担の強化が戸数割の相対的増加、地租割の相対的減少をともなっていた事実である。これは第4表の地租割、戸数割の割合によって明瞭に示されるが、これをより明らかにするために指数を示したのが第6表である。町村制施行当時から示された(第4表参照)戸数割偏重傾向の、その後の一層の強化をこの表は示している。

では、一体この現象は何故もたらされたのであろうか。その主要原因としては、官僚による地租割の制限を挙げねばならない。事実上戸数割の賦課徴収は放任されていたのに対し、地租割のみが官僚的規制を受けていたからである。すなわち、明治一八年、七分の一と規定された地租割制限率は、以来明治三三年三月、五分の一(法律四八号)とわずかに拡大されたにすぎず、すでに膨張傾向を示す町村歳入に比すべくもなかった。そして、日露戦時の「非常特別税法」によって、国税に関しては地租の増徴が認められながらも、それら非常増徴分(地租のほか営業、所得税を含め)について町村は付加税を禁じられ、それを除いた従来分についてのみ、地租割の制限率が一〇分の三まで認められた。一貫して国税たる地租の増徴確保が中心となりつつ、わずかずつ制限率が緩められてきたのである。前述のように戦後において、非常特別税法が存続期間の規定を削除(明治三九年三

第3表　全国町村総歳出比較指数

明治23年	100	(100)
27	117	(105)
31	226	(156)
35	363	(244)
36	369	(229)
37	286	(178)
38	303	(167)
39	359	(192)
40	432	(214)
41	523	(268)
44	638	(333)

カッコ内は物価指数により調整した数字(『明治大正財政詳覧』538頁より作成)

第 4 表　全国町村総歳入中，各款項目の占める割合(%)変遷表

	明治 23 年	明治 36 年	明治 37 年	明治 38 年	明治 39 年	明治 40 年	明治 41 年	明治 42 年
税収入合計	71.9	63.2	67.4	66.6	62.7	62.0	63.3	64.7
地租付加税	27.9	19.3	16.6	15.8	13.2	11.1	10.9	10.5
特別税反別割	1.7	1.4	0.95	0.9	0.9	0.9	0.8	0.8
国税営業税付加税		1.5	1.5	1.5	1.3	1.1	1.1	1.2
所得税付加税	0.1	1.4	1.5	1.6	1.6	1.4	1.6	1.8
戸数割付加税	37.1	34.7	38.2	41.0	40.1	41.9	43.7	45.4
道府県営業税付加税	3.0	3.7	4.5	4.5	4.1	3.9	3.7	3.3
税外収入合計	28.1	36.6	35.3	31.7	37.3	38.2	37.1	36.3
財産ヨリ生ズル収入	2.9	2.8	3.8	4.1	4.3	4.0	3.3	3.0
使用料及手数料	0.1	0.7	0.9	0.9	1.0	0.8	0.7	0.8
国税徴収交付金	0.5	1.2	1.7	2.1	1.9	1.8	0.9	0.8
道府県税交付金							0.8	0.7
国庫道府県及郡補助金	7.0	5.2	3.4	3.5	3.1	3.6	3.7	4.4
寄付金	3.3	4.3	3.1	3.5	4.5	5.8	5.6	4.6
町村債	1.1	6.1	2.9	2.7	6.3	5.6	5.6	4.1
前年度繰越金	3.1	7.4	9.0	6.2	5.4	6.1	6.6	8.9
其他諸収入	10.1	8.9	10.5	8.7	10.8	10.5	9.9	9.0

(『明治大正財政詳覧』535-536 頁より作成)

第 6 表　地租割戸数割増加指数表

	地租割	戸数割
明治 23 年	100 (100)	100 (100)
27	112 (104)	107 (99)
31	174 (120)	209 (144)
35	252 (167)	362 (741)
36	260 (161)	351 (218)
37	173 (107)	299 (186)
38	173 (96)	299 (165)
39	173 (93)	398 (213)
40	176 (88)	501 (249)
41	209 (107)	632 (322)
44	240 (122)	783 (399)

(カッコ内は物価指数により調整したもの)

第 5 表　町村税収入比較指数

明治 23 年	100 (100)
27	109 (101)
31	199 (138)
35	329 (218)
36	337 (209)
37	262 (163)
38	284 (157)
39	321 (172)
40	382 (190)
41	473 (241)
44	576 (294)

(『明治大正財政詳覧』650 頁より作成．カッコ内は物価指数により調整した数字)

月法律七号）して引き続いて有効となり、戦時下の増徴が継続することになった。これに関連して「地方税制限ニ関スル法律」（明治四一年三月三一日）が発布され、戦後の町村財政膨張に準じて制限率を一〇〇分の四〇にわずかながら拡大して、従来とってきた官僚による制限率操作を固定化し、地方団体の課税力を恒久的に統制するにいたった。しかしその拡大も、膨張の一途をたどる町村財政の前にあっては、単に戸数割の増大を結果するにほかならなかった。

3　戸数割増徴と寄付金依存

このように、官僚による地租割制限率の操作は、その結果として戸数割の増徴を必然的にした。地方団体への負担強化が進行する状況の中でとられたこの地租割制限は、国税地租の確保と土地所有者の過重負担軽減をはかると同時に、その軽減分を一般住民へ拡散する形で負担させる、すぐれて意図的な政策であった。町村財政の膨張は、官僚と地主の利益をはかる戸数割の強化によって支えられていたのである。

では、この時期の町村財政の重要な要素をなす戸数割について、時期的に前にさかのぼりながら要約してみよう。戸数割は明治一一（一八七八）年の地方税規則において新設された府県の統一税目である。その特徴としては、伸縮自在な無制限の税目としての性格およびその賦課方法における統一的規則の欠如と府県庁への自由な委任があげられる。したがってその賦課方法は各府県まちまちである。しかし多くは、府県から郡町村へ戸数を単純に平均した額が賦課され、各町村が独自に賦課基準を作っていた。町村の戸数割付加税とは、この府県税戸数割の賦課基準を町村に応用したものである（大島太郎『日本地方行財政史序説』一九六八年、未来社、参照）。

まず府県税戸数割を問題にすると、前述のようにこれは府県段階で各個人への賦課基準が定められるのではなく、府県から各町村に対して戸数を単位とする賦課がおこなわれ、町村会議決の賦課基準によって各個人に割り当てられる。したがって、各町村への配付額は各町村のもつ資力とは無関係な人頭税的色彩の強いものであり、資力の小さい団体ほどその負担が大きい。所得の集中が都市に激しい資本主義社会において、これは農村への過大な負担を意味するものにほかならない。

次に、その町村における賦課基準を問題にすると、それは全国各地各様であり、任意性をもつのが特徴である。たとえば大正九年の「戸数割に関する参考資料」(『地方行政年鑑』大正一一年版、一二三七―一二五四頁)の四四三種の標準類別から大別すれば、基準なしの見立割が圧倒的に多く、そのほかは所得、納税額、資産、地価、居室または住家の坪数、土地建物の坪数または賃貸価格、地租、収入、直接国税等の種々の要素をくみあわせている。いずれの方式にしろ、これらの賦課基準の決定はすべて町村会の議決に委ねられたのであるから、町村会の構成上からみて、これが町村内の上層者に有利にされただろうとの想像がつく。殊に賦課基準のうち多数を占める見立割について考えてみると、そこには明確な基準が存在しないのであるから、有力者の恣意が最も作用しやすい形態であるといえる。

そもそも第一に、戸数割の等級づけ自体が、町村内の社会的優劣を整然と上下に組み立てて住民の前に明らかにすることであり、村内の家格を明瞭化しその順列を正当化する効果を持っている。そして、上下の順列にもとづく分担の多寡は、有力者の権威と恩情を全住民に意識させるよい機会となったのであり、また下層者にとっては屈従と従属意識を再生産させられる機会となったのである。第二に、このような家格の確立＝有力者の権威の確立の機会ではありながら、この等級のたて方が科学的な比率によって行われていないことに一つのわながある。すなわち上の序列の者は必ずしも所得高に正しく比例した税額を担当せず、むしろ低い比率で、下層者ほど高い比率で負担しながら、あたかも上層者が高い犠牲をはらうような外見をとりうるのである。この第二の点を裏付ける資料として、たとえば明治三六年九月九日の群馬県内務部長から各部長宛「市町村税中戸数割地価割偏重偏軽アルモノ監督方通牒」(群馬県庁所蔵文書)は「抑モ戸別割ノ納税義務者中ニハ日常労働ニヨリ僅々ノ労銀ヲ得以テ生計ヲ営ムカ如キ細民不少ニ拘ハラズ、負担ハ比較的軽カラザルヲ以テ滞納者増加ノ趨向ヲ呈シ徴収ノ手数煩雑ヲ致スノミナラズ、細民日常ノ業務ニ用ユル器具ヲ処分シテ生計上ニ困難ヲ感ゼシメ、尚往々欠損ヲ見ルモノ多ク、而シテ其ノ徴税上ノ煩ハ延テ累ヲ他ノ一般行政上ニ及ボスモノ亦少カラザルベク頗ル改善ノ必要アルモノ、如ク……」と述べて戸数割の負担強化が下層住民の負担強化を結果する事実を明らかにしている。

見立割についてそれがもつ上層者の恣意性の具体的検証は、客観的賦課基準の欠如のゆえに不可能であるので、次に客観的賦課基準をもつ群馬県勢多郡芳賀村[2]の明治三五年度県税戸数割賦課等級表を具体例としてとりあげる。いうまでもなく、町村税の戸数割は、この県税戸数割の付加税であり、これと同基準によって賦課されている。この基準の単位は、直接国税納額である。この基準率の性格を階層的に見るために各等級が国税納額一円当りいくらを納めているかを明らかにしたのが第7表中の五項である。これによれば、国税を全然納めていない二三等九八戸が三〇銭を納めているのを最大として、概して少額納付者ほど負担率が大きい。二一等五〇銭以上納付者の負担率は、優等の三〇〇円以上納付者の約七倍弱である。さらに戸数割一般に共通する傾向である、一戸当賦課額の、直接国税と比例しない大まかな区分による等級づけは、等級内部にも逆進性を内包していることを示す。上級者になるほどその区分の国税額の開きが大きいのは、その逆進性をますます大所有者に有利にして

第7表 明治35年度群馬県勢多郡芳賀村県税戸数割等級表

等級	国税納額	該当戸数	1戸当賦課額	国税納額1円当賦課額
		戸	円	円
優等	300円以上	2	34.500	0.115
1等	250円以上	1	31.650	0.127
2等	200円以上	1	28.800	0.144
3等	150円以上			
4等	100円以上	2	14.550	0.146
5等	80円以上	2	10.560	0.132
6等	70円以上			
7等	60円以上			
8等	50円以上	1	6.570	0.131
9等	40円以上	3	5.430	0.136
10等	35円以上	6	4.575	0.131
11等	30円以上	7	4.005	0.136
12等	25円以上	12	3.435	0.137
13等	20円以上	14	2.865	0.143
14等	15円以上	33	2.295	0.153
15等	13円以上	26	1.896	0.146
16等	10円以上	30	1.611	0.161
17等	7円以上	69	1.269	0.181
18等	4円以上	65	0.928	0.232
19等	2円以上	49	0.642	0.321
20等	1円以上	37	0.471	0.471
21等	50銭以上	39	0.386	0.772
22等	50銭以下	32	0.300	
23等	無納者	98	0.300	

第 8 表　全国町村歳入総括表中地租割戸数割寄付金比較表

	明治 23 年	明治 36 年	明治 37 年	明治 38 年	明治 39 年	明治 40 年	明治 41 年
地租割	5,688 (100)	14,773 (260)	9,828 (173)	9,814 (173)	9,808 (173)	9,977 (175)	11,865 (209)
戸数割	7,545 (100)	26,491 (351)	22,563 (299)	25,543 (339)	30,036 (398)	37,813 (501)	47,683 (632)
寄付金	676 (100)	3,318 (491)	1,811 (268)	2,193 (324)	3,373 (499)	5,212 (771)	6,458 (955)
歳入総計	20,340 (100)	76,360 (375)	59,080 (290)	62,356 (307)	74,841 (368)	90,267 (444)	109,229 (537)

(カッコは明治 23 年を 100 とする比較指数)

第 9 表　群馬県新田郡下町村歳入(単位円)

	明治 23 年	明治 35 年	明治 37 年	明治 38 年	明治 39 年	明治 40 年
地価割	9,736	15,494	13,890	13,277	13,180	12,816
戸別割	13,482	40,501	27,607	36,597	45,217	55,287
寄付金	263	844	272	2,685	5,336	4,446
総計	28,907		63,207	86,517	124,141	109,338

(群馬県庁文書より作成)

いる。

右のように、明治末期の町村財政は、町村内の上層者に有利に下層者に不利な内部操作をとり、下層者に負担を転嫁する戸数割の重課傾向をともなって運営されたのである。

なおこれと同時に、この時期に寄付金が町村財政にとって重要な意味をもったことに注目しなければならない。たとえば明治四〇年には寄付金が全国町村総歳入の五・八%を占め、地租割の約半額をしめている。第8表のように、寄付金は地租割をはるかに上廻り、また戸数割を凌駕する膨張度で増加していた(3)。ただ、この表は全国町村の歳入総計であるために、全国各地の特色を平均化しているきらいがある。農村地帯、ことに部落有財産をもたない農村では特にこの傾向が顕著にみられたと思う。たとえば第9表は平場農村地帯における町村歳入表である。明治三八―四〇年にかけてその寄付金の増加は著しい。この寄付金とは、税収入のように経常的というよりも、むしろ不時の莫大な出費に充当される臨時的性格が強い。たとえば、前掲芳賀村では、明治三四年度および四二年度に校舎の建築が問題となった際に、それぞれ、経常歳入総額を倍以上上廻る五二五二円余および五一八六円弱の寄付金が徴収され、その費用として充当されている。ところで、この例のように、臨時的な教育費、その他土木費など、一般住民の生活に直接的利害をもつ一村郷土の具体的問題であり、かつ国家や府県の援助は既存の前提として期待し得ない、住民が自らのために否応なしに自力で出さねばならぬ不慮の出費が寄付金徴収の対象となった。そこでは、住民の持つ素直な日常的自治の精神が、全政策のしわよせのために郷土愛なり、町村の名誉心として喚起され利用される。それは、寄付の名目が示すような任意的なものでなく、住民生活の必要がもたらす部落の規制力を背景として、むしろ徴税よりも強い強制力すら持ったものとなる。この場合、その割当て決定は町村部落機構によるから、有力者はこの機会を、町村自治の先導者として村民を自らの指導下に包む好機とし、あるいはその内にみられる戸数割と同様な逆進性によって、尊敬心を介して村内の階層性とそれによる支配を貫こうとする。これは正に官僚にとって一石二鳥の効果であるといえよう。

第10表　国税・地方税合計の負担額変遷表

年　度	実　数	指　数	1人当り
	百万円		円
明治24年	95	100(100)	2.261
30	142	149(106)	3.290
36	252	265(139)	5.190
37	278	293(150)	5.743
38	341	359(177)	6.927
39	386	406(193)	7.760
40	443	466(211)	8.751
41	466	490(235)	9.052
42	479	504(257)	9.286
43	479	504(257)	9.190
44	503	545(262)	9.499
大正1	546	588(266)	10.144
2	547	576(265)	9.912

(『明治大正財政詳覧』651頁より作成)

以上のように、三〇年代の町村財政の経費膨張は、地価割、戸数割の絶対的増加が示すように、全町村住民の租税負担を全般的に増加したが、これは戸数割および寄付金の相対的増加傾向を内在していた。戸数割・寄付金の収取形態は、下層者への負担の転嫁傾向をもちながら、他面村内の家格序列の明示を通じて有力者の恩恵と権威の確立に寄与する側面をもち、税体系上その収奪強化の矛盾の顕在化をある程度隠蔽する可能性を持っていたのである。すなわち有力者にとっては、負担の転嫁という内部操作をおこなう権限への参与は、自己に加えられた実質的な負担の強化から感ずる体制への反発を、相殺し、相対的に体制への距離感を縮める効果をもったと思われる。また、下層者にとって、賦課決定と徴収への有力者の関与は、共同体という媒介項によって収奪の矛盾を隠蔽する結果を招くものとして作用したのである。かくて町村住民に加えられた収奪の強化は、財政構造的に有力者のもつ機能への依存によって保障されていたのであり、同時にこれが逆に有力者を体制側にひきよせる契機ともなったのである。

最後に以上の総括として、国税、府県税、市町村税すべてを含めた国民の税負担額の経過を示したのが第10表である。二倍半以上におよぶ国民の税負担の増加が、町村税、府県税における戸数割の増加、国税における間接税の強化にみられるように、社会階層構成上、下層者への重課傾向をともなって遂行され、それを支える契機が直接間接に村落の共同体による強制だったのは記述のとおりである。そしてここに一貫して示される負担の増大という時代的な要請が、負担遂行を支える機能の強化を求める点で、この期の地方行政のあり方を強く規定する最大要因であったのである。(4)

4　歳出からみた町村行政

町村制施行後の町村財政とは、国家行政遂行経費の過大と町村自治行政経費の過小の二面を特徴とし、それに規定されて町村財政の運営は、自主性を欠如した状況下で行われねばならなかった(藤田武夫『日本地方財政制度の成立』参照)。ここでは、この時期の町村財政を具体的な支出面からみるにあたって、各種行政の特徴をあらかじめ提示しておこう。

まず、全国町村歳出統計について二〇年代とこの時期を比較してみよう。第11表は明治二三(一八九〇)年を基数とした各費目の年度別指数(物価指数で調節ずみ)表であり、第12表は各年度の各費目が全歳出中で占めている割合の提示である。まず第一に、歳出総計の膨張度を上廻って増加している費目は諸税および負担、町村債費、衛生費、勧業費、教育費であり、次に歳出総計を下廻る増加度を示しているのが役場費、警備費であり、最後に明治二三年に比べて実質的に支出の相対的減少がみられるのが土木費、社会事業費、会議費である。このうち最も膨張度の著しい諸税

第 11 表　全国町村総歳出中各費目の年度別指数表

	明治23年	明治36年	明治37年	明治38年	明治39年	明治40年	明治41年	明治44年
教育費	100	275	204	198	241	278	383	407
土木費	100	106	53	59	67	87	101	142
衛生費	100	427	256	340	341	448	465	558
勧業費	100	420	263	288	350	345	372	471
社会事業費	100	108	108	112	75	67	126	204
役場費	100	134	127	117	121	124	138	161
会議費	100	109	73	87	95	106	124	137
警備費	100	194	137	139	179	219	237	353
町村債費	100	2855	2540	1618	1601	1151	1739	2567
諸税及負担	100	2329	1480	1457	1786	2205	2639	2904
歳出総計	100	229	178	167	192	214	268	333

(『明治大正財政詳覧』540 頁から作成．なおこの指数は物価指数によって調節したものを掲げた．)

第 12 表　全国町村総歳出中に各費目が占める割合の変遷表

	明治23年	明治36年	明治37年	明治38年	明治39年	明治40年	明治41年	明治44年
	%	%	%	%	%	%	%	%
教育費	32.5	39.0	37.2	38.6	40.8	42.0	46.6	41.3
土木費	24.8	11.4	8.3	8.8	8.5	10.0	9.4	11.0
衛生費	2.1	3.9	3.0	4.2	3.8	3.9	3.7	3.7
勧業費	0.6	1.1	0.9	1.0	1.1	1.0	0.8	0.9
社会事業費	0.2	0.08	0.1	0.1				
役場費	34.6	20.1	24.7	24.1	21.8	20.0	17.8	17.4
会議費	1.6	0.8	0.7	0.8	0.8	0.8	0.8	0.7
警備費	0.9	0.7	0.7	0.8	0.8	0.9	0.8	0.9
町村債費	0.7	8.1	10.4	7.0	6.1	3.9	4.7	5.8
諸税及負担	0.6	6.3	5.2	5.4	5.8	6.7	6.2	6.5
積立金及び基本財産造成費			4.0	4.8	6.0	5.4	4.7	5.6
寄付及び補助金			0.5	0.8	0.9	1.1		
財産管理費	0.03	0.9	1.0	0.5	0.6	0.6		
雑支出	1.4	6.6	0.2	2.9	3.4	3.3		

(『明治大正財政詳覧』540 頁から作成)

および負担金、町村債費についていえば、前者は主として郡制によってきめられた郡費の町村分賦額であり、後者は租税の前どりたる元利支払金である。両者ともに町村行政にとっては非生産的経費にほかならない。とくに町村債費の増大は、それ自身直接に町村財源の涸渇を示すものであると同時に、それを拡大再生産する要素であり、町村財政の不健全さを示している。したがって、それは政府の苦慮の対象として地方長官会議においてしばしば起債に対する監督の強化、起債方法の改良の要望が説かれたのである（藤田武夫『日本地方財政発展史』一四七頁参照）。第12表で明らかなように、これらの経費は町村全歳出中のわずか五、六％を占めるにすぎない。しかし、五、六％前後とはいえ、それは住民にとって直接関係ある勧業費、衛生費を上廻る額であった。したがって、財源的に乏しくかつ費途に一定の枠がかぶせられた制限ある財政内では、これらの費途の増大も、財源を一層圧迫し支出の自主的柔軟性を阻む要因として結果せざるを得ないのである。しかし何といっても、この時期の財政に大影響を及ぼしたのは教育費の増大であった。

教育費の膨張は、広くいえば明治三〇年代に入って学校教育制度の再検討と全面的整備がおこなわれ、教育制度の基本的体制が決定されたのと関連している。忠良な軍隊や産業振興の担い手となる国民を教育によって養成し、国家発展の基を築くための教育体制が、この時期にほぼその原型を確立したのである（海後宗臣「教育法（法体制確立期）」『日本近代法発達史』一九五八年、勁草書房、第一巻参照）。

そのうち、町村の教育財政の拡大を招いたのは、具体的には明治三〇年勅令第二号による市町村立小学校教員俸給に関しての一定の基準の制定、明治三〇年一一月勅令四〇七号による小学校の授業料制限、明治三三年八月の義務教育年限四カ年、無月謝主義の制定、明治四〇年三月小学校修業年限の六カ年への延長等、要するに義務教育の拡大、普及を内容とする教育関係法規の改正であった。そもそも小学校の設置と小学校教育に関する費用は本来的に市町村あるいは学区の負担と規定され（明治二三年一〇月「新小学校令」）、その後国庫補助対策（明治二九年三月「市町村立小学校教育年功加俸国庫補助法」、明治三二年三月「教育基金特別会計法」、同年一二月「教育基金令」、明治三三年三月「市町村立小学校教育費国庫補助法」)が施かれてもその補助額はわずかであり、国家的教育の経費を市町村が主として負担するという財政構造は変っていなかった(藤田武夫『日本地方財政発達史』参照)。

したがってこれらの国家教育の普及と向上は町村へその財政的しわよせをし、教育費を明治二三年に比べて実質的に三倍から四倍へと高めたのである。町村歳出費目中でその膨張度は最大でないとはいえ、明治二三年においてすでに三〇％以上を占めていた教育費の大きさを考えるならば、町村財政膨張の一番大きい原因がこの教育費だったのである。戦時下の地方行政費の節減要請においても、勧業ならびに教育に関する経費については削減の抑制が特に求められた点からみても、重要な国家行政の一つとして教育行政は増加を要請されていた。かくて、二〇年代の町村財政の特色たる国家行政経費過重傾向は、教育行政を一つの指標として強められ、町村住民の民生に直接関係ある経費を圧迫する結果となったのである。

ただ注意すべきは、この財政傾向が重要な社会的意味をもつ点である。すなわち、国家的画一教育であるにしろ、多くの町村内で教育という住民の知的水準向上機能の拡大と普及がみられ、そのために多大の町村費が投入されたことが、教員、とりわけ学校を代表する小学校長の町村内における社会的威信を高める物的基礎となる点である。この関係があるために、校長は村長に次ぐ威信を確立するにいたり、知的指導者として拡充された諸設備、諸機能を背景として国家主義的教育理念を学校内だけでなく広く住民生活へも拡大していくのである。

またさらにいちじるしい膨張度を示した衛生費についていえば、その費用の増加は明治三〇年四月の伝染病予防法、三八年の同法改正が衛生行政の事務負担、経費負担を町村に課したのに主たる原因があった。しかし、この予防事務および施設に関する主たる条項の決定は府県長官に委任され、町村は単にその決定事項執行に関する財政的行政的責任を与えられたにすぎなかったのである。これはわずかに増額された勧業費についても同様であった。害虫駆除、獣疫に関する予防、蚕種検査等、産業保護奨励に対するこの時期の行政の展開は、いずれも国家の強力な監督と指令の下に、地方団体が執行の行政的財政的責任を負う種類のものであった（藤田武夫前掲書、九一頁参照）。教育費、衛生費、勧業費の膨張およびその行政内部にみられる国家的統合の強化は、この時期の町村執行機関に、国家政策遂行の要具としての性格をさらに強く刻印したのである。ところで、かかる国家行政経費は、資力の大小にかかわらず一定の内容形式を具備するべく規定される性質のため、資力の小さい地方団体ほどその過重がいちじるしい傾向となって現われる。たとえば前掲芳賀村の町村歳出割合を示した第13表によれば、役場費、教育費の合算は七〇—九〇％近くを占め、それに衛生費を加えるならば、村の自由な裁量による行政の展開はほとんどその余地を持たなかったのである。農村の財政構造は、官僚機構の末端機関たる村役場の性格を一層あらわに示している。

では次に、土木費の検討を通じてこの時期の自治的行政の特徴を明らかにしよう。要約すれば、それは国家的支出の縮減と、それにもかかわらず住民生活の必要から負担は勢い部落に課せられるという地方財政にみられる特徴を典型的に示している。まず国による縮減の面をみると、第11表、第12表に明らかなように、土木費は明治二〇年代に比べ実質的にその支出額を減少し、同時に町村歳出において占める比重を（特に日露戦時下）低下させていた。それは、戦時中に地方財政緊縮方針がとられ、その結果地方財政の膨張が一時的に阻止されたためである。国家財政の飛躍的膨張による国民負担増加の重圧の顕在化をさけ、さらに国民の担税能力に柔軟性をもたせるためにとられた集約的な地方財政へのしわよせ政策である。それは、土木費のみならず、衛生費、勧業費、役場費、教育費等にいたる事業の緊急でないものの延期、冗費の最大限の節約を地方財政の緊縮の基本方針とした(5)。だがこれは、厖大化した国家財政の運営の不安を除くための手段であったから、地方団体に賦課された種々の国家行政事務の負担軽減はあまり顧慮されなかった。注(5)に引用した注意事項にあるように、教育費、衛生費等は行政内容に直接影響しない費用や消耗費の節約や、建築修繕の一時繰延によって緊縮がおこなわれたが、自治行政事務で任意費的色彩の強いものは行政そのものの廃止を結果した場合もあったのである。そして戦後になって地方財政緊縮の枠がとかれても、戦後経営に基づく委任事務の増嵩と、戦時下一時繰延べられた事業の実施は、乏しい財源という条件下での解決を引き続き自治行政事務の削減に求めたのである。戦時、戦後を通ずる土木費、社会事業費の減少はこれを物語っている。

しかしこのような政策の遂行にもかかわらず、土木行政は農業生産、広くは住民生活に欠くべからざる必要性をもち、しかも個人的解決に委ねられないものであれば、別個の形の救済が必要とされる。第二の特徴である部落的遂行負担が求められる理由である。換言すれば、夫役、寄付の強化であり、部落財政への転嫁である。明治末期の寄付金増加傾向についてはすでに指摘したが、この寄付金増加は、政府によって意識的に奨励されていた。たとえば明治三九年一月一九日群馬県郡市長会の指示事項「土木工事ニ対スル財源ニ関スル件」は「明治三八年度追加市町村土木補助費ノ支出ヲ受ケ、土木工事ヲ経営セントスル市町村ニ於テ其費用ヲ有力者ノ寄附金ニ俟チ、若シクハ夫役ノ賦課ニヨリ実行スルノ計画ニ出ツルハ最モ時宜ニ適シタル方法ナリト認ム……可成寄附金、夫役等ニヨリ実行セシメラルベシ」(群馬県庁所蔵文書)と述べ、土木費削減を夫役、寄付の強化によって補う方針を明らかにしている。

部落財政への転嫁については、前掲芳賀村の例をあげよう。そこでは町村制施行以来土木費はほとんど町村財政によっては支出されず部落費として支出されていた。第13表は、町村財政における土木費無視を示し、次の第14表はそれの部落への転嫁を明らかにしている。

このように、自治的経費の削減は必然的に部落を基盤とする夫役、寄付の強化と部落費の増加をもたらした。町村役場が国政委任事務遂行の重荷を背負って、国政遂行の要具としての色彩を強めれば強めるほど、民生に直接関係をもつ事業の多くは部落に肩代わりされ、その結果町村役場はお上の役所の権威を拡大再生産し、それとは逆に部落は部落民の役場として生活にかけがえない必要性およびそれにともなう団結性を拡大再生産していった。町村役場の政府出先機関としての性格の強化と、それにともなう町村の重視は、結果的に部落機能の重視をもたらすという逆説的

第 13 表　群馬県勢多郡芳賀村町村総歳出中各費目の占める割合

	明治36年	明治37年	明治38年	明治39年	明治40年	明治44年
	%	%	%	%	%	%
役場費	28.5	29.8	23.2	29.6	24.4	19.4
会議費	0.8	0.5	0.4	0.6	0.4	0.4
土木費						
教育費	58.3	59.0	48.3	56.1	47.3	48.7
衛生費	0.8	0.8	6.8	4.3	2.1	10.6
救助費						
警備費	5.1	2.8	2.0	3.1	2.7	3.6
勧業費	2.2	1.7	1.2			
諸税及負担	3.8	5.0	4.2	3.6	20.4	6.9
雑支出	0.4	0.4	0.4	0.5	1.1	1.2
予備費						
基本財産費						

(芳賀村役場所蔵文書から作成)

第 14 表　芳賀村部落費歳出表

	明治39年	明治40年
	円	円
役員報酬	162	161
土木費	151	341
衛生費	42	23
使丁人夫賃	52	61
雑費	178	65
消防費		78
祭典費		24
総計	585	753

(芳賀村役場所蔵文書から作成)

構造を生んだのである。

以上の国家、町村財政に関する考察によって、この時期の財政構造が住民負担のいちじるしい増加を支柱として成り立っており、しかもその費途は国家の場合なら軍事費、植民地経営費、軍事体制の基盤たる重要大産業助成費にすいとられ、町村の場合も国家的要請を中心として配分されていた事情が明らかにされた。負担の強化が住民生活の向上という形で住民自身の上にかえってくるのではなく、国家に吸収され、住民生活の面はかえって以前よりも無視されるという住民自身にとって矛盾する財政構造であった。これをいかに支障なく維持するかが国家にとってこの時期の大きな問題だったのであり、それがまさしく地方改良運動を必要とする契機であった。たとえ戸数割という操作を内包しているにせよ、それだけでは構造の矛盾を蔽いつつ運営するのは不可能であり、町村体制の検討が求められる由縁である。この時期の町村体制展開の動向はこの財政構造の分析においては、有力者層のより一層の活動と把握、および部落の利用の方向を指し示している。政治行政面からの接近によって、それをもっとはっきりした形でつかみ出すことこそが地方改良運動分析の課題となる。

（1）　明治三七―三九年と経費膨張額が減じているのは、戦時における国民負担の過重を避けるために国税付加税を制限し、地方経済緊縮方針をとったためである。これについて詳しくは注(5)を参照。

（2）　群馬県勢多郡芳賀村は、群馬県のほぼ中央赤城山の南麓斜面に位置し、明治三六年現在戸数五一五、人口三七五二人、耕地面積は明治三七年現在で田二一六町歩、畑二四一町歩、山林原野五五五町歩の農村である。主要産業としては米麦主穀の生産、副業として製糸業をおこなっている。この村の特徴として、地主制が明治二〇年代に確立していたことがあげられる。すでに明治二一年に一〇町歩以上五戸、一〇―二町歩以上二四戸、二―一・五町歩以上五五戸、一・五―〇・八町歩以上九三戸、〇・八町歩以下二六九戸で八反歩以下が全体の六三％以上を占め、一方大土地所有も発生していた。自小作戸数でいえば自作三五〇戸、小作五三戸、自小作一〇〇戸である。明治二五年には二〇町歩以上の大土地所有者が三名おり、そのうち一五二〇町を小作に貸しつけている。時期が降るとともにこの傾向はますます進み、明治三八年には自作一〇四戸、小作一四二戸、自小作二三〇戸となり、さらに大正五年には、四〇町歩以上の大土地所有者三人が数えられるのである。明治二〇年代から、小林寅之助、小林源六の両家が地価一万円以上の大地主として村内を支配し、中小地主がその配下として部落を統率するという政治構造をとっている。その意味で町村制の制度的理念である有力者支配体制の確立はかなりスムーズであり、行政当局によって円満として評価されている村である。調査地としてこの村を選んだのは、さして富裕でも貧しくもなく、群馬県下の農村の一般性を備えており、かつ役場史料の保存が非常によいとの群馬県立図書館の萩原進氏の推奨によるものであった。もちろんこの村を全国農村の典型として位置づけることも出来ず、また少人数の短時日の調査結果が非常に不充分であるのも確かであるが、農村の一具体例として、本稿で例証することにした。

（3）　これは『明治大正財政詳覧』の町村歳入総括表によって作成した。寄付金額の実体を正確に備えたものとは言いがたいが、全国網羅的な統計がほかに無いために一応の基準として採用した。おそらく実体はこれよりも上廻る数字を持っていたと推察される。

（4）　道府県税も町村税と同じように日露戦時中は地方財政緊縮の方針によってその負担増大のテンポを緩めはしたものの、全般的には増大の傾向を示している。さらに、その増大は町村の場合と同じように戸数割の強化を主としていた。

（5）　この地方財政の緊縮は、次の方針でおこなわれた。
明治三七年二月二〇日地方長官会議における内閣総理大臣の訓示「……今後町村ニ在リテハ地方経済ノ状況ニ照ラシ事ノ緩

急要否ヲ調査シ土木営繕、衛生、教育、勧業等ニ関スル事業又ハ補助ノ節減中止、繰延等ヲ断行シ以テ相当ノ措置ヲ採ラルベシ。」

明治三七年二月一五日、内務大臣より各地方長官に対する通牒秘甲二号「三七年度ニオケル事業及ビ補助ノ軽重緩急ヲ調査シ、其節減中止、繰延等ノ処分ヲ断行スベキ旨訓示ノ次第有之候処、大体左記ノ標準御承知相成度候

一、差掛道路ノ修繕改修、庁舎校舎ノ新築、改築、営繕ニ属スル事業及ビ土木其他一切補助費ノ類ハ其比較的必要ナラザルモノハ大部分前記ノ処分ヲ施サレ度

二、衛生費中殊ニ町村避病院隔離所等ノ新営改築ハ此際之ヲ指定命令セサルヲ定則トシ万々一不得已場合ト雖モ寺院又ハ民舎ヲ借入ルルコトニナシ当分右ニヨリ措置セシメラレ度

三、市町村小学校ノ経営ニ就イテ就学ノ奨励ハ固ヨリ之ヲ緩フスベカラザルニヨリ其収容スベキ校舎ノ不足ナルモノニ就イテハ文部大臣ヨリ訓示アリタル通、適当ナル寺院又ハ民屋ヲ以テ之ニ充テシメ新営改築ヲ見合セ、又此際二部教授ノ便法ヲ普及スルハ最適当ニ可有之尚町村学校組合ヲ解除シ新ニ校舎ヲ設置スルコト、学区ヲ新設若シクハ変更スルコト及中学校高等女学校ノ増設等ハ之ヲ見合ス様御処置相成度、又一般諸学校ノ設備準則所定ノモノ有之候モ不日改正ノ筈ニ有之此際ト雖モ貴官ノ見込ニヨリ臨機斟酌便宜適当ノ措置ヲトラレ度。」

明治三七年二月地方長官会議における注意事項「財政緊縮ニ関シテハ別ニ其大綱ヲ訓示シアリ、各位ハ其範囲内ニ於テ宜シク団体ノ状況ヲ斟酌シ適切ナル裁量ヲ行ハルヘシト雖モ左記ノ事項ノ如キハ経費節減ノ一端トセラレンコトヲ望ム

一、役場、学校等ニ於テ使用シ又ハ給与セル茶、筆墨ノ購入及ビ文具料ヲ全廃スルコト

一、賞与費ノ如キハ其給与ヲ見合スコト

一、町村会議員実費弁償ヲ全廃スルコト

一、学事会補助費ハ学事視察補助費、教育講習会補助費ノ如キハ当分其補助費ヲ見合スコト

一、修学旅行ノ如キハ可成其日往復シウベキ区域トシ費用ヲ節スルコト

一、警備費中緊要欠クベカラザル費途ノ外ハ（町村支弁ト協議費的支出トヲ問ハズ）全廃スルコト

一、土木補助費ノ如キハ見合スコト。」

三　地方改良運動

本章一で述べたように、町村の再構築は、明治三〇年代後半に始まる新しい統治条件の発生に応じた一連の政治体制再構築政策に連なる。この展開には二方向が認められる。第一は行政監督を通じての官僚的支配の強化、すなわち、行政機能の能率化合理化による統治権力の強化拡大である。第二は、この国家的統合を支えるものとして、住民の内面に自発的服従と協力をよび起こす物的精神的装置の設定、すなわち統治力をできるだけ住民の自発的支持に基礎づけていく方向である。国家的統合の要請にもとづき官僚的支配の強化が行われれば行われるほど、統合を永続化し矛盾なくおこなわせるため、一見逆の方向をとってこの統合を下から支える服従――協力体制が求められた。

1　行政的統合の強化――町村制改正

町村住民に対する国家の強力な統合は、時期的には日露戦時から、上級官庁による町村の監督指導の強化および町村住民に対する執行機関の強化をめざす内務大臣、府県知事、郡長等の指令、訓令となって現われた。この具体的かたちは、まず、二〇年代に確立した原型的な行政支配の確保体系の励行強制であった。郡長その他上級官庁の町村巡視による町村監督行政の強化策、行政事務処理上の規程励行、懲戒処分、監督処分の強化がその内容である。さらに明治四二年には、内務大臣の命をうけて地方事務視察を統轄する専任事務官が内務省におかれ（明治四二年五月三日勅令一二四号、内務省官制中改正）、内務省の統轄下に町村の総合的監督をおこなう体制が一層強化された。この時期においいて、二〇年代に形成された体制の励行が再び強く命ぜられたのは、国家による国民の統合強化要請が、町村行政機関をして国政遂行の要具とする必要を以前に比べて倍加させたからにほかならない（この時期には、町村役場で取扱う行政が、国家行政の重要度の高いものを中心として再構成され、その一方で自治的行政は緊縮され、量的にも天皇制の末端機構たる度合いがますます強められていた）。国家行政の事務を中心とする町村行政事務遂行に「一段の奮励」と「一層の確実敏捷」（明治三九年群馬県勢多郡長が町村長会で発した訓示）を督励する統治上の必要があったのである。したがって最も督励され、行政形態に変容がみられたのは、徴税行政であり、徴兵を中心とした軍事行政であり、また貯蓄、公債募集等の行政であった。このうち徴税行政を例にとれば、それは町村吏員による督促強化と、それを制度化する規則の制定にみられる。たとえば、国税についてみれば、手数料を含めた督促状の発布、延滞金徴収制度による強制徴収の能率化と、町村に対する徴収費用交付範囲の拡大（明治三五年、四四年の国税徴収法改正）による徴税奨励の代償措置強化である。府県税についても明治三五年、大正二年府県税徴収法改正により同様の変化がおこなわれる。また従来自由に放任されていた町村税の徴収についても積極的な徴収督促条例の設定が強制された(1)。これらはいずれも徴収方法の能率化によって町村執行機関の機能を強化し、増大した租税負担の収奪を確保するものであった。

国政遂行要具としての町村強化は、右のように個別的な行政に関する法律改正または訓令、指令等の形によってまず行われた。そしてそれが地方制度上集大成されたかたちで現われたのが、明治四四年の市制・町村制の改正であった。その主眼点の第一は、町村および町村長に対して委任された国政事務の遂行を確保するための諸規程の拡充である。まず、町村に対する委任事務について、以前はただその費用負担について部分的規定があっただけであったのを改め、「従来法令又ハ慣例ニ依リ及将来法律勅令ニ依リ町村ニ属スル事務ヲ処理ス」として、その義務と範囲を明示した。また機関委任事務についても、従来とられていた具体的列挙主義を「町村長其他町村吏員ハ法令ノ定ムル所ニ依リ国府県其他公共団体ノ事務ヲ掌ル」という包括的規定に改めて従来の制限をとり去ると同時に、委任する機関の範囲を従来の町村長のほかに町村吏員にも拡大した。さらに、町村の職務について、町村長その他の吏員がその職務を執行しない時は、郡長またはその委任をうけた官吏が代執行をしその費用は町村が負担する規定が設けられ、委任事務にも適用された。以上の規定で、委任事務遂行上の従来のいくつかの障害を除去する法規上の措置がとられ、町村長および町村役場の、国家の出先機関としての機能が確保されたのである。

第二は委任事務以外の町村行政に対する官の監督強化である。固有事務に関しても「法令ノ範囲内ニオイテ」の限界が与えられ、町村が固有の立場からおこなう公共事務についても、国家の目的にそむいて行動すべきではなく、法律命令に許された範囲で行動すべきことが明らかにされた。また、監督官庁の許可を要する町村の事件について、許可の申請趣旨に反せずと認められる範囲において、監督官庁が更正して許可を与える権限が付加された。さらに前述の郡長その他の代執行は、固有事務にも適用されたのであるから、官僚の町村自治への関与が一層強まったと見てよい。

第三が対議会関係における町村長の権限強化である。まず、町村会の召集権と開閉権はともに従来の議長から町村長へと、その所有が移行した。議決に対しても、町村長が再議に付し執行を停止しうる条件として「町村会ノ議決公益ヲ害シ又ハ町村ノ収支ニ関シ不適当」との認定を町村長が下す場合を新たに加え、町村長の裁量と関与が働く余地を大きくしたのを始め、特別の事由ある時は再議には付さずただちに府県参事会の裁決を請いうると規定した。また臨時急施を要する場合の専決権、町村会において議決すべき事件を議決しない時、または解散後改選町村会の集合するまでの代決権を新たに町村長に与えた。また、町村吏員についても町村長に任免権が与えられ（従来は町村長の推薦により町村会が選任）、町村役場の人事に対しては町村長が独占的に掌握することとなった。右のように町村内部においては、町村長に統轄される執行機関の権限が、議会より一層優越する地位を築いたのである。これは市においては一層いちじるしい。従来市の執行機関であった市参事会が副議決機関とされ、市長の独任制が確立し、市長が市を代表して執行機関を掌握することとなったからである。これらの改正に示される執行機関の権限の集中強化は、その国家出先機関化傾向と照応するものとして、町村長を通ずる官僚支配の強化を意味している。

第四が町村財政力の強化である。これは、この当時の政府が、不要公課町村への要請をますます高めた事と関連している。一方における国家財政の膨張からくる国民負担の増加現象、他方町村における財源の逼迫に反比例する、国家行政事務急増にもとづく町村財政の膨張現象が、町村基本財産増殖による解決を必要としたのである。具体的改正としては、町村基本財産規定の整備、市町村納税義務範囲の拡張と、賦課徴収規定の整備ならびに使用料、手数料および特別税に関する制裁の強化等が含まれる。この改正は、町村の財源を根本的に拡充するのではなく、そのままの形で利用形態を合理化し、さらに部落有財産の町村への統一の道を固めるものであった（以上について詳しくは藤田武夫『日本地方財政発展史』及び『自治五十年史』参照）。

地方改良運動とは、右の官僚的統治の強化拡大を摩擦なくおこなうために町村住民の「自発的」協力をくみとる運動である。それは具体的には明治四一年の桂第二次内閣の平田東助内相の手によって計画され進められた。同年発布された戊申詔書における節倹勤労、風紀改善、親睦協和の鼓吹の地方行政への適用であった(2)。そのために地方改良事業奨励費が予算に計上され、また専任の地方事務視察事務官が内務省におかれた（明治四二年五月三日勅令一二四号、内務省官制中改正）。これは「一国興衰の本源は懸つて地方の風紀および行政の良否に因るものにして、地方自治は実に一国の基礎なれば国運の発展上ますますこれが改良発達を図らざるべからず」（「地方改良の方針」一木内務次官談、明治四二年七月二六日『毎日新聞』）との判断の下に、明治末期の町村行政の中心課題とされたのであった。まず最初にこの政策実施の際の形態を政策の内から引き出し、次にその内容の特徴をおのおの指摘し、それを通じて住民の自発性のあり方とその社会的機能の意味を明らかにしよう。

2 運動の形態

地方改良運動は⑴表彰、⑵模範例の蒐集、⑶地方改良事業講習会という三つの形態で具体的にすすめられた。まず表彰について、内務大臣は明治四二(一九〇九)年五月七日内務省における地方長官の訓示で次のように一般化している。「地方自治ノ根本ヲ培養シ其ノ発達ヲ幇助スルノ途ハ一ニシテ足ラスト雖モ、自治、矯風、奨善、教化、経済ノ各方面ニオケル効績優良ナル団体及ビ個人ニ対シテ表彰ノ道ヲ設ケ之ヲ奨励スルハ亦現時ノ急務タラズンバアラズ、是レ今回政府ノ其ノ経費ヲ予算ニ計上シテ議会ノ協賛ヲ経タル所以ナリ……凡ソ表彰ノ要ハ一善ヲ挙ケテ万善ヲ奨ムルニ在ルヲ以テ最モ慎重ナラサルヘカラス、即チ表彰者ノ選択ヲ慎シミテ過チナカランコトヲ期スルト共ニ表彰ハ軽々シク之ヲ行ハス人ヲシテ常ニ之ヲ敬重セシメンコトヲ力メザルベカラズ、庶幾クハ中央地方共ニ力ヲ戮テ選択ヲ慎ミ表彰ノ効果ヲ全フセンコトヲ」(群馬県庁所蔵文書)と。すなわち地方改良運動を効果的に進めるうえにおいて表彰の実施は「現時ノ急務」と評価される。従来も町村吏員の優秀者を対象とした表彰は存在していた(3)。しかし、広く民間団体、民間人をも含めて「自治、矯風、奨善、教化、経済」と称せられる地方改良の分野の貢献者を対象として実施された点に、この時期における特殊な性格がみられる。これは地方体制の改良の担い手が単に町村行政従事者のみではなく、一般民衆および民間団体をも必要とすることを示すとともに、表彰という社会的栄誉の付与によって全国的に町村住民の間に地方改良への協力の気運を盛り上げようとしたのである。換言すれば、多様化した自治様相に照応した天皇制的栄典付与の拡大であり、その栄誉を媒介として住民の自発的協力心を吸収、普及化する手段である。実際に表彰が全国的におこなわれかつ広汎な末端指導層を含む点は次に述べる模範例蒐集の出版物の内容がこれをよく示している。

次の模範例設定に関しては、ほぼ「自治事務ノ整理、経営ノ成績顕著ナル市区町村並其吏員ノ功労最顕著ナル者、矯風、奨善、教化、殖産等ニ尽力シ地方改良ノ事業ニ関シ貢献尠カラサル団体組合並ニ其当事者ノ功労最顕著ナル者、教育家、神職、宗教家、其他篤志者等ニシテ地方改良事業ニ尽瘁シ其功労ノ最顕著ナル者」(明治四二年六月一五日内務省地甲第二一号通達、群馬県庁所蔵文書)との基準下に各府県にその蒐集上申が命ぜられ、それが取捨選択を経て編纂されて各町村に拠るべき模範として公示された。明治末期に公刊されたこの種のものは、地方資料、地方経営小鑑、時局地方経営大鑑、時局講演事業誌、地方自治経営、後援事業と慈恵施設、地方行政史料小鑑等(現在これらは『地方改良運動資料集成』全6巻、一九八六年、柏書房刊に収録されている)の多数にのぼり、かなりその普及宣伝のあとがみられる。表彰がいわば個人的な栄誉の付与という奨励手段であったのに比べて、この模範例の設定と提示は、この表彰の対象となった人物なり団体なりの具体的経営ないし運営過程、その社会的状況の社会への公開によって地方改良遂行の際の具体的な生きた指針を与え、それを育成教導しようとするものであった。「後日よりして之を見るに其事甚だ容易なりしの観なきにあらず、然れども其当初の苦心と用意とに至つては其地を異にし其時に応じて固より千差万別なりと雖も、総て幾多の困難を排して能く其事を創めざるはあらず、是の故に其事体一様なるの故を以て徒らに之を看過すること なく審かに各自の能く発奮したるの原因と其努力経営せる苦心の跡とを究むるときは、事業の大小に論なく人をして殊に趣味の深きを覚へしめん、況んや事に当りて能く取捨斟酌する所あらんか、其裨益を受くること必らずや少からざるべきを信ず」(内務省地方局編纂「地方資料」はしがき)とあるように、公示された例の取捨斟酌を通じて、各自の状況に最も即応した具体的な地方改良方針の樹立が各町村に望まれたのである。したがってその模範例[4]としては、特殊な状況下に高遠な理念に基づいてなされた事業ではなく、どの町村でも身近に実行しうる可能性をもつ日常的な事業がとりあげられ喧伝された。さらに特徴的なのは、その模範例が、一方的に政府の宣伝、育成によって作られたものではなく、農村社会に根深く生き続けている「醇風美俗」を行政的統合と結びつけた点である。たとえば、全国三大模範村の一つとして顕彰された静岡県加茂郡稲取村も、最初から政府によってモデルとして育成教化されたものではなく、町村社会に底深く根をおろし、それを構成しているいわゆる「醇風美俗」の上に自生的に発展してきた小宇宙における一つの成果にほかならなかった。[5] したがって模範例の設定とは、こうしたいわば下からの自生的な小宇宙の成果を全国的に拡大しようとした点に重要性が求められる。そして、底辺社会に根をおろしている伝統的行動様式と組織原理の再認識は、さらに発展して地方に埋没している口碑伝説、古文書等の地方行政に関係ある幾多の史蹟の発掘、蒐集と出版にもおよび、[6] 旧来の社会諸関係の積極的利用方針に貫かれる特殊性を示すのである(この詳しい考察は後述)。

次に第三の地方改良事業講習会は、明治四二年秋に第一回が開催された。[7] これは地方自治の整理ならびに経営改善を主眼とし、これに関連する産業、教育の各方面にわたる必要知識を三週間にわたって地方当局者および有志に受けさせるものであった。その際に、各地から蒐集した諸種の参考資料を陳列し、また各地の自治担当者相互の意見交換によって、自治行政担当者の知識をさらに豊富にし、地方改良への熱意を倍加させようとした。表彰、模範例の設定が、町村における自生的動きの奨励であるのに対して、この地方改良事業講習会は、上からの教化、指導で自発性を助長、育成し、さらに善導しようとしている。いわば天皇制下の地方行政遂行を、人格主体面から求める自発性培養政策であり、官僚による具体的指導の一例である。

以上述べた運動遂行形態の特徴点は次の諸点に要約される。第一に、運動の担い手が単に町村行政従事者のみでなく、一般町村住民と民間の団体を含む広汎な層になったこと、それに応じて第二に、上からの一方的な理念の浸透という形ではなく、町村の具体的な状況との結合すなわち「醇風美俗」の包摂、培養が試みられ、自生的なかたちが要求されたこと、第三に、運動の進め方が命令、監督ではなく、教化、指導という、自発性培養のかたちでおこなわれたことである。

3　運動の理念と組織方針

この運動の指導理念は、要約して一村一家観念、分度推譲、勤倹貯蓄等を基軸とした親睦協和と勤労精神の鼓吹であり、またその思想的根拠は報徳精神に求められていたといいうる。当時の内務省は「報徳内務省」の俗称があった(当時内務省市町村課長だった中川望氏談)ほど、報徳精神の信奉者によって占められており、明治三九(一九〇六)年に創設された報徳会もこの内務省関係人を発起人とし、地方行政を外から支える一種の内務省外廓団体として、報徳精神普及を目標に結成された。報徳精神とは、石田雄氏の分析に示されるように、階級対立の矛盾を家族道徳という倫理的要素をもちこむことによって緩和し隠蔽するところの階級調和理論であった(石田雄『明治政治思想史研究』一九五四年、未来社、一八〇—二〇八頁参照)。農村に限っていえば、それは地主を中心とする共同体的関係を家族関係の擬制によって温存しようとするものにほかならない。報徳会は、この報徳精神の普及のために機関誌として「斯民」、「斯民家庭」を発行し、あるいは講習会を各地に開催している。地方改良運動は、この外廓団体の支援下に報徳精神を地方行政に適用して、資本主義の発展によって崩壊への道をたどる底辺の有力者支配秩序の再構築をおこない、統合強化を求める状況下に国家への自発的協力を汲み上げるルートとしようとした運動であった。すなわち、この時期の寄生地主制の確立、地主の商業的進出にともなう活動場面の拡大は、生産活動を通ずる人格的結合基盤の喪失をもたらし、さらに地主、小作人間の階級的対立関係を成熟させる条件を作った。これは、町村制の制度的理念である有力者支配体制——有力者の権威と恩情が一つの規範として村を支配し、住民の政治的関心をその規範下に埋没させるような体制——の内部条件の変化と危機にほかならなかった。さらに資本主義発展にともなうブルジョアジー、地主の地位向上がもたらした政党政治状況の発生は「地方の政争は党派的関係より種々の弊害を醸生し地方の改良発展の上に極めて厭ふべき悪影響を惹起するもの尠からず」(前掲一木内務次官談「地方改良の方針」)といわれるように危機をさらに助成する条件となったのである。報徳精神はこの危機を弥縫するために与えられた新たな精神的支柱であった。

運動の組織方針としてはまず第一に、町村の支配者層である地主層が指導者として想定された。まず帝国主義体制への転換という国家的重大岐路を迎えて町村の経営改善の督励が国家の進運を左右するものとして強調され、そしてそこから、町村政を担当すべき有力者＝地主の責務とは、町村を「隣保団結」「国民融和」の場となし、その経営を改善することだとされる。(8)いわば、危機の強調を通じての地主に対する蹶起要請であった。当時の町村において、町村制の制度的理念である、有力者を頂点とした融和渾然の町村体制は必ずしも実現されていなかったからである。そもそも町村とは、行政的必要によって数旧町村を合併した明治二一年の町村大合併によって新しく設定されたのであり、旧町村中心の地域的団結の止揚と新町村単位の地主を中心とした有力者の統一的支配体制の結成は常に町村の第一になすべき課題として掲げられていた。しかし、絶えざる勧奨にもかかわらず、多くの行政町村は有力者の連繫とそれを基盤にした統一的支配秩序をもちえなかった。町村内には多数の閉鎖的集団を基盤にした有力者が果てしのない競合を続ける場合が多く、そこでは行政町村は強力な統合機関どころか、それら有力者支配集団の連合体の意味しか持ちえなかったのである。したがって「地方の人士其公職にあると否とを問はず互に融和渾然以て其事に当り、教化の業を利用し其の嚮ふ所を一にし」(牧野伸顕文書「地方自治の指針」)とあるように、再び行政町村内にいる多数の有力者の団結と支配への積極的協力が望まれたのであった。(9)さらに「知事や郡長はいはば渡り者である。良二千石と思へば直ちに転任、名奉行と思へば直ちに栄転、斯る人等によりて村の幸福は出来るものではない。村の自治が進むものでない。なんでも今日は国家の基礎は基礎に居るものが固めねばならず、居村の福利は村民で出来さねばならぬのである。故に村長にこまると云へば自分がやる迄のことだ。何の不思議があるものか……一村を一家と見れば村民は子や孫ぢや、慈愛の誠を致せば何の六ヶ敷きことがあらうか」(「山林王」金原明善の言明、山崎延吉『増訂農村自治の研究』一四五―一四六頁)とか「其一村をみる尚一家の如く各個の起居勤惰殆んど通ぜざるなし、躬行民を率い」(宮城県名取郡生山村村長の例、前掲「地方自治の指針」という村長の例が模範的タイプとしてとりあげられた事実が示すように、地主に対しては一家の戸主としての自負の上に権威と恩情を軸とした積極的町村政掌握が求められた。この場合、一村一家観念の導入は、家族関係の擬制、家族的心情の援用による町村内の矛盾弥縫策として、支配層への有力な武器の付与だったのである。

組織方針の第二の特徴は、町村内の教育家、宗教家等の有識者の把握と利用である。前述のように、この時期の教育の重視は、軍事体制国家の将来の担い手たる児童の訓育教育の強化の要請に裏づけられていた。しかし教化は単に学校内部にとどまらず、外延的に広く村民を対象として全村的に拡大されることが求められたのであった。(10) 教育家は宗教家とともに児童を通じて、また信仰を通じて町村民に最も身近な、影響力の強い知的指導者として町村民に日常的に訓育を付与するのに適当な知識層である。彼らによる報徳精神の普及はその点で住民教化に最も効果的であった。(11) 底辺社会の有識者、有徳者をイデオローグとして把握したのは、官僚による上からの監督という形ではなく、政府の理念と町村の具体的な社会状況との密接な結合という地方改良運動の一般的傾向を教化担当者の面で示すものであった。

第三の特徴として、部落あるいはさらに小規模の地域団体を単位にした矯風組織の建設がある。町村住民はこの組織にくみこまれ、共同体的強制下に日常的に教化をうけることが勧奨されたのであった。成功した具体例として、三大模範村の一つである静岡県稲取村入谷部落の例を述べよう。この部落には、農家共同救護社を主軸とし、母の会、処女会、耆老会、青年修身会、戸主会の組織があり、部落民はおのおのこの部落内の横の組織の中に組み込まれていた。農家共同救護社は次の三項をその主眼としている。第一項、常に親睦協和を旨とし各自財産の分内を守り善を積み業を励み共同救護して共に農家永安の法を立つる事、第二項、明治二三年一〇月三〇日の勅語を服膺し道義の実践躬行を旨とする事、第三項、報徳訓を確守し神徳皇徳祖先父母の徳に報ゆるに我徳行を以てし勤勉節倹して貯蓄を行い富強の基本を確立する事（江木翼編『自治之模範』四八―四九頁）。右のように、この組織は、封建的家族道徳、忠君愛国思想、勤倹貯蓄、分度推譲、親睦協和等をその指導精神として掲げ、そのもとに戸主会、母の会、処女会、耆老会、青年会をそれぞれ機能させたのである。これらの会は、単に部落民の年代、性別による横の組織ではなく、階層支配、長老支配の原理がその主軸となっていた。たとえば耆老会は、共同救護社、青年修身会、母の会、処女会の指導監督を任務としており、また母の会、処女会の構成は、会長は校長、保護員は部落内の徳望高い老人、顧問員には部落内の名望家、幹事として徳望高い老婦が就任し、会員の取締りをおこなっていた。この長老尊重、名望家尊重原理によって構成されていたこれらの組織は、地主支配の貫徹する現存秩序擁護のために、教化と部落組織の強制によって個人の自我の発達と権利意識の発現を圧殺しようとするものにほかならない。「一部落一戸同様の良習慣」（同書一五九頁）といわれたように多くの社会的矛盾が戸主、親、長老の扮装下に権威と恩情の色彩をまとって陰蔽され、部落民はそれに従順に服従して日常生活を送る社会が理想とされたのであった。この稲取村入谷部落の組織は明治二六年に作られたものであったが、地方改良が問題となったこの時期に大きく取りあげられて模範村として喧伝されたところに、この時期における「近代的」町村制理念と、共同体的醇風美俗との結合が明瞭にみられる。

これらの勧奨によって、この時期には多くの町村に戸主会、青年会、処女会、婦人会等、矯風組織が作られた。(12) そして、その主たる機能は、いずれも伝統的秩序の擁護であり、国家への自発的服従と協力であった。

運動のリーダーとして地主層をあて、イデオローグとして教育家、宗教家を想定した地方改良運動は、さらに全住民を組織的に動員するために部落を基盤とした地域組織を作り、部落の有力者を中心とした部落的強制を運動の進展に利用したのである。末端指導者としての部落の有力者＝中農の広汎な動員により、運動はさらに現実的な形をとってすすめられたのである。このように、非政治的町村体制建設という町村制施行以来の命題は、地主制の変容と政治状況の変化という社会的状況の変化に即応して、自治の担い手および村落体制の機能に組織的イデオロギー的補塡をおこないつつ、町村体制強化の目標を貫徹していくのである。最後にこの運動のめざす政治的機能の具体例として選挙問題に簡単にふれよう。それは非政治的町村体制のもつ政治的機能を明らかに示している。すなわち「村民協同ノ風ハ延イテ公共ノ選挙ニ於テ之ヲ視ル、衆議院議員ノ選挙ヨリ郡会議員ノ選挙ニ至ルマデ、全村民予メ合同協議シテ唯一ノ良候補者ヲ択ビ之ニ投票スルヲ約ス」(江木翼編『自治之模範』四九三頁、千葉県山武郡源村の例)がその模範的タイプとされていた。この場合、政争の抛棄は、町村の支配的秩序への全面的服従を意味する。政党とは本来自由な勧誘を基礎として、その能動的関与者に政治的目標達成によって観念的または物質的チャンスを与えることを目的とする(マックス・ウェーバー、浜島朗訳『権力と支配』)ものであり、積極的自己主張に裏付けられている。有力者の権威と恩情の秩序の中に政治的関心を埋没させ、有力者の選択基準が貫徹した決定事項を村の総意とするこの理念は、有力者による自己主張の独占である。政党政治状況の発生を既成事実としてうけ入れねばならなかった政府は、底辺への政争の導入を、有力者段階で阻止し、町村規模で存在する有力者支配集団を政党の基礎単位としようとしたのである。政党政治の条件が高まれば高まるほど逆に町村の非政治的団結が強調されるという内在的関係が顕在化し、行政村規模における有力者支配集団が特に要請されるゆえんがここにある。「融和渾然」の町村とは、有力者＝地主の意思がすべてを決定する支配体制に他ならない。

4　運動と行政との結合

町村を国政遂行上の要具として強化するために上級官庁による官僚的統治の強化とその末端たる町村役場の強化政策がおこなわれたことは前にふれたが、地方改良運動のこの要請への直結を明らかに示すのがこの時期の広汎な行政補助組織の形成である。これは、各行政機能に沿ってそれぞれの行政遂行を容易にするために、町村住民の「自発的」協力を汲みとる組織である。地方行政方針に含まれる、統合の強化と自発性による基礎づけの二面性の結合が、この具体的行政面で明らかとされる。この主要な組織の特徴を、徴税、徴兵、貯蓄という三行政を例にあげて示そう。

(1)　徴税——徴税に関しては「近時督促条例を設定励行し努めて滞納の弊を矯正せんことを期するもの漸く多きに至れり、然れども平時適当なる方法の下に納税の準備をなさしめ以て納期に至り滞納なきの途を講ずるは法律の力を以て之が強制をなすに比し寧ろ実効の著しきものあるを覚ゆ」(前掲「地方自治の指針」)といわれるように、国家的強制力による保障以上に「実効」あるものとして民間の滞納矯正手段は評価されていた。この時期の住民負担の急増が、その徴収保障手段として徴税機能を補塡する民間の組織の結成を要請したのである。いま、模範例からみられる遂行のあり方を例示すれば次のようになる。

納税組合　1例、群馬県勢多郡南橘村納税組合規約(明治四二年八月一日より施行、群馬県庁所蔵文書)。五人組を一単位とし組合長が令書の通達、税金の徴収、納付をおこなう。延滞者には組合長が再三督促しまた区長がこれを召喚し説諭する。なお未納の場合は役場へ申告し、これによる滞納処分者は組合および区の体面を汚したものとして区内の協議に付し村八分とする。悔悛の情顕著な者は制裁解除。2例、千葉県山武郡源村(江木翼編『自治之模範』四〇三—四〇四頁)、福島県西白河郡白坂村(内務省地方局「地方資料」一五四頁)、および前掲芳賀村嶺部落。一〇戸ないし二〇戸に納税世話役をおき、各納税者は指定期日前に世話役に送金する。区長は納税世話役を補助して滞納者のないよう注意を加える。

納税貯金　各自の納税負担額に従い日掛けの方法で貯金をするもの。すなわち一定の戸数に集金預り世話人を設置し毎戸順番に毎日集金し納税に備える(静岡県加茂郡稲取村、前掲『自治之模範』三三三頁。福島県耶麻郡喜多方町、内務省地方局『地方経営小鑑』一八六頁。静岡県志田郡藤枝町、同書二三二頁。福岡県久留米市、同書一一頁)。

部落への団体責任の賦課　1例、静岡県田方郡土肥村(前掲『地方経営小鑑』一〇三頁)。納期一日前に法螺貝を吹き部落内に税金の持参を促し、持参しない者があるときは部落民の解散を許さざる習慣。2例、東京府西多摩郡戸倉村

（同書二九九頁）。納税期日五日前に各部落に納税報知旗を掲げさせ、納税完納に至らざれば撤退せざることとし、部落民の名誉心に訴える。

これらはいずれも形こそ違え、部落およびそれよりも小単位の五人組、一五人組の共同体的規制を行政の浸透に利用する組織の形成であり、町村執行機関による滞納督促強化を補うものとして、共同体的規制によって強制される「自発性」を利用しようとしたのである。権力遂行の強化は、住民自身のもつ非権力的な社会的連帯感、日常的相互強制等、残存する旧いイデオロギーと組織に依存することなしには行いえなかった。すでに明らかとされているように、徳川封建社会から明治近代国家への移行は、原理上徴税戸籍事務の遂行形態を村落単位の連帯責任による賦課徴収から個人単位のそれへと変化させ、当初はその方式による実行が求められた。だが広く維新における近代的原理の実現、移行が多くの条件付きのものであったように、住民の責任の喚起を結実させる手段として共同体的秩序強制が有効なものとして取り上げられ、したがって純粋な個人責任の原理の実現はますます遠のいたのである。換言すれば、それは最も近代的（帝国主義段階）目的を実現するために底辺における伝統的組織と機能への依存がおこなわれたのであった。

(2)　徴兵——兵役に対する自発的協力培養のために、明治二〇年代の末から、対外危機感の喧伝、忠君愛国イデオロギーの注入、愛国者に対する社会的栄誉の付与（遺族に対する神杯贈与、靖国神社への合祀、出征軍人遺家族の模範者の表彰）等が政府によっておこなわれた。それと同時に町村に対しても兵役服務を促す組織の形成が勧奨された。それは一つには在郷軍人会であり、一つには軍人遺家族保護団体である。

在郷軍人会　在郷軍人会については、例えば明治二四年六月群馬県内訓一二号によって「予備後備ノ軍人ヲ誘導シテ一ノ団体ヲ組織セシメ時ニ武事ヲ相講シ常ニ勇気ヲ共ニ励ミ以テ後輩子弟ヲ誘掖シテ忠君愛国ノ志操ヲ発揚セシムル」（群馬県庁所蔵文書）ために奨武会設置が勧奨されている事例が示すように、二〇年代においても端緒的にその結成が見られたが、全国的規模で組織が普及するのは三〇年代後半である。[13] それは、単に量的相違のみではなく、質的にも相違がある。たとえば、明治二四年六月の群馬県奨武会設立趣旨は、運動会、射的会、臨時召集演習の施行、新兵入営除隊の際の送迎、軍隊行軍演習の際の諸用のとりはからいなどを内容とするところの、肉体的鍛錬を中心としたきわめて実用的性格をもっている。[14] これに対し三〇年代の後半に結成された群馬県勢多郡芳賀村軍友会は、勅諭の聖旨の奉戴遵守、郷党の誘導、尚武の気象の振起、補充兵の教導、軍事教育の発展への尽力、兵役応召者の入営の奨励等、軍隊を国民生活の中に導入して親しませ、兵役忌避の風潮を根絶させるとともに、在郷軍人を地方改良事業における担い手たらしめる意図をも示している。[15] 要するに在郷軍人会は、絶えず組織的に訓練をうけて待機姿勢にある軍隊の予備軍であるとともに、軍隊的規律を社会生活内に拡大することによって、社会生活自体を軍隊的規律で律していく挺子となることが求められたのであった。そこから国家的要請を推進していく中核自衛隊的機能が生れ、その組織の日常的機能が地方改良の一端を担うものとなり得たのである。こうした各市町村の気運を背景としてさらに総合的組織を形成するものこそ、明治四三年政府によってとられた全国組織たる帝国在郷軍人会の設立であり、軍隊と国民との結合の強化、兵役忌避風潮の排除が統一的方針のもとにさらに全国的に拡大されていったのである。

軍人遺家族保護団体　在郷軍人会がいわば軍隊的組織拡大の積極面であるとすれば、これはそれを消極面から支えている。すなわち、「国費救助ニハ制限アリ、固ヨリ十分ノ救助ヲ為ス能ハサルヲ以テ個人又ハ私団体ノ救助ヲ要スルハ云フ迄モナシ」(明治三七年九月、吉原内務省地方局長、群馬県へ来県の際の談話要領、群馬県庁所蔵文書)と言われるように本来国費による社会政策的機能であるべき軍人家族救助は、その多くをこの民間団体に委ねられたのである。軍人遺家族保護団体とは、住民の相互扶助を強制する目的で作られたものであり、軍事体制実現がもたらす必然的な犠牲を住民相互の同情心によって支えるものである。この一斑を千葉県山武郡源村の保護方法で例示してみよう。現役在営および召集中の家族の疾病災害の救済、現役兵、召集者の死亡および負傷の際の祭祀料または手当の施給、会員による現役在営者の村税戸数割負担、入営者、除隊者の送迎等が定められ、保護会の費用は会員（全村民）が一年金一〇銭以上を義捐する会費および村の補助によって賄われていたのである（江木翼編『自治之模範』四八三―四八四頁）。

このような内容を持つ軍人保護団体の結成は、入隊戦病死という兵役負担にまつわる不安への経済的援助付与によって、兵役忌避傾向を排除するとともに、さらに積極的には兵役を一つの社会的名誉として意識せしむることをも目的とした。その際に入隊者の家族の負担軽減分を税金的な性格のものとして全村民に強制しなければ財政的に成立たない以上、負担を強制と感じさせない「一村一家」忠君愛国の教化が必要とされたのである。また同時に、この種の犠牲救済は最も同情をひきやすい人間的協力の性格をもつものである以上、比較的矛盾なしに協力体制を作り得たのである。

(3)　貯蓄――勤倹貯蓄の奨励はこの時期に特徴的な現象である[16]。まず、この時期の勤倹貯蓄政策の要因について述べると、第一に、戦時および戦後の財政拡張、財政投資の必要性の増加にともなう、政府による民間資金吸い上げの要請がある。第二に、さらにこの時期に特徴的な現象として地方改良事業への資金供給がある[17]。「共同貯蓄の方法により市町村の基本財産又は其他の団体の基金を寄附せるの事例尠からず、是れ貯蓄者が最も有益に貯金を利用したるものにして、公益の進捗上洵に一個の美風に属するを以て益々之が奨励に努めらるべし」（群馬県貯金奨励心得）といわれるように、貯蓄金を貯蓄者個人の消費に充てるのではなく、あるいは町村基本財産の造成に、あるいは学校基本財産の造成に、あるいは軍資金の献納等の用途に宛てることが極力勧奨されている。本来個人的な性格のものであるべき貯蓄は、明らかに国家的目的に従属する税金的性格にすりかえられていた。また第三は確立した地主制の側からの要請に応ずる点である。一般的に消費の抑制が地主にとって小作料収取の確保を保障する要素であることを考えるなら、勤倹貯蓄の奨励は消費の抑制分を有効に確保するという地主の側の要求を代弁するものであった。

勤倹貯蓄の要請が国民の負担の急激な増加という状況下に、このように住民の内部的欲求とは無縁のものとしておこなわれたという事実は、この時期の貯蓄行政の遂行形態に次のような特徴を与える。すなわち共同貯蓄組織の結成である。単に住民の自発性にまつ貯蓄ではなく組織による強制の貯蓄である。その特徴を、明治四二年群馬県勤倹貯蓄組合規約準則でみれば次のとおりである。

町村を一つの組織体とし、具体的な執行区域としては各部落に貯蓄区を置き、世話掛、監査掛をおく。貯蓄は定期貯蓄および臨時貯蓄に分れる。定期貯蓄は毎月一度戸数割の等級に応じて毎戸一〇銭以上を提出するもの、生産物の収穫売却をなしたる時一定の割合に応じて出金するものの二種より成る。臨時貯蓄は婚姻、縁組、出産、分家、家督相続、家屋新改築、倉庫新改築、弔祭等の行事後二〇日以内に戸数割等級により定められた額を戸主より出金するものである。世話掛は期日までに出金が行われないときはこの督促をする。各自の貯蓄額は製表されて各組合員に回覧される。貯蓄金は不時の災害の罹災、他組合への転出、組長、世話掛、監査掛にてやむを得ざる事情ありと認可せる場合のほかは引き出しを禁ずる。勤勉節約をもって貯蓄をなすを目的とし業務への精励、副業への従事、生活の質素を確守する。これによれば、共同組合貯金とは第一に各個人の自発的意思に基づく自由な性格のものではなく、一定の規範下に強制されその使用も一定の制限下におかれるという強制的な性格をもつ。第二にその強制は部落が一つの貯蓄団体たることで明らかなように共同体的規制によって支えられている。これは共同貯蓄組合結成にあたって村内有力者の協力が最も必要とされたという事実が明らかに示している。「郡市町村長たるものは其の部内の郵便局長、学校職員、神職、僧侶、有力者達か克く誠意を以て貯蓄奨励の事に協力する様懇願し、予め意見を統一して其の言ふ所の区々に亘らさる様意を注ぎ当局識者提携協力斉一の歩調を持して徐ろに且力強く進行を続くるを肝要なり、郡市長及町村長は克く真志の存する所を暁解し、部内重立者に対して十二分に趣旨の貫徹を計り協力一致勤倹貯蓄の実績を挙ぐるに努めざるべからず」(前掲群馬県貯蓄奨励心得)とあるように、共同体の規範の掌握者たる有力者の意思の糾合は全村内の貯蓄体制建設の際にも底辺と頂点とを連絡する重要な弁であった。第三に個人の消費生活の極度の切りつめと労働の強化、すなわち勤倹が貯蓄のために勧奨されたが、これは住民の生活の従来の水準以下への強制的押し下げによって生じた余剰の貯蓄金への汲みとりである。そしてその際各人の生活の「分」の強調が特徴的である。[18] この分度思想の農村への浸透は、新しく成立した地主制に基づく村内の家格形成に大きな影響を与え、ひいては地主制を中心とした農村体制を再構成せしめる力となったと思われる。

この当時の貯蓄奨励政策は、町村住民の生活を従来の水準以下に強制的に押し下げ、その余剰を政府の事業資金および地方団体の経済的基盤の確立資金に汲みとらんとしたものであり、過重な税負担をさらに強化するものにほかならなかった。そしてこの負担の強化を摩擦なく受容せしめるために共同体の有力者を組織内に吸収し彼らの権威を利用する体制を作ったのである。

町村におけるこれらの行政補助機関の成立は、農政における農会、産業組合組織の結成とともに部落の有力者層の行政の要への定着によって彼らを政府の側へ結集させ、国家の支配の基礎をより確実にしようとするものであった。明治二一年公布の町村制に現われたところの重要な弁としての政治的中間層の設定は、さらに広汎な末端指導層を得てその場を広げ、その機能もさらに強固なものになっていったのである。この政治的中間層の範囲と機能の拡大に応じて、彼らの支配する共同体＝部落が行政上重視されるようになったことに注目しなければならない。前述の行政補助機関も、部落を基盤として成立し部落の機能を効果的に利用した組織であった。

これと関連してこの時期から五人組も次第に復活させられて来た。町村制施行期においては部落的結合を再生産し行政村の統一的秩序形成を妨げるものとして公認されなかった五人組もこの時期において再び行政上公認されることとなった。[19] たとえば明治四二年四月一七日群馬県勢多郡長より町村長への訓示に「此際伍組ノ制ヲ復興シ隣保協和ノ美風、人生共存ノ道義ヲ振作スルハ自治民政上最急務ナリト思惟ス、就テハ各位ハ旧伍組ノ遺法ニ則リ部内一般ニ組合ノ制ヲ施行スルニ努メラレンコトヲ望ム」(群馬県庁所蔵文書)とある。このような部落の機能の再認識もあくまでも国家行政、町村行政の効果的な浸透を目的とするものであり、したがって行政村の機能をより円滑化させるものにほかならなかった。これらの補助機関の機能が部落的規模で終結せず、行政村の一部門としての役割を果すものであり、行政村的規模での有力者の結合の企図がこれを示している。行政村の機能を阻害する部落結合ではなく、それを効果的に働かせるための、行政村による部落の統合であった。その点で、決して町村制の理念の否定ではなく発展である。

地方改良運動とは、帝国主義段階における国内体制再構築の、町村段階における展開形態であり、強力な政治指導への要請にもとづいて、町村住民のエネルギーを全面的に汲みとり利用する体制を町村に作り出そうとするものであった。財政的にいえば、住民から多くを汲い取り、しかも主として帝国主義国家体制を建設し発展させるためにのみ役立てようという体制である。この運動の中心は、見返りのない収奪強化を特徴とするこの行財政構造の運営発展をいかに住民自身の自発性によって支えていくかの問題である。その組織方向としては、現存の伝統的組織と住民の行動原理をくまなく包摂し利用するという形がとられ、担い手としては、地主をリーダーとし、僧侶、神職、校長等町村内の知的指導者として教化の任を担い得る人々をイデオローグとし、さらに末端組織者として部落の有力者の吸収がおこなわれたのである。彼らは、その属する小宇宙においては一個の支配者、抑圧者であり、その配下が政治的に発言権をもち、既存の支配とは別の組織を作ることには感情的に反発する要素をもつ。したがって本来的には被抑圧者でありながら、感情的には権力とか支配に共感を抱く基盤を持っている、こういう層を、行政を補助する組織の長としてすえ、体制の側の機関として吸収したのがこの組織方針の中心的要素である。町村制施行当時には、役場―区と町村会というかたちでしか存在しなかった行政系列のほかに、納税組合、在郷軍人会、共同貯蓄組織、農会、産業組合等をたくさん作り出し、本来被支配層であり、権力に敵対的であるはずの層を体制の側の基盤として巧みに組織化し、彼らを通じて民衆を把握したのである。これは、反体制側に対する、体制側の政治指導の著しい優越性を示し、日本の支配体制の強固さを示す面である。そこには、伝統的な歴史をもって存在する農村内の支配原理――階層的、長老的、保守的、家格的——がすべて内包され官僚的統治と結合した。有力者支配の理念は、町村制によって統治原理としての確立を示したが、それが現実のものとなったのはこの時点であると言えよう。しかし、翻ってこの支配体制の強さが本質的な強さであったかといえばそうではない。真の意味の個人の自発性と合意にもとづいているのではなく、政治的中間層を媒介とした似而非合意である以上、個人的な自覚がそれぞれの小宇宙をこわして発展してくれば、国家—中間層—住民という点線の支配は危機に瀕する。中間層自体もまたその存在形態を転換させていかざるをえない。小作争議の発生が危機を生み出す理由はそこにあり、またそれは現在の組織論の課題ともつながるわけである。

(1)　たとえば明治三六年二月一〇日町村長会における群馬県勢多郡長訓示(同郡下芳賀村役場所蔵文書)。その具体的現われとして明治三六年の群馬県で制定された町村条例八七のうち徴収督促条例の新設改正等に関するものは四〇にも及んでいる(群馬県庁所蔵文書)。

(2)　たとえば「七日の地方官会議における内務大臣の訓示演説は戊申詔書の御趣旨を根底とし百般の内務行政は戊申詔書を大本としたるが如き観」(明治四二年五月九日『毎日新聞』)といわれている。

(3)　町村吏員に対する褒賞制度は明治二四年二月一八日内務大臣訓一一六号によって実施された。その趣旨は次のようである。「抑地方制度実施以来市町村ノ状況ヲ察スルニ其制度ノ趣旨ヲ貫徹シ其事務ヲ整理スルモノハ主トシテ市町村長、助役等、市町村ノ重職ニ在ル者、其人ヲ得ルト否トニ関スル事少カラス、若シ其人ヲ得サルニ至テハ往々意外ノ弊風ヲ醸生シ就中新制度ノ旨趣ヲ誤ルトキハ永ク不良ノ習慣ヲ遺サントスルモノ其懸念不少……今ノ時ニ於テ市町村吏員等ノ其人ヲ得整理ノ宜ヲ得タル者ニハ其労効ヲ表彰スルコト肝要ノ処置ニ有之……旧来地方ニ徳望高ク公同事務ニ従事シテ多年倦怠ナキ者、公平清廉ニシテ村民ノ折合ヲ得、誠実勤勉ニシテ党派ノ関係ニ偏セズ事蹟顕著ナル者ノ如キ貴官ニ於テ厚ク御注意相成夫々申立相成可然」(同年同月同日、秘甲第三号、内務総務局長白根専一より各府県知事宛、前掲一一六号に関する心得)。すなわち、政府に対し政治的忠誠と、行政的有能性をもち、かつ町村に対し政治的統合力をもつ町村吏員を模範人格として設定し、町村制施行の有効なルートとしようとしたのである。

(4)　たとえば「吏員の用意頗る周到にして能く公費滞納の宿弊を絶てるあり、婦女の勤労に促がされて地方産業の振興を来たせるあり、僧侶の創意に基きて新に補習学校の設立せられ農業組合の組織も亦其成を告げたるあり、其他出征の兵士に励まされて一郷の人為めに教育の重んずべきを悟りしあり、遠洋漁業に率先せる老夫若くは矯風会の必要を唱へし盲人等の熱心に服して一郷其旧風を一新したるあり、地主の篤志に感じて幾多の小作人が旧に倍して力を其産米の改良に致せるあり、更に村民の相競ふて吏員と協力して能く繁劇なる事務を済せしめて其労を厭はざるあり」(内務省地方局「地方資料」はしがき)とある。

(5)　稲取村の称揚された組織たる、母の会、処女会、耆老会、青年修身会等は、明治二六年に部落を基盤として作られた組織である(江木翼編『自治之模範』参照)。

(6)　明治四二年三月一六日群馬県内務部長より郡市長宛「民政史編纂材料ニ関スル照会」「貴部内ニ於テ古来著名ナル頌徳碑、若ハ之ニ類似ノ碑石等ニ彫記シタル碑文等ニシテ民政上趣味ニ富メルモノ有之候ハバ民政史編纂材料トシテ内務省地方局ヨリ申越候条……追テ民政史ハ主トシテ古代ヨリ徳川時代ニ至ル事蹟(例セバ賢主、良吏、名僧、名儒、義民、孝子、節婦、義僕、忠婢及ビ篤行家等ニ関シテ古来信憑スベキ記録、施設、若ハ口碑伝説等)ヲ蒐集編纂スルモノノ由」(群馬県庁所蔵文書)。なおこれは、明治四四年に『地方行政史料小鑑』として出版されている。

(7)　「又地方の属官、郡吏等を召集して地方改良に関する講習会を開き町村監督上の知識を与へ、今秋は更に又各地方の町村長及び町村の有志を召集して同種の講習会を開始し彼等の自治精神の啓発を促すと同時に彼等の経験談を聴取し彼此の意見をも交換して当局の意のあるところを知らしめ、かくて自治の精神を各地方に普及」(「地方改良の方針」一木内務次官談、明治四二年七月二六日『毎日新聞』)するのが地方改良事業講習会の目標であった。

(8)　「地方公共の経営を全ふし、民力の振興を促すは依て以て国家の進運に翼賛せしむる所以、隣保の団結を図り、共同の福祉を挙くるは依て以て国民融和の美風を永遠に保持する所以、即ち地方自治の業や啻に団体自営のためにするのみに止まらず亦実に国家に対する責務の鴻大なるものあるを忘るべからず……地方団体が其国家に対する責務は之を我国の現勢にみてその振励を要するもの亦実に今日の如く急なるものなし」(国会図書館憲政資料室所蔵、牧野伸顕文書「地方自治の指針」)「市町村自治ノ発展ハ主トシテ之ヲ団体当局者ノ努力ニ待タザルベカラズ、今ヤ戦後ニ際シ地方団体ノ発展急ヲ要スルニ当リ当局者其人ヲ得ルコト益切要ナルヲ覚ユ、依テ将来一層自治公職ノ最重ンズベキヲ知ラシメ競フテ有力適器ノ人物ヲ挙ゲ永ク其職ニ膺ラシムルノ風ヲ馴致シ以テ自治ノ振興ヲ期セザルベカラズ」(明治三九年四月地方官会議における内務大臣訓示「地方団体の監督指導に関する件」群馬県庁所蔵文書)

(9)　たとえばこの点に関して模範として挙げられた町村には次の例がある。

(1)　「新潟県ノ濁川村ニハ一致会ト云フ会ガアリマス、同村ニハ五戸ノ名望家ガアリマシテ此五戸相一致シテ一手会ト云フヲ作リ、五指ヲ以テ代ル代ル打タンヨリハ一拳ヲ以テ打ツニ若カストノ意味ヲ現ハシテオリマス」(福島県郡市長会議における井上内務書記官講話、時局と地方経営、群馬県庁所蔵文書)。

(2)　新潟県岩船郡岩船町の「郷党の有力なる人々が、神社を中心として民心の協同団結に勉め、鋭意して相互の幸福を増進せんと図ること此の如きを以てす」(『地方経営小鑑』一三頁)。地方行政におけるこれらの対地主政策を支えるものとして、当時の農政の基調も忘れてはならない。産業組合法、農会法、生産米検査制度の実施、さらに河川法、森林法、砂防法等の成立は、地主を中心とする農村のヒエラルヒーを農政の、あるいは土木行政の外廓機関にあみこみ、それを行政ルートとするものであった。これは、寄生地主を始め中小の在村地主と官僚機構および地方行政との接触を密にさせ、ひいては地方行政担当の熱意を喚起する起因となったと思われる。と同時に、地主に共通の階級的連帯感が育くまれ、内紛を止揚して一体化を導く契機となったことも推察される。明治末期頃から結成され始める地主会はその動向を物語っている(『日本農業発達史』三、四巻、古島敏雄、守田志郎『日本地主制史論』一九五六年、東京大学出版会、参照)。

(10)　たとえば「農村自治は実に公家庭の主婦たる教育家の手腕にまつことが多いのである。これ模範村の多くにおいて必ず教育家の名ある所以を思えば、左もなければならぬわけである。されば教育家別けて学校長はただ子弟の訓育を以て満足してはならぬので、是非とも町村を見て之を教育する覚悟がなければならぬ、換言すれば教育を校門内に閉塞せずして門外に出し、一般村民にも教育の恩沢を蒙らさなくてはならぬ、即ち小学校の先生たらずして町村の先生となり、児童の師たらずして一般村民の師とならねばならぬのである」(山崎延吉『増訂農村自治の研究』一五三―四頁)とあるのはその意図を明らかに示している。

(11)　次の模範例はその成功した事例の二、三である。岡山県上房郡中津井村の僧侶竹中大多の軍人救護、貯金勧奨、滞納矯正、風紀の改良等に関する貢献(『地方経営小鑑』八六頁)、山口県都濃郡久米村明教寺住職河野諦円の教化治産への貢献(同書二一八頁)、宮崎県西諸県郡野尻村小学校長南崎兼右衛門の学校教育の振興、風紀の改良、勤労意欲の鼓吹への貢献(同書三〇八頁)。

(12) 前掲芳賀村においても、この頃に小神明部落(明治一八年創立、四一年に再組織)、勝沢部落(四四年創立)、端気部落(四四年創立)、鳥取部落(四四年創立)、嶺部落(四四年創立)におのおの青年会が作られ、四五年にはこれを統一して芳賀村青年会が作られた。さらに小神明では明治四四年に小神明報徳社が作られている。その運動方針としては「教育勅語並に戊申詔書の御趣旨に基き風紀の振粛、知徳の修養、体育を奨励し其他種々なる公共事業農作物多収得るため総て改良等をなし農産物立毛品評会を開催して村内発展を計る」(芳賀村役場所蔵文書「社会教育青年団体等の状況」)ことが定められている。その他、二、三の例を付記する。福井県坂井郡青年矯風会準則「一条、本会ハ本町村内ニ現住スル年齢一五歳以上ノ青年男子ヲ以テ組織ス、二条、本会ハ教育勅語ノ御趣旨ヲ奉戴シテ風紀ヲ矯正シ学業ヲ修メ生活ニ必須ナル知識技能ヲ講究スルヲ以テ目的トス、三条、会員ハ常ニ左ノ事項ヲ厳守シ尚矯風上特ニ会長ヨリ指示スル事項ハ必ズ遵守スベキモノトス、一、長上ヲ敬シ等輩ニ信義ヲ致シ、集会其他各種会合ノ場合ハ時間ヲ励行スル事、二、誠心ヲ基トシ忠節ヲ尽シ苟モ不信不義ノ所為アルベカラザルハ勿論特ニ納税義務実業道徳ヲ重ンズベキ事」(福井県坂井郡治概表)。また宮城県名取郡生出村の明治三三年に設置された風俗矯正規程は、冠婚葬祭の際の待遇費、婚資等を細かく規程した節倹規定であり、戸数割の等級を基準とした各自の分度の規制によって、現存の経済的地位に基づく家の地位を社会的に家格として格づけるのに大きな役割を担ったと思われる。

(13) たとえば群馬県新田郡下二一カ町村のうち在郷軍人会的団体の結成年は、二五年―一、二七年―四、二八年―一、三六年・三七年―一三で三〇年代に結成されたものが多い(群馬県庁所蔵文書)。

(14) 群馬県何々郡奨武会趣旨(一部引用、群馬県庁所蔵文書)。
一、春秋二季技芸復習ノタメ運動会及ビ射的会ヲナス事。
一、時トシテ運動会ニ換ユルニ臨時召集ノ演習ヲ行フ事、但可成大隊区徴兵署開設中ニ施行ノ事。
一、軍隊行軍演習等其地方ニアルトキハ軍隊ノ需ニ応ジ応分ノ諸用ヲ弁ズル事。
一、新兵入営及ビ除隊帰郷ノ節ハ便宜総代ヲ撰定シ送迎スル事。
一、徴兵現役中其家族不慮ノ災ニ罹リタルトキハ便宜ノ方法ヲ以テ救護スル事。

(15) 芳賀軍友会々則(一部引用、芳賀村役場所蔵文書)。第二条、本会ハ在郷軍人ノ品位ヲ保チ相互ニ友情ヲ温メ協同一致軍事思想ノ発達ヲ図ルヲ以テ目的トス。第三条、本会ノ目的ヲ達スルタメ左ノ事項ヲ堅ク躬行スベシ。一、勅諭ノ聖旨ヲ奉戴シ読法ノ主旨ヲ遵守スベシ。二、現役中教育セラレタル軍事志操ヲ保持シ特ニ軍人精神ノ発達ヲ図ルコト。三、一般法律ハ勿論陸軍ノ法律ヲ厳守スルコト。四、郷党ヲ誘導シ尚武ノ気象ヲ養成振起スルコト。五、補充兵ノ教導トナリ一般壮丁子弟ノ儀表トナルコト。六、厳ニ品行ヲ修メ家業ニ精励シ衆人ノ愛敬ヲ得ント心掛クルコト。七、業務ノ余暇ヲ以テ互ニ軍事上新知識ノ研究ト簡単ナル教科ノ復習ヲナシ同心一致他日ノ報効ヲ期スコト。八、戦時若クハ事変ノ際ハ勿論勤務演習簡閲点呼等ノ命アルトキハ速カニ召集ニ応スル準備ヲ常ニ整ヘ置クコト。九、地方軍事教育ノ発達ヲ図リ且兵役応召者ノ入営ヲ奨励スルコト。十、新ニ入営スルモノノ普通学ヲ温習セシムルコト。

なおその運動状況は「相互ニ軍事的及ビ社会的必要ナル事項ニ付研究シ且ツ又毎年二、三回宛会員総会ヲ開キ時々陸軍将校ヲ招聘シ軍事的有益ナル講話ヲ請ヒ以テ本村小学校生徒及ビ青年父兄等ヲシテ軍事的思想ヲ惹起セシムルノ方法ヲ講ジ以テ青年子弟ニ対シ徴兵ヲ忌避スルガ如キ念慮ヲ去ラシメ、一面国体ニ於テハ青年及ビ子弟ノ師表トモ成ルベキ事ニ共同一致ノ活動ニ付考究セラレツツアリ、且ツ本村軍友会ニ於テハ時恰モ芳賀尋常高等小学校及ビ嶺尋常小学校ノ両校ノ増築工事ニ際会シタルヲ以テ、会員一同ハ団体ヲ以テ両校ノ敷地、土取リ、地均シ等非常ナル労働ヲ以テ其ノ労役ヲ本村ニ寄附シタリ、以テ本村人民ハ其ノ活動ヲ賞讃スルト共ニ将来団体ニ対シ指導誘掖ノ任ヲ尽サンコトヲ嘱望スルニ至レリ」と伝えられている。

(16)　たとえば多数の貯蓄奨励の訓示の一つをあげると「念フニ民業ノ発達最急ヲ告クルノ時ニ際シ其余力ヲ蘊蓄シ進テ積極ノ経営ニ資スルハ世運ノ進捗ニ応スル必要ノ方途タリ」(明治三六年一二月五日通達五六八一号、大蔵大臣、逓信大臣より地方長官宛、群馬県庁所蔵文書)と勤倹貯蓄の気風振興を望んでいる。

(17)　「中央政府の方針は貯金を奨励して一面勤倹の美風を養ひ一郷一家の緩急に備へ、一面其の集まれる資金の幾分を割きて地方改良事業の資に供給し、以て地方の経済的道義的発達を図らんとするにあり」(明治四一年群馬県貯金奨励心得、群馬県庁所蔵文書)。

(18)　群馬県勤倹貯蓄組合規約準則四条一項「前項ニ掲ゲザルモノト雖トモ一家ノ生計ニハ各分ヲ守リ節制以テ組合ノ趣意ニ背カザル様心掛クベキ事」。貯蓄の基準にも戸数割の等級に応じた各家の分が示されている。

(19)　群馬県南勢多郡荒砥村の伍組条例に関して明治二三年二月一〇日内務大臣より「協議ヲ以テ之ヲ置クハ格別、村条例ニ於テ之ヲ設クルハ町村制ノ精神ニ適応セザル」として不許可の通達を下している(群馬県庁所蔵文書)。

あとがき

拙著が成るにあたっては、長い研究生活の中で受けた多くのかたがたのご指導や学恩がある。地方制度史研究を始める出発となったのは、一九五五年に東大東洋文化研究所の助手に採用され、福島正夫先生の指導を受ける機会を得たことであった。先生からは、研究計画の構想を始めとして、文献・資料の調査、分析など多方面にわたって厳しく、かつ温かいご教示を受けた。また、東洋文化研究所の研究会で、仁井田陞・飯塚浩二両先生を始めとする先生方や同僚の助手のかたがたの問題意識にあふれた学際的な報告や討論を聞き得たことも、大きな啓発をうける機会となった。さらに日本近代史の分野では、本郷の有斐閣の二階で開かれた遠山茂樹先生を中心とする明治史研究会に加入させていただいたことも忘れることはできない。守田志郎氏、下山三郎氏を始め多くの研究者の報告や討論、そして遠山先生の鋭い分析や総括を聞く機会を得たことは大きな恩恵であった。歴史研究に関して強い刺激を受け、将来の研究についておぼろげながら展望を描くことができたのは、福島正夫先生とならんでこの会から得たご教示が大きい。また、亡夫大島太郎とともに、内閣文庫、国会図書館、市政専門図書館、群馬・岩手県庁などの資料調査に従事した日々も懐かしい思い出である。行政学、歴史学と学問分野は異なるものの、研究対象が類似していたことから、共同作業や論文執筆過程で数々の刺激を受けることができた。

東洋文化研究所の助手期限が満了となり、三人の子の育児で家庭にあった一〇年近くの間も、山口和雄・石井孝・今井清一諸先生中心の横浜市史の調査執筆にお誘いをいただいたり、我妻栄・辻清明・団藤重光・林茂諸先生主導の政治裁判史研究会、赤木須留喜先生を中心とした首都研究所政治行政部会への参加を許されたりして、研究とのつながりを保てたのは大きな幸運であった。

その後、一九七一年に新潟県長岡短期大学に職を得て、一六年間東京と長岡を往復する生活が続いたことは、私にとって地方社会を知るうえで得難い経験となった。その間、佐藤誠朗氏に栃尾市史、新潟県史の調査執筆に参加するようお誘いをいただき、藤原彰・中村政則両先生を始め経済、政治、文化などの多方面の若手研究者、新潟の地域史研究者のかたがたと共同調査、共同研究を行う機会を得たことは、研究にとって大きな刺激であり、プラスであり、今も忘れがたい。本書で具体的な事例としてあげた新潟に関する叙述はこの時に得たものである。そのほか、お名前は挙げないけれど、多くの方々からいただいたご教示や学恩に心から感謝申し上げたい。

最後に、本書の出版にあたっては、赤木須留喜先生に長期にわたるお励ましをいただいた他、多くの方々から御援助をいただいた。また、岩波書店編集部入江仰さんに大変お世話になったことを厚く御礼申し上げたい。

一九九四年三月

大島美津子

■岩波オンデマンドブックス■

明治国家と地域社会

1994年4月20日　第1刷発行
1994年7月15日　第2刷発行
2016年2月10日　オンデマンド版発行

著　者　大島美津子《おおしまみつこ》

発行者　岡本　厚

発行所　株式会社　岩波書店
〒101-8002 東京都千代田区一ツ橋2-5-5
電話案内 03-5210-4000
http://www.iwanami.co.jp/

印刷／製本・法令印刷

ISBN 978-4-00-730376-0　　Printed in Japan